Christian Scharfetter

Allgemeine Psychopathologie

Eine Einführung

8 Abbildungen, 9 Tabellen

W0187556

2.–

Georg Thieme Verlag Stuttgart 1976

Prof. Dr. med. CHRISTIAN SCHARFETTER
Psychiatrische Universitätsklinik Zürich,
Forschungsdirektion
CH–8029 Zürich, Lenggstraße 31

CIP-Kurztitelaufnahme der Deutschen Bibliothek

Scharfetter , Christian
Allgemeine Psychopathologie : e. Einf. –
Stuttgart : Thieme, 1976.
 ISBN 3-13-531501-0

© 1976 Georg Thieme Verlag, D-7000 Stuttgart 1, Herdweg 63, Postfach 732 – Printed in
Germany –
Satz und Druck: Maisch + Queck, Gerlingen

ISBN 3-13-531501-0

Allen Kranken
von denen ich lerne
und allen
die sich um sie sorgen

Vorwort

„Alles was wir sehen,
könnte auch anders sein"
Wittgenstein (Tract. 5. 634)

Diese Einführung in die Allgemeine Psychopathologie ergab sich aus dem Umgang mit Patienten, mit Studenten und Graduierten – mit jenen therapeutisch und forschend zugleich, mit diesen in Unterricht und Gespräch.

Es war an der Zeit zu sichten, was aus der Allgemeinen Psychopathologie für unseren Bereich brauchbar scheint. Und es ist nun – nach der International Classification of diseases der World Health Organisation (WHO) (Lit. s. unter WHO) und dem zugehörigen Glossar – hohe Zeit, international annehmbare Umschreibungen psychopathologischer Begriffe zu erarbeiten – umso dringlicher, je offener die Verbindungen der Psychiatrie in der ganzen Welt werden. – Und es muß immer Zeit sein, das schlicht Vorfindbare und gemeinsam Anzutreffende unter der Vielfalt von Theorien zu suchen: den kranken Menschen selbst.

Es ist aufgenommen, was sich mir bewährte – aus dem Werk vieler Psychiater und in der eigenen Anschauung. Die Allgemeine Psychopathologie von JASPERS bleibt weiter wichtig für die Methodenbesinnung (1. Auflage 1913, Fortentwicklung bis 1942, dann nur mehr Neudruck). Im Werk FREUDs wirkt die Leidenschaft der Sinnsuche, des Verstehenwollens und Infragestellens auf uns fort. Die Phänomenologen vor und nach HEIDEGGER schulten die Hellhörigkeit für die Sache und wiesen Wege der Hermeneutik. Die Kliniker berichteten aus ihrer persönlichen Kennerschaft. Die empirisch-experimentell-statistisch orientierten Forscher lassen Wert und Grenze des Zählens und Messens am Menschen erkennen. Dies hier ist der Stand meines Verstehens. Da Verstehen zuerst ein *sich selbst auf etwas Verstehen* ist (GADAMER 1972, S. 246), ein je eigenes, persönliches, ist damit schon gesagt, daß keineswegs in allem Übereinstimmung mit anderen gewonnen werden kann. Manches in diesem Buch ist noch ungenügend befragt – Fragen i. S. von „Offenlegen" (GADAMER 1972, S. 283) und sich Offenhalten für den Anspruch der „Sache", d. h. der Existenz der Patienten, recht verstanden zu werden und eine gemäße Antwort zu erhalten. Wir müssen uns einlassen auf die Nähe, auf den behutsamen „Angriff", „der die Natur gleichwohl zu Wort kommen läßt" (HEIDEGGER 1959, S. 71). Ihre Sprache zu vernehmen und davon zu sagen, ist unsere Aufgabe.

Der Text ist knapp gehalten, gedacht als Grundlage seminarartiger Ausarbeitung. Die protokollartig aufgenommene Kunde[1] von der Lebenswirklichkeit der Kranken ist dabei wichtiger, als die Meinungen möglichst vieler Autoren und mannigfache terminologische Neologismen und Konstrukte wiederzugeben. Eine eingehende Diskussion anderer Versuche ist nicht beabsichtigt. Auf Vorarbeiten und andere Perspektiven verweist das (nach Kapiteln geordnete) Literaturverzeichnis.

Die Grundeinteilung ist aus dem Index zu ersehen. Die Kapitel stehen lexikalisch nebeneinander. Der Entwurf einer Einheit (wie er z. B. in dem bedeutenden Werk „Das Bewußtsein" von H. Ey 1967 versucht ist) zeichnet sich noch nicht deutlich ab. Daher sind die Abschnitte mit den verschiedenen Aspekten und Funktionen noch unverbunden, kein „Ganzes". Die Frage eines Kranken (P 7) „Versteht der Psychiater etwas vom Menschen? Was hat der Psychiater für Richtlinien?" muß als ernste Frage stets mahnend da bleiben (s. dazu KELLER, KUNZ, BRÄUTIGAM, TELLENBACH, alle in GADAMER u. VOGLER, Bd. 6, 1974). Das Schwergewicht liegt auf den Kapiteln Bewußtsein (bes. Ich-/Selbstbewußtsein), Wahn und Wahrnehmung. Einige therapeutische Hinweise, die sich aus der Betrachtungsweise ergeben, sind angefügt.

Auf die normalpsychologischen[2] und neurophysiologischen[3] Grundlagen der besprochenen Stichworte wird nur ganz knapp hingewiesen, ebenso auf die Untersuchungstechnik[4]. Die klinische Testpsychologie[5] und die experimentelle Psychopathologie[6] sind eigenständige Gebiete geworden, die aber doch immer wieder von der sorgfältigen Beobachtung und Beschreibung ihre Fragestellung und Methodik gewinnen.

---

[1] Im Text P (Protokoll) und eine Nummer. – Die meisten Beispiele sind aus dem Umgang mit Schizophrenen gewonnen. Einiges davon wird zur Beleuchtung des jeweils Erörterten an verschiedenen Stellen wiederholt herangezogen. – Ausführliche Beispiele s. BASH (1955), CONRAD (1958). Selbsterfahrungen gesammelt in KAPLAN (1964), SOMNER u. OSMOND (1960, 1961)

[2] dazu s. vor allem GOTTSCHALDT u. Mitarb. (1966)

[3] Lit. s. BENEDETTI (1973), CHALMERS u. Mitarb. (1971), DELAY u. PICHOT (1966), ECCLES (1970), HASSLER (1967), HESS (1962), JUNG, R. (1967), PERRET (1973), PETERS (1967)

[4] Lit. s. z. B. ARGELANDER (1970), KIND (1973), MEERWEIN (1974); weitere Hinweise s. S. 16

[5] Literaturzusammenstellung in EYSENCK (1973), SCHRAML u. BAUMANN (1975), BRICKENKAMP (1975)

[6] Lit. s. SCHOOLER u. FELDMAN (1967), COHEN u. MEYER-OSTERKAMP (1974), MEYER-OSTERKAMP u. COHEN (1973)

Inhaltsverzeichnis

1. Einleitung

1.1. Aufgabe, Ziel und Haltung des Psychopathologen

*»Man sieht nur mit dem
Herzen gut« (Exupéry)*

1.1.1. Die Aufgabe der allgemeinen Psychopathologie

Psychiatrie will – aus welchen supponierten Motiven auch immer –
dem Kranken helfen. Daß sie diesen guten Willen immer schon
in einem rechten Tun erfolgreich verwirklichen könne – wenn sie
auch manche gute Tat vollbringt –, kann man leider nicht behaupten. Wir wissen noch zu wenig, wie die vielen verschiedenen Daseinsnöte, die den Psychiater und klinischen Psychologen angehen,
zustande kommen – und wie wir diese Not wenden, wie wir am
besten lindern, heilen, gar vorbeugen können. Je besser wir erklären
und verstehen lernen, umso eher sollte das gelingen. Das setzt voraus, daß wir das Erleben und Verhalten des Menschen, den wir in
seinem lebensgeschichtlichen soziokulturellen Kontext als krank
bezeichnen, möglichst genau erfassen.

Es gibt keine allgemein angenommenen Kriterien für die Eignung zu diesem Beruf – und Aufnahmekriterien für die Zulassung werden im Allgemeinen gar nicht erwogen. Die (psychoanalytisch orientierte) Menninger
Clinic hat Selektionsverfahren für Ausbildungskandidaten ausgearbeitet.
In einem (oder mehreren) Interview(s) und mit Tests (Rorschach, TAT,
Assoziationstest) wurden die Kandidaten von einem Selektionskomitee
untersucht. In Verlaufsuntersuchungen wurden Persönlichkeitszüge und
Erfolg aufeinander bezogen. Es erwies sich als sehr schwierig, eine gute
Einstellungsuntersuchung durchzuführen. Das freie Interview durch einen
erfahrenen Psychiater, ergänzt durch einzelne Hinweise aus Tests, schien
noch das ergiebigste Verfahren. Es geht ja weniger über die Zeichen gröberer Pathologie (Neurosen, Perversionen, Psychopathien, Psychosen) als
um die Erfassung von Persönlichkeitszügen in der weiten Spielbreite des
nicht Krankhaften. Die persönliche Integrität, Echtheit und Fassadenwesen,
Opportunismus, Ernsthaftigkeit, Ehrlichkeit etc. wurden am besten im
freien Gespräch »gespürt«. Kontrolliertes und eher überkontrolliertes Verhalten erwies sich als günstiger als Impulsivität und plumpe Extraversion.
Besonders wichtig (aber auch schwer zu erfassen) ist »emotional appropiateness«. Emotionale Wärme ist besser, wenn sie still ist und indirekt gespürt, als wenn sie verbal oder mimisch präsentiert wird. Besonders
schwierig zu erhellen ist die Motivationsfrage: echter Wunsch zu helfen
aus Liebe und aus Identifikationsfähigkeit (ohne dabei mit zu unterliegen
oder zu agieren), versus Pseudoaltruismus aus Schuld oder als Reaktionsbildung auf Feindseligkeit und Sadomasochismus, aus Dominanzstreben.
Demonstriertes Selbstvertrauen ist kein gutes Zeichen (Überheblichkeit).
Die Neugierde als Wissensdurst sollte frei sein von sexueller Besetzung

(Voyeurismus). Echter Wunsch zu forschen ist günstig. Ein hoher verbaler IQ im HAWIE (über 119) ist zu wünschen. Objektivität und Statusidentität gegenüber Autoritäten, Paraprofessionals und gegenüber abhängigen Personen sind weitere wichtige Variabeln. Besonders gute (globale) Kriterien ergaben sich aus der Bewährung in der praktischen Arbeit im Gebiete der Psychiatrie (Einzelheiten s. HOLT u. LUBORSKI 1958).

Psychiatrie bedarf des idiographisch-casuistischen[1] Einlebens und des nomothetischen[2] Forschens nach regelhaften Zusammenhängen. Wir sollten uns auf ein gefühlshaft-empathisches Mitschwingen einlassen, ja auch affektive Betroffenheit und Erschütterung aushalten – und gleichzeitig intellektuell-rational zu Kenntnis nehmen und verarbeiten lernen.

Gegenstand der Psychiatrie ist jeweils ein ganzer Mensch in seiner Werdensgeschichte. Davon Kunde zu bekommen wird nur gelingen, wenn wir ihn ganz ernst nehmen und sorgsam mit ihm sind. Dann können wir uns miteinander über den Kranken verständigen. Beides ist die Aufgabe der Psychopathologie. Sie zu lernen gehört zur Grundausbildung eines jeden, der mit psychiatrischen Patienten umgeht. Sie soll uns im Umgang mit dem Kranken hören, erfahren und beschreiben lehren als Ausgangspunkt für die diagnostischen Überlegungen, die zu den therapeutischen Handlungsanweisungen führen, und für jede Forschung.

1.1.2. Psychopathologische Einsicht führt näher zum Menschen

Psychopathologische Symptome sind Zeichen, deren Bedeutung wir, wie bei allem, was uns begegnet, verstehen sollten. Das ist das Ziel. Daß das im Einzelfall immer schon gelinge, kann man keineswegs behaupten. Zuerst gilt es, die Zeichen zu sehen und zu beschreiben.

Das Beschreiben und Benennen bedeutet, recht verstanden, keine Fixation der Erlebnis- und Verhaltensweise eines Menschen. Der deskriptiven Psychopathologie ist vielfach (leider nicht immer zu Unrecht) vorgeworfen worden, sie suche und fixiere gerade nur das Krankhafte. Das ist ein Irrweg, denn psychopathologisches Können sollte uns näher zum ganzen Menschen führen und sollte nicht nur seine abnormen Erlebnis- und Verhaltensweisen aufzeigen, sondern uns gerade auch erfahren lassen, was an ihm noch gesund ist, damit wir wissen, womit und woraufhin wir therapeutisch arbeiten können.

---

[1] D. h. ganz dem einzelnen Menschen zugewandt.
[2] D. h. nach Regeln, nach überindividuell Gültigem suchend.

Wenn wir so mit Menschen umgehen, die im Leben nicht zurecht kommen, ist die psychiatrische Untersuchung kein „Degradierungszeremoniell" (GARFINKEL 1956). Dann muß auch „die Wahl von Syntax und Vokabular" kein negativer „politischer Akt" (LAING 1967, S. 54) sein. – Auf die „Verführung der Sprache" (NIETZSCHE) wurden wir ja schon lange aufmerksam gemacht.

1.1.3. Psychopathologie als Erlebnislehre

Der Patient „hat" nicht Symptome, sondern erlebt bestimmte Erfahrungen und verhält sich daher in beschreibbar von der Gruppennorm abweichender Weise. *Nichts von seinem Tun ist schlechthin unsinnig.* Das ist keine wissenschaftliche Aussage, sondern ein Bekenntnis zur Psychopathologie als Erlebnislehre und Weg zur Therapie. Nur in dieser Einstellung werden wir dem kranken Menschen gerecht.

1.1.4. Deskriptive Psychopathologie als Grundlage der „Psychodynamik"

Beschreibende Psychopathologie ist nicht statische Psychiatrie. Gerade der, der sorgfältig und selbstkritisch beobachten und beschreiben gelernt hat, wird deutlich erkennen, daß Psychopathologie etwas unaufhörlich Bewegtes, nichts Starres ist, daß *kein Gegensatz zwischen deskriptiver Psychopathologie und sog. „Psychodynamik"* besteht, sondern daß eine saubere *deskriptive Psychopathologie die Grundlage für eine Werdens-Geschichte* ist, die sich nicht im Spekulativen verliert.[3] Auch die kategorisierende Betrachtung hat den Mitteilungsgehalt des beschreibbaren Symptoms im Sinne. Damit ist sie eine Voraussetzung für die Erforschung eines Individuums in seinem jeweiligen lebensgeschichtlichen („Situation") und das heißt immer auch gemeinschaftsabhängigen Werden.

1.1.5. Der interaktionelle, soziale und kulturelle Aspekt

Dem Psychopathologen wird klar, daß das Erleben und Verhalten eines Menschen in mannigfachen lebendigen Wechselbeziehungen steht. Der Mensch ist immer in seinem sozialen Kontext zu sehen, nie isoliert. Daher ist jede rechte Psychiatrie Sozialpsychiatrie.

---

[3] Vgl. S. FREUD 1931 (im Vorwort zu NUNBERG): „wenn die Spekulation das Leitseil der Erfahrung nie verläßt". – FENICHEL (1971, S. 416): „The ‚microscopic' studies of psychoanalysis presuppose the ‚macroscopic' studies of psychiatry, in the same way that histology presupposes anatomy."

Eine Persönlichkeit kann sich nur in einer Gemeinschaft entwikkeln *(Sozialisationsprozeß)*, das gilt für Gesunde genauso wie für
Kranke. Persönlichkeitsentwicklung und soziale Evolution können
so wenig getrennt werden wie körperliche und seelische Entwicklung, weil beide zusammengehören zu einem lebendigen Menschen (Lit. s. BALTES u. SCHAIE 1973). Das mitgebrachte *Erbe*, so schwer
es zu fassen ist, ist dabei nicht außer acht zu lassen (s. vor allem die
Adoptivstudien[4]) – und damit auch die für die Spezies Homo kennzeichnenden Verhaltensmuster (s. EIBL-EIBLSFELD 1969, 1972, LORENZ
1963).

Erleben und Verhalten eines Menschen wechselt je nach der Umgebung, d. h. auch je nach dem, wie das Gespräch mit ihm gelingt
oder mißlingt, wie es der Gesprächsführer versteht, den Kranken
aufzuschließen und ihn zur Einsicht zu führen. Das Gespräch, das
Hinhörenkönnen und rechte Verstehen ist eine Kunst, also nie ab-
geschlossen. Glückt das Gespräch, so treten viele sogenannte psychopathologische Symptome zurück – und sie kommen wieder,
sobald der betreffende Mensch allein gelassen ist oder in einer un-
gesunden, d. h. vor allem isolierten oder ausweglos zwiespältigen
Umgebung leben muß. *Daher darf man einen Kranken nie isoliert betrachten.* Die Frage heißt also nicht: gibt es „die Schizophrenie", sondern: in welcher Umgebung, unter welchen Bedingungen erlebt
und verhält sich ein Mensch in der Weise, die man nach einer
Übereinkunft schizophren nennt.[5] Die Einsichtsfähigkeit des Kranken hängt nicht nur von seinem Bewußtseinszustand und seiner
intellektuellen Begabung für Selbstreflexion ab, sondern wechselt
mit seiner gesellschaftlichen Herkunft und Zugehörigkeit, mit seiner Schulbildung, mit seinem sozialen und kulturellen Hintergrund. Aus der Weltsicht der je eigenen Kulturgruppe und ihrer
„Schule" kann sich kaum einer ganz befreien. Das gilt auch für den
Psychopathologen selbst.

Die *transkulturelle Psychiatrie* hat uns die *Kulturrelativität menschlichen
Erlebens und Verhaltens* deutlich gemacht und die Unmöglichkeit gezeigt, den Menschen unter dem Blickwinkel allgemein gültiger
Normen zu betrachten.[6] Was in einer Situation und in einer Kultur
normal ist, kann in einer andern abnorm sein.[7] Andererseits zeigt
die interkulturell vergleichende Psychiatrie aber doch auch, daß

---

[4] Lit. ROSENTHAL 1968, 1970. [5] BOSS 1971. [6] KIEV 1972, LEBRA 1972,
PFEIFFER 1970, WULFF 1972, ZUBIN u. HUNT 1967. – Die zwei wichtigsten
transkulturellen Journale: Journal of cross-cultural psychology, London/
Washington – Transcultural psychiatric research review, Quebec/Canada
[7] Im Krieg ist Töten normal, im Frieden nicht – in unserem Kulturkreis.
In Kopfjägerkulturen ist bestimmtes Erschlagen normal, in anderen Kultur-
bereichen das Töten von Alten und unerwünschten Kindern.

Menschen auf aller Welt auch ohne offenkundige grobe Mißhandlung über das gruppenübliche und allgemeinmenschliche Maß hinaus in ähnlich beschreibbarer Weise leiden.

1.2. Zur Problematik von normal, gesund, abnorm, krank (Abb. 1)

Diese Begriffe sind keineswegs zureichend klar festzulegen. Darum ist die Diskussion darüber auch immer noch im Gange (Lit. s. DEVEREUX 1974, DÖRNER 1969, 1974, KEUPP 1972 a, KUNZ 1954/55, 1975 a, POPHAL 1925, SCHNEIDER 1967), zum Teil in einer einseitigen ideologischen Frontstellung (Lit. s. LAING 1964, 1967, SZASZ 1961 a, 1961 b, 1970 u. v. a.). Der wertende (sozial diskriminierende) Gebrauch dieser Begriffe ist dabei das Hauptunglück.

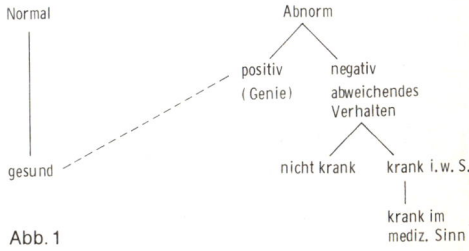

Abb. 1

Normal

Es gibt kaum eine für alle Menschen aller Kulturen verbindlich gültige Norm. Normal ist – global – Verhalten, das der Mehrzahl der Menschen eines bestimmten sozio-kulturellen Bereiches eignet und – speziell – was sie hinsichtlich *eines* bestimmten Verhaltensaspektes jeweils gemeinsam haben. Dieser statistische Normbegriff ist am ehesten wertungsfrei zu halten. – Andere Normbegriffe (z. B. Norm als Ideal der Daseinserfüllung) sind klinisch kaum brauchbar.

Eine Idealnorm von Verwirklichung des eigenen Wesens setzte ein adäquates Erfassen dieses voraus. Das ist vielleicht in einer Psychoanalyse annähernd möglich, aber nicht unter den beschränkten Kommunikations- und Verstehensmöglichkeiten einer Klinik.

Dieser statistische Normbegriff läßt auch durchaus Raum für die Anschauung, daß die Erfahrung und damit das Verhalten (als eine Funktion der Erfahrung) in der technisierten Zivilisation „der Struktur des Seins" 1951 (wer die wohl kennt?) entfremdet sei (LAING 1967). (s. dazu JENSEN, HALLOWELL 1955 u. andere ethnologische Werke). Daher LAINGs Kerygma: „Was wir normal nennen, ist ein Produkt von Verdrängung, Verleugnung, Isolierung, Projektion, Introjektion und anderen Formen destruktiver Aktion gegen die Erfahrung" (S. 21). Und: „Die Formen der Entfremdung außerhalb der geltenden Entfremdungsnorm werden von der ‚normalen' Mehrheit mit dem Etikett ‚wider'- oder ‚wahnsinnig' versehen" (S. 22).

Abnorm ist, was an einem jeweils bestimmten Verhalten von der Norm der jeweiligen Gruppe abweicht. Solche Abweichungen, „Abnormitäten", gibt es in zwei Richtungen.

a) In „positiver" Richtung sind solche Abnormitäten: Hochbegabung, Höchstbegabung in einem rationalen oder künstlerischen Bereich, besondere intuitive Begabung und ähnliches.

b) Abnormitäten in „negativer" Richtung: Verhalten, das von der landes- und gruppenüblichen Norm im negativen, zurückbleibenden, versagenden, leidvollen, störenden[8], Anderen Leid bringenden Sinne abweicht. Manche Menschen sind zugleich in „positiver" und „negativer" Richtung abnorm[9].

Abnorm ist noch keineswegs gleich krank! Es gibt viele Abnormitäten, die nicht krankhaft sind: z. B. leichtere Grade von Unterintelligenz, viele Charaktereigenschaften.

Gesund ist meistens gleichsam ein Spezialfall von normal, geht aber z. T. über den Normbereich hinaus[10] Er bezeichnet auch globaler den Gesamtzustand eines Menschen – und stellt nicht (wie der Normenbegriff) auf jeweils bestimmte Verhaltensaspekte ab. Der Begriff ist für die Psychiatrie noch schwieriger zu fassen als der der Norm. Für den Gesundheitsbegriff nur auf das Wohlbefinden abzustellen (WHO), ist unhaltbar. (Es postuliert einen Zustand, der dem Menschen ohnehin nur sporadisch gelingen kann. Viele Hirnkranke leiden nicht.) Man kann versuchen, dem Begriff der Gesundheit nahe zu kommen: Gesund ist der Mensch, dem – u. U. auch gegen den Leidensdruck einer Körperkrankheit und/oder gegen den Normendruck seiner Gesellschaft – *sein* Leben gelingt, der den Forderungen seines Wesens und der Welt entsprechen und ihre Aufgaben bestehen kann – einer, der sich im Leben bewährt. Diese Bewährung hängt natürlich auch von den angetroffenen Umständen ab. Eine solche Fassung des Gesundheitsbegriffes mag zwar einleuchtend scheinen, ist aber nicht als operationalisierte Formulierung zu brauchen, an der sich gesund und nicht gesund „messen" ließe.

Krank im weiteren Sinne (wie man den Begriff in der Psychiatrie

---

[8] Stören heißt ein Geordnetes verwirren, zerstreuen, aufrühren, vernichten.

[9] Zum Thema „Genie und Irrsinn" s. LANGE-EICHBAUM (1967).

[10] Der Begriff überschreitet in einigen Extremfällen den Mittelwert-Normbereich. Z. B.: Ein genialer Dichter ist hinsichtlich dieser Begabung „abnorm", kann aber völlig gesund sein.

braucht) ist ein Spezialfall von abnorm: Krank ist, wer, aus welchem Grunde immer, an sich und der Welt über das landes- und gruppenübliche Ausmaß hinaus leidet, wer mit den gegebenen nicht allzu extremen Verhältnissen bis zu einem lebensbeeinträchtigenden Maß nicht zurecht kommt, wer in der Lebens- und Weltbewährung versagt, wer infolge seines hochgradigen Andersseins sein Dasein nicht in lebendiger Verbindung mit seinen Mitmenschen austragen kann. Krank in diesem weiteren Sinne ist das „Verrückte", Uneinfühlbare, Befremdliche, aus der mitmenschlich gemeinsamen Realität heraus Gerückte. Krankheiten in diesem Sinne sind z. B. schwerere Neurosen und sogenannte endogene Psychosen. In diesem Begriff der Krankheit im weiteren Sinne liegt schon, daß ihre Kennzeichen („Symptome") mit einer gewissen Regelhaftigkeit und in einem „gesetzmäßigen" Zusammenhang mit einer bestimmten Begründung (Motivzusammenhang) für das Krankwerden auftreten. Über diese „Begründungen" bilden wir uns Theorien (vgl. S. 21).

Dieser weite Krankheitsbegriff ist unscharf. Daher die Suche nach anderen Fassungen des Krankheitsbegriffes. Als solche sind zu nennen:

1. *Medizinischer Krankheitsbegriff:* Er stützt sich auf pathologischanatomische und pathophysiologische Befunde. Das medizinische Krankheitsmodell ist in der Psychiatrie für alle psychischen Störungen in Zusammenhang mit Körperkrankheiten (im besonderen Hirnkrankheiten) anzuwenden: akuter exogener Reaktionstyp, amnestisches Psychosyndrom, Demenz, „organische" Psychosen (brain syndrom). Also nur für einen Teil des vielfältigen psychiatrisch Behandlungsbedürftigen kann das medizinische Krankheitsmodell angewandt werden!

Soweit für ätiologisch ungeklärte, sogenannte „endogene" Psychosen eine körperliche „Grundlage" postuliert wird, wird auch auf diese Krankheiten im weiteren Sinne ein medizinisches Krankheitskonzept angewandt (was besonders umstritten ist). Wenn für psychische Störungen das medizinische Krankheitsmodell anwendbar ist, bekommt der Krankheitsbegriff einen gleichsam aus der Sozialrelativität des Abnormen und aus dem weiteren Krankheitsbegriff herausgehobenen, „eher absoluten" Charakter (z. B. ist Demenz, Delirium u. a. schlechthin krankhaft).

2. *Soziologischer Krankheitsbegriff:* Diesem ist gesund gleich sozial adaptiert, krank gleich sozial nicht adaptiert. Bei einem solchen Krankheitsbegriff geht man von der Gruppennorm der jeweiligen Gesellschaft aus und verlangt vom einzelnen Individuum ein erhebliches Maß an sozialer Unterordnung und Einfügung. Dieser

Begriff ist unbrauchbar und besonders gefährlich wegen der Ausstoßung nonkonformer Individuen.

3. *Psychologischer Krankheitsbegriff:* Auch dieser ist unscharf. Er stellt z. B. auf das Leiden ab (das aber bei manchen Hirnkranken gar nicht bestehen muß). Der psychologische Krankheitsbegriff kann sich u. U. nach einem Idealbild vom „gesunden" Menschenleben (und Familienleben!) ausrichten, das es in Wirklichkeit gar nicht gibt, an einer Ideal-Norm von Adaptabilität und Lusterlebensfähigkeit (z. B. in falsch verstandenem psychoanalytischem Denken), von klar gegebenen Rollenträgern und deren Interaktionen.

4. *Der forensische Krankheitsbegriff* sucht einen Halt für die Beantwortung der Frage nach aufgehobener oder verminderter Zurechnungsfähigkeit, Verantwortlichkeit, Geschäftsfähigkeit (s. GÖPINGER u. WITTER 1972).

5. Verschiedene *theoretische Krankheitsbegriffe:* z. B. ein *kybernetischer Krankheitsbegriff:* komplexe Regelsysteme „antworten" auf Schädigungen nicht „einfach" mit chaotischen Störungen, sondern regelhaft. Krankheit wird dann zur regelhaften Abweichung von der Gesundheit (s. z. B. FEER 1970).

1.3. Symptom und Syndrom

1.3.1. Psychopathologische Symptome – nicht schlechthin krankhaft

Psychopathologische Symptome[11] sind als gleich oder ähnlich erkennbare Erlebens- und Verhaltensweisen, die sich herausheben aus dem alltäglich Gewöhnlichen der Menschen eines bestimmten Kulturkreises. Kein einzelnes psychopathologisches Symptom für sich genommen ist schlechthin abnorm oder gar krankhaft, denn alle Zeichen können auch beim Gesunden unter besonderen Umständen[12] angetroffen werden. *Psychopathologische Symptome sind nicht schlechthin krankhaft.* Viele beschreibbare Erfahrungen sind wohl ungewöhnlich, aber doch als Einzelerfahrung menschliches Allgemeingut, wie sorgfältige Selbst- und Fremdbeobachtung, besonders auch im interethnischen Vergleich, zeigt. Das gilt sogar für so

---

[11]Symptom kommt von griech. συμπίπτειν, d. i. zu gleicher Zeit vorfallen, sich zutragen, sich ereignen, davon σύμπτομα= Krankheitszeichen.

[12] Im Übergang vom Wachen zum Schlaf, in Ermüdung, Sinnesisolation (ZUBEK 1969), gespannter Erwartung, in emotional belastender Lebenslage (HOCKING 1970), in Einsamkeit (z. B. nach Verlust des Lebensgefährten), in Hypnose, im Autogenen Training, in der Meditation, im Traum, unter Halluzinogenen (s. TART 1969).

„auffällige" Zeichen wie Halluzinationen, verändertes Leiberleben u.v.a. „Krankheitszeichen" werden sie erst, wenn sie in einer – je nach der lebensgeschichtlichen Lage und dem soziokulturellen Rahmen aufzufassenden – bestimmten Schwere, Dichte, Häufigkeit, Verbindung und Dauer auftreten und damit den Menschen leiden machen und in seiner Lebensführung inmitten seiner Gruppe behindern.

1.3.2. Von Symptomen zum Syndrom

Das Symptom ist die kleinste beschreibbare Untersuchungseinheit in der Psychiatrie. In der klinischen Erfahrung trifft man wiederkehrende typische „Klinische Bilder" an, konstelliert durch häufig in Zusammenhang (im Verband) auftretende Symptome. Diese Symptomverbände nennt man Syndrome. *Ein Syndrom ist also eine erscheinungsbildlich typische Symptomenkombination* (nicht unbedingt auch ursächlich!). Der Syndrombegriff ist unterschiedlich weit gebraucht (für die weitere Fassung sagt man auch Symptomkomplexe, was aber sprachlich nicht ergiebig ist). *Bei den meisten psychiatrischen Syndromen besteht keine enge Korrelation zu einer bestimmten gleichbleibenden Ursache: sie sind noxenunspezifisch!*

Beispiele:
Ein katatones Syndrom kann man bei einer psychogenen Psychose finden, aber auch bei einer Schizophrenie, bei einer LSD-Vergiftung, bei Enzephalitis. – Ein depressives Syndrom kann bei Hirnerkrankungen (z. B. Progressive Paralyse) auftreten, aber auch bei der phasischen Affektpsychose, neurotisch, erlebnisreaktiv usw. – Manisches Syndrom bei der Manie, bei Intoxikation (z. B. im Rausch), bei Schizophrenie u. a.

Es gibt viele solche Syndrome in der klinischen Empirie:

Bewußtseinsstörungen: Benommenheit → Koma, Delir, Dämmerzustand usw.

Erinnerungsstörungen: amnestisches Syndrom; wenn mit Konfabulationen verbunden: Korsakoff-Syndrom

Antriebssyndrome: Stupor, Erregungszustand, katatones Syndrom (hypo-, akinetisches und hyperkinetisches Syndrom)

Affektsyndrome: depressives Syndrom, hypochondrisches Syndrom, manisches Syndrom, Angstsyndrom

Wahrnehmungssyndrom: Derealisations- und Depersonalisationssyndrom, halluzinatorisches Syndrom, Halluzinose

Wahn: paranoides Syndrom, paranoid-halluzinatorisches Syndrom

Zwänge und Phobien: anankastisches Syndrom, phobisches Syndrom, phobisch-anankastisches Syndrom.

Die von operationalisierten Begriffen (s. z. B. AMP-Manual 1972), standardisierter Erhebung (z. B. LORR 1963, 1966, 1967, MOMBOUR 1972, WING 1970, 1974) und Dokumentation ausgehende statistisch-faktorenanalytische Forschung konnte einige Syndrome der klinischen Empirie bestätigen: Symptomballungen (Cluster), Gruppenfaktoren. Das führt zur Konstruktion psychopathologischer Skalen (Lit. s. BAUMANN 1974, MOMBOUR 1973, 1974).

Ein nächstes Ziel ist die Herausarbeitung von *Kern- oder Achsensyndromen* (z. B. Devitalisierung bei Depression, Bewußtseinsstörungen beim akuten exogenen Reaktionstyp) und *Randsyndromen* (z. B. paranoides Syndrom bei Melancholie). Letztlich sucht die Syndromenlehre nach regelhaften Verknüpfungen der (möglichst genau in den Beschreibungseinheiten der Symptome erfaßten) Syndrome mit bestimmten regelhaft feststellbaren Befunden (aus verschiedenen Gebieten der Forschung: Neuroanatomisch, -physiologisch, biochemisch, experimentalpsychologisch, lebensgeschichtlich, psychodynamisch usw.), möglichst „Ursachen".

Syndrome können teilweise zu bestimmten „Grundformen" psychischer Störungen zusammengefaßt werden: z. B. organisches Psychosyndrom, hirnlokales und endokrines Psychosyndrom (BLEULER 1954, 1964, 1969), Durchgangssyndrome (WIECK 1967).

1.3.3. Zugang zu Symptomen/Syndromen

Man kann mit verschiedener Fragestellung, Absicht, mit oder ohne vorgängig reflektierte Theorie an Symptome herangehen.

Am Beginn sollte immer die möglichst vorurteilsfreie Beobachtung und Beschreibung stehen. Sie ist der Ausgangspunkt für alle Behandlung und Forschung.

Die Beobachtung kann im freien klinischen Gespräch und in der Verhaltensbeobachtung erfolgen – oder in standardisierter (evtl. semistandardisierter) Erhebung als Selbst- oder als Fremdbeobachtung (s. S. 16). Selbstbeurteilungsskalen haben in der klinischen Psychiatrie bis heute noch keine große Bedeutung, weil schwerer Kranke eine solche Selbsteinschätzung meist gar nicht leisten können (s. MOMBOUR 1972, PICHOT u. OLIVER-MARTIN 1974).

Wenn Symptome erfaßt sind, kann man „den Befund" befragen:

1. Frage nach der kennzeichnenden (pathognomonischen) Bedeutung eines Symptomes für ein Zustands-Verlaufsbild[13].

2. Frage nach der pathognomonischen Bedeutung eines Symptomes für eine Diagnose im aetiopathogenetischen Sinne (Einheit von Erscheinungsbild, Ursache und Entstehungsweise)[13].

3. Frage nach der Bedeutung eines Symptomes für den betroffenen Menschen: biographisch deutende, hermeneutisch auslegende, interpretative Methode. Welche Selbst- und Welterfahrung vernehmen wir in Symptomen? (Z. B. Überaktivität als Ausdruck der Verzweiflung bei Selbstuntergang, s. Ich-Bewußtsein.) Dieses Fragen sucht das Werden und den Sinn eines Verhaltens zu verstehen (genetisches, sog. „psychodynamisches", phänomenologisches, hermeneutisches und tiefenhermeneutisches Verstehen) (z. B. Wahn als Selbstrettung).

Im psychoanalytischen Erklärungsversuch dominiert die funktionell-finale Betrachtungsweise; „Symptome" sind Weisen der Abwehr (Triebabwehr, Konfliktvermeidung, Wunscherfüllung auf regressiver Ebene). Aus dem ursprünglich intendierten Sinnzusammenhang wurde dann eine deterministische Kausalkette konstruiert.

4. Frage nach dem kommunikativen Gehalt eines Symptomes im Sinne der Interaktionspsychologie: Was teilt der Patient uns durch sein Verhalten absichtlich oder unabsichtlich mit (Kommunikation und Metakommunikation)?

Man sollte sich seinen eigenen Zugang und seine Absicht, seine Fragestellung jeweils vor Augen halten. Wenn man glaubt, ein Symptom durch Erhellung des Motivzusammenhanges verstanden zu haben, so weiß man damit noch nicht immer, wie der Kranke dazu gekommen ist, daß er überhaupt solche Erlebnis- und Verhaltensweisen haben muß. Z. B. kann man verstehen, wie die Devitalisierung des Melancholikers im Untergangswahn thematisiert wird. Das Auftreten der Melancholie ist damit nicht erklärt.

1.3.4. Theorien zur Entstehung von Symptomen/Syndromen

1. Bei klarem pathogenetischem Wissen besteht zwischen Krankheit und Symptom die „einfache" Beziehung zwischen Grund und Folge.[14] Z. B.: Aphasie bei links-temporalem Hirnschaden eines Rechtshänders, Demenz bei diffuser Hirnkrankheit. Aber bei den

---

[13] Das kann nach der klinischen Empirie („Kennerschaft") erfolgen oder mit wissenschaftlicher Methodik (s. S. 20).

[14] Auf die Problematik des Kausalitätsbegriffes in den Naturwissenschaften sei hingewiesen. Man muß sich mit regelhaft feststellbaren Zusammenhängen (Korrelationen) begnügen, arbeitet also mit „Wenn...dann"-Sätzen.

meisten psychopathologischen Symptomen besteht keine klare
Beziehung zwischen einem feststellbaren Schaden und dem
Symptom (ganz besonders deutlich etwa bei den Halluzinationen
und beim Wahn).
Beispiel:
Warum ein Kranker mit luetischer Hirnentzündung (Progressive Paralyse)
einfach dement, ein anderer euphorisch, depressiv, halluzinierend, wahn-
bildend ist, ist unbekannt.
Optisches Halluzinieren (Abb. 2) kann z. B. unter den verschiedensten Be-
dingungen auftreten (wobei die Art des Halluzinierens nicht immer eine
Differenzierung erlaubt):

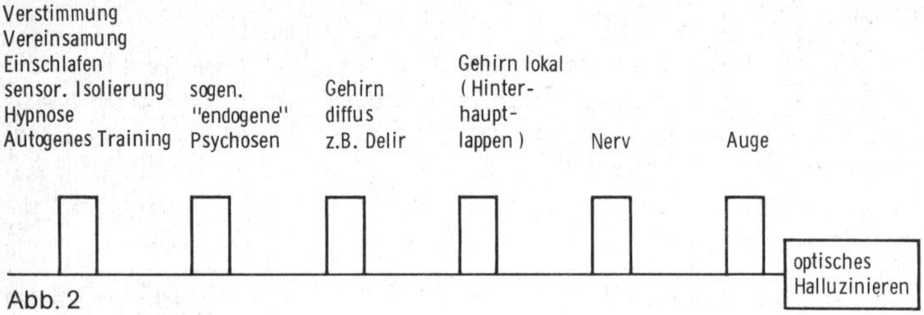

Abb. 2

2. Symptome bzw. Syndrome sind durch verschiedenste (somatische und psychische) „Schädigungen" uniform in Gang gebrachte
Reaktionsmuster.

– *Hirnlokale Reaktionsmuster,* z. B. bei bestimmten fokalen Epilepsien
(z. B. Temporallappenepilepsie).

– *Humorale Reaktionsmuster* im Sinne des endokrinen Psychosyn-
droms (BLEULER, M. 1954, 1964).

– *Hereditäre Reaktionsmuster* thymopathischer, schizophrener Art
(s. z. B. SCHNEIDER, C. 1942).

– *Motorische Schablonen* (Totstellreflex, Bewegungssturm) in schwerster Angst verschiedener Begründung (KRETSCHMER 1953, 1958).

3. Nach der Schichttheorie (JACKSON 1932) werden durch „Schädigungen" höhere, d. h. phylo- und ontogenetisch jüngere Funktionsschichten abgebaut, ältere frei gelegt (s. Palaeopsychologie). Auch
die psychoanalytische Regressionstheorie folgt diesem Modell.
Nach dieser Theorie führt die Noxe zunächst zu defizitären
Symptomen (z. B. mnestische Störungen, Demenz bei Hirnschäden) und auf diesem Boden dann – bei einem Defizit an Kontrolle
– zu „produktiver" Symptomatik, z. B. Triebvariationen beim hirnlokalen Psychosyndrom. Darauf können dann weitere Symptome
(sog. sekundäre Symptome, S. 15) entstehen, z. B. Wahn.

Beispiel:
Eine Herzinsuffizienz führt zu Durchblutungsstörungen im Gehirn, in der Folge zur Desorientierung und Demenz, zu Affektinkontinenz, Affektlabilität, Erregung usw. Auf dem Boden der Lebensverunsicherung, unter dem Hinzukommen von weiteren Faktoren (wie soziale Isolierung, Sinnesbeeinträchtigung usw.) kann sich dann ein Beeinträchtigungswahn (z. B. des Bestohlenwerdens) entwickeln, der je nach der Lebenssituation, den Umständen ausgestaltet wird (Pathoplastik).

4. Manche Symptome können als verständliche *Reaktion* auf Erfahrungen aufgefaßt werden.

Beispiel:
Ein Beziehungswahn bei einem Melancholiker, der sich verwesen und Leichengeruch verbreiten wähnt und dann meint, jedermann rümpfe die Nase über ihn und weiche ihm aus.

5. In psychoanalytischer Auffassung liegen Neurosen und Psychosen Konflikte zwischen den Instanzen Ich, Es, Über-Ich des psychischen „Apparates" in seiner Auseinandersetzung mit der Umwelt („äußere Realität" im Sinne von FREUD) zugrunde. Während die neurotischen Symptome den Konflikt zwischen Ich und Es wiederspiegeln und die Abwehr der Es-Ansprüche durch das Ich um des Kontaktes mit der Realität willen anzeigen, ist das Ich des Psychotikers zu solcher Es-Abwehr zu schwach (FREUD 1924). Damit das Es machtvoll über das Ich triumphiere, muß für das (die Beziehungen zur Außenwelt unterhaltende) Ich die Außenwelt untergehen: das Ich zieht sich auf seiner Flucht in die Psychose (FREUD 1894, 1896) in Regression von den Außenweltobjekten zurück, die äußere Realität verschwindet, die Libido besetzt das Selbst (Megalomanie). Symptome entstehen durch die Abwehrmodi der Regression, Projektion und Verleugnung, sind z. T. Heilungs- und Rekonstruktionsversuche. Das Weltuntergangserlebnis z. B. zeigt den Verlust der Objektbeziehungen an und ist die Projektion der inneren Katastrophe, der Verfolgungswahn zeigt den projizierten Haß, der selbst invertierte (homosexuelle) Liebe ist (FREUD 1911).

Die Weichenstellung für das Psychotischwerden erfolgt sehr früh: in einem Entwicklungsstadium, bevor die Libido sich auf Außenweltobjekte richtet (Phase des Autoerotismus-Narzißmus, FREUD 1913). (Näheres s. die Kapitel Ich-Bewußtsein und Wahn).

6. Vertreter einer Psychosoziogenese mancher Psychosen (es geht dabei um schizophrene Menschen) deuten viele „Symptome" als „gelernt" unter dem Einfluß des Entwicklungsklimas (intrafamiliärer Kommunikationsstil; ARIETI 1971, BATESON 1956, LIDZ 1957, 1973, WYNNE 1959, ALANEN 1970). Hereditäre Disposition, besonders die Fakten der Heimkinder- und Adoptivstudien, werden da-

bei nicht von allen bedacht (Heston 1966, Karlson 1966, 1974, Rosenthal 1968, 1970).

7. In einem weiteren Schritt wird „das Psychotischsein" (man redet nur mehr von mental disorder or illness schlechthin) zu einer normalen, ja gesunden Reaktion auf eine unmögliche, die Selbstverwirklichung unterdrückende Gesellschaft (Flucht in Eigenwelt), „der" Psychotiker (in völliger Verkennung seiner Not) als der „eigentlich Gesunde" auf einer „Reise nach innen" in einer verrückten Welt deklariert (Laing 1967 u. v. a.). Zum Sündenbock wird jetzt nicht mehr nur die „schizophrenogene" Mutter und die „schizophrenogene" Familie gemacht, sondern die Gesellschaft schlechthin. Dabei bleibt offen, warum einige (1 %) Menschen der Destruktivität der jeweiligen gesellschaftlich gültigen Norm (so sehr dem eigentlichen Wesen des Menschen entfremdet, seine Daseinsmöglichkeiten einschränkend sie auch sein mag) erliegen (und zwar in einer typischen Weise), andere aber keine solche „spezielle Strategie" (Laing 1967) erfinden müssen.

„Mental illness" ist ein Mythos, aber leider kein μῦθος πλασθείς, (erfundener Mythos), kein Erdichtetes, kein satanisch Erfundenes, wie Szasz 1961 in Verkennung des wahren Wesens des Mythos meint, sondern μῦθος ἀληθής, (wahrer Mythos), in dem sich die traurige Wirklichkeit mancher Existenz auftut und zu uns spricht.

1.3.5. Einteilungsmöglichkeiten von Symptomen

1.3.5.1. Einteilung hinsichtlich ihres diagnostischen Gewichtes, ihrer pathognomonischen Bedeutung

a) *Leitsymptome, Kernsymptome, Symptome ersten Ranges* (Schneider, K. 1967), *Achsensymptome* (schlecht, weil mißverständlich, Grundsymptome) nennt man diagnostisch wegweisende Symptome: z. B. mnestische Störungen für Hirnkrankheiten, eine bestimmte Art von „Stimmenhören" (s. d.) für Schizophrenie. Die Herausarbeitung solcher diagnostischer Leitsymptome geschieht aufgrund klinischer Empirie oder in statistischer Forschung (s. z. B. WHO 1973).

b) Viele andere psychopathologische Symptome erlauben keine solchen diagnostischen Rückschlüsse *(Symptome zweiten Ranges,* Schneider, K. 1967, *akzessorische Symptome,* Bleuler, E. 1911): z. B. Denkverlangsamung, Konzentrationsstörung, gedrückte, gehobene Stimmung, Halluzinationen, Wahn.

1.3.5.2. Primäre und sekundäre Symptome

Eugen B<small>LEULER</small> (1911) unterschied für die Schizophrenien primäre Symptome, die Ausdruck eines hypothetischen Morbus im medizinischen Sinne (der „Grundstörung") seien und die als physiogen aufgefaßt wurden (z. B. Denk- und Affektstörungen), von sekundären (oder akzessorischen) Symptomen, die eine Reaktion der Persönlichkeit auf die „Krankheit" seien. Diese sekundären Symptome sind psychologisch verständlich abzuleiten (nach B<small>LEULER</small> vor allem „F<small>REUD</small>sche Mechanismen"). Dadurch bekommt dann der Ausdruck primäres Symptom ein neues Gesicht: Es ist das psychologisch nicht weiter Rückführbare, Aufzuhellende, für das man dann Physiogenie postuliert.

1.4. Diagnose

1.4.1. Begriff und Sinn

Diagnose heißt *Erkennen* eines klinisch beobachtbaren psychopathologischen Bildes (Symptom, Syndrom, Zustandsbild, Zustands-Verlaufs-Bild) als typisch, wiederholt in ähnlicher Grundgestalt vorkommend – und heißt *Zuordnen* dieses Bildes zu einem Krankheitsbegriff.

Diagnostik – der Erkenntnis- und Zuordnungsprozeß – wird heute in Verkennung ihres wahren Sinnes vielfach zu Unrecht als Etikettierung verunglimpft.[15]

Diagnostik aber brauchen wir, wo immer wir ein „Zustandsbild", d. i. eine Erfahrungs- und Verhaltensweise eines Menschen, zu beurteilen haben hinsichtlich seiner Entstehung und in Hinsicht auf die Frage, was – nach dem jeweiligen Stand des Wissens – am besten dagegen zu tun ist. *Sinn und Ziel der Diagnostik ist die therapeutische und prophylaktische Handlungsanweisung.*

Leider ergibt sich beim heutigen Stand des Pathogenesewissens und der Therapiemethoden aus der Diagnose noch nicht immer eine befriedigend erfolgreiche Therapie und Prophylaxe.

---

[15] Jedes ordnende Handeln des Menschen kann mißbraucht werden, so auch die Diagnostik.

1.4.2. Der diagnostische Prozeß ein Erkenntnisprozeß
(Abb. 3)

Diagnostik ist Entwicklung des Erkennens, ein komplexer Entscheidungsprozeß, in den verschiedenste Informationen eingehen (Lit. s. GAURON u. DICKINSON 1966, NATHAN 1967, v. ZERSSEN 1973). Er spielt sich in verschiedenen Dimensionen des Erfassungsmodus, der Informationsreliabilität und Informationsvalidität, der Informationsverarbeitung, des gnostischen Procedere ab, auf die man sich jeweils eigens besinnen sollte.

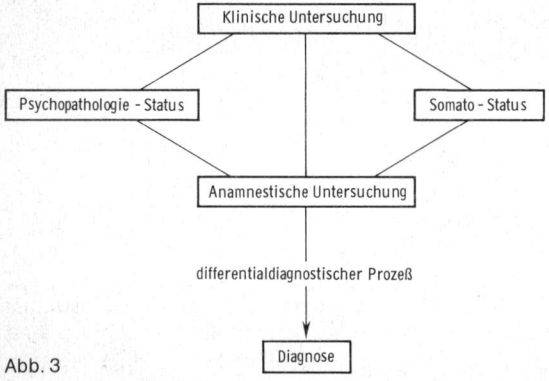

Abb. 3

1.4.2.1. Die klinische Untersuchung

1.4.2.1.1. Psychopathologie-Status

Erhebung der vom Patienten selbst spontan oder auf Befragung vorgebrachten Erfahrungen („Beschwerden") und *Verhaltensbeobachtung*. Die Befragung kann im freien klinischen Gespräch (diagnostic interview)[16] in standardisierter oder semistandardisierter Weise durchgeführt werden (Zusammenfassung s. MOMBOUR 1972, PICHOT u. OLIVER-MARTIN 1974). Für die klinische Psychiatrie hat die Fremdbeurteilung Vorrang vor der Selbstbeurteilung.

Das freie klinische Gespräch hat den Vorteil größter Beweglichkeit und Spontaneität, aber u. U. (d. h. bei ungenügender Ausbildung und Selbstkritik des Untersuchers) den Nachteil der Unvollständigkeit und der Abhängigkeit des Informationsgehaltes nicht nur vom Patienten (das gilt auch für standardisierte Selbst- und Fremdbeurteilung), sondern auch vom Un-

---

[16] Lit. s. ARGELANDER 1970, JACOB 1962, MC KINNON u. MICHELS 1971, MEERWEIN 1974, STEVENSON 1971, SULLIVAN 1955

tersucher, seiner Motivation, seinem Interesse, seinem nosologischen Konzept, der von ihm mitgestalteten Untersuchungssituation, von der Art, dem Tonfall, der Formulierung, der Reihenfolge der Fragen. Standardisierte Erhebungen haben den Vorteil der Vollständigkeit und Regelhaftigkeit (Vergleichbarkeit), den Nachteil eines u. U. unkontrollierbaren Informationsverlustes durch den Mangel an Flexibilität und Spontaneität, der Behinderung oder Unterbindung der Patient-Untersucher-Beziehung und damit auch der Einleitung einer therapeutischen Beziehung.

b) Das im Gespräch und in der Beobachtung Erfahrene wird beschrieben und mit einem Terminus benannt *(Symptom-Diagnose)*.

c) Zusammengehörige Symptome (zeitlich, inhaltlich usw.) werden zu Syndromen zusammengefaßt *(Syndromdiagnose)*.

1.4.2. 1.2. Somatostatus

Körperliche (bes. auch neurologische) Untersuchung und Laboratoriums-Untersuchungen (z. B. Blutdruck, Blutzucker, EEG, Liquor u. v. a.).

1.4.2. 2. Die Anamnese

a) Allgemeine Anamnese
Biographische, soziale, medizinische Daten

b) Spezielle Krankheitsanamnese
Entwicklung des jetzigen Krankheitsbildes. Verlauf

c) Familienanamnese
Soziale und medizinische Daten. Heredität

d) Eigenanamnese
Vom Patienten selbst erhobene Angaben zu a) bis c).

e) Fremdanamnese
Von Auskunftspersonen (meist Angehörigen, Bekannten, Kollegen, Vormündern, Fürsorgern usw.) erhobene Angaben zu a)–c).

1.4.2. 3. Der differentialdiagnostische Prozeß

Welche Zuordnungen des beschriebenen Bildes zu den erhobenen Befunden und zu den anamnestischen Angaben kommen in Frage? Gibt es Hinweise für das Vorliegen körperlich begründeter psychischer Störungen?

Gibt es Leitsymptome, -syndrome, die eine regelhafte Zuordnung erlauben („Mustererkennen")?

Welche Diagnosen scheiden aus? (Per-exclusionem-Diagnose)

Mit Hilfe welcher aus klinischer Untersuchung und Anamnese gewonnenen, u. U. nachträglich einzuholender Informationen kann ich zu einer Vermutungsdiagnose kommen? Welche Zusatzdaten brauche ich, um diese *heuristische diagnostische Hypothese* zu erhärten?

In praxi spielt die „intuitive" Anhiebsdiagnose (die klinische „Nase"), oft schon nach wenigen Minuten gefällt, eine ungemäß große Rolle.

Beispiel:

1. Psychopathologie-Status:
a) Symptomebene: Antriebslosigkeit, gedrückte Stimmung, Denkhemmung, Angst usw.
b) Syndromebene: depressiv-gehemmtes Syndrom

2. Somatostatus: Lichtstarre Pupillen, Reflex-, Sprachstörungen usw.

3. Anamnese:
a) Verlauf: chronisch zunehmende Erkrankung
b) Biographisch: Bis vor Beginn der Erkrankung im mittleren Alter unauffällige Entwicklung
Kein erkennbarer lebensgeschichtlicher Anlaß
c) Sozial: Lebt in geordneten, wirtschaftlich gesicherten Familienverhältnissen
d) Medizinisch: Vor 15 Jahren genitaler Infekt. Einmalige Injektionsbehandlung
4. Verdachtsdiagnose: chronische Depression bei progressiver Paralyse
5. Zusatzuntersuchung im Blut/Liquor: positive Lues-Reaktionen
6. Diagnose: chronische Depression bei progressiver Paralyse (Zustandsdiagnose und ätiologische Diagnose)

1.4.3. Die Diagnose – Zuordnung in der Nosologie

Das Ziel des diagnostischen Entscheidungsprozesses ist die Zuordnung eines klinisch feststellbaren Erscheinungsbildes zu einer Diagnose im Sinne einer ätio-pathogenetischen Krankheitsbezeichnung.

Dieses Ziel ist aber infolge noch weit verbreiteten Unwissens um die Ursachen psychiatrischer Erkrankungen (bes. auf dem Gebiet der sogenannten endogenen Psychosen) längst nicht immer zu erreichen. Dann muß sich die Diagnostik auf eine Zustands-Verlaufs-typologie beschränken.

Ähnliche Zustands-Verlaufsbilder sind aber in der Psychiatrie ätio-pathogenetisch oft heterogen. Verschiedene (somatische und psychische) Noxen können zu ähnlichen Krankheitsbildern führen (z. B. schizophrenieartige Psychosen bei belastenden Lebensereignissen, bei Temporallappenepilepsie, bei LSD-Vergiftung u. a.). Und gleiche Noxen können zu verschiedenen Zustandsbildern führen (z. B. chronischer Alkoholismus zu Delirien, zu Halluzinose, zu Demenz, zu Epilepsie).

1.4.3. 1. Grundformen psychischer Störungen (nosologisches Grundschema)

1.4.3. 1.1. Psychosen als Begleiterscheinung von Körperkrankheiten

a) diffus – organisches Psychosyndrom (BLEULER)

b) lokal – hirnlokales Psychosyndrom (BLEULER)

c) akut – akuter exogener Reaktionstyp (BONHOEFFER)

d) chron. – chronisches organisches Psychosyndrom, Demenz.

1.4.3. 1.2. Abnorme Reaktionen und Entwicklungen

Folgen von belastenden lebensgeschichtlichen Erfahrungen

a) Unmittelbare Reaktionen (z. B. reaktive Depression)

b) Neurosen: abnorme Entwicklungen bei (oft verborgenen, in der Psychotherapie aufzudeckenden) meist in der Kindheit erfolgten Schäden, ungelösten Konflikten usw. Suchten, Perversionen

c) Psychosomatische Erkrankungen: vorwiegend im Leiblichen sich manifestierende Neurosen

1.4.3. 1.3. Abnorme Anlagen

a) Der Intelligenz: Oligophrenien (mental retardation)

b) Der Persönlichkeit: Psychopathie (personality disorder) (Schwer zu trennen von neurotischen Entwicklungen)

1.4.3. 1.4. Sogenannte endogene Psychosen (functional psychoses)

a) Affektpsychosen

b) Schizophrenien

Die World Health Organisation hat eine „International Classification of diseases" auch für psychiatrische Krankheiten i. w. S. und dazu ein „Glossary of mental disorders" erstellt, die der internationalen Verständigung und Vereinheitlichung in Diagnostik und Therapie dienen (Lit. s. unter WHO 1971).

Für wissenschaftliche Zwecke empirisch-statistischer Forschung gibt es zahlreiche Instrumente zu standardisierter Erhebung, Dokumentation, auch eine standardisierte Informationsverarbeitung und Computerdiagnostik (Lit. s. COOPER, J. E. 1970, KREITMAN 1961, MOMBOUR 1972, PICHOT u. MARTIN 1974, SARTORIUS u. Mitarb. 1970, SHEPHERD u. Mitarb. 1968, SPITZER u. ENDICOTT 1969, WING 1970, 1974, ZUBIN 1967).

Für die Praxis der Behandlung des einzelnen kranken Menschen aber muß man immer eine *„Individualdiagnose"* (CURTIUS 1959) erstellen, d. h. die Persönlichkeit des Kranken in ihrer Werdensgeschichte, in ihrem situativ-lebensgeschichtlichen, d. h. immer auch sozialen Kontext – wirtschaftlicher, familiärer, Wohnsituation usw. – berücksichtigen!

1.4.4. Die Diagnose – therapeutische Handlungs- anweisung

Der Sinn der Diagnose ist die Handlungsanweisung für Therapie und Prophylaxe.

Werden die Symptome nicht sorgfältig und richtig erfaßt, so wird die richtige Diagnose versäumt – und damit vielfach die (nach dem jeweiligen Forschungsstand) einzuschlagende Therapie.

Wird z. B. eine Depression bei progressiver Paralyse nicht erkannt, sondern als erlebnisreaktive Depression mißdeutet, so unterbleibt die lebensrettende Penicillinbehandlung. – Wird eine „Verwahrlosungsentwicklung" einer Adoleszentin nicht als Erstmanifestation einer affektpsychotischen Manie erkannt, so unterbleibt u. U. die heilende Lithiumprophylaxe. – Wird in der „Unaufmerksamkeit" eines Schülers nicht die Absence erkannt, so unterbleibt die klärende EEG-Untersuchung und die antiepileptische Therapie. – Wird eine apathische Gleichgültigkeit und Abstumpfung auf mangelnde soziale Stimulation, auf Isolation und Involutionsalter bezogen, so kann u. U. ein Hirntumor unerkannt weiter wachsen. – Wird bei einer fahrigen Aufgeregtheit die Thyreotoxikose übersehen, so unterbleibt die gezielte Therapie. – Wird ein phasisch Depressiver als neurotisch Depressiver eingestuft, so versäumt er die Hilfe von Antidepressiva und Lithium. – Wird ein Schizophrener nicht erkannt und als „Neurotiker" „auf die Couch gelegt", so kann seine Psychose exacerbieren usw.

1.5. Wissenschaftstheoretische Bemerkung

> *„Das Höchste wäre zu begreifen,*
> *daß alles Faktische schon Theorie*
> *ist." (Goethe)*

In der Psychopathologie stehen verschiedene Schulen unintegriert nebeneinander oder kommen gar unreflektiert durcheinander und gegeneinander zur Anwendung.[17]

Jede empirische Forschung in den Realwissenschaften beginnt mit der Beobachtung und Beschreibung. Sogar darin ist immer schon Theorie im allgemeinen Sinn, Anschauungsweise. So sagte POPPER (1968): „Clinical observations, like all other observations, are interpretations in the light of theories". Von der Einzelbeobachtung nehmen die verschiedenen phänomenologischen Bemühungen ihren Ausgang, wenn sie in der sogenannten Reduktion „alles" bloß Gemeinte, Vermutete, scheinbar Sichere möglichst auszuschließen und den „Kern" (das Phänomen) eines gegebenen Sachverhaltes, das Invariante im individuell Variierenden zu finden suchen (HUSSERL 1913). Es ist ein Idealziel, „alles Theoretische" auszuschließen, die Sache selbst rein zu Wort kommen zu lassen. Denn all unsere Auffassung ist schon Theorie! Eine weitere Entwicklung brachte die phänomenologische Hermeneutik (HEIDEGGER 1927, GADAMER 1972).

Von der phänomenologischen Hermeneutik ist die „Tiefenhermeneutik" (HABERMAS 1973) der Psychoanalyse abzugrenzen, eine explikativ-hermeneutische Methode im terminologischen Gewande der Naturwissenschaft. Es ist die große Tat FREUDS, Wege zu diesem Verstehen gebahnt zu haben.[18] Leider hat er das schlicht Vorfindbare bald verlassen: „Die wahrgenommenen Phänomene müssen in unserer Anschauung gegen die nur angenommenen Strebungen zurück treten" (Ges. Werke, XI, S. 62). Darin liegt eine Gefahr: die Verführung, um der Stimmigkeit der Theorie willen die Sache vorzeitig zu verlassen, sich im Deuten aus einer kreativen Phantasie

---

[17] Lit. s. BOCHENSKI 1954, BOSS 1971, GADAMER 1972, HABERMAS 1973, KUHN, Th. 1973, LORENZER 1973, 1974, MEERWEIN 1965, PERREZ 1972, POPPER 1968, RAPAPORT 1970, SAVIGNY 1974, SCHARFETTER 1973, 1974, SEIFERT 1971, SLATER 1972, 1973, 1975, ferner die mit weiterführender Literatur versehenen Sammelbände von ZIMMERLI 1974 und HOLZHEY 1974
[18] Zur Vorgeschichte FREUDS s. ELLENBERGER (1970) – Zur existentiellen Bedeutung der Psychoanalyse s. KUNZ (1930, 1956, 1975)

der Verbindlichkeit des Aufweisbaren durch Hypostasierung zu entziehen.[19]

Auch die empirisch-nomothetische Forschung will überindividuell, „allgemein" Gültiges feststellen und regelhafte Zusammenhänge zeigen. Die Wege zu diesem Ziel sind verschieden. Einmal ist es die Idiographie und die hermeneutisch auslegende Interpretation, das andere Mal die von operationalisierten Begriffen, standardisierter Erhebung und Dokumentation ausgehende empirisch-statistische Methode. Diese Methoden sind nicht als Alternativen gegeneinander auszuspielen. Hermeneutik zielt auf Verstehen des Einzelnen und des allgemein menschlich Gültigen in seinem Gewordensein. „Hermeneutik ist Wirkungsgeschichte" (GADAMER 1972, S. 283). Die empirisch-statistische Forschung, die den einzelnen kranken Menschen nicht erfaßt, kann auf dem Wege anderer Methoden erarbeitete Ergebnisse auf ihre Allgemeingültigkeit im Sinne von Regelhaftigkeit überprüfen helfen.

Mit der Feststellung des Sachverhaltes (die immer schon Theorie enthält) beginnt die Hypothesenbildung. Plausible Hypothesen gelten so lange, bis sie widerlegt oder durch bessere ersetzt werden können. Die Wissenschaft konstruiert zur Erklärung von Zusammenhängen in der Entwicklung eigener Sprachen Theorien. Hier gehen die Versuche auseinander: Psychoanalyse, Behaviourismus, Lerntheorie, Gestaltpsychologie, Kommunikationspsychologie und viele andere Richtungen. Der Theorienpluralismus ist unentbehrlich und bei methodologischer „Sauberkeit" fruchtbar, solange nicht in der Sprache einer Theorie gegen eine andere argumentiert wird.

Vgl. BOCHENSKI (1954, S. 139): „Angesichts dessen aber, was unsere zeitgenössische Methodologie zu sagen hat, sind verschiedene Methoden des Denkens gar nicht ausschließende Alternativen, sondern komplementäre Aspekte des Denkens." – Die Wahl der Denkmethode, ja des Denkzieles, ist eine vorwissenschaftliche Entscheidung; auch die philosophische Denkungsart ist Ausdruck des Wesens eines Menschen. Die „Psychologie der Philosophie" ist noch ungeklärt (s. JASPERS 1925).

---

[19] Es ist die Gefahr des Sprungs in die Erklärung.
Vgl. dazu GOETHE (Maxime Nr. 428): „Theorien sind gewöhnlich Übereilungen eines ungeduldigen Verstandes, der die Phänomene gerne los sein möchte und an ihre Stelle deswegen Bilder, Begriffe, ja oft nur Worte einschiebt."
NIETZSCHE (1955): „Mit dem Unbekannten ist die Gefahr, die Unruhe, die Sorge gegeben, – der erste Instinkt geht dahin, diese peinlichen Zustände wegzuschaffen ... Beweis der Lust („der Kraft") als Kriterium der Wahrheit."

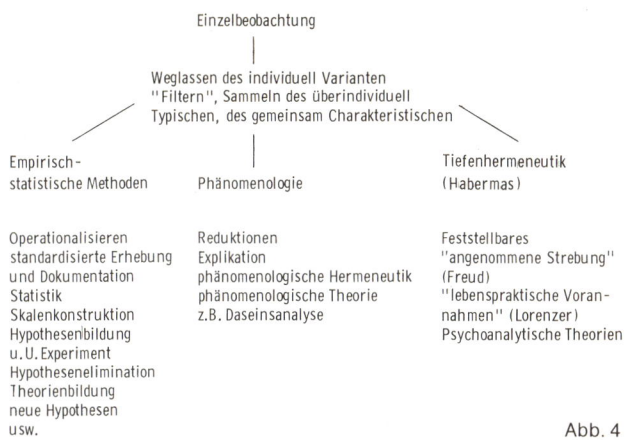

Wege empirischer Forschung in der Psychiatrie

Einzelbeobachtung

Weglassen des individuell Varianten
"Filtern", Sammeln des überindividuell
Typischen, des gemeinsam Charakteristischen

Empirisch-statistische Methoden	Phänomenologie	Tiefenhermeneutik (Habermas)
Operationalisieren standardisierte Erhebung und Dokumentation Statistik Skalenkonstruktion Hypothesenbildung u. U. Experiment Hypothesenelimination Theorienbildung neue Hypothesen usw.	Reduktionen Explikation phänomenologische Hermeneutik phänomenologische Theorie z. B. Daseinsanalyse	Feststellbares "angenommene Strebung" (Freud) "lebenspraktische Voran-nahmen" (Lorenzer) Psychoanalytische Theorien

Abb. 4

Theorien sind Versuche, verbindlich benannte Sachverhalte sinn-voll aufeinander zu beziehen zu einem systematisch geordneten, in sich widerspruchsfreien Gefüge von Sätzen, die den Sachver-halt möglichst treffen (Formulierung in Anlehnung an BOCHENSKI 1954).

Der Wert einer Theorie wird daran gemessen:
1. Wieviel läßt die Theorie möglichst einfach (ökonomisch) erklä-ren und verstehen?
Anhand des Feststellbaren sollte jedes komplexe Theoriengebilde immer neu daraufhin befragt werden, was davon nötig ist und bei-behalten werden darf (Theorienreduktion).

2. Welche Voraussagen sind aus dieser Theorie möglich? D. h. hier: welchen Wert haben aus dieser Theorie abgeleitete Handlungsan-weisungen für unser therapeutisches Tun?

Ausgangspunkt und „Prüfstand" für alle verschiedenen Theorien-bildungen sollte die sorgfältige Deskription der „Sache" bleiben.

Jede Forschung muß sich auf Einzelbeobachtungen stützen. Dabei ist die Perspektive des einzelnen Beobachters nicht einfach auszu-schalten. Daß die Sache sich von sich selbst her zeige, und zwar eindeutig, so daß wir zu einer sachgemäßen und beobachter-unbe-einflußten Aussage kämen, ist eine Hoffnung, aber nie eine Sicher-heit. Einzelnes kann immer nur mit Hilfe von allgemeinen Begrif-fen erfaßt werden, die selbst einer Theorie (ob nun vergegenwär-tigt und formuliert oder nicht) angehören.

Allgemeine Begriffe beinhalten die Gefahr, ein Wissen vorzugeben, wo wir nur Vorstellungen, Imaginationen haben oder nicht einmal das. Das gilt z. B. für die in verschiedensten Theorien so reichlich verwendeten Begriffe Struktur und Dynamik. Hin und hin werden komplizierte Konstruktbegriffe, die eine Sache im Sinne einer Theorie interpretieren helfen sollen, zur Beschreibung verwendet. Und Beschreibung wird vielfach fälschlich mit Phänomenologie gleichgesetzt.

In Konstrukten, in Bildern, die wir uns bilden, vollzieht sich unser „Erfassen" unserer Welt. Wir hoffen, daß Menschen redlichen Bemühens dabei einigermaßen ein Gemeinsames treffen.

LORENZ (1973) ist überzeugt, daß der „Weltbildapparat" des Menschen, d. h. unsere Denk- und Anschauungsformen „ein wirkliches Bild der Wirklichkeit" ermöglichen, „allerdings eines, das in kraß utilitaristischer Weise vereinfacht ist" (S. 17). – „Der physiologische Apparat, dessen Leistung im Erkennen der wirklichen Welt besteht, ist nicht weniger wirklich als sie" (S. 32).

Die Welt ist kompliziert genug für unser Verstehen. Wir haben allen Grund, nur die Konstrukte mitzuschleppen, ohne die wir im gegenwärtigen Stand unserer Wissenschaft nicht auszukommen glauben.

Wir haben allen Grund, uns immer weiter um eindeutige und klare Begriffe zu bemühen und nicht beschreibende und interpretierende Termini, also Wörter von verschiedener Bedeutungsebene, durcheinander zu verwenden.

Herr L. schrieb davon: „Selbst Gott kann nicht Wörter mit zwei speziellen gegensätzlichen Bedeutungen benutzen, um uns Menschen in einer guten verständlichen Art zu lehren" (P 149).

2. Bewußtsein

Engl. consciousness

2.1. Definition

Die Verwendung des Abstraktum „das Bewußtsein" darf nicht darüber hinwegtäuschen, daß Bewußtsein nicht substantivierbar ist im Sinne einer Substantialisierung (wie z.B. bei DESCARTES: res cogitans). *Bewußtsein ist bewußtes Sein* (EY 1963: être conscient), wissend um sich selbst und die Welt. Mit anderen Worten: der wache Mensch hat nicht Bewußtsein, sondern ist bewußt-Seiender, ist selbst unterschiedlich waches, empfindendes, erlebendes, fühlendes, gestimmtes, rational wissendes, tätiges Bewußtsein.

Bewußtsein als conscientia ist immer vernehmendes Wissen i. w. S. um etwas, ist immer bezogen auf etwas.[1] Damit ist die soziale Dimension des Bewußtseins (im weiten Sinne des Mitseins mit Menschen und Dingen, des Bezogenseins) genannt. Bewußtseiender Mensch und Gegenstand des Bewußtseins gehören zusammen. Die konstrukthafte Trennung von Bewußtsein als Akt von Bewußtsein als Inhalt ist unnötig.

2.2. Funktionsbereiche

„Consciousness is awareness of self and environment." Diese Formulierung von COBB (1957) faßt in Kürze 3 große Bereiche zusammen, die sich folgend bestimmen lassen:

2.2.1. Das Wachen (Vigilanz)

Wachsein ist Voraussetzung des klaren Bewußtseins.

2.2.2. Bewußtseinsklarheit

Darin kann der Mensch die in seinem Horizont sich zeigenden Gegenstände als solche erfahren: perzeptive und kognitive Funktionen.

---

[1] Dem entspricht auch der etymologische Sinn von Bewußtsein als bi-bei-wizan; bei = auf etwas zu; Gerichtetheit, Intentionalität des Bewußtseins. – Daher sagt man auch von einem vollbewußten Menschen: „Er ist bei sich" und von einem, der aus einer Bewußtseinsstörung erwacht: „Er kommt wieder zu sich".

2.2.3. Selbst-(Ich)-Bewußtsein

Der Gesunde weiß sich selbst als Erlebenden und Handelnden, ist seiner selbst als lebensgeschichtlich zusammenhängendes („durchhaltendes", Boss 1971) einheitliches Selbst inne (s. dazu S. 36). Dazu gehört Erfahrungs- und Realitätsbewußtsein und Zeiterleben.

Die folgende Graphik gibt eine Übersicht über die Bereiche des Bewußtseins. Die (im Kreis) „inneren" Bereiche sind Vorbedingungen für die „äußeren". Ohne Wachsein keine Bewußtseinsklarheit, ohne diese kein klares Ichbewußtsein, Erfahrungsbewußtsein, Realitätsbewußtsein, Zeiterleben.

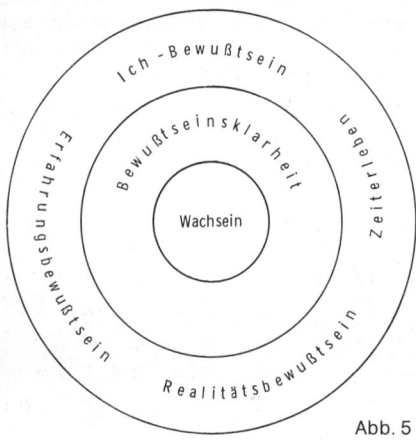

Abb. 5

2.3. Wachsein (Vigilanz)

Das Wachsein ist kein gleichmäßiger Zustand, sondern ein wechselndes Geschehen. Es unterliegt Schwankungen (Wachseinsstufen, Vigilanzgrade), die

a) vom Organismus selbst reguliert werden (Eigensteuerung des Schlaf-Wach-Rhythmus und der Grundaktivität)

b) von dem gesamten Befinden des Menschen abhängen (z. B. Gesundheit, Stimmung u. v. a.). Z. B. Angst, Schreck, Freude usw. wecken, halten wach; Schmerz, kaltes Wasser, Lärm wirkt als „Weckreiz". Eintönigkeit (Reizarmut, Langeweile) machen schläfrig.

Anatomische und physiologische Grundlagen[2]
Substantia reticularis, Hypothalamus und Stirnhirn sind die wichtigsten anatomischen Grundstrukturen des „arousal system". Sie allein ergeben aber nicht „Bewußtsein"; sondern ihre Interaktion mit dem gesamten Gehirn ist eine leibliche Vorbedingung des Bewußtseins. Für die Aktivität dieses Systems sind humoralendokrine (z. B. Adrenalin), vegetative (Sympathicus, Parasympathicus), vaskuläre (Durchblutung), sensorische (Sinneszustrom) u. a. Abhängigkeiten anzunehmen. Es bestehen enge Beziehungen zur zentralen Atemregulierung (daher vielleicht Gähnen in herabgesetzter Wachheit), zu den Augenbewegungen (hohe Wachheit: rasche Augeneinstellung; Schläfrigkeit; Verlangsamung der Blickzuwendung, „Zufallen" der Lider) und zur allgemeinen Motorik (im Wachen guter Muskeltonus und Bewegungsbereitschaft; in der Schläfrigkeit schlaffer Tonus und Bewegungsarmut). Der Wachheitsgrad (Vigilanzstufe) spiegelt sich in der hirnelektrischen Aktivität und kann daher mit dem Elektroenzephalogramm (EEG) „objektiv" gemessen werden.

Untersuchung
Der Grad des Wachseins wird erfahren:

1. Aus der Selbstbeobachtung

2. Klinisch aus der Befragung und Verhaltensbeobachtung

Ein wacher Mensch wendet sich aktiv einem anderen Menschen oder einer Sache zu (im Sehen, Hören, Fühlen, Denken, Sprechen usw.) und ist jederzeit handlungsbereit.

Vom Wachsein führen verschiedene Stadien der Schläfrigkeit zum Schlaf: Abwendung von der Umwelt, geschlossene Augen, Fehlen der Aufmerksamkeit, verminderter Muskeltonus, reduzierte Motorik, verminderte Reaktionsbereitschaft, veränderter Atemrhythmus usw. Der Schläfer bleibt durch Sinnesreize weckbar (wichtig zur Unterscheidung von Bewußtseinsstörungen).

2.4. Bewußtseinsklarheit (-helligkeit, Luzidität)

Die Bewußtseinsklarheit ist eng mit dem Grad des Wachseins verbunden. Nur ein voll wacher Mensch hat klare perzeptive, kognitive, intellektuelle, mnestische usw. Funktionen zur Verfügung.

Die Stufen der Bewußtseinsklarheit von Erfahrung i. w. S. reichen vom

---

[2] Grundlage meint notwendige, aber nicht allein zureichende Bedingung

– präreflexiven (vorprädikativen, deshalb auch sprachlich nicht mitteilbaren) Empfinden (diffuse Anmutung, Protopathik) über immer deutlicher

– bewußtes Wahrnehmen mit Aufmerksamkeit und Konzentration bis zum

– reflektierten Auffassen und Erkennen (Epikritik).[3]

Damit sind bereits intellektuelle Leistungen genannt: Auffassen und Erkennen, Orientierung, Verstehen, in Beziehung setzen, in einem Sinnzusammenhang beurteilen, in Sprache mitteilen, sinnvoll und zielgerichtet handeln. Zu all dem trägt mit Hilfe der mnestischen Funktionen auch die bisherige Lebenserfahrung (alles Gelernte) bei.

Die voll reflektierte Übersicht über eine Situation in Zusammenhang mit dem gesamten lebensgeschichtlichen Kontext nennt man Besonnenheit (Besinnung, STOERRING 1953).

In der Klarheit des „bewußten" Erkennens sagt uns unser „Gegenstandsbewußtsein" (JASPERS 1959), ob wir Gegenständliches oder Ungegenständliches vor uns haben (s. Kapitel Wahrnehmung) und unser Erfahrungs- und Realitätsbewußtsein (s. d.), ob das Erfahrene von uns gemeint, vermutet, vorgestellt („eingebildet") oder tatsächlich gegeben ist.

Anatomische und physiologische Grundlagen
Außer den für die Vigilanz genannten Strukturen ist für die Bewußtseinsklarheit, besonders in der höchsten Stufe der Besinnung, das gesamte Gehirn in seiner integrativen Funktion nötig.

Untersuchung
Klinisch wird die Bewußtseinsklarheit geprüft durch Befragung und Beobachtung über die Funktion der Sinne (Sensorium), Orientierung (s. d.), Aufmerksamkeit, Möglichkeit der geordneten sprachlichen Verständigung zu sinnvollem, situationsangepaßtem und zielgerichtetem Handeln.

2.5. Pathologie des Bewußtseins – Bewußtseinsstörungen – Störungen der Vigilanz und der Bewußtseinsklarheit

Störungen des gesamten Erlebens und Verhaltens in unterschiedlichem Grad. Beeinträchtigung des sensoriell-sensiblen Auffas-

---

[3] In dieser Sicht sind bewußt – unbewußt keine Gegensätze, sondern Extreme eines Kontinuums.

sens, der wachen und gezielten Reagibilität auf Umweltreize, der Aufmerksamkeit, der Orientierung in Ort, Zeit, Situation und hinsichtlich der eigenen Person, der Ordnung des Denkens, Wollens, Handelns, der Klarheit (Eindeutigkeit der eigenen Intention) und Zielgerichtetheit in der Zuwendung und Auseinandersetzung mit der Umwelt. Vielfach Wachheitsveränderungen (Vigilanz-Verschiebungen). Meist sind qualitative Bewußtseinsstörungen (Bewußtseinsveränderungen, -verschiebungen) mit quantitativen, intensitativen (Vigilanzstufen) verbunden.

2.5.1. Vorwiegend quantitative Herabsetzung des Bewußtseins – Bewußtseinsstörungen und Bewußtlosigkeit

Engl.: clouding, loss of consciousness

Stufen:
2.5.1.1. Benommenheit (engl. stupor, obnubilation)
2.5.1.2. Somnolenz (engl. drowsiness, somnolence)
2.5.1.3. Sopor
2.5.1.4. Koma (engl. coma)

2.5.2. Qualitative Bewußtseinsstörungen

2.5.2.1. Delirium tremens
2.5.2.2. Dämmerzustand (engl. twilight state)
2.5.2.3. Oneiroid (engl. dreamlike state)
2.5.2.4. Verwirrtheit (Amentia) (engl. confusion)
2.5.2.5. Parasomnische Bewußtseinslage (engl. parasomnia, coma-vigil)

2.5.3. Bewußtseinssteigerung (-erweiterung)

2.5.1. 1. Benommenheit

Leichte Beeinträchtigung der Bewußtseinshelligkeit (Klarheit) und der Wachheit. Meist Schläfrigkeit, Aspontaneität, Verlangsamung. Ohne Anregung (allein gelassen) scheint der Patient oft wie im Schlaf. Kann aber auch noch herumgehen und einigermaßen geordnet handeln. Durch Ansprechen oder Anfassen weckbar. Der Kranke versteht noch einfache Aufträge (Hand geben, Zunge zeigen) und kann sie noch befolgen, allerdings sehr verlangsamt. Meist keine geordnete Zuwendung zur Umgebung. Vielfach partiell desorientiert. Nur geringe spontane Wortäußerungen, vielfach schweigend, allenfalls flüsternd.

2.5.1. 2. Somnolenz

Der Kranke ist sehr apathisch, stark verlangsamt und schläfrig. Er schläft, alleingelassen, immer wieder ein, ist aber durch lautes Ansprechen oder Anfassen gut weckbar. Darauf zunächst staunig, oft aber noch einigermaßen orientiert. Wenn der Kranke überhaupt noch spricht, ist seine Wortformung (Artikulation) meistens schlecht (murmeln). Keine spontanen Äußerungen mehr und nur wenig spontane Bewegungen: Abwehr- oder Ausweichbewegungen bei Schmerzreizen, Lagekorrektur. Reflexe erhalten, Muskeltonus etwas vermindert. Schluckreflex, meist auch Hustenreflex vermindert.

2.5.1. 3. Sopor

Der Kranke ist nur mehr mit Mühe, d. h. nur durch starke Weckreize (wie Schütteln, Zwicken, Stechen) weckbar. Keine verbalen Äußerungen zu erzielen, meist auch keine Schmerzlaute mehr. Bei Schmerzreizen Verziehen der Mimik, allenfalls noch Abwehrbewegungen. Meist keine Lagekorrekturen mehr. Reflexe erhalten, Muskeltonus herabgesetzt. Atmung meist wie bei einem Schläfer, langsam und ziehend, meist noch rhythmisch.

2.5.1. 4. Präkoma (Subkoma) und Koma (I–IV)

Der Patient ist nicht mehr weckbar. Auch auf stärkste Weckreize erfolgt keine Abwehr- oder Ausweichbewegung mehr. Der Muskeltonus ist stark herabgesetzt, die Muskeln sind schlaff. Subkoma und die vier Stadien des Komas werden nach dem neurologischen und elektroenzephalographischen Befund unterschieden. Im Subkoma sind der Lichtreflex der Pupille und der Cornealreflex (Blinzeln auf Hornhautberührung) noch erhalten, während die Hautreflexe (Fußsohlenreflex) und die peripheren Sehnenreflexe verloren gehen. Im Koma erlöscht schließlich auch der Cornealreflex und zuletzt der Lichtreflex der meist weiten Pupillen. Meist auch Veränderung der Atmung (Verlangsamung, apnoische Pausen, Unregelmäßigkeit der Atmung).

Vorkommen:
Die Bewußtseinstrübung von der Benommenheit bis zum Koma hat immer eine zerebrale Funktionsstörung, die das Gehirn direkt oder indirekt trifft, zur Ursache.

In Frage kommen:
– Schädeltrauma:
Commotio cerebri (Gehirnerschütterung)

Contusio cerebri (Gehirnquetschung)
Compressio cerebri (Zusammenpressen des Gehirns, z. B. durch eine Blutung)

– Hirndrucksteigerung aus verschiedenen Ursachen, z. B. bei einem Tumor, bei einer intrakraniellen Blutung usw. Hirndrucksteigerung führt zu einer Störung der Blutversorgung und zu einer Mangelernährung der Nervenzellen.

– Durchblutungsstörungen (Ischämie)
Bei Arteriosklerose, bei embolischem oder thrombotischem Verschluß von Hirngefäßen (Apoplexie), bei Blutungen aus Gehirngefäßen (Hämorrhagia cerebri) oder Gefäßen der Gehirnoberfläche und -häute (Subarachnoidalblutung). Verschiedene andere Gefäßerkrankungen (Morbus Bürger, Aneurysma, Migräne).

– Sauerstoffmangel in der Atemluft, bei Strangulation (Erwürgen, Erhängen), bei Kollaps, bei starkem Blutverlust, bei Kohlenoxydvergiftung.

– Beim epileptischen Anfall kommt es akut zu einer völligen Bewußtlosigkeit. Nachher besteht eine postkonvulsive Bewußtseinsstörung verschiedener Dauer.

– Schwere Entzündungen des Gehirns und seiner Häute
(Enzephalitis, Enzephalomeningitis).

– Toxische Hirnschädigung:
Exogen, z. B. bei schweren Infektionskrankheiten (z. B. Typhus), bei Vergiftungen mit Schlafmitteln, mit Alkohol, mit Narkotika, mit Kohlenmonoxyd.

– Endogene Vergiftungen bei Stoffwechselzusammenbruch im Leberkoma, bei Urämie, bei Hypoglykämie, bei Eklampsie, bei endokrinen Störungen (z. B. thyreotoxisches Koma).

2.5.2. 1. Delirium tremens

Tiefere Bewußtseinsstörungen (quantitativer und qualitativer Art) mit gesteigerter psychomotorischer Aktivität. Partielle oder totale Desorientierung (confusion), Inkohärenz des Denkens (Verwirrtheit und Verworrenheit), illusionäre Verkennung der Umgebung, Halluzinationen (besonders optische, aber auch vestibuläre, akustische, manchmal taktile).

Oft sind optische Halluzinationen suggerierbar. Der Kranke ist meist durch Anreden oder Anrufen noch zugänglich, gleitet aber gleich wieder ab. Störungen des Schlaf-Wachrhythmus (Delir beginnt oft abends, nächtliche Unruhe und Steigerung der Verwirrtheit). Häufig vegetative Begleiterscheinungen (Schwitzen, Tachykardie, Talgsekretion, Hautrötung, grobes Zittern, Temperaturerhöhung, Austrocknung). Bei klassischem Alkoholdelir ist die Grundstimmung oft heiter und angeregt, gelegentlich aber auch von Angst erfüllt. Dies vor allem bei Vermengung von Delirium und Halluzinose.

Leichtere Grade des Deliriums werden auch als *Subdelirium, abortives Delir, Prä-Delir* bezeichnet.

Beispiele:

Ein 55jähriger Bauarbeiter, der seit einem Tag mit einer Lungenentzündung im Krankenhaus liegt, steht gegen Abend aus seinem Bett auf, wird unruhig, nestelt herum, geht ans Fenster und führt eine laut polternde Unterhaltung in den Park hinaus. Er sieht im nächtlichen Park Gestalten, die ihm Zeichen geben und die zu ihm sprechen. Auf Anreden ist er unwirsch und abweisend und ist situativ desorientiert.

Ein anderer sieht im Zimmer lauter Glasfäden von der Decke herunterhängen, die sich wie im Wind bewegen. Er selbst fühlt sich in seinem Bett geschaukelt (vestibuläre Halluzinationen).

Ein anderer sieht eine ganze Gruppe Elefanten (klein wie Hasen) über die Wand des Saals dahinziehen.

Ein anderer liest einige wenige Worte von einem leeren Blatt Papier ab. Ein anderer sammelt Käfer in die Schublade eines Nachtkästchens. Ein anderer sieht kleine bunte Vögel auf seiner Bettdecke, die einander mit den Flügelspitzen berühren. Er ist ganz verzückt von diesem Anblick, lächelt und strahlt. Dabei ist die Temperatur erhöht, er schwitzt, hat gerötete Haut und erweist sich bei Nachfragen zeitlich, örtlich und situativ desorientiert.

Vorkommen

Delirium gibt es keineswegs nur als Komplikation eines chronischen Alkoholismus, sondern auch bei anderen als alkoholischen Vergiftungen: z. B. verschiedenste Medikamente wie Atropin, Antiparkinsonmittel, Antidepressiva, Cocain, Fliegenpilzvergiftung usw. Auch körpereigene Gifte (z. B. Stoffwechselentgleisungen) können zu deliriumartigen Zuständen führen.

Deliriumartige Bilder kann man aber auch bei ganz akut verworrenen endogenen Psychosen sehen (sogenanntes schizophrenes Delirium, eine wenig gebräuchliche Bezeichnung).

2.5.2. 2. Dämmerzustand

Einengung des Bewußtseinsfeldes mit ausschließlicher Ausrichtung auf bestimmtes inneres Erleben und Aufhebung (oder Verminderung) der Beachtung der Umwelt. Verminderte Ansprechbarkeit auf Außenreize. Die Aufmerksamkeit auf die Umwelt ist beeinträchtigt bis aufgehoben. Das Denken ist in unterschiedlichem Grade unklar (bis zur Verwirrtheit).

Illusionäre Verkennung der Umgebung ist häufig. Halluzinationen auf den verschiedensten Sinnesgebieten kommen vor. Affektiv kommen ängstliche Tönungen, aber auch beseligt-ekstatische vor. Die Psychomotorik kann unauffällig sein oder auch im Sinne der Steigerung oder Minderung gestört. Dämmerzustände beginnen und enden meist innerhalb kurzer Zeit, gehen vielfach in Schlaf über. Nachfolgend totale Amnesie.

Im sogenannten *orientierten Dämmerzustand* ist die Aufmerksamkeit, das Denken und Urteilen eingeengt. Das was gedacht wird, kann dabei noch geordnet sein. Daher kann das äußere Handeln auch geordnet erscheinen.[4]

Vorkommen
Dämmerzustände teilt man nach der Ursache ein in *organische* und *psychogene* Dämmerzustände.

Organische Ursachen sind: Epilepsie (psychomotorische Epilepsie, postparoxysmaler Dämmerzustand), Hirntrauma (postkommotioneller Dämmerzustand), Zirkulationsstörungen (Arteriosklerose), hypoxisch (O_2-Mangel), toxisch (endogen und exogen).

Psychogener Dämmerzustand: bei Schreck, bei Schock, Panik, beim Hereinbrechen ganz fremder Umgebung auf unreife und wenig gefestigte Menschen, die sich dann nicht mehr zurecht finden. Synonym: Psychogener Ausnahmezustand. Auch der hysterische Dämmerzustand gehört hierher.

2.5.2. 3. Oneiroid

Darunter versteht man einen traumartigen, desorientiert-verworrenen Zustand, in dem der Kranke mit starker gefühlsmäßiger Anteilnahme wie gebannt dramatische und fantastisch ausgestaltete Szenen halluzinatorisch erlebt, dabei z. T. in illusionärer Verkennung Elemente seiner Umgebung einbeziehend. Die Kranken achten nicht mehr auf die Umgebung, sind durch energisches Anreden gelegentlich für kurze Zeit noch herausreißbar, sind dann ratlos, staunig, desorientiert, haben aber keine Amnesie für das Erlebte. Äußerlich sind sie entweder im Stupor gebannt oder sie sind in schwerster Erregung. Ein Oneiroid stellt sich meistens nach vorangehenden Schlafstörungen, in übermäßiger Müdigkeit (mit Überreiztheit) ein.[5]

---

[4] Der Ausdruck „besonnener" Dämmerzustand ist eine contradictio in se: Besonnenheit ist das Ergebnis bewußter klarer Besinnung und meint die volle Überschau „innerer und äußerer" Vorgänge und ihre Einordnung.
[5] Die Abgrenzung gegenüber dem Dämmerzustand ist unscharf.

Beispiele:
Solche Kranke erleben Katastrophen, Schlachten, die Sintflut, Feste, Himmel und Hölle und sich selbst zwischen guten und bösen Mächten leibhaftig entzwei gerissen, sie erleben den Weltuntergang, in religiöser Ekstase eventuell die Erscheinung und den Zuspruch Gottes.

Vorkommen
Das Oneiroid kommt bei manchen akuten, dramatisch verlaufenden Formen der Schizophrenie vor, bei Epilepsie (produktiv psychotischer Dämmerzustand) und auch medikamentös toxisch.

2.5.2. 4. Verwirrtheit (Amentia)

Diese historische Bezeichnung ist heute nicht mehr allgemein in Gebrauch. Man beschreibt damit ein Syndrom schwerer Denkverworrenheit (Inkohärenz) mit allgemeiner Desorientierung, Halluzinationen, Wahn, ängstlich-ratlos stauniger Stimmung.[6]

Das Syndrom ist nicht scharf gegenüber dem akuten schweren Delirium und gegenüber dem Oneiroid abzugrenzen.

Vorkommen
Amentielle Bilder kann man sowohl beim akuten exogenen Reaktionstyp sehen (z. B. Arteriosclerosis cerebri), aber auch bei akut einsetzenden und dramatisch verlaufenden schizophrenen Psychosen (sogenanntes schizophrenes Delirium), bei Puerperalpsychosen, bei sogenannten Emotionspsychosen.

2.5.2. 5. Parasomnische Bewußtseinslage

Synonym: apallisches Syndrom, (KRETSCHMER 1940, SCHARFETTER C. u. F. 1968), akinetischer Mutismus, coma vigile

Der Patient erscheint, obzwar stumm und reglos, wach: Der Blick starrt gerade aus oder wandert umher, fixiert nicht. Weder verbal noch außersprachlich (Anfassen, Vorhalten von Gegenständen) ist eine Reaktion zu erzielen. Auch die reflektorischen Flucht- und Abwehrbewegungen können fehlen. Verharren in Zufallsstellungen (Fehlen der Korrekturbewegung). Vegetative Elementarfunktionen (Herzrhythmus, Atmung, Schlaf-Wachwechsel) erhalten.

---

[6] Die manchmal noch gebräuchliche Unterscheidung von Verwirrtheit (bei Psychosen in Zusammenhang mit Körperkrankheiten) und Verworrenheit (schizophrene, seltener manische Inkohärenz) ist sprachlich nicht begründet.

Das Syndrom ist abzugrenzen gegenüber dem Koma und gegenüber dem katatonen Stupor. Dazu ist außer dem psychopathologischen und neurologischen Befund das EEG wichtig.

Vorkommen
Schwerste Schädigung und Funktionsausfall des Großhirnmantels (Pallidum). Z. B. durch Gehirntrauma, -blutung, -entzündung, nach cerebraler Venenthrombose u. a.

2.5.3. Bewußtseinssteigerung (Bewußtseins- erweiterung)

Unscharfer Begriff, der die Erfahrung der eigenen Ausdehnung, Existenzerweiterung, hellerer, wacherer Aufnahme der Umwelteindrücke, reicherer Auffassung und Kombinationsfähigkeit und Erinnerungstätigkeit (manchmal mit Veränderung des Zeiterlebens) angeben soll. Die Wahrnehmung erscheint lebhafter, von stärkerem Gefühlswiederhall begleitet und eventuell von Synaesthesien. Das Erleben erscheint neu zentriert, auf andere als die gewohnten Dinge des Alltags.

Vorkommen
Solche Gefühle der Bewußtseinserweiterung können unter halluzinogenen Drogen (LSD, Mescalin, Haschisch usw.) und auch bei Stimulantien (Amphetamine) vorkommen („high-sein"). Gelegentlich kann ein Kranker auch in einer Manie, am Beginn einer Schizophrenie mit Eingebungserlebnissen und in Ekstasen das Gefühl haben, er erfahre die Welt lebendiger, tiefer, offener, verständiger. Dieses Gefühl kommt mit der Stimmung des „Angeregtseins".

3. Ich-Bewußtsein

3.1. Definition

Ich-Bewußtsein ist die Gewißheit des wachen bewußtseinsklaren Menschen: „Ich bin ich selber."

Das Ich macht den wachen bewußtseinsklaren Menschen aus, der um sich selbst weiß, sich als gestimmt, gerichtet, wahrnehmend, wünschend, bedürftig, getrieben, verlangend, fühlend, denkend, handelnd in der Kontinuität seiner Lebensgeschichte erfährt. Wir gebrauchen das substantivistische Abstraktum „Ich" zur Benennung dieses je eigenen Selbstseins und sind dabei der Zusammengehörigkeit von Ich und Welt eingedenk.

3.2. Dimensionen

Wenn wir im folgenden von Dimensionen des Ich-Bewußtseins sprechen, so meinen wir nicht selbständige „Mechanismen" eines „Apparates", sondern benennen damit zur Verständigung Aspekte der an der Pathologie aufmerksam gewordenen selbstreflektierenden Erfahrung und Aspekte von krankhaften Erlebnisweisen des Selbstseins, die auch in der Erfahrung des Betroffenen (wenn auch häufig mit Überschneidungen) abgrenzbar sind.

Diese (didaktisch begründete) Zerlegung in Dimensionen ergibt sich aus der Erfahrung von Kranken (s. Pathologie) deutlicher als aus der Selbstreflexion „Gesunder", da diesen die basalen (s. 3.2.1.–3.2.5.) Dimensionen selbstverständlich (mit evidenter Gewißheit) gegeben sind, solange sie in natürlichen Beziehungen zu Menschen und Dingen ihrer Umgebung stehen (physiologisch formuliert: solange sie das Hin- und Widerspiel von Afferenz und Efferenz erleben).

Diese Dimensionen sind – das ist für die Psychopathologie entscheidend – Qualitäten der Selbsterfahrung Kranker, deren Vergegenwärtigung uns die Art und Stärke ihres Betroffenseins anschaulich zu machen und einen therapeutischen Zugang zu finden hilft.

Man kann sich die im folgenden genannten Dimensionen in einer Reihe konzentrischer Kreise verbildlichen, deren „innere", „untere", „vorangehende" Glieder jeweils die „äußeren", „oberen" erst ermöglichen (wobei sich innen – außen, unten – oben ausdrücklich nur auf die graphische Reihung hier bezieht!). Man soll sich diese Dimensionen nicht eindimensional (z. B. als Schichten, Zwiebelmodell oder dgl.) vorstellen, denn die „inneren" Dimensio-

nen (z. B. Vitalität) durchdringen jeweils alle anderen, deren Vorbedingung sie sind.

3.2.7. Ich-Stärke   3.2.6. Selbstbild

3.2.5. Ich-Identität
3.2.4. Ich-Demarkation
3.2.3. Ich-Konsistenz
3.2.2. Ich-Aktivität
3.2.1. Ich-Vitalität

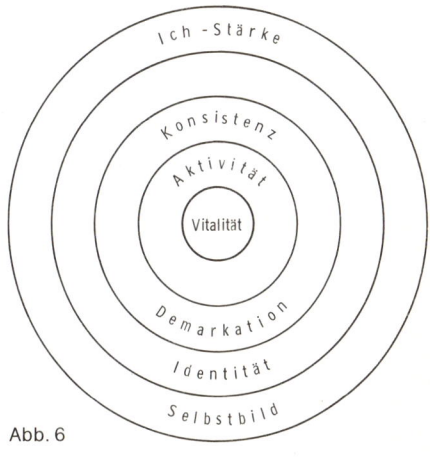

Abb. 6

3.2.1. Ich-Vitalität

Wir erfahren uns – „bei vollem Bewußtsein" – selbstverständlich
als lebendig, leibhaftig anwesend. Dieses „Ich-bin" ist immer schon
gestimmt (Vitalgefühl).[1]

3.2.2. Ich-Aktivität

Dem Gesunden ist es selbstverständlich, daß er selbst es ist, der da
erlebt, erfährt, wahrnimmt, fühlt, gestimmt ist, denkt, spricht, sich
bewegt, handelt. Wir erfahren uns selbst als actores, als eigen-
tätig („eigenmächtig") in unserem Vernehmen und Handeln.[2]

[1] Der Begriff wird teilweise in JASPERS „Daseinsbewußtsein" (1956, S. 101)
berührt.

[2] Der Begriff deckt sich teilweise mit dem Vollzugsbewußtsein von JASPERS
(1956, S. 102), der Impulsqualität von GRUHLE (1956), der Meinhaftigkeit
von K. SCHNEIDER (1967); s. auch KRONFELD 1922.

3.2.3. Ich-Konsistenz

Wir erfahren uns jeweils als Einheit, als zusammengehörig in unserem Selbstsein. Dies gilt auch dann, wenn Zwiespältiges uns zu schaffen macht („zwei Seelen . . ." Goethe).

3.2.4. Ich-Demarkation

Wir sind uns unserer selbst bewußt und damit auch dessen, was wir nicht selbst sind, unterscheiden Ich und Nicht-Ich (grenzen also ab).

Darin können wir bestimmen, was dem Ich angehört, was vom Nicht-Ich an uns herankommt (z. B. Unterscheidung sinnenhaft „leibhaftig" anmutender Vorstellung und Wahrnehmung).

Ich-Abgrenzung steht in engem Zusammenhang mit der Leistung der sogenannten *Realitätskontrolle* (s. d.).

„Grenze" ist ein übertragener, bildlicher Ausdruck, *sie ist nicht mechanisch zu denken.* Sie bedeutet „Grenzverkehr", d. h.: In Verbindung treten können mit anderen Menschen und Dingen. Solche „durchlässige Grenze" ermöglicht das Gegenüber, das Hin und Her von Ich und Nicht-Ich. In pathologischen Fällen kann die Grenze zur Mauer, zur Schranke werden, die das Individium in die Einsamkeit einschließt (Beschränkung der Existenz, Isolation, Alienation, Autismus) oder sie kann zerbrechen (schutzloses Überschwemmtwerden vom „Nicht-Ich", „von außen").

3.2.5. Ich-Identität

Bewußtsein der eigenen Identität[3] und Kontinuität (Selbigkeit) trotz des Wandels von eigener und Umweltgestalt im Verlauf der Lebensgeschichte: daß ein Mensch weiß, daß er von Geburt an bis heute der selbe Mensch ist, der von sich „ich" sagen kann, sich in seinem Wesen im Verlauf der Geschichte wandelt usw.

Dazu gehört wesentlich das *Zeiterleben* (s. d.). Dasein „zeitigt" sich als je eigenes, „individuelles".

Die Ich-Identität ist untrennbar vom *Leibgefühl*. Es scheint, daß besonders Gesicht und Hände, mit denen das Kind das Gegenüber (Mutter) sehen, fühlen und ergreifen kann, gleichsam „Kristallisationspunkte des Ich-Identitätsgefühls" (BENEDETTI 1964) sind.

---

[3] Von lat. idem = eben der, ein und derselbe.
Zum Begriff s. vor allem ERIKSON (1966); Zusammenfassung und Begriffsgeschichte s. LEVITA (1965). Vermeide die Gleichsetzung von Identität und Rolle sowie von Identität und Individualität.

Auf dieser (unter 3.2.1.–3.2.5. genannten) Basis kann sich in der Persönlichkeitsentwicklung im jeweiligen sozialen Kontext (Personifikationsprozeß) das Selbstbild (3.2.6.) und die Ichstärke (3.2.7.) konstituieren.

Beides sind phänomenferne, globale Konstruktbegriffe für Bereiche der Selbst- und (indirekten) Fremderfahrung, die die Dimensionen 3.2.1.–3.2.5. zur Voraussetzung haben. Beide sind nicht (wie 3.2.1.–3.2.5.) starr und gleichartig, sondern verschieden und wandelbar in der lebensgeschichtlichen Erfahrung, je nach Stimmung, Umgebung, Leistung usw. Beide Dimensionen scheinen in höherem Maß kulturabhängig zu sein als die Dimensionen 3.2.1.–3.2.5. (s. dazu HALLOWELL 1955, LEBRA 1972).

3.2.6. Selbstbild (Selbstkonzept, Persönlichkeitsbild)

Was einer von sich persönlich hält, was er von sich weiß, wie er sich in seiner Stellung unter den anderen Menschen fühlt, auffaßt und begreift, hängt davon ab, wie er sich in der Gegenwart und im Längsschnitt seiner Lebensentwicklung von anderen Menschen gesehen und angesprochen, in Anspruch genommen erfährt.[4]

Zum Selbstbild gehört auch das Selbstwertgefühl. Was sich nicht in das Konzept fügt, wird in der Selbstwahrnehmung leicht ausgeblendet (Skotom).

3.2.7. Ich-Stärke

Dieses Konstrukt „Ich-Stärke" ist sehr global. Ich-Stärke ist gleichsam als die Resultate aller unter 3.2.1.–3.2.6. genannten Dimensionen denkbar. Sie charakterisiert einen Menschen gesamthaft in seinem Insichselbstruhen und in seinem Auftreten.

Sie umfaßt vor allem die Fähigkeit zur allo- und autoplastischen Adaptation (FENICHEL 1971, HARTMANN 1939) und zur Synthese (NUNBERG 1938). Daß die Ich-Stärke eine Qualität verschiedener Ich-Funktionen (cave Verwechslung mit Dimensionen!) sein könnte, darauf hat FEDERN (1956) wiederholt hingewiesen.

Zur Ich-Stärke kann man zählen: Durchsetzungsvermögen, Standfestigkeit im Leben, Sicherheit und Selbständigkeit (Autonomie), eigene Strebungen, Wünsche, Triebe in seine Persönlichkeit zu integrieren, Ansprüche an Andere, an die Umwelt stellen zu können, Widrigkeiten des Schicksals, Versagung von Wünschen und

---

[4] Das Selbstbildnis kann teilweise mit Selbsteinschätzungsskalen erfaßt werden.
COLLETT (1972), WYLIE (1961).

Hoffnungen ohne zu große Kränkung zu ertragen, sich von Anderen in Anspruch nehmen lassen können, ohne sich dabei aufzugeben oder auch nur ausgesogen zu fühlen. Auch die sogenannte Suggestibilität oder die Resistenz gegen Induktionen ist von der Ich-Stärke abhängig.

Bemerkung zu dieser Einteilung

Daß diese – als Ordnungsprinzip brauchbare – Vorstellung tatsächlich der Ontogenese des Ich-Erlebens entspreche, ist nicht erwiesen. Die hypothetische Reihung der Dimensionen erhält aber aus der Pathologie gerade der schwersten Ich-Störungen Unterstützung. Bei leichteren Graden der Störung des Ich-Erlebens zeigen sich diese Dimensionen nicht so deutlich in einer untereinander abhängigen Reihung, sondern da können mehrere Dimensionen in wechselndem Ausmaß gleichzeitig betroffen sein.

– Bei schweren Störungen der „unteren", „basalen", „zentralen" Dimensionen werden die anderen („oberen") Dimensionen gar nicht mehr erfahren, können also auch nicht als „gestört" imponieren.

Z. B.: In schwerer Ich-Devitalisierung stellt sich die Frage der Aktivität, der Konsistenz und Abgrenzung, der Identität, des Selbstbildes und der Ich-Stärke gar nicht mehr.

– Hingegen ist von „oben" herunter ein schichtartiger Abbau möglich:

Ich-Stärke, Selbstbild können in einzelnen Bereichen oder global schwer darniederliegen oder zerstört sein, ohne daß das die Identität des Ich und die darunter genannten Dimensionen stören muß. Ich-Konsistenzzersplitterung ist meist auch mit Ich-Demarkations- und Vitalitätsstörungen verbunden (Untergangswahn), ist es aber vielleicht nicht notwendigerweise.

Die Ich-Identität kann gestört sein, ohne daß Konsistenz, Demarkation, Aktivität, Vitalität offenkundig betroffen sein müssen.

Die Beziehungen dieser Betrachtungsweise zur psychoanalytischen Ich-Psychologie

Diese phänomenologisch sich ergebende Anschauung von Ich-Dimensionen steht *nicht* im Gegensatz zur psychoanalytischen Theorie. Beide Betrachtungsweisen liegen auf verschiedenen Ebenen. Diese hier gehören der deskriptiven und weiter der phänomenologischen Ebene der Betrachtung des im Umgang mit Kranken Vorfindbaren an. Die hier herausgearbeitete Betrachtung in Dimensionen (die Vorläufer bei HEGEL 1807, KRONFELD 1922, GRUHLE 1956, JASPERS 1956 und K. SCHNEIDER 1967 hat) läßt viele Symptome schizophrener oder schizophrenieartiger Psychosen verstehen, sagt

aber nichts aus über das Zustandekommen von Störungen der genannten Icherfahrungs-Dimensionen.

Die Psychoanalyse hingegen liefert keine beschreibenden Termini[5], sondern genetische: sie sucht nach einer Erklärung für das
Zustandekommen, nach Ursachen.[6] Psychoanalytische Theorie mit
ihren eigenen Termini kann also dort appliziert werden, wo eine
sorgfältige, möglichst interpretationsfreie Beschreibung vorliegt
(soweit wir das überhaupt können).

Die psychoanalytische Ich-Psychologie hat schon bei FREUD selbst
eine lange Entwicklungsgeschichte (Zusammenstellung s. bei
HARTMANN 1956, LAPLANCHE u. PONTALIS 1973, NUNBERG 1971,
BLANCK, G. u. R. 1974). Aber es herrscht immer noch Uneinigkeit
darüber, was das Ich eigentlich sei. FREUD nannte das Ich in frühen
Jahren eine Organisation von Neuronen, später eine Organisation
psychischer Prozesse mit bestimmten Aufgaben gegenüber dem
Es, dem Über-Ich und der äußeren Realität.

HARTMANN 1964 nannte das Ich einen Apparat, RAPAPORT 1967
eine Struktur, HOLT[7] eine Klasse von Funktionen.

FEDERN 1956 sprach von einer zusammenhängenden kontinuierli-
chen Besetzungseinheit. SPITZ (1959, 1965) nennt das Ich eine
„organisierte psychische Struktur mit einer Vielheit von Systemen,
Apparaten und Funktionen".

Wie immer man das Ich nennen will – das Ich und seine Funktionen sind schon in der Absicht FREUDS „theoretische Konstrukte"
(BELLAK 1973, S. 61), abgeleitet aus der Beobachtung und Selbstbeobachtung, aber es sind keine beschreibenden Begriffe.

Was das Ich als Erfahrung sei, was für eine Beziehung zwischen
dem metapsychologischen Konstrukt Ich und der Erfahrung bestehe, damit hat sich, soviel ich sehe, schon früh SCHILDER (1914)
und besonders FEDERN (1956) befaßt. FEDERN (1926) hat auch als
einer der ersten Psychoanalytiker auf die für die Pathologie der
Schizophrenie so wichtige (ja nicht statisch zu verstehende) Ich-
Grenze hingewiesen.[8]

---

[5] Auf die häufige Verwechslung, d. h. den Gebrauch erklärender Termini
der psychoanalytischen Theorie zum Zwecke der Beschreibung wies auch
HARTMANN 1964a hin.

[6] z. B. FENICHEL 1971, S. 440: „In psychoses loss of reality *causes* the patho-
logical result." (Hervorhebung von mir)

[7] mündlich, zit. nach BELLAK 1973, S. 59

[8] Laut FEDERN ist das seine eigene Erfindung, nach einer Bemerkung von
BELLAK habe er das im Anschluß an TAUSK konzipiert.

Die Beziehung des Konstruktes Ich zu den übrigen psychischen „Instanzen" ist nicht einheitlich geklärt. Vor allem ist auch nicht klar angegeben, ob Ich-Regression auf der ganzen Linie, also global stattfinden müsse oder auch einzelne Teilfunktionen betreffen könne (wie HARTMANN dies für die Ich-Schwäche betont) und wie weit Ich-Regression mit Trieb-Regression parallel gehen müsse (BELLAK, S. 72).

Für die Ich-Entwicklung sind verschiedene Faktorengruppen anzunehmen: ererbte Ich-Eigenschaften, Einflüsse der Triebe und Einwirkungen der Außenwelt (HARTMANN 1964 a, S. 336). HARTMANN hat besonders darauf hingewiesen, daß FREUD (1937; Die endliche und die unendliche Analyse) die Möglichkeit hereditär bedingter „Ichverschiedenheiten" durchaus einräumte. Nach SPITZ (1965, S. 104) besitzt das Ich *„innate*, mostly phylogenetically transmitted physiological functions as well as *innate* behaviour patterns" als Konstituenten (Hervorhebung von mir).

Das Ich kommt entwicklungsgeschichtlich aus dem Es. Aber das Es ist eine böse Mutter, eine verzehrende Kali, die ihr Kind, die Ich-Organisation, bedroht, ja sogar verschlingen kann: das Es kann das Ich wieder zu Es werden lassen (NUNBERG 1971, S. 143) (zur Theorienbildung über die Ich-Entwicklung S. 43).

Welche Funktionen diesem Konstrukt Ich zugeschrieben werden können, darüber besteht keine völlige Übereinstimmung. Das (nur teilweise bewußte) Ich, das selbst unter der Kontrolle des Über-Ich steht, wirkt als Vertreter des Realitätsprinzips, des Sekundärprozesses nach „innen" und nach „außen". Nach „innen" wirkt das Ich auf das (völlig unbewußte) Es, den Sitz der Lebens- und Todestriebe (Eros und Thanatos, Libido und Mortido, Libido und Aggression), und beeinflußt die Triebe: Zulassung der Aktion, Hemmung, Modifikation. Für das Es ist das Ich also in erster Linie ein „Hemmungsapparat" (NUNBERG, FENICHEL). Nach „außen", auf die äußere Realität hin, ist das Ich ein „Aufnahmeapparat": Perzeption, Apperzeption, Wille, Intentionalität, Motilität, Handeln, Realitätsprüfung. Die im finalen Denken der Psychoanalyse so zentralen „Abwehrmechanismen" werden im Ich „lokalisiert" (FREUD 1938, Ges. W. 17; FREUD, A. 1936, HARTMANN 1937/38, RAPAPORT 1950, SCHAFER 1968. Zur Ich-Psychologie von HARTMANN und RAPAPORT s. auch LOCH 1975).

Eine vollständige Liste der Ich-Funktionen scheint es auch heute noch nicht zu geben (wie HARTMANN 1950 festgestellt hat). Eine Übersicht über die verschiedenen Ich-Funktionsregister gibt BELLAK (1973, S. 52).

Schon seit 20 Jahren gibt es Versuche zu einem „assessment of ego functions" in Form von Rating Scales und Scorebildung (s. BELLAK 1973, S. 52).

Wie die Ich-Funktionen bei Gesunden geordnet sind, darüber weiß man wenig. Vgl. HARTMANN 1964 a (S. 351): „Wir wissen nicht sehr viel darüber, welche Form der strukturellen Hierarchie der Ich-Funktionen am ehesten seelischer Gesundheit entsprechen" (s. auch VAILLANT 1971).

Die Frage der Energieversorgung des Ich wird von HARTMANN 1964 wiederholt behandelt. Hat das Ich eigene (nicht sexuelle, nicht aggressive) Energien oder hat es nur vermöge seiner Neutralisierungsfähigkeit desexualisierte und desaggressivisierte Triebkräfte? Die Frage wird bedeutsam für die Selbstbesetzung im Narzißmus (durch neutralisierte Energie, pathologisch infolge Ich-Funktionsschwäche durch sexuelle und aggressive Triebenergie).

3.3. Konstituenten/Determinanten/Entwicklung

3.3.1. Icherleben und Leibgefühl

Die Befindlichkeit des Leibgefühls ist Konstituente des Selbsterlebens. Daher sind auch die Störungen des Leibgefühls (Veränderung, Entfremdung, Verzerrung, Verwandlung, Devitalisierung, Verrotten, Verwesen, Durchwucherung usw.) bzw. Befürchtungen dieser Art in der Hypochondrie untrennbar vom Selbsterleben. Manche (schizophrene) Störungen des Icherlebens drücken sich z. B. vorwiegend in dem Gefühl (der wahnhaften Überzeugung) einer Veränderung des Gesichtes aus (z. B. „Mein Gesicht, meine Nase ist schief geworden"). Andererseits können auch Körpererkrankungen zu Erschütterungen und Wandlungen des Selbsterlebens führen (SCHILDER 1914).

3.3.2. Entwicklung

Die Entwicklung des Ich-Bewußtseins scheint früh zu beginnen, vermutlich schon im ersten Lebenshalbjahr. Im zweiten bis dritten Lebensjahr hat das Kind meist sicher das „Ich", „ich bin" (SPITZ 1965, 1972). Den Anderen erfährt das Kind zuerst an der Mutter, im Sehen und Erkennen ihres Gesichtes und im Erfühlen (durch Greifen) mit den Händen. Im Ergreifen wird Aktivitätsbewußtsein möglich. Hier liegen wohl auch die Wurzeln der Ich-Demarkation, der Ich-Identität und Ich-Konsistenz. Die Entwicklung des Ich-Bewußtseins ist von genetisch determinierten Reifungsfaktoren (des zentralen Nervensystems, des Wahrnehmungssystems, der Entwicklung des Leibes überhaupt) abhängig, und ganz wesentlich von der Erfahrung des Selbstseins im Zusammenleben mit anderen (Personifikationsprozeß im mikro- und makrosozialen Kontext) (ERIKSON 1966, ENGEL 1962, LIDZ 1970).

Besonders eindrücklich sind die Studien von SPITZ (1965) über die Frühentwicklung. Die entscheidende Gestalt im Sozialisationsprozeß der Ich-Entwicklung ist die „mothering person". Sie gibt dem Kind nicht nur Nahrung, Wärme und Liebe (und ermöglicht in solcher Atmosphäre „optimal frustration", welche „structure (and ego) building" wirkt, sondern ist das erste Gegenüber (Du) für die Aufnahme von Objektbeziehungen und bereitet damit die „semantic communication" im Umgang mit Menschen vor.

Die Bedingungen des Aufwachsens, des Hautkontaktes von Mutter und Kind, der oralen und analen Freiheit oder Restriktion, der Bewegungsmöglichkeit im Raum, der Familie und ihrer Sprache, der Lebensgesellschaft und ihren Interaktionsformen und Zielen, der Wohnung (Stadt, Land, Kleinwohnung usw.) tragen zur Entwicklung bei.

Erst im Verlauf der weiteren Entwicklung, in der Ausweitung des sozialen Kontextes über die engere Familie hinaus, kann sich an Vorbildern (durch sogenannte Identifikationen) durch die Lebensbewährung das Rollenbewußtsein des Selbst-Bildes, das Selbstwertgefühl und schließlich das sichere Selbstsein, versammelt, ausgewogen und standhaltend (Ich-Stärke) erweitern, formen, festigen.

3.3.3. Ich-/Selbsterleben und Kultur

Die interethnisch vergleichende Psychologie weist darauf hin, daß die Abgrenzung eines Individiums als eigenständiges Wesen in den europäisch-abendländischen Kulturen besonders scharf ist, wohingegen andere (z. B. ost- und südostasiatische) Kulturen keinen solchen autonom-individualistischen Ich-Begriff entwickelt haben, die Menschen sich dort mehr als (als einzelne unvollständige) Teile des Familienverbandes fühlen (KIMURA, 1965, 1967, 1969, WULFF 1972, Gruppen-Ego, PARIN u. MORGENTHALER 1964).

Die Auswirkungen auf die Psychopathologie sind mangels differenzierter deskriptiver Studien heute nicht eindeutig geklärt.

Die Ausführungen von WULFF (1972) über das angebliche Fehlen von „Ichstörungen" bei Schizophrenen in Vietnam überzeugen nicht. Glaubhaft ist, daß Schizophrene in Vietnam „Ichstörungen" i. S. der engeren klassischen deutschen Psychiatrie nicht in ähnlicher Weise wie Schizophrene abendländischer Kulturen erleben und artikulieren können (s. seine Ausführungen zur Sprache). Aber daß Schizophrene dort dadurch „auffallen", daß sie aus dem komplizierten soziolinguistischen Interaktionssystem fallen und in Rede und Benehmen nicht mehr das „richtige" zwischenmenschliche Verhalten treffen, läßt doch darauf schließen, daß sie ihre eigene Rollenidentität nicht mehr sicher zur Verfügung haben. Um sich nämlich in einem so komplizierten Kommunikationssystem zurecht zu finden, muß einer sehr wohl die oben unter 3.2.1.–3.2.5. genannten, gleichsam elementaren Ich-Dimensionen haben.

Im magischen Weltbezug, in der (außereuropäisch häufigen) Besessenheit, im Mediumismus, in Trancezuständen, in religiös-mystischen Ekstasen erfährt sich das Selbst anders, vor allem weniger abgegrenzt, als in der abendländischen Kultur.

3.4. Prüfung

Das Ich-Bewußtsein wird in der Selbstbeobachtung erfahren und kann sprachlich mitgeteilt werden. Die pathologischen Veränderungen des Ich-Bewußtseins werden teils durch Befragung erfahren, teils kann man daraus aus dem Verhalten, aus den Erlebnissen, aus den Symptomen des Kranken schließen (s. Pathologie). Es gibt aber auch ego-profile-scales (BELLAK 1973, SEMRAD u. Mitarb. 1973). Komponenten der Ich-Stärke/Schwäche sind als „Neurotizismus" in Selbstbeurteilungsskalen erfaßbar (EYSENCK 1967).

3.5. Pathologie

3.5.1. Depersonalisation[9]

Unter dieser Pauschalbezeichnung laufen die verschiedensten Ich-Erlebnisstörungen.

Die häufigste Depersonalisationserscheinung ist das Gefühl, sich selbst ferne zu sein, sich entfremdet, unvertraut, schattenhaft, unlebendig, unwirklich vorzukommen. Ein „Beobachtungs-Ich" bleibt dabei als Erlebendes, die Veränderung Bemerkendes meist fraglos da. Bei genauem Nachfragen zeigt sich, daß der Entfremdung des Selbst (Depersonalisation) eine Entfremdung der menschlichen und sachlichen Umwelt (Derealisation) entspricht, auch wenn sich dem Betroffenen zunächst die eine (personale) oder die andere (umweltliche) Entfremdung augenfälliger aufdrängt. Die Zusammengehörigkeit ergibt sich aus der Einheit vom Ich und seiner

---

[9] S. ACKNER 1954, BRAUER 1970, BURGER 1910, v. GEBSATTEL 1937, GLATZEL 1971, GÖPPERT 1960, LEHMANN 1974, MEYER 1959, 1963, 1968, SEDMAN 1970, 1972.

Welt. Je weniger selbstverständlich sich ein Mensch selbst erfährt, um so unvertrauter, fremder wird ihm auch sene Umwelt.

Beim genaueren Zusehen lassen sich vielfach die unter 3.2.1. bis 3.2.5. genannten Dimensionen als betroffen erfassen (s. 3.5.2. bis 3.5.6.).

Beispiele:
P 1 (Neurotische Depression)
„Ich bin nur mehr ein Schatten ... ich spüre mich nicht mehr ... alles ist ferne und weit weg gerückt ... wie im Nebel." (Depersonalisation und Derealisation).

P 2 (früher schizophren)
„Ich bin unsicher geworden ... ich habe eine große Neigung, alles in Frage zu stellen. ... Es ist nicht mehr natürlich ... es ist nicht mehr so selbstverständlich. ...

Ich empfinde mein Leben mehr als früher ... man lebt miteinander und doch ist jeder für sich ... ich bin meinen Nächsten, meinem Mann und meinen Kindern ferne, ich lebe mein eigenes Leben."

Verlust der natürlichen Selbstverständlichkeit (BLANKENBURG 1971). Depersonalisation und Derealisation im Sinne von Ferne und Unvertrautheit.

Vorkommen

N. B. Das Ausmaß der Depersonalisation (und der Derealisation) ist sehr schwankend je nach der Stimmigkeit der Beziehung zu anderen Menschen. In Krisen von Beziehungen können Depersonalisationserscheinungen hervorkommen oder verstärkt werden. Andererseits kann warmes, mitfühlendes Dabeisein und Sichkümmern die Entfremdung aufheben oder lindern. Vielfach kommt es während psychoanalytischer Behandlung zu flüchtigen intermittierenden Depersonalisationserscheinungen. Es ist wichtig, diese zu kennen, zur Vermeidung von kurzschlüssigem Psychoseverdacht und entsprechenden Ängsten.

Solche Entfremdungserlebnisse sind *nosologisch unspezifisch* (d. h. sie sind nicht für eine bestimmte Krankheit pathognomonisch). Sie können vorkommen:

a) Bei manchen Gesunden in besonderen Situationen (Ermüdung, Erschöpfung)

b) In der Adoleszenz

c) Als häufige und aufdringlichere Erscheinung in Neurosen (neurotische Depression, Zwangsneurose, Phobien), besonders während Lebens-(Beziehungs-)Krisen, auch während einer Psychoanalyse.

d) Bei allen anderen Formen der Depression, bes. der sogenannten endogenen Depression

e) Bei vielen Schizophrenen (bes. als Vorläufer oder als Anfangs-
symptome, aber auch während der Erkrankung)

f) Bei toxischen Psychosen: unter Schmerz- und Schlafmitteln, unter Halluzinogenen; auch bei anderen körperlich begründeten Psychosen.

Bei vielen Psychosen (besonders den schizophrenieartigen) kann
man einzelne oder mehrere der oben genannten Dimensionen besonders betroffen finden, bis hin zur schwersten allgemeinen Störung des Selbstseins. Eine Reihe von psychotischen Erlebnis- und
Verhaltensweisen lassen sich aus der genaueren Betrachtung der
Ich-Erlebensstörungen verständlich ableiten.

3.5.2. Ich-Vitalität

Das Gefühl der eigenen Lebendigkeit kann abnehmen oder verloren gehen (s. 3.5.1.). Schwer Kranke sind nicht mehr sicher, daß sie
überhaupt da sind, daß sie noch leben.

In der Manie wird die Ich-Vitalität gesteigert erlebt. Selten ergibt
sich daraus ein echter Größenwahn.

Beispiele:-
P 22 (Schizophrenie)
„Das ist sozusagen die Kernfrage, ob ich bin und ob ich einheitlich bin." –
„Lebe ich noch?" (Ich-Vitalitäts- und Konsistenzstörung)

Dieses Erleben führt zu Ratlosigkeit und Angst, Untergangs- und Todesangst. Der Patient kann darin erstarren (Katatoner Stupor) oder in pani-
schen Bewegungssturm geraten, um sich – im Anrennen gegen Widerstände – selbst noch zu erfahren.

Der Patient zeigt zeitweilige Hyperventilation; er mache das, damit er erfahre, daß er doch noch lebe: Katatone Hyperventilation, forciertes Durch-
führen der elementaren Lebensfunktion des Luftaustausches zur Selbstvergewisserung „ich lebe".

P 12 (Schizophrenie)
„Es war, wie wenn das Leben draußen wäre, wie vertrocknet … ich hatte
Angst, daß sich die Seele, das Leben aus mir entfernen würde."

Patient war in katatonem Stupor erstarrt.

P 13 (Schizophrenie)
„Ich bin verändert, mein Ich ist gar nicht mehr…"

Der Patient, versunken in Ratlosigkeit, kann einfache Fragen nicht mehr
beantworten, weil die Bedrohung der Ich-Vitalität jede Zuwendung unmöglich macht.

P 56 (endogene Depression)
„Ich bin nicht mehr – ich rieche ja schon wie eine Leiche."

Die Thematisierung der Erfahrungen führt zum Wahn (s. d.)

Wahnbildung

Entfremdung des eigenen Selbstseins (und seiner Welt) kann den Weg in den Wahn (s. d.) bahnen:

Hypochondrischer Wahn, Krankheitswahn, Wahn leiblichen Untergangs (Untergangswahn).

Wahn des persönlichen Untergangs, sterben zu müssen.

Wahn, nicht mehr zu sein; Wahn, daß überhaupt nichts mehr sei (allgemeiner nihilistischer Wahn).

Wahn, daß die Welt mit dem Selbst untergeht: Weltuntergangswahn.

Wahnhafte Interpretation des Untergangs als Bedrohung von außen: Verfolgungswahn (Vernichtungswahn).

Als psychodynamische Hypothese ist denkbar (aber nicht zureichend phänomenologisch aufgewiesen): Kompensation und Überkompensation solcher Untergangserlebnisse: Heilswahn, Weltverbesserungswahn, Messianischer Wahn u. a. Wenn dem Patienten der Aufbau solchen Wahns gelingt, ist das Devitalisierungserlebnis überwunden.

Vorkommen

Depressionen jeder Art, vor allem die schwere endogene Depression, können mit Ich-Vitalitätsverlust einhergehen.

Die schwersten Ich-Vitalitätsstörungen trifft man bei Schizophrenien und schizophrenieartigen toxischen Psychosen (LSD, Meskalin u. ä.).

3.5.3. Ich-Aktivität

In leichteren Graden der Störung ist die Intention im Denken, Fühlen, Wahrnehmen, in der Motorik gehemmt, gebremst, verzögert. Selbst kleine alltägliche Entscheidungen, Handlungen oder das Reden sind erschwert.

Klinisch zeigt sich das in Verlangsamung bis zum Stupor und in zögerndem, flüsterndem Reden oder Mutismus (s. Antrieb).

In schweren Graden geht den Kranken die selbstverständliche Gewißheit verloren, daß sie selbst überhaupt noch aktiv Erlebende sind, daß sie etwas erfahren, wahrnehmen, fühlen, denken, tun, unternehmen, ja sich bewegen können. Das führt zur Ratlosigkeit, Stauigkeit, Verlangsamung bis zum Stupor.

Sehr oft ist das Leibgefühl schwer gestört und die Kranken finden sich in der Orientierung in ihrem Körper nicht mehr zurecht.

Bei manchen Kranken liegt die Interpretation nahe, daß sie versuchen, aus diesem angsterregenden Aktivitätsdefizit heraus zu kommen, indem sie gleichförmige Bewegungen machen (Stereotypien) oder gleichförmig Worte oder Sätze wiederholen (Verbigeration). Die vermehrte Intentionsanstrengung kann aber auch in einer katatonen Erregung durchbrechen.

Auch automatenhafte Nachahmung von Bewegungen Anderer kommt vor (Echopraxie) oder Wiederholung vorgesprochener Laute oder Worte (Echolalie). Manche Kranke behalten in diesem Zustand die ihnen vorgegebene Gliedmaßenstellung bei (Flexibilitas cerea).[10]

Wahnbildung

Es liegt nahe, daß der Kranke, der oft auch eine Ichgrenzstörung hat, alles, was er noch erfährt oder tut, als von Anderen gemacht und gesteuert empfindet:

Fremdbeeinflussungswahn (im Motorischen, Denken, Fühlen, Wahrnehmen, Sprechen, Schreien usw.). Da die Beeinflussung meist als etwas Bedrängendes, Unheimliches, unfrei Haltendes erfahren wird, liegt die Interpretation dieser Erfahrung als Verfolgung nahe (Verfolgungswahn).

Auch die (in außereuropäischen Kulturen häufigere) Besessenheit gehört hier her.

Beispiele:
P 120 (Schizophrenie)
„Ich hatte das Gefühl, als ob ich lahmgelegt worden wäre."

P 22 (Schizophrenie)
Macht sterotype Kreisbewegungen mit den Armen und sieht dabei gebannt auf seine Hände. Er mache das, damit er merke, daß er sich noch selbst bewegen könne.

P 16 (Schizophrenie)
„Ich hatte keine Kräfte mehr, ich wußte nicht mehr sicher, daß ich ich selbst war. Ich konnte mein eigenes Denken und Handeln nicht mehr bestimmen, war wie gefesselt. Ich konnte in dem Zustand auch nicht mehr

---

[10] Solche Zeichen können auch beim „Gesunden" rudimentär vorkommen: Wiederholung in Wort, Mimik, Gestik usw., bei Gedankenleere, Langeweile, Ratlosigkeit, Verlegenheit.

sprechen. Dann kommt die Angst, daß man von außen überwältigt wird, manipuliert, verfolgt."

Die Patientin war in ihrer schrecklichen Angst erstarrt (Katatoner Stupor), dazwischen mußte sie laut schreien.

P 127 (Schizophrenie)
Patient brüllt oft wie ein gequältes Tier. Dann sagt er: „Nicht ich schreie, die Einwirkung geht auf meinen Stimmnerv, dann brüllt es aus mir."

P 21 (Schizophrenie)
„Wenn ich andere sehe oder sprechen höre, so kann es geschehen, daß ich ebenso spreche und mich bewege – und Angst habe, daß ich die Anderen bin." Echolalie, Echopraxie, Ich-Identitätsunsicherheit. „Wenn jemand hinkt, muß ich langsamer gehen." Echopraxie, Appersonierung.

Vorkommen
Die ausgeprägtesten Ich-Aktivitätsstörungen trifft man bei Schizophrenen, besonders Katatonen. Sie können, müssen aber nicht, Fremdbeeinflussungsgefühle haben. Diese haben offenbar eine Ich-Grenzstörung und Ich-Konsistenzstörung (Abspaltung) zur Voraussetzung.

Auch schizophrenieartige Psychosen anderer Natur zeigen oft Ich-Aktivitätsstörungen: toxische Psychosen (LSD, Meskalin), epileptische Psychosen (auch Dämmerzustände). Bei schweren Depressionen gibt es eine Intentionshemmung bis zum Stupor, hier allerdings ohne Fremdbeeinflussungsgefühl.

3.5.4. Ich-Konsistenz

Die Kranken erfahren sich nicht mehr als selbstverständliche Einheit, als ein zusammengehöriges Ganzes.

Sie fühlen sich innerlich zerrissen (s. Ambivalenz), zersplittert und haben Angst. Darin können sie erstarren (Katatoner Stupor) oder in Panik geraten (Katatone Erregung).

Manche fühlen sich von divergierenden Mächten auseinander gezogen und spüren diese Qual der Spaltung auch leiblich.

In der Zersplitterung gibt es Verdoppelungen mit relativer Selbständigkeit der Teile, aber auch das Gefühl der Auflösung.

Solche Zersplitterungs- und Auflösungserlebnisse sind fast immer mit schweren Ich-Identitätsstörungen, auch Desorientierung am eigenen Leibe verbunden.[11]

---

[11] Divide: Heautoskopie (Doppelgängererlebnis) ist die (seltene) optische Erscheinung der eigenen Gestalt bei intaktem Icherleben!

Wahnbildung
Die wahnhafte Selbstexplikation dieser schizophrenen Existenz ist vielgestaltig.

Untergangswahn, Wahn sich aufzulösen.

Wahn des Zerrissenwerdens von guten und bösen Mächten, Himmel und Hölle usw.

Der Untergangswahn kann auch die ganze Welt betreffen (Weltuntergangswahn) oder überhaupt das Universum (Wahn kosmischer Katastrophen, Zersplitterung der Sonne, Explosion von Sternen und ähnliches).[12]

Bei relativer Selbständigkeit der Teile kann es zum Wahn der Verdoppelung (Duplizität des Ich) oder Vervielfachung (Pluralität des Ich, Multiplikatorischer Wahn) kommen.

Beispiele:
P 22 (Schizophrenie)
„... es ist ein großes Durcheinander in mir ... wo ist meine Nase, was ist mit meinem Mund ... Mein rechter Arm? ich weiß nicht mehr, was rechts und links ist. Ich weiß nicht genau, wo mein linkes Bein ist.

Rechts bin ich ein Mann, links bin ich eine Frau. Rechts bin ich mein Vater, manchmal meine Mutter. Blut habe ich nur das halbe von mir, das andere ist von einem Mann oder einer Frau. . . .

Ich habe nur die halbe eigene Meinung, das andere ist von anderen, von Verwandten, von Stimmen.

Das ist ein großes Durcheinander im Kopf und Körper ... auch der Magen und der Hals drehen sich."

Der Patient ist in großer Ratlosigkeit und im Substupor, kann aber noch sagen, was er erfährt.

P 25 (Schizophrenie)
„Ich habe zwei Köpfe."

P 34 (Schizophrenie)
„Ich bin vervielfältigt worden". (Pluralität)

„Ich trage einen Vierkopf herum". (Monsterwahn)

P 38 (Schizophrenie)
„Ich bin wir." (Multiplikation des Ich und Verschmelzung)

P 37 (Schizophrenie)
„Ich hatte Angst vor den Tauben, als sie aufflogen, daß alles in die Luft gesprengt werde."

---

[12] Diese Thematik kann sich im Traum ankündigen.

Angst vor Ichauflösung und Zersprengung, läuft in Panik davon.

P 137 (Schizophrenie)
„Man hat mir die Seele weggenommen und verteilt."

Vorkommen
Ausgeprägte Ich-Konsistenzstörungen kann man bei Schizophrenen und bei schizophrenieartigen toxischen Psychosen finden.

3.5.5. Ich-Demarkation

Die Kranken fühlen sich bloßgelegt, ausgesetzt, schutzlos allen Außeneinflüssen preisgegeben.

Sie können nicht mehr zwischen Ich und Nicht-Ich unterscheiden, zwischen dem, was sie sich „einbilden", und dem, was von „außerhalb" ihrer selbst an sie herankommt.

Damit geht ihnen die Realitätskontrolle verloren: sie wissen nicht mehr, was mitmenschlich gemeinsame Realität ist, und sind in der reeller – autistischer Eigenwelt isoliert (Alienation).

Tritt diese Erfahrung langsam ein, so ziehen sich die Kranken manchmal immer mehr in sich zurück, kapseln sich ab (Autismus).

Bei manchen steht das Gefühl der Entfremdung, des räumlichen und zeitlichen Abseitsstehens im Vordergrund: Gefühl der Verlorenheit und Fremdheit, Derealisation, Kommunikationserschwerung, Vereinsamung, Mutismus in der Hoffnungslosigkeit, noch zu einer Verständigung mit Anderen zu kommen.

Die mitmenschlich gemeinsame Welt ist nicht mehr da, die Welt ist nicht mehr Heimat, Wohnung.

Die akute Überwältigung von dem Erlebnis kann zum Erstarren im Schreck (katatoner Stupor) führen, eventuell manchmal unterbrochen von katatoner Erregung.

Wahnbildung
Das Gefühl der Fremdheit und Unvertrautheit ist die Wahnstimmung. Der Kranke ist schutzlos den Einflüssen von außen preisgegeben (Fremdbeeinflussungswahn): fremde Kräfte beeinflussen sein Denken, andere lesen seine Gedanken, steuern seine Handlungen usw. (vgl. Ich-Aktivität).

Manche Kranke glauben selbst zu erleben, was sie von anderen her sehen oder hören (Appersonierung). Oder sie meinen, andere erführen oder täten, was sie in Wirklichkeit selbst erfahren oder tun (Transitivismus). So können manche Kranke den Wahn bilden, sie selbst seien nicht krank, aber sie seien da, um den anderen kranken Menschen zu helfen (altruistischer Wahn, Heilswahn).

Als psychodynamische Hypothesen sind denkbar (aber nicht zureichend phänomenologisch belegt):

Das Bestreben, diese Erfahrungen zu überwinden, kann (hypothetisch!) zu Kompensations- und Überkompensationsversuchen führen: In einem maniformen Überspringen der Fremdheit und Unvertrautheit, des grenzenlosen Ausgesetztseins kann es zum Wahn der magischen Allkommunikation, ja Omnipotenz, kommen oder zum Wahn göttlichen Aufgehobenseins, göttlicher Führung u. ä.

Die Einsamkeit und Heimatlosigkeit in der Welt kann überkompensiert werden im altruistischen Wahn; als Heiler anderen zu helfen, als Heiland, Messias, Gesandter Gottes, Gottessohn die Welt zu verbessern, zu erneuern (Weltverbesserungswahn, Messianischer und Prophetenwahn u. ä.)

Beispiele:
P 22 (Schizophrenie)
„Mein Hirn ist gestört ... ich muß die Augen schließen, weil ich sonst nicht weiß, was außen und innen ist und es ist ein großes Durcheinander in mir...."

„Es gibt Außenstimmen und Innenstimmen", die Innenstimmen spürt er durch seinen Leib hindurchgehen.

„Ich komme nicht mehr nach außen."
Unfähigkeit, sich Menschen und Dingen zuzuwenden und in der Außenwelt Unterscheidungen zu treffen:

„Ich weiß nicht, ist Winter oder Sommer, was ist oben und unten ... was ist rechts und links...."

P 130 (Schizophrenie)
„Ich wohne nicht ... ich bin unter meinen Augen ... unter meinen Augenlidern."
(Heimatlosigkeit, Isolation, Alienation)

P 154 (Depression)
„Ich muß alles das erleiden, was die anderen Menschen hier in der Klinik ausstehen müssen." (Appersonierung)

P 155 (Schizophrenie)
„Wie ich versengt werde, so werden viele umgebracht." (Transitivismus)

Vorkommen
Ausgeprägte Störungen der Ich-Abgrenzung sind charakteristisch für Schizophrenien und auch schizophrenieartige Psychosen toxischer Natur (LSD).

3.5.6. Ich-Identität

Unsicherheit über das Selbstsein, sich als der selbe von Geburt an zu wissen, treffen wir in mannigfacher Form.

Die leichtesten Störungen geben sich im Gefühl der Ferne, Distanz, der Fremdheit, Unvertrautheit sich selbst gegenüber kund (Depersonalisation im häufigsten Wortgebrauch s. 3.5.1.).

In schweren Fällen verschwindet die Gewißheit „Ich bin ich selbst". Der Kranke weiß nicht mehr, wer er ist. Das trifft häufig mit Leiberlebens-, mit Ich-Konsistenz- und Ich-Vitalitätsstörungen zusammen.

Wahnbildung

Anstelle der verloren gegangenen Identität kann eine neue Identität treten. Der Kranke wähnt ein anderer zu sein, als er in Wirklichkeit ist. So wie wir sehen, handelt es sich bei dieser wahnhaften Persönlichkeitstransformation oder Identitätsfälschung meist um eine Bedeutungs- und Rollenerhöhung (Ausnahme Depression mit Schuldwahn).

Gelegentlich findet auch ein wahnhafter Geschlechtswandel statt (wahnhafte Geschlechtstransformation).

Selten findet man auch eine wahnhafte Verwandlung in ein Tier.

Die Störung der Identität des Ich im Zeitverlauf liegt vor, wenn der Kranke wähnt, jetzt ein anderer zu sein als früher,[13] oder wenn er seine eigene Lebensgeschichte wahnhaft neu schöpft, z. B. Jahrtausende lang schon auf der Erde zu sein. Hier handelt es sich um eine Form des Abstammungswahnes, den man häufiger als Wahn anderer als der wirklichen Herkunft (soviel wir sehen immer höherer Abstammung) antrifft.

Fast immer besteht daneben noch ein Wissen um die wirkliche Abstammung und der Kranke lebt in doppelter Buchführung (BLEULER, E. 1911) beide Wirklichkeiten nebeneinander, die mitmenschlich gemeinsame Realität und die Wahnwirklichkeit (s. Wahn). Meist gewinnt solcher Abstammungswahn auch keine solche Handlungsrelevanz im Leben. Das findet man eher noch bei Verwandlungswahn auf der Grundlage psychoorganischer Veränderungen.

---

[13] Divide: Alternierende Persönlichkeit: Hysteriker erleben sich (sehr selten) für gewisse Zeit als eine andere Persönlichkeit und geben an, keine Erinnerung an das frühere Leben zu haben. In dieser Aufeinanderfolge verschiedener Persönlichkeiten besteht jeweils Ichbewußtsein, aber es fehlt die Ich-Kontinuität durch das ganze Leben hindurch.
Literaturzusammenfassung s. CUTLER u. REED (1975)

Beispiele:
P 21 (Schizophrenie)
„Ich habe Angst, daß ich die Anderen bin. Ich weiß, daß es nicht so ist, aber ich habe doch die Angst. ... Ich möchte mich selber finden. ... Daß ich meine Rolle in der Gesellschaft finde – ein S. kann nie ein gewöhnlicher Mensch sein, muß immer etwas extra tun. ... So muß ich auch extravagant sein, daß ich mich selber als eigener erlebe. Daher kann ich nicht tun wie andere gewöhnliche Menschen, daher kann ich nicht die Symbole aufgeben, die ich mir ausgedacht habe."

„Mein Gesicht verändert sich, je nach dem, wer mir gegenüber ist."

Ratlosigkeit, kataton – steif. Denk- und Sprechverlangsamung. Privatsymbolik. Identitätsunsicherheit. Appersonierung, „Extravagantes" Verhalten aus krankhafter Identitätssuche.

P 15 (Schizophrenie)
„Ich wußte nicht mehr sicher, daß ich der U. bin. Auch meine Verwandten waren verändert, schienen unecht, verkleidet wie Theaterfiguren.

Es war ein „Kopfsalat" in meinen Gedanken. Es war wie in Calderons Welttheater ... wie im Traum ... ich konnte nicht mehr unterscheiden, was Wirklichkeit und was Einbildung war."

Depersonalisation und Derealisation. Störung des Realitätsbewußtseins. Patient war in der Stimmung der Verlorenheit, der Angst und Ratlosigkeit und konnte nicht mehr sprechen und sich bewegen (Mutismus und Stupor).

P 16 (Schizophrenie)
„Das Unheimlichste war, daß man selbst nicht mehr weiß, daß man selbst ist. Man kann sein Tun nicht mehr bestimmen, seine Gedanken ... ist wie gefesselt ... gleichzeitig steigt die Angst, man komme sich überwältigt und von außen manipuliert vor. ... Mein Leib war wie verzerrt."

Patient war vor Angst im Stupor erstarrt, mußte auch schreien, konnte nicht mehr reden.

P 17 (Schizophrenie)
„Ich hatte das Gefühl, als wäre ich selbst eine alte Frau und verwandle mich in meine Mutter und meine Mutter sich in mich. Die Angst brachte die Gedanken durcheinander."

P 22 (Schizophrenie)
„Meine Haut ist anders, ich habe eine Kuhhaut an der Nase und auch an anderen Stellen des Körpers."

(Warum so steif?) „Weil ich nicht weiß, was tun, wer ich bin. Die Langeweile und die Platzangst, ich habe beide nebeneinander."

(Auf Anrede mit dem Eigennamen) „Werner ja, wenn Sie so zu mir sagen, weiß ich wieder, wer ich bin."

P 23 (Schizophrenie)
Wiederholt immer: „Ich bin ein Mensch." Selbstversicherung bei bedrohtem Identitätsbewußtsein.

P 24 (Schizophrenie)
Wiederholt immer: „Ich bin, der ich bin." Selbstversicherung bei unsicherem Identitätsgefühl.

P 34 (Schizophrenie)
„Ich bin ein Tier ... ich trage einen Vierkopf herum ... ich bin in anderen Umständen und werde ein Tier zur Welt bringen.

Ich bin als die Heilige Gottes hergestellt, ich bin der Teufel."

Schwangerschaftswahn mit Tier, Verwandlungswahn, Erlösungswahn und Schuldwahn.

P 35 (Schizophrenie)
„Ich habe ein anderes Skelett, eine krumm geartete Hand, das ist die Erkenntnis meines Körpers...

... männlich bin ich die Schweiz, weiblich Argentinien".

P 37 (Schizophrenie)
„Mein Fleisch ist nicht wie das Fleisch anderer Menschen."

P 129 (Schizophrenie)
„Wahrscheinlich bin ich gar nicht von dieser Welt ... ich bin nicht wie die anderen Menschen ... wieso sollte ich einen Namen haben?"

P 27 (Schizophrenieartige Psychose bei Epilepsie)
„Ich bin Professor der Veterinärmedizin, Direktor der Anstalt und bin hier, um die Hebephrenie zu machen. Ich bin Baumeister, Oberbaumeister, Kantonsbauinspektor ..."

Psychodynamisch kann man den Wahn als Kompensation von Minderwertigkeitsgefühlen bei Unterintelligenz ansehen.

P 151 (Morbus Pick)
Der schwer psychoorganisch veränderte Kranke wähnte sich als Bundespräsident und fuhr ohne Fahrkarte zu seinem „Amtssitz".

Vorkommen

a) Am häufigsten bei der Schizophrenie

b) Bei schweren Depressionen
(z. B. „Ich bin der Teufel selbst.")

c) Bei körperlich begründeten Psychosen (chronisches organisches Psychosyndrom)

3.5.7. Selbstbild

Wie einer sich selbst sieht, was er von sich hält, welches Persön-
lichkeitsbild er von sich hat – das kann ohne jede Beeinträchtigung des Ich-Gefühles im Sinne von 3.2.1.–3.2.5. mannigfachen
Schwankungen und Veränderungen unterworfen sein.

Wie weit diese Selbstauffassung auch von anderen Menschen geteilt wird oder wie weit sie als inadäquat, verzerrt, zu klein oder zu
groß gesehen wird, ist sehr verschieden.

3.5.7. 1. Wesensänderung, Persönlichkeitswandel

Das Gefühl der *Wesensänderung*, des *Persönlichkeitswandels* kann sich
während der Lebensentwicklung einstellen, besonders in Unglück
oder Leid (wenn einen das Schicksal trifft).

Solche Wesensänderung wird je nach dem Grad der Selbstreflexion unterschiedlich deutlich wahrgenommen.

In der Pubertät und zu Anfang der Adoleszenz kann der eigene
Persönlichkeitswandel deutlich werden, besonders um die Zeit des
Austritts aus dem engeren Familienverband.

In dieser Krisenzeit kann es bei manchen gefährdeten („Ich-schwa-
chen") Menschen spontan oder unter der zusätzlichen Belastung
von Umwelt- und damit Rollenveränderungen (Wegzug aus der
Familie, Rekrutenschule, Berufslehre, Verlobung, Heirat, Eltern-
schaft usw.) zu tiefer gehenden Erschütterung der Persönlichkeit
mit Selbstentfremdungsgefühlen (Depersonalisation) kommen
(sog. Adoleszentenkrisen), manchmal aber auch zu schweren Störungen des Ich-Erlebens in der Schizophrenie (die bei Männern
ihre erste Manifestationszeit um das 17. Lebensjahr hat).

Ein Persönlichkeitswandel kann in langer schwerer Krankheit (bes.
solchen mit tödlichem Ausgang) erfahren werden, bei Verkrüppelung oder Verstümmelung („Krüppelpsyche"), in langer Haft (Konzentrationslager), wohl auch durch Kriegserlebnisse.

3.5.7. 2. Zwänge

Manche Antriebe oder Strebungen zu bestimmtem Tun, Denken,
Vorstellen werden vom Gewissen (conscientia-Bewußtsein und
Gewissen) oder von der „vernünftigen" Überlegung als unethisch,
amoralisch, unsinnig, unvernünftig, ohne Grund beherrschend abgelehnt. Sie werden von der Persönlichkeit als nicht zu ihrem
Selbstbild gehörig aufgefaßt und abgewehrt. Sie können dann als
persönlichkeitsfremd, „nicht eigentlich zu mir gehörig", „nicht ge-

wollt" erscheinen. Dann wird der betreffende Mensch von diesen Antrieben und Befürchtungen „überfallen" (s. Zwänge und Phobien). Bei der sogenannten Zwangsneurose sind diese wohl persönlichkeitsfremd, aber nicht von außen gemacht. Schizophrene können in diesem engeren Sinne „echte" Zwänge erleben, aber auch alle Übergänge bis hin zur völlig unfreien Verfallenheit an die „Außensteuerung".

3.5.7. 3. Selbstwertgefühl

Das Selbstwertgefühl (engl. self esteem) ist eng mit dem Selbstbild verbunden. Die Variationen bewegen sich zwischen dem (im Urteil der Anderen) überhöhten Selbstwertgefühl und den Minderwertigkeitsgefühlen. Beides kann sich auf die gesamte Existenz beziehen, manchmal aber mehr im Bereich intellektueller Leistung oder in der Stellungnahme zum eigenen Leib gegenwärtig sein.

Beides kommt als erworbener Charakterzug vor – und ist dann meist lange während oder dauernd – oder psychotisch begründet (dann meist episodisch).

Als Wesenszug:
Selbstgefällige, dünkelhafte, anmaßende usw. Menschen.
Selbst-un-sichere, zaghafte, schüchterne Menschen.

Psychotisch:
In der Manie Erhöhung und Erweiterung des Selbstwertgefühles.
In der Depression Entwertung des Selbst.

3.5.8. Ich-Stärke

Es liegt im Wesen dieses globalen Konstruktbegriffes, daß man nicht konzise Hinweise auf die Pathologie dieser Dimension geben kann. Vielmehr scheint es sinnvoll, diesen Aspekt der Existenz, der dem menschlichen Freisein-können nahe ist, bei allen Erlebnis- und Verhaltensweisen eines Menschen im Auge zu haben.

„Ich-schwache" Menschen konnten das eigene Selbstsein nicht genügend entfalten. Sie leben vielfach uneigentlich nach dem Muster anderer (z. B. der Erzieher, der Gesellschaft, des Man); im Bemühen um normgemäßes Verhalten wird das Eigene unterdrückt, verkümmert oder bricht in verkehrter Form durch (Perversion).

Das Verfallensein jeder Art, die Unfreiheit des Selbstseins sind hier zu nennen. Einige Stichworte dazu: Die Beeinflußbarkeit, die Abhängigkeit, Unselbständigkeit des Fühlens, Wollens, Denkens, Tuns im Infantilismus. Das hysterische Verfallensein. Die Einschränkung der Handlungsfreiheit durch Zwang und Phobien. Die mannigfachen Beziehungsstörungen, die im sexuellen Bereich als Perversion kund werden. Das süchtige Verfallensein.

Die schwerste Auflösung jedes Selbstseins begegnet in der schizophrenen Existenz (s. 3.5.2.–3.5.6.).

In der manischen Hochstimmung geht dem Menschen der Boden verloren (z. B. sagt eine Manische: „Ich habe zuviel Luft unter den Füßen"), in der melancholischen Niedergeschlagenheit ist die Nichtigkeit alles Eigenen beherrschend. Dem psychoorganisch Kranken im amnestischen Psychosyndrom „zeitigt" sich das Dasein nicht mehr als lebendiger Lebenslauf von Vergangenheit, Gegenwart und Zukunft.

Als Zusammenfassung der hier dargelegten Pathologie des Ich-Bewußtseins folgt hier noch ein (nicht zerlegtes) Erstgespräch, an dem die Betroffenheit der verschiedenen Dimensionen des Ich-Bewußtseins dargelegt werden kann.

Für eine hermeneutische Bearbeitung muß man diese dichten, manchmal geradezu notschreiartig verkürzten Aussagen von Kranken schriftlich vor sich haben, am besten von einem stenographisch aufgenommenen Protokoll (mit Bemerkungen über nicht-verbales Verhalten). Tonbandaufnahmen (und Video) stören solche wahnbereite, in ihrer Angst und Ratlosigkeit vermehrt umgebungsbeobachtende Kranke oft mehr. Gleichzeitig soll hier gezeigt werden, wie die graphische Anordnung eine saubere Trennung von Protokoll, Beobachtung und Auslegung erleichtert (der Kommentar ist aus Raumgründen schlagwortartig knapp).

P 179 (frische schizophrene Ersterkrankung)

Protokoll	*Kommentar*
(Junger Mann, schlank, hochgewachsen, dunkel. Greift sich immer an den Kopf und monologisiert)	
Ich komme nicht mehr draus...	Störung des Realitätsbezuges, der Wirklichkeitsorientierung. Verlust der „Übersicht".
zeitlich	Störung auch der eigenen Zeitlichkeit
Tag und Nacht (mehrmals)	Tag und Nacht als „Orientierungsmarksteine" beschwörend mehrmals genannt
ob ich im Urwald lebe wie der erste Mensch	Isolation, Alienation ohne Stammbaum, ohne Familie, die die „Herkunfts-Identität" ermöglicht.

Protokoll	Kommentar
(riecht, schnüffelt an seinen beiden Handrücken)	Schnüffeln als archaisches Suchverhalten, Selbst-suche, -vergewisserung bei Identitätsbedrohung, Vitalitätsbedrohung (? Leichengeruch)
es kommt mir vor, wie wenn ich nicht da wäre, es sei alles verloren	Bedrohung der Ich-Vitalität (Daseinsbewußtsein, JASPERS). Dem Selbstuntergang entspricht der Weltuntergang.
es hat mich wunder genommen, woher ein Mensch abstammt	Frage nach der Abstammungs-Identität
ich greife an mir selbst zu viel herum	Spricht sein ratloses An-sich-selbst-herum-Fingern aus: sein Bemühen, sich selbst zu spüren (Vitalität, Aktivität, Konsistenz)
(betrachtet staunig seine Hände)	Beobachtung der (bedrohten) Ich-Aktivität, -Vitalität (? Identität).
sehr wahrscheinlich lebe ich noch	Bedrohung der Ich-Vitalität.
ich glaube jedenfalls, daß ich noch lebe	Selbstversicherung bei bedrohter Ich-Vitalität.
ja, ich lebe noch	Selbstversicherung bei bedrohter Ich-Vitalität.
ich habe Angst vor der Wirklichkeit	Angst vor der Wirklichkeit, d. i. vor dem Ich-Untergang.
(fährt mit dem Zeigefinger der Tischkante entlang)	taktile Raumerfahrung zur Orientierung und um sich selbst zu spüren
ich gehe immer weiter zurück,	Grübeln nach der Abstammungs-Identität
zuletzt komme ich nicht mehr draus, ob das Wirklichkeit ist oder nicht	Verliert grübelnd das Erfahrungs- und Realitätsbewußtsein
Ich wußte nicht mehr, ob ich bin, sah immer in den Spiegel	Verlust der Ich-Identität, Selbstvergewisserung und Kontrolle im Spiegel. Gesicht als besonderer Träger der Ich-Identität
es ist kein Verlaß auf mich selbst	Ich-Schwäche, Identitätsunsicherheit
Ich konnte mich nicht mehr einstufen	Verlust des Rollen-bewußtseins (Selbstbild)

Protokoll	*Kommentar*
Ich schaue zu fest auf die Anderen, was die machen	Orientierung, Halt am alter ego, Nicht-Ich bei eigener Schwäche
Ich meine, ich könnte mich selbst nicht behaupten	Ich-Schwäche, Standschwäche, Existenzbedrohung
Entweder habe ich die große „Schnurre", ich bin der Beste, dann muß ich mich behaupten	„Überspielen" der eigenen Schwäche erfordert Bemühung um Selbst-Behauptung
Ich versuche außen herum eine Maske, eine Art Halt	erkennt dieses unechte Überspielen zum Versuch neuen Haltgewinnes
dann wieder will ich allen helfen (bewegt ratlos den Kopf herum)	für Andere-sein ermöglicht bessere Selbst-Erfahrung
(greift an den Kopf) irgend etwas ist da, da tue ich mich verkrampfen ich will mich behaupten ich will mich überall vertreten sein überall mitreden ich rede zu viel	ratlos, „leerer" Kopf krampfhaftes Bemühen um Klarheit sich zu behaupten Einfluß zu nehmen mit zu bestimmen
Ich höre auf alles, was Andere sagen, ich bin dann abgelenkt. Ich will das, was die sagen, auf mich übertragen im Gehirn	Orientierung am Nicht-Ich bei bedrohtem Ich-Bewußtsein Haltsuche
Eine Frau hat gesagt: ‚Jetzt haben wir schon zwei Schwule da.'	wahrscheinlich akustische Halluzination – seine Angst läßt ihn „sein Thema" hören, von einer Frau!
Dann habe ich mich in mich selbst verkrampft. Ich habe gemeint, ich sei schwul.	Er selbst meint von sich, er sei homosexuell (Unsicherheit in der Geschlechtsorientierung als Teil der Ich-Identität)
Wie ich von den Ferien zurückkam, war alles anders. Man hat über mich geredet. Die Anderen haben nichts mehr wissen wollen von mir.	Derealisation Beziehungswahn, Stimmen (?), Isolation, Alienation (Depersonalisation)
Ich glaube selber nicht mehr an mich.	Zusammenfassung des Verlustes des Ich-Bewußtseins
Irgend etwas hat mich durcheinander gebracht.	Orientierung in sich selbst und „Umwelt" unsicher. Denkstörung.
Alles muß mich interessieren,	Im Beziehungswahn ist alles bedeutsam

Protokoll	*Kommentar*
alles muß nach mir tanzen Ich muß der Größte sein	alles dreht sich um ihn krampfhafter Wunsch nach Macht beim Erleben der eigenen Ohn- macht
Ich lasse mich von den Anderen beeinflussen	Fremdeinfluß bei eigener Ohn- macht
Etwas steuert mich oder ich mich selbst.	Erlebnis des Gesteuertwerdens von außen, schwankend
In letzter Zeit habe ich das Gefühl, irgend etwas bringt mir das Hirn durcheinander, um etwas herauszufinden – aber was?	die Ichbedrohung ängstigt, nimmt die Übersicht, stört die Möglich- keit, klar zu denken das „Etwas", nach dem er sucht (s. u.)
(wie lange schon?) Seit etwa zwei Wochen, aber ich weiß es nicht, habe ich lange ge- schlafen und ist Juli geworden – oder habe ich Gedächtnisschwund?	Verlust der Zeitkategorisierung das Dasein zeitigt sich ihm nicht mehr
Oder jemand will herausfinden,	„Jemand"-Ausdruck des verlorenen Selbstgefühles (es geht um ihn!)
was ich bin und woher ich selbst abstamme Ich selbst will wissen, woher ich bin. Vielleicht aus einer anderen Welt? Das wohl nicht.	Suche nach der Ich-Identität Ich-Identität (Abstammungs-) Nicht „jemand" – er selbst Abstammungs-Identität Alienation. Kaspar-Hauser- Schicksal.
Aber vielleicht wollen sie wissen, ob meine Mutter eine Hure ist,	Mutter-Herkunftsquelle wenn Mutter eine Hure, dann *Vater* „irgendwer", die Abstammung nicht zu klären
vielleicht habe ich Angst, von wem sie abstammen könnte, habe ich Angst, daß ich vor die Tür gelegt worden bin – ein Findelkind bin...	Abstammungs-Identität via *Mutter* unklar Herkunfts-Identität verloren Kaspar-Hauser-Findling
habe ich Angst, daß es niemand mehr gebe, der mich könnte trösten. Wozu trösten? (lacht)	Isolation, Alienation. Angst, Hilfesuche, Trost – wehrt Angst ab (erscheint dann parathym)
ich schaue einfach zu viel auf die Anderen	redet sich selbst zu: er halte sich zuviel an Andere
Ich zweifle an mir selbst	Zusammenfassung seiner Ich- Bedrohung

Protokoll	*Kommentar*
Ich tue mich selber verwirren	Ratlosigkeit
etwas ist da im Kopf	Versuch, sich selbst zurecht
aber ich weiß nicht, was –	zu rücken
vielleicht zuviel studieren –	
oder dann ist etwas stärker als ich	bei eigener Ohnmacht droht die
(lacht)	Übermacht der Andern
Bin ich von einem anderen	Herkunftsthema, Isolation
Planeten?	
Etwas versucht mich durcheinander	Schwanken zwischen vermutetem
zu bringen	konsistenzauflösendem Fremd-
	einfluß
entweder ich mich selbst oder etwas	und Erfahrung der eigenen Ver-
Ich glaube (lacht)	änderung als eigenes, nicht
ich mich selbst	fremdgesteuertes Geschehen.

3.6. Die psychoanalytische Ich-Pathologie der Psychosen

Die Psychoanalyse will (wir haben schon darauf hingewiesen) keine Beschreibung, sondern eine genetische psychodynamische Erklärung der Vorgänge. Freilich sollte jede solche Interpretation am „Leitseil der Erfahrung" (FREUD 1931, im Vorwort zu NUNBERG) geschehen, will sie sich nicht gänzlich von der aufweisbaren Sache entfernen.

Hier ist eine knappe Übersicht über die psychoanalytische Ich-Pathologie eingefügt, in der Form eines Referates ohne ausführliche Stellungnahme zu den Theorien. Man darf hoffen, daß verschiedene Anschauungsweisen doch annähernd Ähnliches meinen, wenn sie es auch in sehr verschiedener Sprache sagen. Die phänomenologisch erarbeiteten Dimensionen könnten einen Impuls zu einer weiteren Differenzierung der psychoanalytischen Psychosentheorie geben, die psychoanalytische Ich-Pathologie die (möglichst) interpretationsfreie Beobachtung noch vertiefen. Als dritter Weg der Forschung bietet sich die empirisch-statistische Methode an (s. BELLAK 1973 mit seiner Ich-Profil-Skala und SEMRAD u. Mitarb. 1973).

FREUD selbst hat keine systematische Theorie der Psychosen entwickelt (s. dazu HARTMANN 1964a, S. 375), sein Hauptinteresse galt (nach den frühen Arbeiten über Abwehrneuropsychosen und über Schreber) mehr den Neurosen und Perversionen. Aber verstreut finden sich viele Hinweise in seinem Werk (s. dazu auch S. 13).

Zur Psychose kommt es nach FREUD (1924 a) dort, wo das Ich zu schwach ist, seine Vermittlerrolle zwischen den Ansprüchen des Es und den Forderungen der Außenwelt inne zu halten. Das Ich kapituliert und regrediert unter Verleugnung der Realität auf ein narzißtisches Stadium (FREUD 1911) und unter projektiver Umgestaltung der Außenwelt. Wahn ist also eine Leistung des sich selbst verteidigenden Ich (Rekonstruktionsversuch). Das Ich kann „deformiert", „zerklüftet", „zerteilt" werden (FREUD 1924 b, S. 391). Es gibt eine Ich-Spaltung durch einen „Einriß im Ich"[14] (FREUD 1938, S. 60). Die Ich-Schwäche kann auch organisch-hereditär sein (FREUD 1937, Die endliche und die unendliche Analyse).

Die Grundhypothesen haben die Nachfolger FREUD's beibehalten. Der Hauptabwehrmechanismus in der Psychose ist die Regression des Ich. Schizophrenie ist eine Störung der Ich-Struktur und Ich-Leistung, eine Krankheit des Ich. Es gibt viele ähnlich lautende Formulierungen dieser Ich-Krankheit: Auflösung des Ich, Strukturelles Ich-Defizit, Störung der Ich-Grenzen, der Ich-Identität, Zerfall von Ideal-Ichen (SCHILDER 1925), archaische Ich-Krankheit (AMMON 1973), Egopathie (KISKER 1964, 1968), Zerrissenheit des Ich und Versuch des Wiedergewinnes von Sicherheit (SULLIVAN 1962), Ich-Defekt (FREEMAN u. Mitarb. 1965). Hier seien als Beispiele NUNBERG und FENICHEL angeführt. FEDERN und HARTMANN brachten neue Gesichtspunkte für die Schizophrenie herein.[15]

NUNBERG (1939, 1971): Psychose – Zerspaltung der Synthesefunktion des Ich.

NUNBERG (1971) hat die Synthesefunktion des Ich besonders hervorgehoben. In der Psychose zeigt sich für ihn ein „Versagen der Synthese des Ich" (S. 181). Aber in der paranoiden Schizophrenie „steigert sich die synthetische Funktion des Ich ins Unermeßliche, es wird alles *wahllos* miteinander verbunden und verschmolzen, es wird systematisiert, schließlich ergeben sich daraus die Wahnideen" (S. 181).[16]

Paralogische Denkverknüpfungen und Wahn sind Ausdruck der Rationalisierungstendenz des Ich und dienen dem Ausfüllen der „Lücken, die durch die Spaltung des Ich hervorgerufen sind" (S. 179). Halluzinationen geben eine weitere Ich-Störung kund: die des Wahrnehmungs-Ich (S. 324). Und schließlich versteigt sich

[14] Vgl. dazu BLEULERs Schizophreniebegriff (1908, 1911) und seine Geschichte (SCHARFETTER 1973).

[15] Die triebdynamischen Erklärungen schizophrenen Geschehens aus einer latenten Homosexualität (FREUD 1911, in neuerer Zeit u. a. von POHLEN 1969 aufgenommen) haben uns hier nicht zu beschäftigen.

[16] Hervorhebung durch mich

Nunberg gar noch zur Formulierung: „Die manifesten Symptome sind ein *lärmender* Restitutions- oder Heilungsversuch" (S. 330).[16]

Fenichel (1946, 1971): Psychose – regressiver Niederbruch des Ich.

Fenichel schließt sich wie Nunberg eng an Freud an. Auch für ihn gilt: das psychotische Ich ist zu schwach, um mit den Es-Ansprüchen fertig zu werden. Es bricht mit der Außenwelt, welche seine Triebbefriedigung einschränkt (1971, S. 439). Der Bruch mit der Realität meint dasselbe wie Regression zum Narzißmus, Objektverlust, Rückzug von der Außenwelt, Niederbruch des Ich (1971, S. 415). Die schizophrenen Symptome sind z. T. direkter Ausdruck eines regressiven Zusammenbruchs des Ich und einer „primitivization" (Weltuntergang, physische Sensationen, Depersonalisation, katatone Symptome), andere repräsentieren verschiedene Restitutionsversuche (z. B. Halluzination und Wahn) (1971, S. 417). Halluzinationen gelten als „Substitute für Wahrnehmungen" (1971, S. 425).

Federn (1956): Psychose – Niederlage des Ich, Ich-Grenzstörung.

Von Federn stammen wesentliche neue Gesichtspunkte zur Ich-Psychologie der Psychosen, die für ihn „alle Ich-Krankheiten" sind (S. 205). Die schizophrenen Psychosen zeigen das Erliegen des Ich an. Der wesentliche Unterschied zu Freuds Auffassung der Psychosen als Restitutionsversuche, also als Abwehr, ist der: „Die Psychose selbst ist keine Abwehr, sondern eine Niederlage des Ich" (S. 175). Der schizophrene Prozeß besteht in einem Verlust der seelischen und körperlichen Ichgrenzbesetzung.[17] Erst als Schutz (Abwehr) davor regrediert das Ich auf frühere Ichzustände (S. 177). Wie Freud 1937 räumt auch Federn die Möglichkeit organisch begründeter Ich-Schwäche ein (S. 180).

Federn betont ausdrücklich, daß nicht alle Ich-Funktionen gleich schwer betroffen sein müssen. „Der psychotische Prozeß schreitet nicht gleichzeitig in der Gesamtheit der Ich-Beziehungen und der Ich-Grenzen fort" (S. 130).

„Der Realitätsverlust ist die Folge, nicht die Ursache der grundlegenden psychotischen Mangelhaftigkeit" (S. 148). Die hypochondrischen Beschwerden, die Leibentstellung entstehen durch Abzug der Ich-Besetzung von den betroffenen Organen (S. 150). Halluzination und Wahn sind Ich-Verletzungsfolgen und nicht Restitutionsversuche. Die (jeweils in Hinsicht auf bestimmte Ich-Funktionen zu betrachtende) Ich-Schwäche führt zu Wahrneh-

---

[17] Der Gegensatz zwischen Freud und Federn ist ein rein theoretischer. Die „Sache", die beide meinen, ist die hilflose Schwäche des schizophrenen Menschen.

mungs- und Denkstörungen. Die Schwäche der Ich-Grenze führt zu einer Vermengung von echter und unechter Wirklichkeit, zum Einbruch des Nicht-Ich. Als Schutz vor dieser Invasion falscher Wirklichkeiten aus dem Unbewußten regrediert das Ich auf frühere Ich-Zustände. Erst die generelle Ich-Schwäche mit einer völligen Energieentleerung bedeutet einen vollkommenen Zerfall des Ich in allen seinen Funktionen.

Psychoanalytische Autoren mit etwas mehr in echtem Umgang gewonnener Anschauung von Kranken stellen nicht so sehr auf die libidinöse Ichaufblähung, die Omnipotenz und Megalomanie des narzißtischen Lust-Ich ab. Bei diesen tritt auch die Konstruktion einer latenten Homosexualität als „Motiv" für schizophrene Wahnbildung (FREUD 1911) zurück.

Einige Autoren stützen sich freilich egokosmisch (FEDERN 1956) auf ihre eigene „imaginative Realität".

HARTMANN (1964 a): Psychose – Regression und Zerfall eines schwachen, neutralisationsunfähigen Ich

HARTMANN verdanken wir wesentliche Beiträge zur psychoanalytischen Ich-Psychologie. Seine wichtigste Arbeit zur Ich-Psychopathologie der Schizophrenie stammt aus dem Jahr 1953 (Ein Beitrag zur Metapsychologie der Schizophrenie).

HARTMANN geht es nicht so sehr um eine Erklärung verschiedenster psychopathologischer Erscheinungen, als um eine nähere Bestimmung der zentralen Ich-Störung. „Das Ich, das auf die Realität mit einer Psychose reagieren muß, ist wahrscheinlich schon ein gestörtes Ich. Aber wir wissen wenig über die spezifische Natur dieser Verwundbarkeit" (S. 376).

HARTMANN nimmt eine Anomalie der primären Autonomie des Ich an (also eine von Es und Umwelt unabhängige), die hereditär bedingt sein könnte (S. 395).

Was dem schizophrenen Ich offensichtlich fehlt, ist die organisierte Ich-integrierte Stabilität der Abwehr. Es bleiben dem kranken Ich vorwiegend primitive Abwehrformen (Wendung gegen sich selbst, Verkehrung ins Gegenteil, Projektion, Ablösung der Libido, S. 377). Die Schwäche des Ich bedeutet in HARTMANNs Konzept vor allem Schwäche der Neutralisierungsfähigkeit (Desexualisierung und Desaggressivierung) von libidinöser Energie (S. 384).

Anknüpfend an FREUDs (1924 a) Bemerkungen über den Unterschied von Neurose und Psychose stellt auch HARTMANN fest: Wenn das Ich sich in der Psychose von der Realität zurückzieht, handelt es im Dienste des Es. Das kranke Ich kann die Triebprobleme nicht anders als durch Rückzug aus der Realität lösen. Dabei kann er Es-Anspruch (die Triebe) gleichsam absolut überstark sein oder das Ich ist relativ zu schwach für einen an sich nicht überstarken Triebanspruch (S. 376).

Als Abwehr gegen den Es-Anspruch, den es nicht bewältigen kann, regrediert das Ich in ein narzißtisches Stadium[18] (woraus eine Reihe von Symptomen verständlich werden: Denk-, Sprach-, Affektstörungen). HARTMANN versucht den Vorgang der narzißtischen Regression zu bestimmen: Die von der Außenwelt zurückgezogene Libido wird im Selbst (nicht im Ich!) investiert (so schon nach FREUD 1911). Die Überschwemmung des Selbst und der Ich-Funktionen geschieht aber (infolge der Neutralisierungsschwäche des kranken Ich) durch nicht neutralisierte Libido. Daher ist die narzißtische Selbstbesetzung sexualisiert, was sich in der größenwahnsinnigen Selbstüberschätzung zeigt (S. 384).

HARTMANN sieht den Zerfall des Ich als Folge des (regressiven) Objektverlustes und der Sexualisierung des Selbst (S. 385) oder auch seiner Überschwemmung mit nicht neutralisierten aggressiven Trieben, die sich gegen das Selbst richten (S. 388) oder durch Defekte der Über-Ich-Struktur als Gewalttätigkeit gegen die Außenwelt durchbrechen (S. 386).

Durch den Mangel an neutralisierter Energie für das Ich kommt es zu einer Entdifferenzierung des Ich (S. 391), das daher die Beziehungen zur inneren und äußeren Realität nicht aufrechterhalten kann.

WINKLER (1954, 1971), WINKLER u. WIESER (1959): Ich-Anachorese und -Mythisierung als Weisen der Abwehr

WINKLER fügte den schon bekannten Weisen der Abwehr (durch Projektion, Subjekt/Objekt-Umkehr, Externalisierung des Über-Ich, Verleugnung der Realität) zwei „spezifisch für Schizophrene geltende" (1954, S. 235) Abwehrmaßnahmen des Ich hinzu: die Ich-Anachorese (1954) und die Ich-Mythisierung (1959).

Ich-Anachorese heißt Rückzug des Ich von inkompatiblen Bewußtseinsinhalten, d. h. von vom Über-Ich nicht gestatteten Es-Regungen. Also eine „Herausspaltung" (S. 240) (vgl. dazu E. BLEULER 1911 und FREUD 1938). Die vom Es kommenden Impulse bleiben „unter Einbuße ihrer Ich-Qualität vollinhaltlich und in unveränderter Stärke im Bewußtsein" (S. 235). Der Verlust der Ich-Qualität bringt einen Gewinn: Schuldentlastung. Die Folgen der Ich-Anachorese sind die bekannten Symptome der Entfremdung, Gedan-

---

[18] Zur Regression, zur Diskussion des Narzißmus und zu den therapeutischen Problemen dabei s. BALINT (1973).

5 Scharfetter, Psychopathologie

keneingebung und andere Fremdbeeinflussung. „Der Schizophrene vermag mit der Ich-Anachorese alles, was ihn belasten
könnte, auf die Umwelt abzuwälzen" (S. 236).

In manchen Fällen genügt offenbar die Ich-Anachorese, die „Abspaltung einzelner Erlebnisinhalte aus dem Ich-Bereich" (1954,
S. 240) nicht. Dann kann das Ich sich in eine mythische Entrük-
kung verziehen zum Zwecke der Selbstenthebung von Schuldgefühlen: „Das Ich entrückt aus einer persönlichen Existenz in eine
kollektiv-mythische Existenz" (1959, S. 78) vgl. JUNG 1952).

MAHLER (1951, 1958, 1968, 1972) erarbeitete aus kinderpsycho-
analytischer Sicht eine differenziertere Stadieneinteilung der Iden-
titätsentwicklung des Ich, das sich, wie auch in HARTMANNS Theorie, aus einer undifferenzierten Matrix (dem Mutterboden für Ich
und Es) herausbildet: FREUDS primär narzißtisches Stadium wird in
eine autistische (omnipotent, objectless) und in eine symbiotische
Phase geteilt. Die dritte Phase ist die der separation – individuation. Störungen in der symbiotischen Phase führen durch Regression zu (autistischen) childhood psychoses, Störungen der dritten
Phase zu borderline-Erkrankungen.

JACOBSON (1964) verwarf – ähnlich wie BALINT (1952) – FREUDS Konzept eines primären Narzißmus und Masochismus und erklärte
den sekundären Narzißmus als Besetzung der Selbstrepräsentanz
(folgend HARTMANNS Differenzierung in Ich, Selbst, Selbstrepräsentanz) mit Libido und Aggression (vgl. HARTMANNS Gedanken
von der Neutralisierungsfähigkeit des Ich). In ihrem Psychosekon-
zept folgt sie der gängigen Regressionsannahme: in der Psychose
wird regressiv wieder ein undifferenzierter Zustand von Selbst-
und Objektrepräsentanz erreicht, was die Identität des Psychotikers verlorengehen läßt. Narzißtische Neurosen und borderline-
Erkrankungen sind Ausdruck narzißtischer Identifikationen.

Für KERNBERG (1967, 1970, 1972) sind psychopathologische Symptome Ausdruck von Störungen in der Internalisation von Objektbeziehungen, was zu einem Zerreißen der Ich-Integration
führt. Er hat ein Entwicklungsschema von vier Stadien vorgeschla-
gen und verschiedene psychiatrische Störungen (besonders borderline) dazu in Beziehung gesetzt.

1. (Auch hier) Primär narzißtisches, autistisches, nicht differenzier-
tes Stadium, d. h. Selbst- und Objektrepräsentanz nicht getrennt
und nicht als ego-core internalisiert. Entwicklungsstillstand in diesem Stadium bedeutet bei Fehlen der Realitätsbeziehungen Psychose, bei vorhandenen Realitätsbeziehungen schwere autistische
und gefühllose Charakterabnormität.

2. Entwicklung der primären intrapsychischen Struktur durch Konsolidierung des undifferenzierten Selbst-Objektes.

In diesem Stadium droht die Gefahr der extremen Polarisierung in „all good self object" und „all bad self object", des Ausbleibens der Trennung von self und non self und der Schwäche der Ich-Grenzen, der „ego-dissolution" usw. (Schizophrenie).

3. „Normal splitting" erhält gute Beziehung zur Mutter trotz Frustration (Liebe nicht zu sehr durch Haß kontaminiert).

Im pathologischen splitting (borderline u. a. Persönlichkeiten) Alternative von „nur gut" und „nur böse". Self image ungenügend getrennt von object image.

4. Integration der all good und all bad self and object images zu *einem* Konzept von Selbst und Objekt.

Abwehr der Neurosen (wie bei Freud) Regression.

Kohuts (1971) Interpretations-„Gegenstand" sind „narcissistic personality disturbances" (die er von den Übertragungs- und von den borderline-Erkrankungen unterscheidet). Vom Autoerotismus gehen zwei Entwicklungslinien über den Narzißmus ab: Zur Objektliebe und zu höherer und gewandelter Form des Narzißmus. Kohut weicht in seinen Begriffen z. T. stark von der psychoanalytischen Ich-Psychologie ab. Seine Konzeptualisierung dient – ähnlich, aber viel dominierender als bei Kernberg – der Untermauerung psychotherapeutischer Erfahrungen mit den gen. speziellen Persönlichkeiten.

G. und R. Blanck (1974) trennen die vier Grundformen der egomodification noch stärker ab (ego-defect, ego-deviation, ego-distortion, ego regression) und entwickeln ego-psychotherapeutische Techniken.

3.7. Hinweise auf Forschungsansätze

Diese hier dargestellten Dimensionen 1–5 (globaler und unschärfer 6–7) sind – wie alles, was wir erfassen und benennen – Konstrukte. Die Überschneidungen, die sich bei der hier vorgeschlagenen Klassifikation ergeben, sind kein Argument gegen sie. Daß Störungen dieser Dimensionen bei ätiologisch verschiedenen psychiatrisch behandlungsbedürftigen Leiden auftreten, zeigt, daß auch diese Ich-Störungen ätiologisch unspezifisch sind (d. h. im besonderen: nicht spezifisch, bestenfalls typisch für schizophren aussehende Psychosen verschiedener Genese).

Weitere Untersuchungen müssen die Vermehrung des Dokumentationsgutes von solchen Erfahrungen Kranker anstreben und die einheitliche Erhebung, Sammlung und Dokumentation (mit Fragebogen als Selbst- oder

Fremdbeurteilung) als Grundlage für die Anwendung multivariater Statistik. Dann kann sich zeigen, ob die hier dargestellten Dimensionen sich auch statistisch ergeben (CLUSTER).

In der Sicht dieser Ich-Pathologie muß ferner das Konzept der sogenannten borderline cases (E. BLEULER 1911 latente Schizophrenie) neu überdacht werden. Weiter ist zu prüfen, was für prognostische Aussagen sich aus dieser Betrachtung ableiten lassen, was für Therapieanweisungen sich ergeben.

Tabelle 1 **Pathologie des Ich-Bewußtseins**

Dimensionen	Angst	katatone Symptome			Entfremdung		Wahn	sekundärer Wahn	Vorkommen
		Stupor	Erregung	andere	Depersonalisation	Derealisation			
Ich-Vitalität	+	+		Hyperventilation	+	(+)	Untergangs-hypochondrischer Wahn nihilistischer Wahn Weltuntergangs-Verfolgungswahn	? Heilswahn ? Welterneuerungswahn Beziehungswahn	Depression Schizophrenie toxische Psychosen
Ich-Aktivität	+	+	(+)	Stereotypie Verbigeration Echopraxie Echolalie Flexibilitas cerea	(+)		Fremdbeeinflussung Verfolgung	? göttliche Führung	Besessenheit Schizophrenie toxische Psychosen Depression
Ich-Konsistenz	+	+	(+)		(+)		Untergang, Zersplitterung Weltuntergang, Monsterwahn Multiplikatorischer Wahn	? Schwangerschafts- ? Geburtswahn	Schizophrenie toxische Psychosen
Ich-Demarkation	+	(+)	(+)		(+)	(+)	Fremdbeeinflussung Appersonierung Transitivismus	? Omnipotenz ? Telepathie ? altruistischer Wahn	Schizophrenie toxische Psychosen
Ich-Identität	+	(+)			+	+	Verwandlungswahn Abstammungswahn		Schizophrenie toxische Psychosen

4. Erfahrungsbewußtsein und Realitätsbewußtsein

Engl.: consciousness of experience, reality testing

NB: Das ist *eine* Fähigkeit des bewußten Menschen, nicht ein „eigenes" Bewußtsein!

4.1. Definition

Erfahrungsbewußtsein ist das Wissen um den jeweiligen Erfahrungsmodus, das uns gleichzeitig mit der Erfahrung gegeben ist. Realitätsbewußtsein[1] ist das dem zugeordnete Wissen um die Tatsächlichkeit von Wahrgenommenem.[2]

4.2. Funktion

Die Grundartung unserer Existenz ist Offensein, Erfahren, Vernehmen, Verstehen (und demgemäß im Verhalten Handeln). In jeder Erfahrung[3] – und wir haben viele Erfahrungsmodalitäten – ist uns jeweils schon der Erfahrungsmodus gegeben. Davon hängt wesentlich die (lebensgeschichtlich-situativ variierende) Bedeutung einer Erfahrung ab und damit gewinnt sie ihre Handlungsrelevanz.

Es ist offenbar eine phänomenologisch nicht weiter reduzierbare Fähigkeit des bewußtseinsklaren, seiner selbst bewußten Menschen, daß er mit jeder Weise seiner vielfältigen Erfahrungsmöglichkeiten auch schon den Modus dieser seiner Erfahrung weiß. Wir „wissen", haben als gewiß gegenwärtig, daß wir z. B. etwas wahrnehmen, und können das unterscheiden von der noch so anschaulichen, „leibhaftigen" Vorstellung (vgl. Tab. 2 S. 138). In vergleichbarer Art wissen wir um die Weise des Gegebenseins der zahlreichen anderen Möglichkeiten von Erfahrung: Wir haben die Selbsterfahrung (s. Selbstbewußtsein mit den verschiedenen Dimensionen), Wahrnehmung, Halluzination, Pseudohalluzination, Phantasie, Vision, Vorstellung, Erinnerung, Denken, „Einbildung", Imagination, Ahnung, „Gespür", Intuition, Traum, Ekstase, aber auch die Erfahrung von Stimmung, Gefühl, von Wünschen, Trieben, Hoffnungen, Erwartungen usw. Mit der Erfahrung ist auch

---

[1] JASPERS (1912, 1959) im Anschluß an JANET: „fonction du reell".

[2] Die philosophische Frage nach dem Wesen unserer Erkenntnis ist hier nicht zu erörtern.

[3] Zur philosophischen Problematik und Geschichte des Erfahrungsbegriffes s. z. B. GADAMER (1972), HOLZHEY (1970).

das Wissen darum da, ob diese Erfahrung nur unsere eigene ist oder wie weit sie gemeinsam mit anderen Menschen geteilt werden kann.

Im Allgemeinen ist uns bei allen Sinneswahrnehmungen die „Realitätsgewißheit" (JASPERS) „einfach gegeben".[4] Wir erfahren nicht, daß wir etwas vernehmen und nachher ein Urteil darüber fällen (KLOSS 1938: das Realitätsurteil ist implizit). Wir können Dinge mit Gegenstandscharakter wahrnehmen und gleichzeitig wissen, daß diese Dinge, obwohl sinnenhaft gegeben, doch nicht tatsächlich da sind. Wir können etwas leibhaftig schauen und doch wissen, daß uns das Geschaute nicht im Modus des Sehens gegeben ist, sondern z. B. in dem der Vorstellung, in einer Vision, in einer Halluzination. Ist es darum weniger wirklich? Sicher nicht! Wahrnehmung, echte Halluzination, Pseudohalluzination, Wahn usw. sind handlungsbestimmende Wirklichkeiten für den Menschen, aber es sind verschiedene Erfahrungsmodalitäten.

Es gibt aber noch eine andere Realitätsbestimmung: wenn wir in einer Wahrnehmungserfahrung unsicher sind, z. B. weil sie undeutlich oder sehr ungewöhnlich, „auffallend", ist, so können wir nachprüfen, ob unsere Erfahrung stimmt ([sekundäres] Realitätsurteil i. S. von JASPERS 1959, explizites Realitätsurteil i. S. von KLOSS 1938). *Diese sekundäre Realitätskontrolle* leisten wir durch:

a) Wiederholung mit genauem Achten (in erhöhter Aufmerksamkeit) auf die Modalität des Sinneseindrucks (sofern er nochmals zu gewinnen ist). Bei optischen Erfahrungen geht das leichter als etwa bei akustischen. Je leibnäher die Erfahrung (Leibgefühle), um so schwieriger wird die Prüfung. (Es ist ja auch die Unterscheidung von leiblichen Mißempfindungen und Leibhalluzinationen willkürlich.)

b) Einsatz anderer Sinnesqualitäten: z. B. Nachschau-halten, taktiles Überprüfen usw.

c) Überprüfung am bisherigen Erfahrungsgut (Gedächtnis). Habe ich schon Ähnliches erfahren? Kann das meiner Erfahrung nach sein?

d) Soziale Überprüfung: Befragung der Anderen. Suche nach dem „common sense", dem Realität das ist, worüber sich Gesunde einer Kulturgruppe ohne Zwang einigen können.

---

[4] Cave Verwechslung mit Realitätsprinzip i. S. von FREUD (1911). FREUDs Realitätsprüfung (Innen-Außen-Unterscheidung) hingegen ist ein Teil dieses hier gemeinten Erfahrungs- und Realitätsbewußtseins (s. Ich-Demarkation).

4.3. Grundlagen

Alle für das volle Bewußtsein genannten Grundlagen. Funktion der Sinnesorgane. Aufmerksamkeit, Gedächtnis und Erinnerung, Denkbefähigung u. a. sind einige der Voraussetzungen für die komplexe Leistung solcher Vollzüge.

Die Entwicklung des Realitätsbewußtseins vollzieht sich mit dem Ich-Bewußtsein, neurophysiologisch gesprochen: in der Interaktion von Afferenz und Efferenz.

4.4. Prüfung

Durch Selbst- und Fremdbeobachtung, im Gespräch und aus der Verhaltensbeobachtung.

4.5. Pathologie

4.5.1. In besonderen Lebensumständen

Schon in herabgesetzter Wachheit, in der Ermüdung, bei Sinnesisolation, bei affektiver Belastung (Krisenzeiten des Lebens, Konflikte, Verlust des Lebensgefährten), aber auch bei Einengung des Bewußtseinsfeldes in erhöhter gespannter Aufmerksamkeit (Faszination) kann das Erfahrungsbewußtsein versagen oder unsicher werden. Die sichere Unterscheidung von sinnenhaften Wahrnehmungen, von Traum, Phantasie, Illusion, Vision usw. kann verloren gehen. Die vertraute Umgebung kann dereell erscheinen.

4.5.2. Bewußtseinsveränderungen

Hierbei (akuter exogener Reaktionstyp) kann das Realitätsbewußtsein völlig aufgehoben sein – der Kranke halluziniert lebhaft und erkennt seine Halluzinationen meist nicht mehr als solche, sondern verkennt sie als Wahrnehmungserlebnisse (z. B. Delirium). Unter Halluzinogenen – bzw. in experimentellen Situationen – kann das Halluzinieren oft noch als solches erkannt werden.[5]

4.5.3. Demenz

In der Demenz kann die Realitätskontrolle versagen – und damit ist der Weg in paranoid-halluzinatorische Psychosen offen.

---

[5] Ähnlich gibt es manchmal beim Träumer ein Wissen darum, daß er träumt, sogar ein Ringen um das Verstehen der Traumerfahrung.

4.5.4. Störungen des Ich-Bewußtseins

Bei den Störungen des Ich-Bewußtseins (s. d.) kann das Erfahrungs- und Realitätsbewußtsein versagen oder unsicher werden. Der Kranke weiß nicht mehr sicher, in welchem Erfahrungsmodus er etwas erfährt, kann zwischen Gedanken, gehörten Worten („Stimmen"), Phantasien, Gefühlen, Leibempfindungen, Vorstellungen usw. nicht mehr unterscheiden. Er weiß nicht mehr, was „wirklich" ist und was „Einbildung". Gedanken werden „gefühlt", „gehört", Worte als Schmerz im Gehirn gespürt. (Z. B.: „Jedes Wort ist ein Schmerz in meinem Gehirn.") Ist es überhaupt – so kann der Kranke fragen – ein Hören – oder ist es nicht vielmehr eine andere – gehörsähnliche – Erfahrung, für die es keine treffende Benennung in der Alltagssprache gibt?

Es liegt nahe, daß dem Kranken dann das Alltägliche nicht mehr selbstverständlich ist.[6]

Beispiele:
P 93 (Schizophrenie)
„Ich bin in eine krankmachende Entwicklung hineingetrieben. Ich bin schizophren geworden, d. h. ich bin in meinem Urteil nicht mehr richtig zurechnungsfähig und habe die natürlichen Gefühle verloren."

P 148 (Schizophrenie)
„Es ist nicht mehr so selbstverständlich. Ich bin etwas unsicher, habe das Gefühl, ich sei krank, aber nicht körperlich. ... Ein komisches Gefühl, ich dachte Sachen, die ich sonst nicht denke. Es ist nicht mehr natürlich, nicht mehr ganz normal, eben komisch. ... Es ist auch Angst dabei ... ich bin empfindlicher ... Ich habe eine große Neigung, alles in Frage zu stellen ... bin unsicherer geworden ... nicht mehr so spontan in den Gefühlen. ... Ich empfinde mein Leben mehr als früher ..."

P 91 (Schizophrenie)
„Die Wirklichkeit ist verändert. Ich kann schon wahrnehmen wie Andere, aber in meinem Gehirn (zeigt auf die Schläfe) ist ein Filter eingebaut, der kontrolliert, was hineinkommt und was nicht. Die Wirklichkeit entspricht nicht dem Menschen – der Übergang in der Seele ist nicht total."

Die Erfahrungsmodalitäten wechseln in ungewohnter Weise. Geräusche werden im Kopf zu Worten, Worte sind „Gedanken im Kopf". Gesehenes kann gleichzeitig als nicht tatsächlich da gewußt werden oder – gleichsam als Zwischenstufe – „wie im Film", „wie in einem Diapositiv" erscheinen.

---

[6] Vgl. JASPERS (1925), Psychologie der Weltanschauungen, S. 300. „Wenn die Selbstverständlichkeit dem Menschen gleichsam unter den Füßen weggezogen wird."
Vgl. dazu auch BLANKENBURG (1971).

P 92 (Schizophrenie)
Die Patientin wird von verschiedenen tatsächlichen Geräuschen, ja sogar vom Vogelzwitschern gestört. „Ich höre in meinem Kopf in diesen Geräuschen Worte, die an mich gerichtet sind, im gleichen Rhythmus wie das Geräusch."

Der Inhalt dieser Worte ist ein Kommentar zu dem, was sie gerade denkt.

Die Patientin „sah" Blumen, Rehe, Hasen, ein übergroßes Gesicht, wußte aber gleichzeitig, daß diese nicht tatsächlich vorhanden waren. Dann zeigte sich ihr „wie in einem Diapositiv eine Frau, die statt eines Gesichtes eine Computermaschine hatte". (Vgl. Ich-Identität und Gesicht)

Oder es ist ein Hören und gleichzeitig doch mehr ein „im Kopf haben".

P 88 (Schizophrenie)
Sie „hört" viele „Stimmen" und sagt dazu: „Es ist etwas anderes als richtiges Hören, ich habe die Stimmen einfach im Kopf."

Bei schweren Ich-Erlebensstörungen sind vielfach mehrere der Dimensionen gleichzeitig, manchmal aber in unterschiedlicher Ausprägung oder auch vorübergehend die eine oder andere mehr betroffen (s. d.). Wenn alle Erfahrungsunterscheidung, jedes Realitätsbewußtsein schwindet – und der Kranke selbst das noch merkt, dann kann er uns sein zerworfenes Dasein so sagen: „Ich bin das vollkommene Chaos". (P 129)

4.5.4. 1. Störung der Ich-Vitalität
(und gleichzeitig der anderen Dimensionen):

P 22 (Schizophrenie)
„Ich weiß nicht, lebe ich noch oder bin ich tot ..." Es gibt „Außenstimmen" (die Stimme des Gesprächspartners) und „Innenstimmen". „Die kommen aus mir selber und ich spüre sie durch meinen Körper hindurchgehen. ... Ich habe nur die halbe eigene Meinung, die andere ist von Anderen, von Stimmen."

4.5.4. 2. Störung der Ich-Aktivität

Ist es meine Erfahrung oder ist sie mir „gemacht", „eingegeben", „suggeriert", „wie wenn jemand Einfluß nimmt". (P 5)

P 20 (Schizophrenie)
„Ich habe Mühe zu unterscheiden, was wirkliche Stimmen und Geräusche waren und was ich mir einbildete. Ich kam zur verzweifelten Frage: Was ist denn wirklich? – Ich fragte mich, hat man mir das einsuggeriert oder vielleicht ist es tatsächlich gewesen. Ich konnte nicht mehr unterscheiden, was von außen kam und was richtig war oder was mir nur so vorkam. Es kam eben vor, daß ich Dinge hörte, die gar nicht waren. ... Ich konnte die

Wirklichkeit nicht mehr von dem auseinanderhalten, was aus mir kam – das war furchtbar, es war, wie wenn meine Welt unterginge, es ist einfach zu viel auf mich hereingekommen." – Daraus ergab sich ein Überwältigungsgefühl (Verfolgungswahn).

4.5.4.3. Störung der Ich-Konsistenz

Woher kommt die Erfahrung (deren Qualität oft unsicher ist)? Kommt das Denken, das Hören, das Angerufenwerden in meinem Kopf vor, aus meinem Leib „wie Strom" heraus, höre ich mit dem Herzen, aus dem Bauch, dem Unterleib?

P 31 (Schizophrenie)
Die Patientin hat „Stimmen im Herzinneren".

P 136 (Schizophrenie)
„Was sind das für häßliche Anrufe eben im Kopfinneren gewesen."

4.5.4.4. Störungen der Ich-Demarkation

Kommt die Erfahrung von außerhalb meines Leibes heran? Werden mir Stimmen, Bilder, Leibgefühle, Schmerzen, Gedanken „von außen" eingegeben? Werden meine Gefühle, Gedanken etc. von Anderen gewußt, „abgelesen", gehört?

s. Beispiel P 22 (S. 76)

P 32 (Schizophrenie)
„Stimmen plagen mich im Kopf. Nachts gehen die Stimmen aus dem Kopf heraus und reden dann von außen gegen mich."

4.5.4.5. Störungen der Ich-Identität

Bin ich selbst der Erfahrende oder habe ich die Erfahrung Anderer *(Appersonierung)* oder Andere meine Erfahrungen *(Transitivismus)?*

P 3 (Schizophrenie)
Sie habe die Fähigkeit, die Gedanken anderer zu lesen. „Sogar die Träume von denen, die mit mir im gleichen Zimmer schlafen, muß ich miterleben."

4.6. Hinweis zur Therapie

Isolation, Unmöglichkeit, sich mit anderen über die eigenen und gemeinsame Erfahrungen auszusprechen, sich mitzuteilen, ist ein Umstand, der die Unsicherheit oder das Verschwinden von Erfahrungs- und Realitätsbewußtsein provoziert.

Daher hilft es dem Kranken, wenn man mit ihm spricht, mit ihm umgeht, ihn fragt, erzählen läßt, aber auch mit ihm etwas macht, ein *gemeinsames Werk* (z. B. in Ergotherapie, Turngruppe, Bewegungstherapie usw.). Sogar Bewußtseinsgetrübten gibt solches Dabeisein eine Stütze – und das Halluzinieren kann zurückgehen oder verschwinden. Auch der Beeinträchtigungswahn von Dementen z. B. kann sich auflösen, wenn man den Kranken in eine Atmosphäre von Gemeinschaft und Sicherheit aufnimmt. Von besonderer Bedeutung ist der sprechende und handelnde Umgang mit Kranken, deren Ich-Bewußtsein betroffen ist. Schwer und akut Kranke sind manchmal für einen ausschließlich verbalen Zugang nicht mehr fähig. Gelingt ein gutes Gespräch, ein Spaziergang, ein Ballspiel, eine Übung (z. B. mit einem Seil), ein gemeinsames Werk, so gewinnt der Kranke wieder an Ich-Bewußtsein und an Übersicht über seine Erfahrungen und über die „Realität". In schwersten Fällen chaotischer Überwältigung mit starker psychotischer Produktivität (Halluzinationen, Wahn, schwerste Ängste) kann der Weg zu solcher „tätiger Gemeinschaft" (BLEULER 1969) mit Neuroleptica erst ermöglicht werden.

5. Orientierung

Engl. orientation

5.1. Definition

Das Bescheidwissen, Sichzurechtfinden und Sicheinordnen in die jeweilige zeitliche, örtliche, persönliche und situative Gegebenheit.

5.2. Funktion

Die Orientierung ermöglicht dem Menschen, die jeweilig vorgefundenen Gegebenheiten in ihrem kalendarischen, örtlich-räumlichen (geographischen) lebensgeschichtlichen Bezugsrahmen zu erfassen und sich darin einzuordnen. Orientierung ist damit eine Voraussetzung für die Anpassung und für die praktische Lebensführung überhaupt. Die Unterscheidung einer (relativ stabilen) *praktischen* Orientierung, die sich im Verhalten kund gibt, und einer (labileren) *theoretischen* Orientierung ist für die Beurteilung der Funktionseinbuße wichtig.

5.2.1. Orientierung in der Zeit

Wissen um Datum, Tag, Tageszeit, Monat, Jahr, Jahreszeit. Relativ stabil ist das praktische Zurverfügunghaben des Wissens um Tageszeit, Jahreszeit. Die Bezugspunkte für die zeitliche Orientierung sind fließend und erfordern eine immer neue Einstellung. Zeitliche Orientierung ist (im Gegensatz zur örtlichen) labil und leicht störbar.

5.2.2. Orientierung im Ort

Wissen um den je gegebenen Ort in seiner geographischen Bestimmung. Örtliche Orientierung ist in bezug auf vertraute Orte (z. B. Wohnung, Häuserblock, Wohnviertel u. ä.) ziemlich stabil, wohingegen sie in neuer Umgebung erst erworben werden muß und zunächst labiler ist.

Divide: Räumliche Orientierung meint die Einordnung in den geometrischen Raum (s. Agnosien).

5.2.3. Orientierung über die eigene Person

(Autopsychische O.) Wissen, wer und was einer selbst ist (Geburtstag, Geburtsort, Herkommen, Namen, Beruf, Rolle im Le-

bensalter und im sozialen Kontext) und Zusammenschau des Jetzigen und Vergangenen als einem selbst zugehörig. Autopsychische
Orientierung ist im umfassenden Sinn eine Selbstvergegenwärtigung, als solche verknüpft mit den obigen Orientierungsfunktio-
nen.

5.2.4. Situative Orientierung

Erfassen (Auffassen) der jeweiligen Situation in ihrem Bedeu-
tungs- und Sinnzusammenhang für die eigene Person. Situative
Orientierung meint also z. B.: Das Wissen, als Patient in einem Spital zu sein, das Erkennen der Untersuchungssituation, einen Arzt,
eine Schwester usw. vor sich zu haben. Zur situativen Orientierung gehört auch das Wissen, warum wir uns an einem bestimmten Ort befinden und in welchem Verhältnis zu den Menschen, die
dort sind. Insofern hat die situative Orientierung auch einen Zusammenhang mit der Orientierung in Ort und Zeit und hinsichtlich der eigenen Person. Sie selbst ist aber eine viel komplexere
Leistung. Situative Orientierung ist Selbstvergegenwärtigung in
bezug auf einen biographischen Ort. Als solches setzt sie Auffassen, Verstehen, Interpretieren einer aktuellen Situation im
lebensgeschichtlichen Zusammenhang voraus.

5.3. Voraussetzungen

Intaktes Bewußtsein und Sensorium (Sinneswahrnehmung),
Aufmerksamkeit (Einstellung), ein gewisser Grad von Intelligenz
zur wachen Überschau und Auffassung (besonders bei der situativen Orientierung auch des Verstehens) und Erinnerungsfähigkeit
und Zeitsinn. Bei schwerem Intelligenzmangel und schwer gestör-
tem Gedächtnis ist die Orientierung auch bei klarem Bewußtsein
mangelhaft. Für die situative Orientierung ist auch eine Fähigkeit
zur Selbstvergegenwärtigung Voraussetzung (s. o.).

5.4. Prüfung

Wegen der Wichtigkeit des Syndroms der Orientierungsstörung
für Diagnose und damit Therapie muß man sich bei jedem Kranken über diese Funktion eigens klar werden. Dies muß nicht immer direkt durch Abfragen geschehen, sondern kann sich aus dem
Gespräch und aus der Verhaltensbeobachtung ergeben. Man muß
sich vor Augen halten, daß die verschiedenen Komponenten der
Orientierung (zeitlich, örtlich usw.) nicht immer gleichmäßig gestört sind und daß ein Ausfall unterschiedliches diagnostisches

Gewicht hat. Weiter muß man beachten, daß die Orientierung, wie die meisten psychopathologischen Symptome, schwanken kann in Abhängigkeit von der Befindlichkeit und von der Umgebung des Kranken. So kann ein guter Gesprächskontakt mit dem Kranken zu wesentlich besserer Orientierungsfunktion verhelfen als ein distanziertes Umgehen mit ihm.

5.5. Pathologie

5.5.1. Unsicherheit und Schwanken der Orientierung

Die Orientierung ist nicht völlig aufgehoben, aber unsicher und inkonstant. Meist leidet zuerst die Orientierung in der Zeit, dann in der Situation, zuletzt die im Ort und in bezug auf die eigene Person.

5.5.2. Ausfall der Orientierung: Desorientierung

Der Orientierungsausfall muß keineswegs alle Bereiche zugleich und gleichmäßig betreffen. Zeitliche und situative Orientierung sind meist zuerst betroffen, dann die Orientierung im Ort und zuletzt die autopsychische. Auch ist vielfach zu unterscheiden zwischen einer praktischen Orientierung (was aus dem Verhalten zu ersehen ist) und einer abstrakten Orientierung (Auskunft geben auf Befragung).

5.5.2. 1. Zeitliche Desorientierung

Der Ausfall des praktischen Wissens um Tageszeit und Jahreszeit wiegt schwerer als die Unkenntnis vom Datum des Wochentages. Wenn der Monat (auch nicht ungefähr), die Jahreszeit, die Jahreszahl nicht mehr gewußt wird, ist die Störung schwer. Schon bei geringgradiger Beeinträchtigung des Wachbewußtseins, bei vielen leichteren Erinnerungsstörungen kommt es zur zeitlichen Desorientierung.

5.5.2. 2. Örtliche Desorientierung

Örtliche Desorientierung kann schwanken: z. B. weiß ein senil Dementer während des Tages noch, daß er in einem Spital ist (und leidet darunter), aber nicht, wo und in welchem, nachts aber wähnt er sich zuhause oder sucht ängstlich verloren den Weg dorthin. Oft fällt das Auseinanderklaffen von praktischer und abstrakter

Orientierung auf: Ein Kranker kann sich z. B. noch ganz wohl zurecht finden auf Spaziergängen im Klinikgelände, kann aber auf Befragung keine Angaben machen über das Gebäude, in dem er sich befindet, dessen geographische Lokalisation, die Stadt usw. Theoretische Desorientierung wiegt weniger als praktische. Die örtliche Desorientierung ist je nach der Vertrautheit oder Fremde des Ortes ganz verschieden zu beurteilen: d. h. eine praktische Desorientierung in der eigenen Wohnung wiegt viel schwerer als in der unvertrauten Umgebung einer Klinik (besonders wenn diese ganz neu ist für den Kranken).

5.5.2. 3. Personelle Desorientierung

Kurzdauernde autopsychische Orientierungsunsicherheit oder Desorientierung kommt beim Erwachen aus einer Bewußtseinsstörung (selten aus tiefem Schlaf) vor und wird meist rasch korrigiert (innerhalb von Sekunden). Schwer wiegt ein dauernder Verlust der Orientierung im bezug auf die eigene Person: Der Kranke weiß nicht mehr, wer er ist.

Z. B. Eine alte Frau in arteriosklerotischem Verwirrungszustand weiß nicht mehr, daß sie die Ehefrau NN, die Mutter von fünf Kindern, Großmutter usw. ist, sondern gibt ihren Mädchennamen an.

So schwere Desorientierungen in bezug auf die eigene Person sind praktisch immer auch mit Störungen der anderen Orientierungsqualitäten verbunden.

5.5.2. 4. Situative Desorientierung

Kurzdauernd beim Erwachen aus Bewußtseinsstörungen (seltener auch aus tiefem Schlaf, besonders an ungewohntem Ort). Als dauernde (allerdings in der Ausprägung oft schwankende) Desorientierung ist sie ein Zeichen schwerer Störung meist organischer Natur.

5.5.3. Falsche Orientierung

Bei unsicherer oder fehlender Orientierung kann es zu einer konfabulierten Orientierung kommen.

Z. B. Ein hospitalisierter Mann mit einer arteriosklerotischen Demenz meint, er sei zu Hause. Ein Delirant im Wachsaal wähnt sich an seinem Arbeitsplatz. Ein senil Dementer meint im Sommer, es sei nun Winter. Ein dementer Greis wähnt sich als kleiner Bub, der im Auftrag seiner Großmutter gerade über die Straße einkaufen geht.

Zur Abgrenzung vom Wahn dient die Flüchtigkeit und Wechsel-
haftigkeit der Konfabulation, die im allgemeinen auch nicht handlungsbestimmend wird.

5.5.4. Wahnhafte Fehlorientierung und „doppelte Buchführung"

Im Wahn und besonders im paranoid-halluzinatorischen Syndrom
gibt es Fehlorientierungen.

örtlich und situativ:
Ein von Schuldgefühlen geplagter Depressiver wähnt sich im Ge-
fängnis, hält Mitarbeiter für Detektive, die Untersuchung für eine
Gerichtsverhandlung u. ä.

autopsychische: wahnhafter Identitätswandel, s. Ich-Bewußtsein
und Wahn.

5.6. Vorkommen der Orientierungsstörungen

Desorientierung ist ein psychopathologisch sehr wichtiges Zeichen. Es weist als akute vorübergehende Störung auf hirnorga-
nisch begründete Bewußtseinsstörung und Psychose hin, als dau-
erndes Symptom auf fortgeschrittene zerebrale Schäden. Seltener
sind Orientierungsstörungen Ausdruck psychogener Ausnahmezustände (z. B. hysterischer Dämmerzustand) oder wahnhafter und
halluzinatorischer Situations- oder Personenverkennung.

Vorkommen bei allen Bewußtseinsstörungen, also beim akuten
exogenen Reaktionstyp, den organischen Psychosen und psychogen (z. B. im hysterischen Dämmerzustand). Hierher gehören auch
Orientierungsstörungen bei sehr starken Affekten, z. B. beim
überwältigendem Angsterleben in der Panik.

Beim amnestischen oder psychoorganischen Syndrom als Durch-
gangs- oder Dauerzustand.

6. Zeiterleben

Engl.: experience of temporality, of course of time

6.1. Begriffe

6.1.1. Zeiterleben i. e. S.

Das Gegenwärtighaben der Zeit als ein biographisch zusammen-hängendes, gerichtetes Kontinuum von Vergangenheit, Gegen-wart, Zukunft (Ich-Zeit). Solche erlebte Zeit eigener Geschichtlich-keit, in der sich Dasein zeitigt, ist kein gleichmäßiger Ablauf, son-dern eine Erfahrung individuell verschieden bewegten Entwick-lungsgeschehens.

6.1.2. Zeitwissen, Zeitschätzung

Engl.: timing, sense of time

Wahrnehmende Diskrimination der Dauer von Ereignissen oder zwischen zwei oder mehreren Ereignissen. Schätzung der „objekti-ven" Zeit (Weltzeit). Solche „objektive" Zeit läuft gleichsam pa-raindividuell gleichmäßig und unbeeinflußbar ab. Sie ist im we-sentlichen durch äußere Markierungspunkte (Uhr-, Tages-, Jah-reszeit) bestimmt. Solche Zeitschätzung wird (auf der Grundlage des Zeiterlebens) gelernt.

6.2. Funktion

Zeitwissen (Schätzung) ermöglicht die Orientierung in der Zeit (s. d.) und hat damit für die Orientierung im Ganzen eine wichtige Bedeutung.

Zeiterleben als Erfahrung der eigenen Entwicklung ist eine Kom-ponente unseres Bewußtseins von uns selbst: das Erleben der Kon-tinuität des Ich im Wandel von eigener und Umweltgestalt, räum-lichen und sozialen Situationen und der eigenen Rolle darin. Da-mit ist Zeiterleben ein Teil unserer Identitäts-Selbstseinserfahrung Ohne Zeiterleben gibt es auch keine Intentionalität.

6.3. Grundlagen

Der „Zeitsinn" ist ein Konstrukt für unsere Wahrnehmung zeitli-chen Ablaufs auf der Grundlage der Vigilanz, des Bewußtseins, der mnestischen Funktionen (die die Erfahrung der Reihenfolge, des Ablaufs ermöglichen) und der Intelligenz (die uns den Zeitbegriff zu erfassen ermöglicht). Darüber hinaus wird unser Zeiterleben bestimmt von dem gesamten Zustand unseres Organismus (Stoffwechselsituation, Körpertemperatur usw.) im zirkadianen Rhythmus, von der Stimmung, Motivation, Grundaktivität usw. Diese hängen selbst mit der gesamten Afferenz zusammen.

Zeiterleben und Zeitschätzung entwickeln sich in unserer Kultur etwa um das achte Lebensjahr. Die Stabilität der Zeitschätzung verbessert sich mit zunehmendem Alter. Alte Menschen beurteilen eine gegebene Zeitstrecke kürzer als junge. Männer haben eine genauere und stabilere Zeitschätzung als Frauen.

Je aktiver ein Mensch gestimmt ist, je größer die Erlebnisfülle, umso schneller scheint ihm die Zeit zu vergehen („Kurzweil"). Geringe Motivation für aktuelles Geschehen, Erlebnisarmut und Motivierung für zukünftiges Geschehen bei augenblicklicher Untätigkeit (Warten) führt zu einer Überschätzung von Zeitstrecken (Langeweile). Bei hoher Inanspruchnahme durch gegenwärtige Ereignisse wird eine Zeitstrecke überschätzt. In der Erinnerung kehren sich diese Verhältnisse um.

6.4. Prüfung

Die Zeitschätzung wird durch Beurteilung vorgegebener Zeitstrecken mit Hilfe einer subjektiv-numerischen Skala (Sekunden – Minuten) bestimmt. Diese Messungen haben für die klinische Psychiatrie bisher wenig Bedeutung.

Das Zeiterleben wird im Gespräch erfahren.

6.5. Pathologie

6.5.1. Beschleunigung (Zeitraffererlebnis)

Die Zeit scheint schneller zu gehen, scheint sich zu überstürzen.

Vorkommen
In Katastrophenreaktionen (Absturzerlebnis), im Beginn (Aura) epileptischer Anfälle, unter dem Einfluß von psychotropen Substanzen (Meskalin, Psilocybin, LSD, Amphetamin, Scopolamin). In manischer Euphorie.

6.5.2. Verlangsamung (Zeitdehnungserlebnis) bis zum Zeitstillstand

Die Zeit geht langsamer als sonst voran, scheint schließlich still zu stehen.

Z. B. „Die Zeit geht nicht mehr voran", „alles steht still".

Vorkommen

Bei schweren Depressionen (vor allem der sogenannten endogenen Depression). Bei Schizophrenien, in Ekstasen, Verzückungen. Unter Pharmakaeinwirkung: Neuroleptika, LSD, Chinin, Lachgas. Gelegentlich in der epileptischen Aura.

6.5.3. Zeitlicher Realitätsverlust

Es fehlt das Bewußtsein eines zeitlichen Kontinuums. Z. B. Das Leben erscheint „nur im Augenblick, losgelöst von Vergangenheit und Zukunft" (BERINGER 1927). Ein Depressiver sagt: „Es ist keine Zeit mehr." Das Dasein verharrt in ewig präsentischer Qual.

Es besteht eine „zeitlose Leere". Die Störung des Bewußtseins vom Fortschreiten der eigenen Lebensgeschichte ist häufig mit dem Gefühl der Unwirklichkeit des Selbst (Depersonalisation) und mit anderen Entfremdungserlebnissen (Derealisation) verbunden.

Zum zeitlichen Realitätsverlust gehört auch das Erleben der Diskontinuität der Zeit: Die Zeit rast, steht still, kann sogar rückwärts zu gehen scheinen oder streckenweise zu fehlen.

Vorkommen

Im Traum. Bei Bewußtseinstrübungen (akuten exogenen Reaktionstypen), bei schwerem amnestischen Psychosyndrom (Korsakoff-Syndrom). In schwerer Erschöpfung, bei schweren Depressionen, unter Halluzinogeneinfluß und manchmal bei Schizophrenen mit deutlicher Derealisation und Depersonalisation.

6.5.4. Störung der Zeitkategorien

Die Proportionen zwischen Vergangenheit, Gegenwart und Zukunft sind verschoben. Es können eine oder mehrere dieser Dimensionen fehlen.

Z. B. Ausfall der Zeit, Verlust der Vergangenheit, Unmöglichkeit, Zukunft zu sehen, Durcheinandergeraten von Vergangenheit und Gegenwart. Rückblenden auf die Vergangenheit.

Ekmnesie: Vergangenheit wird als Gegenwart erlebt. D. h. der Patient hält sich im Präsenserleben in einer längst vergangenen Zeit auf.

Vorkommen

Bei schwerer Oligophrenie. Im Traum. Im akuten exogenen Reaktionstyp (Umdämmerung, Delir). Ekmnesie bei schwerem amnestischen Psychosyndrom (Korsakoff-Syndrom).

Z. B. Ein senil Dementer erzählt, wie er gerade eben erst von einem Einkauf, den er für seine Mutter tun mußte, zurückkomme. Es besteht kein Wissen um das eigene Alter mehr und die Demenz erlaubt auch keine Korrektur der Aussage an Hand der Umstände.

Unter dem Einfluß von Halluzinogenen und in psychogenen Ausnahmezuständen. Gelegentlich bei Schizophrenen mit Überwiegen von Wahnerinnerungen.

Z. B. P 145
Ein Schizophrener von etwa 40 Jahren erzählt, er lebe schon 2000 Jahre lang in einer unterirdischen Klinik in einem See.

In der Melancholie kann die Vergangenheit ein schuldbeladenes Übergewicht bekommen und die Zukunft eine dunkle Leere sein.

7. Gedächtnis und Erinnerung

Synonym: mnestische Funktionen
Engl.: memory

7.1. Definition

Die mnestischen Funktionen ermöglichen uns, Erfahrenes zu behalten (zu merken, d. h. nicht zu vergessen; engl.: retain, retention) und wieder zu vergegenwärtigen (hervorzuholen, zu ekphorieren; engl.: recall).

Die Unterscheidung von Gedächtnis als Speicherung und von Erinnerung als Wiederbelebung von im Gedächtnis Behaltenem ist sprachlich und etymologisch nicht gerechtfertigt: Gedächtnis heißt „das an etwas Denken" (vgl. gedacht, gedenken) und wird in ausschließlich substantivischem Gebrauch meist intransitiv verwendet: etwas im Gedächtnis haben; in der Wendung: ins Gedächtnis rufen, sowohl transitiv (jemandem etwas ...) als auch intransitiv (sich etwas ...). Erinnern heißt als „sich erinnern" (also in intransitiver Form): einer Sache „in Gedenken" (daran denkend) inne werden (engl. remember), transitiv: bewirken, daß jemand einer Sache inne wird, gedenkt (engl. remind).

7.2. Funktion

Das Gedächtnis, das Behalten und Wiedervergegenwärtigen früherer Erfahrungen, ist ein grundlegend wichtiges Vermögen der Lebewesen. Es ist *keine einheitliche Funktion*, sondern besteht (in theoretischer Zerlegung) aus einer Reihe von verschiedenen Aktivitäten: Wahrnehmen, Erfahren, Üben, Lernen, Hervorrufen, Gegenwärtig-sein-Lassen von Gewesenem, Wiedererkennen, Vergleichen, Kombinieren, neu Lernen usw.

Ohne Gedächtnis gibt es kein erkennendes Wahrnehmen. Dabei lassen sich verschiedene Gedächtnisbereiche (die z. T. unabhängig voneinander störbar sind) feststellen: visuelles, akustisches, taktiles, sprachliches usw. Gedächtnis. *Ohne Gedächtnis gibt es kein Lernen* – und wir lernen umso leichter, je mehr Interesse (motiviertes Dabeisein) wir an einer Sache haben. Und Lernen ist die Grundlage hoch differenzierter Leistungen, nicht nur von Fertigkeiten, sondern auch für neue, kreative intellektuelle, künstlerische usw. Schöpfungen (Lit. s. BILODEAU 1966).

Im Gedächtnis bleiben alle unsere Erfahrungen anwesend – gerade thematisiert oder nicht – und können vergegenwärtigt werden. Gedächtnis und Erinnerung ermöglichen die *Geschichtlichkeit* des Menschen. Das Ereignete wird im Gedächtnis in der individuell-le-

bensgeschichtlich gültigen, nach den sozio-kulturellen Gegebenheiten mitgeprägten Weise gestaltet und verdichtet – und wirkt
dauernd in unsere Gegenwart herein (inne, d. h. innen sein), in welcher Zukunft eintrifft.

Man kann ein Routinegedächtnis (von sinnleeren, bedeutungslo-
sen Dingen) von einem logischen Gedächtnis unterscheiden: das
Festhalten und Zur-Verfügung-Haben der essentiellen Gehalte unserer Erfahrung. Wann immer in einem Gemerkten Sinn und Bedeutung liegt und uns damit auch affektiv anspricht, lernen wir
viel besser.

Gedächtnis und Affekt

Was uns abstößt, zuwider ist, verletzt, kränkt, vergessen wir rascher (aber nicht so leicht wie Neutrales, Belangloses) als das, was
uns angenehm berührt hat. Das bleibt am längsten bestehen (zunehmende „Verschönerung" der Kindheit und Jugend im Älter-
werden). Wie weit das *Vergessen* als das Ausbleiben einer Erinnerung auch ein aktiver Vorgang mit bestimmter Funktion ist (Ordnung, Verdrängung, neue Eindrücke, affektive Einstellung), ist
nicht eindeutig.

Aktivität, Teilnahme, Interesse, Begeisterung, Freude erleichtern
das Erinnern, Müdigkeit, Apathie, Depression erschweren es.

Labiles und stabiles Gedächtnis

Bis zu ca. 1 Stunde nach der Aufnahme einer Erfahrung bleibt das
Gedächtnis daran labil und ist leicht löschbar (durch neue Eindrücke, durch Streß, z. B. Elektroschock): labiles Gedächtnis. Was
nach dieser Zeit noch da ist, bleibt jahre-, ja lebenslang.

7.3. Grundlagen

Das Gedächtnis als das Festhalten und die Erinnerung als das re-
flexive Zur-Verfügung-Stellen früherer Erfahrungen setzt sich,
psychologisch gesehen, aus einer Vielzahl von kognitiven Funktionen in Abhängigkeit von der Bewußtseinslage, der Einstellung,
Aufmerksamkeit, Motivation (Interesse) und der Ordnung des
Materials zusammen. So wundert es nicht, daß sie, anatomisch-
physiologisch betrachtet, keine umschriebene lokalisierbare Hirn-
leistung sind, sondern daß sie grundgelegt sind durch die Funktionen des gesamten Großhirns mit vielen Bahnen und Zentren (und
spezialisierten einzelnen funktionellen Schwerpunkten, bes. limbisches System mit den bitemporalen Verbindungen).

Die Hypothese von der Speicherung des Erlebten in Form von
Spuren (Engrammen) ist bis heute weder gesichert noch widerlegt.

7.4. Prüfung

Das Merken kann nur durch Ekphorieren, durch Erinnern im freien Gespräch oder mit Tests geprüft werden. Als klinisch praktische Einteilung ist dabei noch gängig die Unterscheidung in:

a) Frischgedächtnis (Merkfähigkeit), umfaßt etwa die Zeitspanne von ca. 30–60 Minuten. Labil und störbar.[1]

b) Altgedächtnis (Erinnern an länger zurückliegende Erfahrungen). Stabil.

7.5. Pathologie der mnestischen Funktionen

7.5.1. Allgemeine (diffuse) Erinnerungsstörungen
(Hypomnesien, Amnesien, Dysmnesien)

Beim organischen oder amnestischen Psychosyndrom bei diffusen (das ganze Gehirn betreffenden) Schädigungen verschiedenster Art leidet zuerst das Frischgedächtnis, während das Altgedächtnis länger erhalten bleibt.

Die Erinnerung wird ungenau, Erinnertes wird schlecht eingeordnet, schließlich geht die Erinnerung verloren.

Beim sogenannten *Korsakoff-Syndrom* werden die Erinnerungslücken mit *Konfabulationen* gefüllt. Diese entstehen dranghaft gleichsam als Lückenfüller für die Erinnerungsausfälle. Man kann sich vorstellen, daß sie der Wiederherstellung der mnestischen Kontinuität dienen. Sie werden vom Patienten selbst für Erinnerungen gehalten.

„Gedächtnisschwäche" ist eine sehr häufige Klage von Depressiven aller (nosologischer) Art. Man darf diese Gedächtnisschwäche nicht auf depressive Insuffizienzgefühle „abschieben", sondern Depressiven fällt das erinnernde Sich-Besinnen tatsächlich schwer.

Bei schweren Gedächtnisstörungen gehen die Lebensgeschichte, der chronologische und der Sinnzusammenhang der eigenen Entwicklung und damit auch das Wissen um den Stand dieser Entwicklung, die biographische Einordnung des „Jetztzustandes" verloren.

Beispiele:
P 175 (Hirnschaden durch Erhängen)
Der 23jährige Mann hat durch einen beinahe tödlich ausgehenden Erhängungsversuch nach mehrtägigem Koma das Bewußtsein wieder erlangt. Noch ein Jahr später weiß er nicht von der Strangulation und was ihn dazu

brachte. Er weiß aber auch nicht mehr, daß und welchen Beruf er erlernt hat, daß er eine Lebensgefährtin und ein Kind hatte, daß sein Vater gestorben ist, wo er zuhause ist, wo er sich befindet usw. Einzig seine Mutter erkennt er wieder und läßt sich von ihr wie ein kleiner Bub betreuen. Er weiß sein Alter nicht.

P 176 (Posttraumatisches amnestisches Psychosyndrom)
Der 42jährige Bauzeichner stürzte vor über einem Jahr vom Baugerüst und lag wochenlang in schwerer Bewußtlosigkeit, war dann wochenlang total desorientiert, inkontinent, hilflos beim Essen, Ankleiden usw. Er erkannte seine Frau und sein Kind nicht, wußte und weiß heute noch nicht, daß er verheiratet und Vater ist, glaubt, er lebe zuhause bei seinen Eltern. Er kennt seine Mutter, sonst niemanden von der Abteilung, auf der er gepflegt wird. Der Tod seines Vaters ist ihm in der Amnesie nicht mehr gegenwärtig.

In nicht so schweren Fällen ist die Erinnerung an alte Zeiten noch gut, hingegen kann die jüngere Vergangenheit nicht mehr herbeigeholt werden und rezente Ereignisse, Vorhaben, Pläne können nicht mehr behalten werden.

Beispiel:
P 177 (senile Demenz)
Die 78jährige Frau weiß nicht mehr, wo sie ist, findet bei Ausgängen nicht mehr in ihre Wohnung, verlegte Haushaltsdinge, Geldtasche u. dgl. laufend, weiß ihr Alter, Datum, Jahreszeit, Jahr nicht mehr, merkt sich den Namen des Arztes, vorgegebene Zahlen usw. gar nicht mehr. Aber im entspannten Gespräch kann sie noch ganz gut zusammenhängend von ihrer Jugend erzählen.

7.5.2. Umschriebene Amnesien und Hypomnesien

So nennt man inhaltlich oder zeitlich begrenzte Erinnerungslücken. Solche lakunäre oder insuläre Amnesien können total oder partiell sein. Tritt so eine Amnesie z. B. bei einem Schädelunfall mit Commotio (Hirnerschütterung) auf, so besteht für den Unfall eine sogenannte *einfache Amnesie* (a), für die Zeit kurz davor kann eine *retrograde Amnesie* (b) bestehen und für die Zeit kurz nach dem Unfall eine sogenannte *anterograde Amnesie* (c) (Abb. 7).

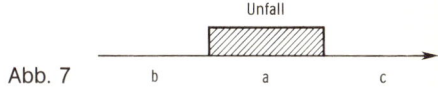

Abb. 7

---

[1] Die Abgrenzung eines Immediatgedächtnisses (unmittelbares Behalten für ca. 10 Sek.) ist klinisch-praktisch weniger wichtig und von der Aufmerksamkeit und Konzentration kaum zu trennen.

Grundlagen solcher Amnesien können sein:

Organisch: z. B. bei Commotio cerebri, bei Intoxikationen (z. B. pathologischer Rausch). Bei allen Formen organischer Bewußtseinstrübung besteht Amnesie.

Psychogen: In affektiven Ausnahmezuständen, wie schwerem Schreck, Angst, Panik, Wut, Verzweiflung besteht meistens eine psychogene Bewußtseinseinengung und danach eine partielle Amnesie. Psychogene Amnesien gibt es auch durch Gedächtnisnegation aus affektiven Bedürfnissen (Peinliches wird verdrängt und „abgespalten").

7.5.3. Hypermnesie

Steigerung der Erinnerungsfähigkeit (Hypermnesie) kommt gelegentlich in Fieberzuständen, drogeninduziert, manchmal bei Untergangserlebnissen (z. B. Absturz) und in der Aura epileptischer Anfälle vor.

7.5.4. Erinnerungsfälschungen (Paramnesien)

Darunter versteht man retrospektive Falsifikationen des Erinnerungsgutes.

7.5.4.1. Fälschung in Derealisation und Wahn

Sogenannte Wahnerinnerung, d. i. Umänderung des Gedächtnisgutes im Sinne des Wahns oder wenn im Wahn scheinbare Erinnerungen auftauchen, denen kein wirkliches Erlebnis in der Vergangenheit entspricht.

7.5.4.2. Pseudologie

Pseudologisches Geschichtenerzählen aus affektivem Bedürfnis, z. B. der Rechtfertigung (als Ausrede), aus Angeberei (Prahlen, Sichinteressantmachen). Übergänge zum Lügen.

7.5.4.3. Konfabulationen

Pseudo-Erinnerungen beim amnestischen Psychosyndrom: Konfabulationen (s. d.).

7.5.4.4. Vermeintliche Vertrautheit oder Fremdheit

Zu den Paramnesien gehört auch das falsche Wiedererkennen, die irrige Vertrautheit, die vermeintliche Vertrautheit oder (selten) Fremdheit (déjà vu, déjà vécu, jamais vu, jamais vécu). Dabei besteht das sichere Gefühl, etwas schon einmal gesehen, gehört, erlebt zu haben, oder auch das Gegenteil.

Solche Erinnerungstäuschungen mit vermeintlicher Vertrautheit oder Fremdheit werden gelegentlich bei Epilepsie angetroffen, manchmal auch unter anderen Umständen. Sie sind im ganzen selten.

Beispiel:
P 167 (Epilepsie), s. S. 129

8. Aufmerksamkeit und Konzentration

Engl.: attention and concentration

8.1. Definition

Aufmerksamkeit meint die Ausrichtung (aktiv, passiv) des Bewußtseins auf ein Erfahrenes, Konzentration das versammelte Dabeibleiben.

8.2. Funktion

Aufmerksamkeit ist eine Bedingung der Differenziertheit des Erlebens, des Wahrnehmens, des Denkens usw. Sie hat eine wichtige Funktion in der Auseinandersetzung des Menschen mit der Umwelt. Aufmerksamkeit gehört damit zu den Grundfunktionen des Lebewesens überhaupt: auf die Umgebung achten. Aufmerksamkeit und Auffassung müssen zusammen alles, was an Mitteilungen aus der Umwelt herankommt, sichten und in seiner Bedeutung einstufen. Die Gesamtheit der sensorischen Afferenz muß unterschieden werden in wichtig – unwichtig, belangvoll – bedeutungslos, gefährlich – harmlos.

Während das aktive Sichzuwenden, sich auf etwas Richten und Dabeibleiben, als *aktive* Aufmerksamkeit und Konzentration beschrieben werden, nennt man das Angezogenwerden, das Gefesselt- und Gebanntwerden von einem Erleben *passive* Aufmerksamkeit, Fixation, *Faszination*. Dabei kann bei großer Aufmerksamkeitsstärke (Intensität) Umfang und Flexibilität der Aufmerksamkeit eingeschränkt sein (ein Kranker, der ganz von seinem halluzinatorischen Erleben gebannt ist, kann keine Aufmerksamkeit mehr für die Umgebung aufbringen).

8.3. Voraussetzungen

Voraussetzungen für die Möglichkeit, aufmerksam zu sein, sind Wachheit und Bewußtseinsklarheit. Sie sind gewährleistet von einer intakten zerebralen Gesamtfunktion und einem intakten Sinnessystem.

Die Gerichtetheit der Aufmerksamkeit und ihre Leistung werden weiter bestimmt von der gesamten bisherigen Lebenserfahrung, von der Intelligenz und von der jeweiligen Stimmung. Denn die Stimmung bestimmt weitgehend, worauf wir die Aufmerksamkeit richten.

Z. B. kann sich ein Mensch in Gram und Kummer in sich zurückziehen und der Umgebung keine Aufmerksamkeit mehr widmen. Ein Verfolgungswahnkranker in mißtrauischer Alarmstimmung achtet mit erhöhter Aufmerksamkeit auf mögliche Zeichen der Verfolger.

8.4. Prüfung

Aufmerksamkeit und Konzentration werden in der klinischen Psychiatrie durch Beobachtung des Verhaltens im verbalen und averbalen Bereich untersucht. Man kann Stärke, Umfang, Ausdauer, Flexibilität bzw. Elastizität beschreiben.

8.5. Pathologie der Aufmerksamkeit

Man kann (in künstlicher Zerlegung aus didaktischen Gründen) verschiedene Komponenten herausheben.

8.5.1. Unaufmerksamkeit und Konzentrationsstörung

Unfähigkeit oder verminderte Fähigkeit zur Ausrichtung, Sammlung und Hinordnung auf einen Gegenstand. Störung der Fähigkeit, bei einer Sache zu bleiben, seine Aufmerksamkeit ausdauernd einer bestimmten Tätigkeit / Gegenstand / Erleben zuzuwenden: Starke Ablenkbarkeit, Zerstreutheit. Höchstgradige Zerstreutheit und völlige Unaufmerksamkeit heißt Aprosexie (z. B. im Verwirrungszustand).

8.5.2. Einengung der Aufmerksamkeit

Zwischen der „breiten" hellwachen Aufmerksamkeit auf viele Dinge und der Konzentration auf einige wenige (Einengung) gibt es ein breites Spektrum. Bei der Fixation auf Halluzinationen (z. B. Stimmenhören), in stärkerem Wahnerleben, bei starker Gemütsbewegung, Depression, Kummer, Sorge, Schreck, Angst ist das Aufmerksamkeitsfeld eingeengt.

8.5.3. Schwankungen der Aufmerksamkeit und der Konzentration

Schwankungen der Ausdauer der Aufmerksamkeit. Sie schwankt nach dem Interesse, nach der persönlichen Beteiligung eines Menschen an dem Gegenstand. Was den Kranken angeht, was ihn berührt, was seine Beteiligung weckt, unterhält die Aufmerksamkeitsspannung. Für das Gespräch mit dem Kranken und die daraus abgeleitete Beurteilung von Aufmerksamkeit und Konzentration ist es sehr wichtig, zu beachten, daß die Beziehung zwischen den Gesprächspartnern die Aufmerksamkeit wesentlich mitbestimmt.

Ein Maniker voller Einfälle, Gedanken und Antriebe hat Mühe, seine Aufmerksamkeit auf etwas Bestimmtes zu fixieren und bei etwas zu halten (fluktuierende Aufmerksamkeit, Ablenkbarkeit, Konzentrationsschwäche).

8.6. Vorkommen von Aufmerksamkeits- und Konzentrationsstörungen

Aufmerksamkeits- und Konzentrationsstörungen sind in keiner Weise spezifische oder auch nur typische Symptome irgend einer bestimmten psychischen Störung. Sie haben kaum ein pathognomonisches Gewicht. Bei vielen alltäglichen Konfliktsituationen und neurotischen Störungen, bei mannigfachen Verstimmungen, bei Sorge, Gram, Ärger, vor allen auch in vielerlei Ängsten ist die Aufmerksamkeit beeinträchtigt.

Man findet solche Störungen bei Ermüdung, unter dem Einfluß von dämpfenden Pharmaka, von Alkohol und verschiedenen Drogen.

Stimulierende Drogen (z. B. Amphetamine) können für kurze Zeit die Aufmerksamkeit durch Aktivitätserhöhungen steigern. Bei allen psychischen Störungen, die auf eine diffuse Hirnschädigung zu beziehen sind (organisches Psychosyndrom), ist die Aufmerksamkeit gestört. Bei allen akuten exogenen Störungen (exogener Reaktionstyp), bei Bewußtseinstrübung ist die Aufmerksamkeit herabgesetzt bis erloschen. Aber auch bei klarem Bewußtsein gibt es Störungen der Aufmerksamkeit: bei starken Affektverschiebungen, bei Verstimmungen (Melancholie, Manie u. a.) kann Aufmerksamkeit und Konzentration nicht geleistet werden.

Bei der Schizophrenie ist das Verhalten von Aufmerksamkeit und Konzentration wechselnd. Bei der akuten, dramatisch einsetzenden schizophrenen Episode ist manchmal kaum eine aktive Aufmerksamkeit möglich und entsprechend auch keine Zuwendung zur Umgebung mehr. Mancher Kranke ist fixiert auf sein inneres Erleben (Bannung, Faszination, z. B. durch Halluzinationen oder Wahn, oft durch Untergangsbedrohung). Bei der chronischen Schizophrenie ist die Aufmerksamkeit vielfach nicht offenkundig gestört, solange nicht Wahnthemen berührt werden. Bei manchen Paranoiden, vor allem bei solchen mit Beeinträchtigungs- und Verfolgungswahn, wird die Umwelt als feindselig gegen den Kranken gerichtet erlebt; dabei besteht eine erhöhte Aufmerksamkeit, eine ständige Alarmbereitschaft gegenüber der Umgebung, die dauernd nach bedeutungsvollen Zeichen abgesucht wird.

8.7. Aufmerksamkeit und Sinnestäuschungen

Bei stark herabgesetzter Aufmerksamkeit, in Müdigkeit oder im Einschlafstadium gibt es auch Sinnestäuschungen (hypnoide Halluzinationen). Es gibt aber auch Halluzinationen und vor allem Illusionen bei erhöhter, überspannter Aufmerksamkeit. So gerät etwa ein Kind, das angsterfüllt in der Nacht allein durch einen Wald gehen muß, in eine überwache Gespanntheit und verkennt darin z. B. einen Busch als lauernde Gestalt, Geräusche im Laub als Zeichen herankommender Schritte von Verfolgern (illusionäre Mißdeutung).

9. Denken, Sprache, Sprechen

9.1. Definition

Denken heißt sich Offenhalten für Fragen, Vernehmen, Auffassen, Vergegenwärtigen, sinngebendes, Bedeutungen verstehendes, auch ursächlich erklärendes Verbinden und handlungsvorbereitendes Überlegen, Entscheiden, Urteilen – kurz, das Ordnen der (materiellen und immateriellen) Gegebenheiten unser selbst und unserer Welt.

Die Sprache faßt das Denken in Zeichen (Symbole) und dient damit der Ordnungsfunktion des Denkens.

Im Sprechen (und Schreiben) erfolgt die Mitteilung des solcher Art in Symbolen Formulierten als Sachmitteilung, als Ausdruck der jeweiligen Stimmung und allenfalls auch der Absicht des Sprechenden.

9.2. Funktion

Das Denken in der angegebenen Begriffsverwendung umfaßt Konzentration (Dabeibleiben), Nachdenken (Sich-Befassen-mit), Erkennen und Wiedererkennen, Einordnen und Verbinden nach logischen Kategorien, nach Gleichheit, Ähnlichkeit, Unterschied, Bedeutung, Folge, Ursache und nach affektiven Gegebenheiten (Stimmung, Wünsche, Tendenzen, Triebe, Absichten, Motivation), Kombinieren, Überlegen, Urteilen, Entscheiden, Handlungsvorbereitung (im einzelnen s. dazu Denkpsychologie).

Das Denken durchläuft entwicklungsgeschichtliche Stadien mehr amorpher, weniger strukturierter, noch nicht oder wenig logischen Gesetzen folgender, mehr stimmungsbestimmter und vielfach auch bildhaft-anschaulicher Denkweisen bis zu mehr unanschaulichem, abstrakten und begrifflichen Denken.

Art, Tempo, Inhaltsreichtum, Beweglichkeit, Verknüpfung, Anschaulichkeit und Unanschaulichkeit des Denkens, Urteilens und Kritikfähigkeit, Einsicht (selbstreflexives Denken), Sachbezogenheit oder Stimmungsabhängigkeit geben nicht nur Kunde von der Denkbefähigung im Sinne rational-logischer Kategorien (Intelligenz) eines Menschen, sondern auch von seiner Stimmung im Augenblick und von seinem Wesen (s. ROBINSON 1972).

Daher sind „Denkstörungen" auch nie isoliert zu sehen, sondern als Ausdruck einer gesamthaften Betroffenheit eines ganzen Menschen.

Die Sprache ist Medium und Ausdruck des Denkens. Ohne das Gespräch ist es schwer, sich ein Bild von der Denkungsart eines Menschen zu machen. Die Verständigung geschieht wesentlich im Gespräch.

9.3. Grundlagen und Determinanten

9.3.1. Psychologische und physiologische Grundlagen

Wachheit, Bewußtseinsklarheit und Ich-Bewußtsein, Intelligenz, Gedächtnis und Affektivität sind die wichtigsten psychologischen Determinanten des Denkens. Ein intaktes Funktionieren des gesamten Gehirns ist die das ermöglichende Voraussetzung.

Für die Sprache, ihr Verstehen und ihren Ausdruck in Sprechen, Schreiben, Lesen sind die Funktionen bestimmter Hirnregionen grundlegende Voraussetzungen (s. Neuropsychologie).

Für das Sprechen brauchen wir (außer den Fähigkeiten des Denkens und der Sprache) eine intakte motorische Koordination des gesamten Sprechapparates (Atmungsorgane, Stimmbänder, Phonationsraum des Thorax, des Rachens, des Mundes, der Zähne und der Lippen).

9.3.2. Sozio-kulturelle Determinanten

Die Zeichen der Sprache (und damit des Denkens) sind sozio-kulturell bestimmte (genormte) Symbole, die in der Entwicklung des Menschen in seinem jeweiligen mikro- und makrosoziologischen Verband geprägt und übernommen (gelernt) werden und durch die lebensgeschichtliche Erfahrung und je nach der Stimmung noch bestimmte Bedeutungsmodifikationen erhalten können.

Zur Entwicklung des Denkens s. vor allem PIAGET (1967, 1973).

9.4. Untersuchung

Die Untersuchung des Denkens und Sprechens geschieht im Gespräch und aus der Verhaltensbeobachtung. Der Kontext, in dem beschreibbare Denkstörungen auftreten, bestimmt dann wesentlich, wie man diese auffaßt und allenfalls verstehen kann. Für Einzelheiten s. KIND (1973). Für Testuntersuchungen s. Testpsychologie.

9.5. Pathologie

Die nun folgenden Einzelbegriffe sind als Hilfsbegriffe für die Beschreibung und für die Verständigung gedacht, niemals aber als Begriffe, die einen kranken Menschen zerlegen in einzelne Funktionen und davon ablenken, sich Dasein – und das heißt immer auch Gewordensein – als Ganzes zu vergegenwärtigen. Begriffe sind Hilfen zu dieser Vergegenwärtigung, wenn man sie recht gebraucht. Rechtes Vergegenwärtigen heißt den kranken Menschen besser verstehen, ihm näher kommen – und das ist die Grundlage der Therapie.

9.5.1. Formale Denkstörungen

Unter dieser Bezeichnung werden einige häufige Störungen des Gedankenablaufes genannt. Sie sind vielfach nosologisch unspezifisch. Ihre Beobachtung hilft uns, genauer zu vergegenwärtigen, wie es dem Kranken zumute ist.

9.5.1. 1. Gehemmtes Denken

Das gesamte Denken (und Sprechen) geht wie gebremst, unregelmäßig, schleppend, mühsam, wie gegen Widerstände vonstatten. Die Erschwerung des Denkablaufes hinsichtlich Tempo, Inhalt und Zielsetzung kann nicht behoben werden, auch wenn sich der Kranke offensichtlich darum bemüht.

Klinisch zeigt sich gehemmtes Denken als Erschwerung (bis zum Ausbleiben) der sprachlichen Mitteilung.

Denkhemmung kann Folge allgemeiner Antriebsarmut (mit Unproduktivität und Einfallslosigkeit, Gedankenleere) sein oder auf affektiven (depressiven), reell oder wahnhaft begründeten Widerständen (Angst, Schuld), beruhen.

Vorkommen
Psychoorganisches Syndrom, Bewußtseinstrübung, Depression verschiedener Art, Schizophrenie.

Beispiele:
P 101 (Schizophrenie)
„Ich konnte nichts mehr erledigen. Die Gedanken gingen immer im Kreis und sind dann plötzlich abgebrochen, um wieder von vorne zu beginnen. So bin ich mit den Gedanken nie an ein Ende gekommen."

P 100 (Schizophrenie)
„Am schlimmsten ist es mit dem Denken: ich komme mit dem Denken überhaupt nicht mehr weiter. Die Gedanken gehen im Kreis – und manchmal habe ich das Gefühl, ich habe gar keine Gedanken mehr . . . auch kein Gedächtnis . . . und kann mich auf nichts konzentrieren."

9.5.1. 2. Perseveration des Denkens

Das Denken „tritt an Ort und Stelle", es geht einem ständig derselbe Gedanke (oder die selben wenigen Gedanken) im Kopf um,
drängen sich ständig auf, ohne daß eine Bearbeitung und Erledi-
gung gelingt. Wird z. T. auch als Gedankenkreisen, depressives
Grübeln, gramvolles „Studieren", „Sinnieren" geschildert.

Vorkommen
Häufig im Einschlafstadium, bei Schlaflosigkeit in sorgenbedrück-
ter Zeit, bei Depressiven aller Art. Aber auch beim organischen
Psychosyndrom. Auch Zwangsgedanken (S. 208) sind meist perse-
verierend.

NB: Eingeengtes Denken (S. 102) ist nicht identisch mit Perseveration!

9.5.1. 3. Gedankensperrungen

Plötzlicher Abbruch des Gedankenganges. Der Kranke stockt mit-
ten im Gespräch, schweigt, „verliert den Faden", greift dann unter
Umständen das Gespräch mit einem anderen Thema wieder auf.
Sperrungen ereignen sich bei klarem Bewußtsein und dürfen nicht
mit der Unterbrechung des Gedankenflusses durch eine Absence
verwechselt werden.

Sperrungen gibt es auch als Folge plötzlich einsetzender völliger
Ratlosigkeit, im Schreck, im Gefühl innerer Leere usw. Bei der
Schizophrenie gibt es auch ein „aktives" Sperren aus Negativis-
mus.

9.5.1. 4. Gedankenabreißen

Der Kranke empfindet selbst die plötzliche Unterbrechung seines
Gedankenganges. Das Gedankenabreißen ist ähnlich wie die Sper-
rung am plötzlich stockenden Sprechen zu erkennen.

9.5.1. 5. Verlangsamtes Denken

Damit ist die meist kontinuierliche Verzögerung des Denkablaufes
gemeint. Sie ist an der Zähigkeit, Viskosität und Torpidität des
Sprechens und Reagierens des Kranken zu erkennen.

Das gehemmte Denken ist auch oft verlangsamt.

Verlangsamung des Denkens trifft man in Bewußtseinstrübungen,
bei Somnolenz, bei gehemmten Depressiven, im psychoorganischen Syndrom, bei stark bedrängten und bedrückten Schizophrenen. S. auch Bradyphasie.

Beispiel:
P 94 (Schizophrenie)
Der Kranke merkt seine Denkerschwerung und führt auch sie auf Fremdeinflüsse zurück: „Ich werde denkmüde gemacht."

9.5.1. 6. Beschleunigtes und ideenflüchtiges Denken

Die Geschwindigkeit des Denkens und Sprechens ist beschleunigt. Das ideenflüchtige Denken wird nicht mehr von einer Zielvorstellung straff geführt, sondern wechselt oft das Ziel oder verliert es. Das Denken wird dauernd von dazwischenkommenden anderen Einfällen abgelenkt.

Meist kann der Untersucher der oberflächlichen und flüchtigen Ideenassoziation noch folgen (im Gegensatz zum zerfahrenen, inkohärenten Denken). S. auch Tachyphasie und Logorrhoe.

Der Kranke selbst kann die Ideenflucht als Gedankenandrängen, als Gedankenflucht empfinden. Tatsächlich kann er sich darin auch vor Abgewehrtem flüchten.

Beispiel:
P 131 (Schizophrenie)
Der junge Kranke klagt verzweifelt: „Ich habe eine Denkstörung, ich habe Ideenflucht ... ich kann nicht mehr denken ... es fällt mir auseinander."

9.5.1. 7. Eingeengtes Denken

Einschränkung des inhaltlichen Denkumfanges, Verarmung an Themen, Fixierung auf wenige Zielvorstellungen, Verminderung der „geistigen Beweglichkeit". Dem eingeengten Denken fehlt die Überschau, das Einbeziehen verschiedener Gesichtspunkte. Im Gespräch hat der Kranke Mühe, von einem Thema auf das andere überzugehen. Der Kranke selbst kann die Einengung als Nichtloskommen von bestimmten Gedanken empfinden, als Gedankenkreisen und -grübeln.

Beispiel:
P 113 (Depression)
Die Gedanken kreisen immer um den Verfall und das Verfaulen des Leibes. In den schlaflosen Nächten grübelt sie in ständigem Gedankenkreisen über ihr Elend. „Ich komme mit dem Denken nicht fort. Es ist, als ob die Gedanken stille stünden."

9.5.1. 8. Umständliches Denken

Das Denken verliert sich weitschweifig oder pedantisch kleinkrämerisch in unwichtige Einzelheiten und folgt nicht straff einer

Zielvorstellung. Das Nebensächliche kann nicht weggelassen werden.

Beispiel:

P 63 (Schizophrenie)
Die junge Kranke kann in ihrer Ratlosigkeit fast nichts mehr sagen, sie spürt ihre Unfähigkeit zu denken: „Vielleicht ... ich weiß nicht ... einmal so, einmal so ... ich kann das nicht beurteilen, irgend etwas, eben drum ..."

Umständliches Denken kann die Folge mangelnder Abstraktionsgabe sein oder auch Folge eines Unvermögens, Unwichtiges wegzulassen auch dann, wenn es intellektuell als nebensächlich erkannt wird (Pedanterie, Anankasmus).

9.5.1. 9. Unklares Denken

Es fehlt die Akzentuierung des Denkens, indem Vordergrund und Hintergrund, Haupt- und Nebensache nicht klar geschieden und der Denkzielsetzung entsprechend geordnet werden. Eine Denkzielsetzung kann vielfach überhaupt fehlen. Das Denken kann, ohne beschleunigt zu sein, flüchtig und unklar wirken im Sinne einer mangelnden Deutlichkeit.

9.5.1. 10. Paralogisches Denken

Die Kranken verschmelzen heterogene Sachverhalte *(Kontamination)*, ziehen mehrere, nicht unbedingt widersprüchliche Ideen, Bilder zusammen *(Verdichtung)*, ersetzen dem Gesunden geläufige Begriffe durch irgend welche anderen *(Substitutionen)* oder können von der Hauptgedankenreihe auf Nebengedanken abgleiten *(Entgleisung* des Denkens), verlieren den logischen Zusammenhang, können Gedankensprünge machen (siehe Inkohärenz) oder ein merkwürdiges steifes, eingleisig starres, uneinfühlsames, u. U. verschrobenes Denken (entsprechend Affektsteifheit) haben.

Beispiele:

P 115 (Schizophrenie)
„Die Bibel habe ich auch gelesen, ich verwechsle es immer, weil ich perfekt französisch spreche."

P 136 (Schizophrenie)
Der Mann, der um sein Kranksein weiß, schreibt in einem Aufsatz „Problematik des Todes"

Jetzt sieht er schon wieder Leichen
sie vergleichen
Nein, Herr, aber – das wurde zum Trick des Todes
Ja, ein Schrei
Ei, Ei – sie glauben auch an Christus

Eines seiner Gedichte hat den Titel:
Tröstliche Gnade und Rat

Man bade
sei nicht fade
bade und balde

Er weiß um seine Denkstörung – sie ist Ausdruck seiner Ichidentitätsstörung und Selbstverlorenheit. Das drückt das „Gebet" aus:

Klarheit, ersehnte
komm wieder
Durchtränke meine Sinne
sag mir wer ich bin
und bleib in meinen Liedern
führe mich zu mir zurück
Klarheit komme
und sei mein Glück

9.5.1. 11. Inkohärentes (zerfahrenes) Denken

Das Denken (und damit auch das Sprechen) des Kranken hat keinen logischen oder gefühlsmäßig verständlichen Zusammenhang mehr, ist zerrissen bis in einzelne scheinbar zufällig durcheinandergewürfelte Gedankenbruchstücke *(dissoziiertes Denken)*.

Die Inkohärenz des Denkens kann mit jeder Veränderung der Denkgeschwindigkeit verbunden sein.

Der Satzbau kann zerstört sein *(Paragrammatismus, Parasyntax)* bis zum unverständlichen sinnleeren Wort- oder Silbengemisch (Sprachzerfall, *Schizophasie).* Andererseits gibt es auch eine Zerfahrenheit, bei der der Kranke wohl die Sätze syntaktisch richtig bildet, bei der aber der Inhalt des Gesprochenen keinen dem Gesunden nachvollziehbaren Zusammenhang erkennen läßt.

Beispiel:
P 19 (Schizophrenie)
„Ich habe gehört, ich sei die Elisabeth. Sehr wahrscheinlich haben sie gehört wie sie das Hirn abziehen. ... Man will probieren, mir den Weltuntergang zu stoppen, ... Gedanken aberhäupten. ... Himmelwind und Wetter und daß die Leute in andere Stimmung kommen, das nenne ich absegmentieren. Auch der Hauswind, das Kraftsegmentierung ... ich sah das Morden, ich hätte Hypnose produzieren sollen, das kommt von dem, der sich Kaiser nennt. ... Man merkt, daß man im Körper geschändet wird ... ich sah, wie mir das Hirn abgezogen wurde, es war wie eine weiße Wolke, die aus dem Hirn herauskam als man mir das Hirn abzog. Auch sah ich dann ein Engelbüebli, der hat mir im Himmel wieder das Hirn gegeben. Hunderte von Schlangen haben sich durch mich hindurchgebohrt, in meinen Kopf, in meinen Leib, in meinen Hals, er schmerzt mich der Hals. Die

Schlangen haben mein Hirn gefressen. Es ist, als ob sie mich dumm machen wollten, aber dann hat mir die gute Macht geholfen und die Wunden wieder geheilt. Eine von den Schlangen war riesig groß, es war eine Boa, die ist in meinen Hals und hat dort ein Stück herausgerissen. . . ."

„Früher sind die Leute aus blauäugigen Menschen bestanden und wie die Hirne schaffen. Die mit den blauen Augen schaffen anders im Hirn als die mit den braunen und dann kommen noch die Gelben, die Chinesen. . . ."

„Seele, man kann schön leben und schaffen aber man geht kaputt. Es ist auch wie Sequestrierung, die der liebe Gott dann heilt mit Salben, Verbänden und Maschinen ins Herz getan."

Zerfahrenes Denken bei Bewußtseinsklarheit nennt man auch Verworrenheit und grenzt sie gegen die mit Bewußtseinstrübung und mit Gedächtnisstörungen einhergehende Unklarheit und Zerrissenheit des Denkens bei der Verwirrtheit (amentielles Syndrom) ab.

9.5.2. Denkstörungen im Zusammenhang mit Ich-Erlebnisstörungen

Vorwiegend bei der Störung der Ich-Aktivität und Ich-Demarkation (s. d.) Schizophrener gibt es charakteristische Denkstörungen:

9.5.2. 1. Gedankenausbreitung

Der Kranke klagt darüber, daß andere seine Gedanken wüßten, lesen könnten (Gedankenlesen), daß seine Gedanken nicht mehr ihm allein gehören.

9.5.2. 2. Gedankenentzug (Gedankenenteignung)

Die Kranken haben das Gefühl, es würden ihnen die Gedanken weggenommen und abgezogen.

9.5.2. 3. Gedankeneingebung, -lenkung

Der Kranke empfindet seine Gedanken als von anderen gemacht, gelenkt, gesteuert, eingegeben, aufgedrängt.

Die genannten Störungen kommen vielfach zusammen vor.

Beispiel:
P 62 (Schizophrenie)
„Die Schwungkraft zum Denken hat abgenommen. . . . Die Lebenskraft der Verstorbenen beeinflußt mich. . . . Paragraphische Schulung. . . ." Der Kranke merkt, daß Andere seine Gedanken fühlen, lesen können, daß sie ihm seine Gedanken wegnehmen und ihm fremde Gedanken, die nicht

seine eigenen sind, eingeben. Auch können andere ihn in seinen Gefühlen, in seinem Willen, in seinen Handlungen beeinflussen.

9.5.3. Aphasien

Aphasien sind Sprachstörungen infolge lokalisierter cerebraler Laesionen der dominanten Hemisphäre (beim Rechtshänder die linke Hirnhälfte).

Je nach der betroffenen Region resultiert eine klinisch verschiedene Form der Aphasie. Die expressive (motorische) Aphasie (Brocasche Aphasie) ist das Ergebnis einer Schädigung der Brocaschen Hirnregion, die sensorische Aphasie das Ergebnis einer Schädigung der hinteren Partien der Schläfenwindung (Übergang zu Scheitel- und Hinterhauptslappen).

Hier werden zur Erkennung nur einige Stichworte gegeben. Einzelheiten s. Neuropsychologie.

9.5.3. 1. Expressive (sog. motorische) Aphasie (Broca)

Bei der seltenen reinen Form der Brocaschen Aphasie kann der Kranke Gesprochenes und Gelesenes verstehen, kann aber selbst nicht sprechen („Verlautbarungsstörung"), ist stumm oder verstümmelt Worte (literale und syllabäre *Paraphasien*). Häufig ist stereotypes (gleichförmiges) Wiederholen von Silben. Der Kranke hat ein inneres Wortbild zur Verfügung und kann die Silbenzahl von Worten angeben. Häufig kommen dazu leichtere Sprachverständnisstörungen und Wortverwechslungen.

9.5.3. 2. Sensorische Aphasie (Wernicke)

Sprachverständnisstörung bis zur Worttaubheit. Dem Kranken fehlt das „innere Wortbild". Er findet in sich die Worte nicht *(amnestische Aphasie)*. Er hat die Worte zur Benennung von Gegenständen nicht mehr zur Verfügung, bezeichnet sie u. U. falsch (verbale Paraphasie), wiederholt sie manchmal gleichartig und ohne sinnvolle Verknüpfung (Paragrammatismus, Agrammatismus), wiederholt vorgesprochene Wörter öfter (Echolalie). Bei der sog. *Jargonaphasie* spricht der Kranke formel- und schablonenhaft, z. T. ohne Sinn. Er kann auch nicht richtig nachsprechen, lesen *(Alexie)*, spontan oder nach Diktat schreiben *(Agraphie)*. Auch der Umgang mit Zahlen ist erschwert *(Akalkulie)*, manchmal (bei ausgedehnteren Schäden) auch die Möglichkeit, sich in festgelegten Gesten (z. B. Winken, Drohen o. ä.) oder Mimik auszudrücken.

Vorkommen

Cerebrale Herde verschiedenster pathologischer Natur: Durchblutungsstörungen (Arteriosklerose, Apoplexie), Hirnatrophie, Morbus Pick, Tumor. Wenn eine zerebrale Allgemeinschädigung besteht, kommt ein psychoorganisches Syndrom dazu.

9.5.4. Sprechstörungen

9.5.4. 1. Aphonie und Dysphonie

Stimmlosigkeit, Heiserkeit, Hauchen durch Lähmung des 9. Hirn-
nerven oder durch Stimmbanderkrankung (Entzündung, Tumor).

Gelegentlich findet man auch eine psychogene Aphonie („vor
Schreck verstummen").

9.5.4. 2. Dysarthrie

Artikulationsstörungen bei Störung der Phonation durch Atemstörungen (z. B. bei Chorea Huntington), durch Mißbildungen oder
Erkrankungen des Phonationsraumes (Rachenspalte, Zungenläh-
mung, Gesichtsmuskellähmung, Zahnlosigkeit, lockere Prothese,
auch schwere allgemeine Schwäche und Austrocknung), durch
zentrale motorische Läsionen (Bulbär- und Pseudobulbärparalyse).

9.5.4. 3. Stottern und Stammeln

Störung des Sprachflusses, vielfach als neurotisch aufgefaßt.

9.5.4. 4. Logoklonie

Spastische Silbenwiederholung, durch Hängenbleiben am Wort
beim Parkinson-Syndrom.

9.5.5. Störungen des Redens

9.5.5. 1. Veränderung der Lautstärke

Erregte Maniker können sehr laut sprechen, schreien, brüllen.
Aber auch in der schweren agitierten Depression gibt es ein gequältes Brüllen. Auch Schizophrene können in der katatonen Erregung brüllen (siehe dazu Ich-Aktivität). Die meisten Depressiven
sprechen leise.

9.5.5. 2. Veränderung der Modulation

Kann schwanken zwischen einer sehr starken Bewegung der Stimme, u. U. mit geziert-maniriertem Sprechen, pathetischem Tonfall und andererseits monoton-einförmigem Reden.

9.5.5. 3. Verlangsamtes Reden (Bradyphasie)

s. gehemmtes und verlangsamtes Denken

9.5.5. 4. Stockendes, abgerissenes Reden

Manche stockende und abreißende Rede Schizophrener kommt durch Gedankensperrung (s. d.) zustande. Der Kranke hat das Gefühl, als ob der Fluß seiner Gedanken plötzlich abrisse (Gedankenabreißen). Das kann manchmal durch das Dazwischenkommen von Einfällen, Wahnerlebnissen, Halluzinationen zustande kommen. Aber auch ratlose Psychoorganiker und Depressive können manchmal nur mehr stockend reden.

9.5.5. 5. Beschleunigtes Reden (Tachyphasie) und Rededrang (Logorrhoe)

Der Kranke redet sehr schnell und meist auch übermäßig viel, hat einen starken Rededrang. Manchmal geschieht die Verknüpfung des Gesagten vorwiegend nur mehr nach dem Wortklang (Assonanzen) oder nach dem Kontrast. Der Kranke scheint so von einem Wort zum anderen zu springen. Manchmal kann man dem Redefluß nicht mehr folgen. Demnach unterscheidet man eine zusammenhängende und eine inkohärente Logorrhoe.

Vorkommen

Am häufigsten trifft man Sprechbeschleunigung und Rededrang in der manischen Erregung (um den übermäßig vielen Einfällen Ausdruck zu geben), bei der endogenen Manie, manchmal bei erregten Schizophrenen (autistischer, sich um den Gesprächspartner nicht mehr kümmernder Redefluß), gelegentlich aber auch auf organischer Grundlage bei Aphasikern (s. d.).

9.5.5. 6. Verbigeration, Palilalie, verbale Stereotypie

Gleichförmige Wiederholung von Silben und Worten kommt bei manchen Aphasikern vor, die krampfhaft nach Worten suchen. Stereotypes Klagen trifft man bei agitierten Depressiven.

Beispiel:
P 164 (agitierte Involutionsdepression)
Sie wiederholt immer wieder ihr Elend: „Ich möchte sterben – ich kann nicht sterben."

Verbigerationen von Schizophrenen sind oft zu verstehen als Selbstversicherung, manchmal auch als gebetsartige Beschwörung.

Beispiele:
P 23 (Schizophrenie)
Der Kranke ruft immer wieder: „Ich bin ein Mensch."

P 24 (Schizophrenie)
Verbigeriert: „Ich bin, der ich bin."

Das verstehen wir als wiederholte Selbstversicherung bei bedrohtem Ich-Bewußtsein (s. d.).

P 20 (Schizophrenie)
Der Kranke ruft immer wieder: „Gott ist allmächtig." Er fühlte sich und die Welt untergehen, fühlte sich völlig verlassen und lief mit diesem wiederholten Schrei auf die Straße. Nach Abklingen der Erregung sagte er, er habe sich so verlassen gefühlt, und niemand sei dagewesen, da habe er Gott angerufen.

9.5.5. 7. Echolalie

Echoartiges Wiederholen von vorgesprochenen Worten und kurzen Sätzen. Kommt in großer Ratlosigkeit in Folge von schwerer Ich-Aktivitätsstörung (s. d.) bei Schizophrenen vor (siehe auch Echopraxie), gelegentlich auch bei Schwachsinn und Demenz, auch bei Aphasie.

9.5.5. 8. Mutismus (Verstummen)

Der Kranke spricht nichts oder fast gar nichts mehr (oft verbunden mit Stupor, s. d.), obwohl seine Sprachfunktion intakt ist. Dem Mutismus liegt meist ein Überwältigtwerden von Ratlosigkeit, Angst, Hoffnungslosigkeit zu Grunde. Wir treffen Mutismus bei schwer *Depressiven*, wenn der Kranke in seiner Devitalisierung jeden Sprechantrieb verloren hat, wenn er keine Hoffnung auf Verständigung mehr aufbringt und in stummer Qual erstarrt (depressiver Stupor). Dem *schizophrenen (katatonen) Mutismus* und Stupor liegt auch meist eine Überwältigung von Angst, Verzweiflung, Hoffnungslosigkeit, sich verständlich zu machen, traumartige Umdämmerung u. ä. zugrunde (siehe Ich-Aktivität, Ich-Vitalität). Seltener ist Mutismus bei ekstatischen und Bannungserlebnissen.

Sogenannter *psychogener Mutismus* kann sich nach seelischem Schock einstellen oder auch in einer bestimmten Absicht (telephren, z. B. bei Häftlingen). –
Mutismus autistischer Kinder.

9.5.6. Die Unverständlichkeit der Sprache

Die Sprache von Kranken kann (trotz ordentlicher Artikulation und noch folgbarem Tempo) unverständlich werden aus verschiedenen Gründen:

9.5.6. 1. Privatsymbolik

Der Kranke gebraucht Worte nicht mehr in dem uns geläufigen Sinne, sondern gibt ihnen eine private, nur ihm selbst eigene Bedeutung: Persönliche Symbolik, Privatmetaphorik, paralogisches Denken und Sprechen.

Beispiel:
P 21 (Schizophrenie)
„Ich möchte mich selber finden. . . . So muß ich auch extravagant sein, daß ich mich selber als eigener erlebe. Daher kann ich nicht tun, wie andere gewöhnliche Menschen, daher kann ich nicht die Symbole aufgeben, die ich mir ausgedacht habe:

weiß	= Zettel, Serviette, Taschentuch, Auto
	= vergessen, entschuldigen
grün	= meistens Blätter, entschuldigen, vergessen
Raben	= Tiere gehorchen mir
Tropfen	= vergessen

9.5.6. 2. Parasyntax, Paragrammatismus, Inkohärenz

Die Sprache verliert ihren grammatikalischen und logischen und affektiv nachfühlbaren Zusammenhang: die Rede wird zerfahren, dissoziiert, inkohärent, sprunghaft bis zur völligen Sprachverworrenheit. Im Extremfall stellen die sprachlichen Äußerungen nurmehr ein Wort- und Silbengefasel dar (s. Denkzerfahrenheit).

Solche schweren grammatikalischen und logischen Destruktionen können in der Demenz und im akuten exogenen Reaktionstyp auftreten. Selten ist so etwas auch bei sehr erregten Manikern.

Manche Schizophrene können überwiegend oder zeitweise völlig zerfahren reden („Wortsalat", Schizophasie). Wenn man die Kranken gut kennt, kann man manchmal noch einen Sinn in dem Gefasel erkennen.

Die rein finale Deutung der schizophrenen Denk- und Sprachin-
kohärenz als Abwehr in dem Sinne, der Kranke wolle damit der
mitmenschlichen Verständigung ausweichen, gilt sicher *nicht* für
alle solchen Fälle. Diese Deutung liegt nahe, wenn der (dann meist
chronisch) Kranke nur dann zerfahren redet, wenn man ihn auf
seine „wunden Stellen", seinen Wahn oder bestimmte frühere Erlebnisse anspricht. Andere, besonders akut Kranke geraten in eine
Denkverwirrung hinein, weil sie von Untergang, Zerfall und Zersplitterung, Katastrophen, Chaos, von Angst und Panik, Ratlosigkeit überwältigt sind (s. Ich-Bewußtsein).

Zerfahrenes Reden gibt es auch bei anderen Psychosen (z. B. von
Epileptikern).

Manche Kranke sagen uns in ihrem zerfahrenen, größtenteils un-
verständlichem Gerede in erstaunlicher Dichtigkeit genau ihre Lebenswirklichkeit. Auch zerfahrenes Gerede gilt es ernst zu nehmen, um dem Kranken gerecht zu werden.

Beispiel:
P 163 (Schizophrenie)
Das Mädchen macht in einem völlig zerfahrenen Wortschwall von ungefähr dreiviertel Stunden drei wesentliche Aussagen: „Das war die größte
Bruchlandung meines Lebens." Damit teilt sie ihren Zusammenbruch
knapp und klar mit. – „Meine Uhr, die lebt nicht mehr" – der Gang ihres
Lebens ist zerstört. – „Ich schaue zu den Bergen, daß Gott mir helfe" – sie
spürt ihre Not und Hilfsbedürftigkeit und erwartet Hilfe von Gott, den sie
– wie viele Völker der Erde – auf dem Berg „ansiedelt".

9.5.6. 3. Vorbeireden (Paraphasie)

Der Kranke geht überhaupt nicht auf die Frage ein, obwohl er sie
richtig verstanden hat, sondern bringt etwas inhaltlich ganz anderes vor. Solches Vorbeireden kann zustande kommen, wenn der
Kranke im Gespräch auf seinen Gesprächspartner nicht eingehen
kann oder will. Das kann aus Abwehr sein oder weil der Kranke so
mit anderen als den zur Rede stehenden Dingen beschäftigt ist,
daß er immer wieder vom Gesprächsgegenstand abgezogen wird.

Beispiel:
P 15 (Schizophrenie)
Der junge Mann sagt, es sei ein „Kopfsalat" in seinen Gedanken gewesen.
Eine Art hypnotischer Einfluß sei auf seine Gedanken gegangen, die dadurch unklar geworden und durcheinander geraten seien. – Dann
schweigt er lange und bringt schließlich vor: „Einen Sexualkomplex hat
schließlich jeder vor dem 20. Lebensjahr." Auf Fragen dazu sagt er zunächst nichts und später: „Calderons großes Welttheater."

9.5.6. 4. Neologismen

Wortneubildungen, häufig durch Verknüpfung heterogener Dinge (Kontaminationen). Fast nur bei Schizophrenen, die damit ihre Privatsymbole ausdrücken oder die unter dem Druck sind, das Unfaßbare ihrer Erfahrungen irgendwie annähernd noch zum Ausdruck zu bringen. Bei guter Kenntnis der Kranken vielfach annähernd verständlich.

Beispiel:
P 137 (Schizophrenie)
„Blutgebären ... Vormundschaftsgerichtssterilisation ... Schießpflichtmannsbart ... Suspensoriumsschießhaftpflicht ... Gebärmutterersatzumtausch ...“

9.5.6. 5. Kryptolalie und Kryptographie

Manche Schizophrene bilden sich eine eigene Privatsprache aus, die völlig unverständlich sein kann (Kryptolalie), ja sogar eine Privatschrift (Kryptographie). Es ist als Fortführung der Privatsymbolik (s. d.) aufzufassen.

Beispiel:
P 27 (Schizophrenieartige Psychose bei Epilepsie)
Der Kranke studiert „Gazologie“ (die Lehre vom heiligen Geist), „Bezalogie“ (die Lehre von der Engelwelt). Man habe ihm die Hebephrenie gegeben, das ist die „Überhebungskunst“ (NB: sich über die ärmliche Realität erheben). Im Hirnforschungslabor solle man die „Leucopie“ untersuchen. Die „Pathonie“ ist eine „Unterabteilung der Hebephrenie“.

10. Intelligenz

Engl.: intelligence

10.1. Definition

Fähigkeit zur rechten (d. h. sachgerechten und intersubjektiv übereinstimmbaren) Kenntnisnahme von und zur Einsicht in Sachverhalte und ihre Zusammenhänge sowie zur sich daraus ergebenden Entfaltung sinnvoll planender[1] gezielter Wirksamkeit (intelligentes Verhalten).

10.2. Funktion

Zahlreiche Einzelfunktionen (künstlich herausgegliedert) tragen zu dieser komplexen Leistung bei. Die Sinnesfunktion, Wachbewußtsein und Orientierung, Aufmerksamkeit und interessierte Zuwendung (in Abhängigkeit von Motivation, Antrieb und Affektlage), die Denkleistungen der Auffassung, Abstraktion, Kombination, des Urteilens und Schlüsseziehens ermöglichen unter Einfluß der gegenwärtigen Stimmung und der gesamten Lebenserfahrung (Lernen) die Besonnenheit der distanzierten Überschau, der Bedeutungsbewertung und Schlußfolgerung sowie der zweckgerichtet – gezielten Handlungsplanung und -ausführung. Die Einsicht wird durch den Begriff erfaßt und durch Sprache mitgeteilt, damit intersubjektiv überprüfbar.

Intelligenz in diesem Sinne ist letztlich, allgemein ausgedrückt, die Fähigkeit, sein Leben zu leisten, die Fähigkeit zum Sichzurechtfinden in und zum Bewältigen der Welt. So aufgefaßte Intelligenz entzieht sich einer reduktionistischen wissenschaftlichen Erfassung (für die Intelligenz das ist, was mit Intelligenztests erfaßt wird). Mit Intelligenztests können jeweils nur Teilbereiche erfaßt und gemessen werden.

Von den verschiedenen Faktoren der Intelligenz (THURSTONE 1935, JÄGER 1967, PAWLIK 1968) sind die Bereiche praktisch besonders wichtig:

1. Zahlendenken, Rechnen

2. Sprachverständnis, Ausdrucksfähigkeit

3. Spontaneität, Einfallsreichtum und Kombinationsfähigkeit, Produktivität, Beweglichkeit (Tempo und Flexibilität)

---

[1] Zur Unterscheidung von Instinkthandlungen

4. Formale Logik, Urteilsfähigkeit, Abstraktionsvermögen, Anschaulichkeit

Auf die Psychologie des wissenschaftlichen Konstruktes Intelligenz, auf die Frage nach ihrer Faktorenstruktur und Entwicklung ist hier nicht einzugehen (Lit. s. GUILFORD 1967, JÄGER 1967, PAWLIK 1968, THURSTONE 1935).

10.3. Grundlagen

10.3.1. Körperliche: Bau und Funktion des Gehirns

Intelligenz unterliegt einer genetisch determinierten Entwicklung (vermutlich polygenetisch). Auf die genetischen Einflüsse weisen vor allem die Zwillings- und Geschwister-Untersuchungen sowie die Adoptivstudien über die Konkordanz hinsichtlich der Intelligenz hin (SLATER u. COWIE 1971).

10.3.2. Psychologische und soziale Einwirkungen auf die Entwicklung des Gehirns und seiner Funktion

Fördernde Wirkung der Inanspruchnahme dieser Funktion durch die Umwelt, Anregung durch Erziehung durch Eltern, durch Geschwister und Gespielen (Wettbewerb), durch die Schule. Fehlt solche Stimulation ganz, so kann sich Intelligenz nicht voll ausbilden (zu diesem Thema s. bes. EYSENCK 1971).

10.4. Prüfung

Für den klinischen Gebrauch ergibt sich aus einem ausgiebigen Gespräch über viele Lebensbereiche und über die Entwicklung (Schule, Beruf) schon eine wichtige Schätzung. Darüber hinaus kann man verschiedene Intelligenzbereiche mit Tests erfassen und messen (s. z. B. KIND, u. Testpsychologie).

10.5. Pathologie (Intelligenzstörungen)

Mögliche Ursachen intellektueller Minderleistung – Übersicht:

10.5.1. Intelligenzdefekte aufgrund von angeborenen oder erworbenen Abweichungen der Struktur oder Funktion des Gehirns.

10.5.1.1. Oligophrenie

10.5.1.2. Demenz

10.5.2. Fehlen der für die Intelligenz notwendigen vorauszusetzenden Grunderfahrungen (bei Sinnesfehlern, bei Isolation, Deprivation).

10.5.3. Gestörter Kontakt und Realitätsbeziehung in der Psychose.

10.5.4. Beeinträchtigung der Wahrnehmung, Aufmerksamkeit und der Motivation zu Intelligenzleistungen aus affektiven Gründen (z. B. bei Depression).

10.5.1. Intelligenzdefekte

Sie entstehen durch Beeinträchtigung der somatisch-anatomisch-physiologischen Voraussetzungen für Intelligenz.

10.5.1. 1. Oligophrenie

Angeborener oder früh (d. i. vor Abschluß der Hirnreifung) erworbener Schwachsinn (mental deficiency, mental retardation). Die zugrunde liegende Hirnschädigung kann dabei ererbt, intrauterin, perinatal oder postnatal eingetreten sein.

Die Oligophrenien lassen sich nach dem Schweregrad folgend einteilen (wobei die IQ-Angaben nur ungefähr den Bereich bezeichnen):

	IQ (HAWIE 1955)
Minderbegabung	80—90
Debilität	60—79
Imbezillität	40—59
Idiotie	unter 40

Hinsichtlich der Ursache gliedert man in:

10.5.1. 1.1. Ererbte Oligophrenie

a) Genuiner Schwachsinn ohne faßbaren Körperbefund

b) Schwachsinn bei Chromosomenanomalien

autosomal:
Beispiel: Trisomie 21: Down-Syndrom

sex-chromosomal:
Beispiel: Klinefelter-Syndrom XXY

c) Dominant vererbter Schwachsinn

Beispiel: Tuberöse Sklerose (Epiloia): Schwachsinn, Epilepsie, Adenome

d) Rezessiv vererbter Schwachsinn

Eiweiß-Stoffwechselstörungen:
Beispiel: Phenylketonurie: Schwachsinn, Hypotonie der Muskulatur, Hyperkinesen, Choreoathetose

Lipoidstoffwechselstörungen:
Beispiel: Tay-Sachs Amaurotische Idiotie: Schwachsinn, Muskelschwäche, Amaurose (Blindheit).

Zuckerstoffwechselstörungen:
Beispiel: Gargoylismus: Schwachsinn und vielgestaltige Mißbildungen, vor allem des Gesichtsschädels.

Wasser- und Elektrolytstoffwechselstörungen:
Beispiel: Renaler Diabetes insipitus.

Viele verschiedene andere Syndrome, meist mit vielgestaltigen Mißbildungen vergesellschaftet.

10.5.1. 1.2. Durch frühe Umwelteinflüsse zustandegekommener, früherworbener Schwachsinn

a) Intrauterin: Durch Unfälle der Mutter, Schock in der Schwangerschaft, Störung der Placentadurchblutung usw. Durch Infektionskrankheit (Röteln, Lues, Toxoplasmose). Durch endokrine Störung (z. B. führt Hypothyreose der Mutter zu Kretinismus).

Toxisch: Vergiftung mit verschiedenen Medikamenten, Urämie (z. B. Schwangerschaftstoxikose der Mutter), Rhesusinkompatibilität (führt zu Kernikterus), Strahlenschäden und vieles andere.

b) Perinatal: Geburtsschäden, Blutung, Hypoxie usw.

c) Postnatal: Ernährungsschäden, besonders Eiweiß- und Vitaminmangel, Infektionskrankheiten, Enzephalitis, Enzephalomeningitis, bei Keuchhusten, Pocken u. v. a. Traumen, Gifte usw.

Da die Intelligenz ein integrierender Bestandteil der Persönlichkeit ist, sind Oligophrenien mit Persönlichkeitsstörungen verbunden: Mangelnde charakterliche Differenzierung, mangelnde Steuerung der Strebungen und Triebe, der Motorik (plump in Bewegung, Mimik, Gestik, Artikulation), Störung der Aufmerksamkeit, des sprachlichen und außersprachlichen Verstehens, Mangel an Anpassungsfähigkeit, Störung der Denkfähigkeit, des Einfalls- und Ideenreichtums, der Interessen, der Auffassung, des Abstraktions- Kombinations- und Urteilsvermögens, des sinngemäßen Wollens und Tuns.

10.5.1. 2. Demenz

Demenz nennt man die durch später im Leben (nach zunächst altersgemäßer normaler Entwicklung) erworbene Hirnschädigung begründete Intelligenzschwäche. Systematisch ordnet man sie ein in das organische Psychosyndrom (s. d.). Ursächlich kommt die ganze Skala der Hirnschäden in Frage.

Degenerativ: Hirnatrophie
Beispiel: Alzheimersche Erkrankung

Metabolisch (Stoffwechselstörungen)
Beispiel: Morbus Wilson (Kupferstoffwechselstörung)

Entzündlich: Enzephalitis
Beispiel: Progressive Paralyse bei Syphilis

Vaskulär: Gefäß-, Durchblutungsstörung
Beispiel: Apoplexie bei Arteriosclerosis cerebri

Traumatisch (Unfallschaden)
Beispiel: Postcontusionelle Demenz

Toxisch
Beispiel: CO-Vergiftung

Hypoxisch:
Beispiel: Strangulation

10.5.2. Psychosoziale intellektuelle Mangelausbildung

Minderintelligenz durch Fehlen der für die intellektuellen Leistungen notwendigen psycho-sozialen Grunderfahrung. Intelligenzstörung als Folge von Deprivation. Soziale Isolierung, auch Isolierung durch Sinnesfehler, unzulängliche Pflege mit mangelhafter Anregung und Fehlen von Geborgenheit, Verunsicherung und Furcht führt zu einer Einschränkung der Lernmöglichkeiten, zu Mangel an Einsicht und Überschau.[2]

10.5.3. Intelligenzstörungen bei gestörter Realitätsbeziehung

Wir finden sie etwa beim Autismus infantum oder bei schwer autistischen Schizophrenen. Bei jeder schweren Psychose ist die Intelligenz beeinträchtigt, z. B. bei depressiver Hemmung. Bei Schizophrenen werden eine Reihe von funktionellen temporären Denk-

---

[2] In schweren Fällen kann sich das Bild entwickeln, das man früher als „dementia ex separatione" beschrieben hat (vgl. Wolfskinder).

störungen beschrieben (z. B. die sogenannte overinculsiveness), die das intellektuelle Verhalten beeinträchtigen können.

10.5.4. Intelligenzstörungen bei Sinnesdefekten

Bei schwerer angeborener Sinnesbeeinträchtigung (Sehen, Gehör) fehlen wichtige Bedingungen der intellektuellen Entwicklung.

10.5.5. Intelligenzstörungen bei herabgesetzter Vigilanz

Transitorische Minderleistung

10.5.6. Intelligenzstörung aus affektiven Gründen

Man findet sie häufig bei der schweren *Depression* mit allgemeiner Hemmung des Antriebs, der Aufmerksamkeit, Erschwerung des Denkens bis zur völligen Einfallslosigkeit.

In der Temposteigerung, Flüchtigkeit, Oberflächlichkeit der *Manie* kann die intellektuelle Befähigung ungenügend angewandt werden.

11. Wahrnehmung

Engl.: Perception

11.1. Definition

Kenntnisnahme von sinnlichen („sinnesfälligen") Gegebenheiten unserer Welt.

11.2. Funktion

Wahrnehmung und Auffassung sind die (künstlich getrennten) kognitiven Stufen der Erfahrung unserer Welt. Die Abgrenzung von Sinnesempfindungen, die gleichsam Bausteine der Wahrnehmung seien, ist ein Relikt aus der alten Elementenpsychologie und heute durch die Gestalt- und Ganzheitspsychologie überholt.

Die Wahrnehmung ist nach der Lehre der Gestaltpsychologie ein Prozeß fortschreitender Differenzierung und Strukturierung. Die Aktualgenese der Wahrnehmung (die gleichsam eine Wiederholung der Ontogenese der Perzeption ist) schreitet vom diffusen, unstrukturierten Ganzheitlichen (Globalen) zu strukturierten Gestalten (von der Protopathik zur Epikritik) (s. dazu METZGER 1966, HAJOS 1972; zur Entwicklungsgeschichte s. PIAGET u. INHELDER 1971).

11.3. Grundlagen, Komponenten und Determinanten

11.3.1. Sinnesorgane und Gehirn

Sie ermöglichen das Bemerken (Registrieren) von wahrnehmbaren Gegebenheiten: Sehen, Hören, Riechen, Schmecken. Die mannigfaltigen Körperempfindungen sind unterschiedlich differenziert hinsichtlich der Diskriminationsfähigkeit (epikritische, d. i. qualitativ, quantitativ und lokalisatorisch differenzierende Sensibilität, protopathische, d. i. relativ weniger strukturierte Sensibilität: Wärme, Schmerz usw.): Tastsinn, Druckempfindung, Wärme-, Kältesinn, Vibrations-, Lage- und Bewegungssinn, Gleichgewichtssinn.

Die anatomisch-physiologischen Voraussetzungen sind das Sinnesorgan (Rezeptor), der Nerv (Reizleitung) und bestimmte Gehirnstrukturen (primäre Projektionsfelder im Großhirn). Die Erregung der primären Projektionsfelder (wobei es gleichgültig ist, ob diese Erregung adäquat, d. h. über die spezifischen zugehörigen Sinneskanäle, oder inadäquat, z. B. durch direkte elektrische Reizung, zu-

stande kommt) kann im Elektroenzephalogramm als „evoziertes
Potential" nachgewiesen werden.

11.3.2. Allgemeinpsychologische Vorgänge

11.3.2. 1. Gegenstandscharakter

Im Vergegenwärtigen einer Gegebenheit wird uns die Wahrnehmung bewußt. Die Gegebenheit erscheint uns mit Gegenstandscharakter (d. i. Leibhaftigkeits-, Objektivitätscharakter, Gegenstandsbewußtsein im Sinne von JASPERS 1959).

11.3.2. 2. Realitätsurteil

Unser Bewußtsein fällt über das Wahrgenommene ein Realitätsurteil (wirklich oder nicht). Dieses ist wie eine Stellungnahme
(s. S. 72).

Der Unterschied zwischen Gegenstandsbewußtsein und Realitätsurteil
wird klar am Beispiel der Fata morgana: Man sieht einen See leibhaftig (als
Objekt, also mit Gegenstandscharakter), aber man urteilt dann, daß dieser
See nicht wirklich ist (Realitätsurteil).

11.3.2. 3. Gestaltpsychologische Vorgänge

Jedes Wahrgenommene wird in einen strukturierten Zusammenhang gestellt. Wir nehmen im Prozeß der Aktualgenese strukturierte Gestalten und Ganzheiten wahr. Der Teil erhält seine
Bedeutung und seinen Sinn in dem Zusammenhang durch die
Feldwirkung des Ganzen, das mehr ist als die Summe der Teile (s.
Gestaltpsychologie). Wir neigen dazu, unvollständige Gestalten zu
„ergänzen", undeutliche zu verdeutlichen (Prägnanztendenz).

11.3.2. 4. Bedeutungsgehalt

Die Gestalt des Wahrgenommenen hat eine situativ und lebensgeschichtlich bestimmte *Bedeutung* (s. 11.3.3.) für uns und damit auch
eine affektive Resonanz (Zusammengehörigkeit von kognitivem
und affektivem Bereich). Wir haben das Wahrgenommene (mehr
oder weniger deutlich) in einer bestimmten Bedeutung vor uns:
Bedeutungsbewußtsein.

11.3.3. Persönliche, soziale, situative Einflüsse auf die Wahrnehmung

11.3.3. 1. Der Zustand des Wahrnehmenden

seine Stimmung (Erwartung), seine Affektlage (z. B. Angst), seine Motivation (Bedürfnis) bestimmen unsere Wahrnehmung wesentlich mit („wir sehen, was wir erwarten").

11.3.3. 2. Lebenserfahrung

Die bisherige Lebenserfahrung des Wahrnehmenden (Prägungs- und Lernvorgänge) bestimmt die Wahrnehmung mit. Das Gedächtnis ermöglicht das zentrale Einordnen, Vergleichen, Gewichten usw.

11.3.3. 3. Soziale Faktoren

Die „Gruppennorm" und die „Gruppenkohäsion" bestimmen den Wahrnehmungscharakter mit (Beziehung zu den Suggestionsphänomenen).

Beispiel:
Verschüttete Bergleute sind durch die gemeinsame Gefahr zu einer eng verbundenen Gruppe zusammengeschmiedet (Gruppenkohäsion). Die dominierende Erwartung der Gruppe (Gruppennorm) ist auf die Rettung gerichtet. Diese Erwartungshaltung kann bestimmen, daß irgendwelche Geräusche für Klopfzeichen gehalten (illusionäre Verkennung) oder daß solche halluziniert werden. Die Mitteilung einer solchen Wahrnehmung an die anderen kann diese zu gleichartigen Erfahrungen bringen (Suggestion).

11.3.4. Das Verhältnis der Wahrnehmung zur Realität

Real ist (in operationaler Definition) Wahrnehmbares, über das sich Gesunde unvoreingenommen zwanglos einigen können. Die Wahrnehmung ist ein Kompromiß zwischen faktischer (objektiver) Information und subjektiver (persönlichkeitseigener) Anschauungsweise. „Reine" Realitätsauffassung gibt es für den Menschen nicht.[1] Das Extrem ist eine autistisch-dereelle Weltauffassung im Wahn und in den Halluzinationen.

---

[1] S. dazu Philosophie: Erkenntnistheorie

11.3.5. Die Beziehung von Wahrnehmung und Stimmung

Je schärfer umrissen und strukturiert ein Wahrnehmbares sich zeigt und je neutraler die Affektlage des Wahrnehmenden ist, umso eindeutiger ist die Wahrnehmung: sie ist sachlich, d. h. sie trifft die Sache bestmöglich. Je stärker die Affekte (Motive usw.), je mehrdeutiger die Gestaltsdarbietung, umso mehr Möglichkeiten für den Einfluß der Stimmung auf die Wahrnehmung.

Es scheint ein komplementäres Verhältnis zu bestehen zwischen der Afferenz (dem In-Erscheinungtreten eines sinnlich Aufnehmbaren) und der Stimmung. Die Bedeutung einer Sache kann ganz überwiegend die Stimmung bestimmen. Je überwältigender sie ist, umso mehr. Anderseits kann die Stimmung unsere Wahrnehmung weitgehend bestimmen. Im Alltag, wo auch affektiv relativ neutrale Dinge recipiert werden, besteht ein ausgewogenes Verhältnis, d. h. die Realitätskontrolle gelingt.

11.3.5. 1. Bedeutung und Stimmung

Die Bedeutung, die wir im Wahrnehmen einer Sache erfahren, bestimmt die Stimmung, d. h. sie stimmt den Wahrnehmenden, abhängig von seiner Stimmbarkeit, die in seinem Wesen und in seiner Situation begründet ist.

Beispiel:
Die Wahrnehmung eines nahenden Gewitters im Gebirge wird im Ängstlichen (Angstbereiten) eher Furcht erregen. Ausgesetzt und bedroht von Gewitter und Bergsturz ist die Stimmbarkeit auf Angst (die Angstbereitschaft) größer als in der Geborgenheit einer Schutzhütte.

11.3.5. 2. Stimmung bestimmt Wahrnehmung

Anderseits bestimmt die Gestimmtheit ganz wesentlich unsere Wahrnehmung: die Stimmung bestimmt unsere Weltauffassung. Je stärker die Stimmung bestimmend ist, umso weniger ist noch eine Realitätskontrolle möglich.

Beispiel aus der Normalpsychologie:
Ein Kind muß allein durch den nächtlichen Wald gehen. In seiner Angst beobachtet es gespannt die Büsche. Diese werden zunächst noch als solche erkannt. In zunehmender Angst sieht das Kind zwar noch den Busch, wähnt aber darin eine drohende Gestalt zu erkennen *(Wahnwahrnehmung)*. Im Überhandnehmen der Angst sieht das Kind keinen Busch mehr, sondern „erkennt" eine lauernde Gestalt. D. h. die Angst bestimmt eine andere Wahrnehmungsgestalt von anderer Bedeutung: *illusionäre Verkennung*. Wenn das Kind nun in panischem Schrecken erstarrt oder davonrennt,

kann es den Häscher ihm nachrennen sehen, kann die Schritte des Verfolgers hören, nach ihm greifende Arme spüren: es *halluziniert* (optisch, akustisch, taktil) (vgl. Goethes Erlkönig).

Beispiele aus der klinischen Psychiatrie:

Depression: Ein schwerst vital darniederliegender Melancholiker nimmt seine Umwelt weniger lebhaft (!), farbig, klar und deutlich, manchmal wie entfernt wahr. – Ein Depressiver erlebt sich selbst zerfallen und verfault. Und er riecht auch den Verwesungsgeruch, der von ihm ausgeht (s. Geruchshalluzinationen). – Ein Mann im Versündigungs- und Verdammungswahn sieht das Skelett des Todes oder die Höllenfeuer oder die höhnisch grinsende Teufelsfratze. *Seine Stimmung bestimmt das Erleben seiner selbst und seiner Welt in den verschiedenen Erfahrungsmodalitäten:* im Grübeln und Phantasieren, im Vorstellen und Wahrnehmen.

Schizophrenie: Ein junger Schizophrener spürt in leiblicher Qual das Zerrissenwerden zwischen widerstrebenden Kräften.

Das alles sind sinnliche Erfahrungen mit dem Erlebnischarakter von Wahrnehmungen. Vorstellungen dagegen, auch wenn sie lebhaft und anschaulich sind, haben nicht diesen Charakter eines Sinneserlebnisses. Sie sind ein anderer Erfahrungsmodus.

11.4. Prüfung

Wahrnehmungsstörungen werden in der klinischen Psychiatrie erfragt oder aus dem Verhalten erschlossen.

Zur experimentellen Wahrnehmungsforschung s. Neuropsychologie und Experimentalpsychologie. Zur experimentellen Wahrnehmungsforschung Schizophrener s. das Sammelwerk von Schooler u. Feldmann (1967).

11.5. Pathologie

Übersicht:
11.5.1.   Ausfall einer Wahrnehmungsfunktion
11.5.1.1. aus organischen Gründen
11.5.1.2. aus psychischen Gründen

11.5.2.   Abnormitäten der Wahrnehmung
11.5.2.1. intensitative
11.5.2.2. Veränderte Größen- und Gestaltwahrnehmung
11.5.2.3. qualitative (abnorme Wahrnehmungscharaktere)

11.5.3.   Halluzinationen
11.5.3.1. Definition
11.5.3.2. Einteilung der Halluzinationen

11.5.3.3. Den Halluzinationen nahe stehende Erfahrungen
11.5.3.4. Halluzinationen und Wahn

11.5.1. Ausfall einer Wahrnehmungsfunktion

11.5.1. 1. Organische Gründe

Bei Schäden oder Fehlen eines Sinnesorgans, des afferenten
Nervs, bei umgrenzter Schädigung des Großhirns kommt es zum
Ausfall der betreffenden Wahrnehmungsfunktion.

Blindheit (Amaurose)
Taubheit (Anakusis, Hypakusis, Surditas)
Geruchslähmung (Anosmie)
Geschmackslähmung (Ageusie)
Empfindungslosigkeit (Sensibilitätsstörungen, -ausfall, Hypaesthe-
sie, Anaesthesie) in den verschiedenen Qualitäten.

Trotz ungestörter Funktion der Sinnesorgane und der afferenten
Leitung zum Gehirn gelingt das (optische, akustische, taktile usw.)
Erkennen nicht, wenn die aktuellen Sinneseindrücke nicht mit dem
früher erworbenen Erinnerungsgut zusammen gebracht werden
können (jedes Erkennen ist ein Wiedererkennen). Diese Wiederer-
kennensstörungen bei erhaltenem Bewußtsein und ohne erklärende Intelligenzschwäche nennt man Agnosien. Sie gehören ins
Gebiet der Neuropsychologie und werden hier wegen ihrer diffe-
rentialdiagnostischen Bedeutung kurz erwähnt.

11.5.1. 1.1. Optische Agnosie: Verschiedene Formen

a) Störung der optisch-räumlichen (geometrischen) Orientierung
in einer konkreten Situation und des optisch-räumlichen Vorstel-
lungsvermögens. Bei parieto-okzipitalen Läsionen, meist der nicht
dominanten Hemisphäre.

Die Kranken finden sich (trotz erhaltenem Bewußtsein und Intel-
lekt) in der vertrauten Umgebung (Wohnung, Zimmer, Straßen-
zug) nicht mehr zurecht, können sich nicht mehr ankleiden, weil
sie die Raumstruktur der Kleidung nicht mehr erfassen. Sie können den Verlauf einer Straße, die räumliche Anordnung ihres Zim-
mers nicht mehr beschreiben. Dabei ist das physiognomische Erkennen einzelner Objekte erhalten.

b) Agnosien für Objekte und Personen: Individuell kennzeich-
nende optische Merkmale von Gegenständen oder Personen werden nicht mehr erkannt. Bei meist doppelseitigen basalen Okzipi-
tallappenschäden.

Die Patienten können Gegenstände oder Personen nicht mehr erkennen, obwohl sie deren Größe, Form, kategoriale Zuordnung
(z. B. Mensch, Tier, Haus) und die räumliche Anordnung erfassen.

c) Farbagnosie: Die Kranken erkennen nicht mehr den semanti-
schen Gehalt von Farben. Sie erkennen z. B. die Bedeutung von
Verkehrslichtern nicht mehr, können Umrißzeichnungen nicht
mehr einer Vorlage entsprechend anmalen, können nicht mehr
gleiche Farben verschiedener Tönung in zusammengehörige
Gruppen ordnen.

d) Agnosie für Schriftzeichen (sensorische Alexie, Leseunfähig-
keit) oder Zahlen (Zahlenalexie).

11.5.1. 1.2. Akustische Agnosie

Die Bedeutung von Worten wird nicht mehr erkannt (Sprachverständnisstörung mit Redestörung, sensorische Aphasie) oder von
Geräuschen (z. B. Klirren eines Schlüsselbundes) oder Melodien
(sensorische Amusie). Bei Temporallappenschädigungen.

11.5.1. 1.3. Somatagnosie

Agnosie hinsichtlich der Orientierung am eigenen Körper. Bei Pa-
rietallappenschäden.

a) Autotopagnosie: Unfähigkeit, Teile des eigenen oder fremden
Körpers oder von Figuren zu erkennen, zu zeigen und zu benennen (divide Aphasie!).

b) Fingeragnosie: die eigenen Finger können nicht mehr unterschieden werden.

c) Rechts-Links-Agnosie: die Unterscheidung zwischen den beiden
Seiten, auch am eigenen Körper, ist beeinträchtigt.

Divide Anosognosie: Nichterkennen, Nichtwahrhabenwollen, Verleugnen
eines Funktionsausfalles (z. B. einer Lähmung) am eigenen Körper. Ist
keine gnostische Störung, die auf eine umschriebene Hirnläsion zu beziehen wäre, sondern hat außer diffusen Hirnschäden (mit Demenz) auch eine
psychodynamische Grundlage (Abwehr).

Beispiel:
Ein nach einem Schlaganfall halbseitig Gelähmter hat kein Wissen davon,
bemerkt nicht, will nicht wahrhaben, daß er eine Körperseite nicht bewegen kann.

11.5.1. 1.4. Taktile Agnosie (Stereoagnosie, Astereognosis)

Unfähigkeit, durch Abtasten Gegenstände zu erkennen. Komplexe Störung bei Ausfall verschiedener peripherer Sensibilitäten, der Feinmotorik, also nicht auf eine alleinige zentrale Erkennensstörung zu beziehen.

11.5.1. 2. Wahrnehmungsausfall aus psychischen Gründen

Auf traumatisierende Erlebnisse hin kann ein psychogener Wahrnehmungsausfall eintreten: Psychogene Blindheit, Taubheit, Geruchs- und Geschmacksausfall, Sensibilitätsstörung. Die zugrunde liegende Motivation für solche psychogenen Störungen ist verschieden: Z. T. haben sie symbolische Bedeutung (nicht sehen wollen, nicht hören wollen), z. T. treten sie im Rahmen von Schreck-, auch Begehrungs- und Rentenneurosen auf. In solchen Fällen kann die Unterscheidung von Simulation und Aggravation schwierig sein.

Beispiel: Psychogene Anaesthesie bei Unfallneurose.

11.5.2. Abnormitäten der Wahrnehmung

11.5.2. 1. Intensitative Abnormitäten der Wahrnehmung

11.5.2. 1.1. Intensitätsminderung

der Wahrnehmung heißt, daß der Wahrnehmungscharakter weniger lebendig und frisch ist als sonst, daß alles fade und grau und öd und farblos, bedeckt, wie in einem Nebel verschleiert u. ä. erscheint. Man sieht solche Intensitätsminderungen der Wahrnehmungen bei schweren Depressionen verschiedener Natur, aber auch bei schwerer allgemeiner Erschöpfung, bei Psychasthenikern und unter höheren Dosen von Neuroleptika.

11.5.2. 1.2. Intensitätssteigerung

der Wahrnehmung bedeutet, daß die Wahrnehmungserlebnisse reicher, lebendiger, farbiger sind als sonst. Man findet das gelegentlich bei der Manie, unter Halluzinogenen (LSD, Meskalin, Haschisch) und in den seltenen ekstatischen Ausnahmezuständen.

11.5.2. 2. Veränderte Größen- und Gestaltenwahrnehmung

nennt man Metamorphopsie. Sie kann sich auf fremde Dinge beziehen oder auf einen selbst.

11.5.2. 2.1. Betreffend fremde Dinge

Meist kurz dauernd, (Sekunden – Minuten) veränderte räumliche Wahrnehmung, der Größenproportion und der Gestalt. Verzerrung der Gestalt (Dysmorphopsie). Größenveränderung (Dysmegalopsie) mit den zwei Möglichkeiten: Kleinersehen (Mikropsie) und Größersehen (Makropsie).

Beispiel:
Es entschwindet in einer epileptischen Aura ein Bild an der Wand in immer weitere Ferne (und wird dabei kleiner).

Die veränderte Gestaltwahrnehmung wird meist bemerkt. Metamorphopsie kann bei Gesunden in der Kindheit, in Übermüdung, im Einschlaferleben, ferner bei Temporallappenepilepsie, Schizophrenie (vor allem initial) und bei akuten organischen Psychosen vorkommen (Halluzinogene). Bei neurotischer Dysmegalopsie kann ein symbolischer Gehalt aufgezeigt werden (z. B. sieht eine Mutter mit ambivalenter Einstellung zu ihrem Neugeborenen dessen Kopf kleiner).

11.5.2. 2.2. Betreffend den eigenen Leib

Heautometamorphopsie betrifft den eigenen Leib oder einzelne Glieder. Z. B. scheinen die Füße kilometerweit weg zu sein und doch riesig groß. Kann im Einschlaferleben bei Ermüdung vorkommen, wird häufig bei Drogenintoxikationen (LSD, Meskalin) gesehen.

In die Nähe dieser Heautometamorphopsie gehört die *Heautoskopie:* dabei wird halluzinatorisch die eigene Gestalt gesehen, wie ein Doppelgänger. Kann bei Gesunden in Übermüdung, beim Einschlafen vorkommen, eher bei Epileptikern in der Aura und bei manchen Hirntumorkranken.

11.5.2. 3. Qualitative Abnormitäten der Wahrnehmung

(Abnorme Wahrnehmungscharaktere i. w. S.)

11.5.2. 3.1. Derealisation

Die Umgebung erscheint unwirklich, wie verschleiert, fremd und unvertraut. Man kann auch von einer Verminderung des Gegenstandscharakters sprechen. Das Symptom kommt auch bei Gesunden gelegentlich vor. Wir sehen es nicht selten bei körperlich begründbaren Psychosen, bei der Schizophrenie, gelegentlich bei Depressiven und vor allem auch bei neurotischen Depressionen. Kommt meist zusammen mit Depersonalisation vor (s. S. 45).

11.5.2. 3.2. Gefühl der ungewöhnlichen Distanz oder Nähe

In die Nähe der Derealisationserlebnisse gehört auch die seltene Wahrnehmungsspaltung (JASPERS 1959). Dabei kommt es zum Gefühl einer ungewöhnlichen Kluft zwischen Wahrnehmungsgegenstand und Wahrnehmendem. Hier bestehen auch Beziehungen zur Depersonalisation: daß nicht nur die Umwelt fremd und fern erscheint, sondern der Kranke sich selbst auch als ferne und distanziert und nicht an die Dinge herankommend erfährt. Vorkommen bei Halluzinogenpsychosen (LSD, Meskalin), bei Schizophrenie.

Außer dem übergroßen Distanzgefühl kommt auch das Gefühl größerer Nähe vor, ein Erlebnis, das der Intensitätssteigerung nahe steht.

11.5.2. 3.3. Änderungen der Wahrnehmungscharaktere

Z. B. des Gefühlsbeiklangs von Farbe, Musik, der Raumwahrnehmung. Sie stehen den Derealisationserlebnissen nahe und werden vor allem bei toxischen Psychosen (LSD, Meskalin) gesehen.

11.5.2. 3.4. Synaesthesie

Wahrnehmungsartiges, meist akustisch-musikalisches Erlebnis (gelegentlich auch Berührungs- und andere Körperempfindungen), das bei Farbsehen anklingt (auditiv-visuelle Synaesthesie, audition colorée).

Synaesthesien kommen als Einzelerfahrung von dazu Begabten im normalpsychologischen Bereich vor. Häufig und stark sind sie bei psychedelischen Psychosen (LSD, Meskalin). Auch Halluzinationen auf verschiedenen Sinnesgebieten können synaesthetisch verbunden sein.

11.5.2. 3.5. Vermeintliches Wiedererkennen

Vermeintlicher Vertrautheitscharakter einer an sich neuen Wahrnehmungserfahrung (déjà vu, déjà vécu usw.). Man spricht auch
von identifizierenden Erinnerungsfälschungen. Oft vergesellschaftet mit Depersonalisation, Derealisation. Kein krankheitsspezifi-
sches Zeichen (kommt auch bei Gesunden vor), vor allem aber
wird es bei der psychomotorischen Epilepsie gesehen.

Beispiel:
Eine Patientin (P 167) sagt in einem epileptischen Verwirrungszustand (mit
partieller Desorientierung und inkohaerenten Denken) von den Stimmen
der Schwestern und Mitpatientinnen: „Die Stimmen tun mich so anhei-
meln. Die kenne ich doch." Zum Arzt: „Ihr Gesicht habe ich schon gesehen, Sie kommen mir bekannt vor. Sie sind ganz mein Lehrer Beier, Sie
sind es ganz."

11.5.3. Halluzinationen

11.5.3. 1. Definition

Halluzinationen (Trugwahrnehmungen) diagnostiziert man dann,
wenn jemand etwas hört, sieht, riecht, schmeckt, am oder im Leib
spürt, wofür dem Mitmenschen keine gegenständliche Grundlage
erkennbar ist.

Halluzinationen kommen auf allen Sinnesgebieten vor, auch auf
mehreren gleichzeitig (kombinierte Halluzinationen).

*Halluzinationen sind eine der Sinneswahrnehmung nahe stehende Erfah-
rungsmodalität* von schwankendem Charakter hinsichtlich:

Wahrnehmungscharakter: schwankt zwischen eindeutigem Sinneser-
lebnis und vorstellungsnaher Erfahrung. Besonders bei
akustischen Halluzinationen kann man das beobachten: Es kann
ein eindeutiges Hören sein, dann ein „Vernehmen, nicht mit den
Ohren", ein Spüren von Stimmen im Leib „wie Wellen", also Kontaminationen mit leiblichen Empfindungen, und schließlich ein
„Wissen" der Stimmen, das außersinnlich ist (Übergang zu Gedan-
ken-laut-werden, s. akustische Halluzinationen).

Intensität: Die sinnenhafte Deutlichkeit kann zwischen der Wirk-
lichkeitsnähe von einem massiv-leibhaftigen Sichaufdrängen (der
Sinneswahrnehmung nahe) und einem blassen In-Erscheinung-
Treten schwanken.

Klarheit: Beide angeführten Möglichkeiten können schwanken hinsichtlich der Klarheit zwischen klar umrissenen und strukturierten
Gestalten und schemenhaft zerfließenden.

Gegenstandsbewußtsein: Kann mit der Intensität (Aufdringlichkeit) der Erfahrung schwanken zwischen dem Urteil „leibhaftig" und verschwindendem Gegenstandsbewußtsein. In diesem Fall haben die Halluzinationen weniger sinnlichen Anschauungscharakter (können dabei aber immer noch räumlich bestimmt sein).

Realitätsurteil: Kann schwanken zwischen „wirklich" vorhanden über „zweifelhaft" bis „nicht wirklich" in der Pseudo-Halluzination (s. d.).

Räumliche Bestimmung: Optische und taktile Halluzinationen werden meist als von außerhalb des eigenen Körpers herrührend erfahren. Aber Halluzinationen müssen sich keineswegs an das Sinnesfeld halten. Es kann also etwas gesehen werden in einem Raum außerhalb des Gesichtsfeldes: sog. extracampine Halluzinationen. Bei den akustischen Halluzinationen ist die räumliche Bestimmung viel mehr wechselnd (diese Sinne erlauben auch keine so genaue Ortung), zusammen mit dem Wahrnehmungscharakter.

11.5.3. 2. Einteilung der Halluzinationen

11.5.3. 2.1. Nach ihrer Komplexität

Einfache (elementare) Halluzinationen (amorphe Geräusche, Blitze, Lichter u. ä.) und komplexe oder szenische Halluzinationen (d. s. Bilder, Theaterstücke, Musikstücke u. ä.).

11.5.3. 2.2. Nach dem Sinnesgebiet

Akustische Halluzinationen: Es werden Lärm, Geräusche u. dergl., amorphe (ungestaltete) akustische Wahrnehmungen erfahren (Akoasmen) oder aber der Kranke vernimmt Laute, Worte, Sätze, Geflüster, Stimmen (Phoneme). Sie können deutlich gehört oder nur wie ein Gemurmel aus weiter Ferne unklar erahnt werden. Manchmal ist die Quelle des Gehörten außerhalb des eigenen Körpers, manchmal im eigenen Leib lokalisiert („wie wenn ich ein kleines Männchen verschluckt hätte").

Das Halluzinierte kann verständlich sein oder auch nicht (oder nur teilweise). Der Kranke kann manchmal den Sprecher erkennen. Er kann eine oder mehrere Stimmen hören, die direkt zu ihm sprechen und sein Tun oder seine Gedanken oder Gefühle mit Bemerkungen begleiten oder die ihm Aufträge und Befehle geben, ihm Gedanken eingeben usw. Diese Form des Stimmenhörens ist für Schizophrene charakteristisch und geht gleitend über in das Symptom der Gedankeneingebung. Der Schizophrene kann dabei auch das Gefühl haben, er höre eigentlich nicht Laute durch das Ohr, sondern er vernehme sie „im Gehirn", „im Kopf" oder er spüre Stimmen durch seinen Leib herankommen. Oft sind das die eigenen Gedanken, die laut werden, oder fremde (vgl. Erfahrungsbewußtsein). Melancholiker können Vorwürfe, Drohungen, Beschimpfungen „hören".

Andere Kranke hören mehrere Personen über sich selbst reden (z. B. spottend oder drohend oder eine Verschwörung gegen ihn schmiedend bei der klassischen Alkoholhalluzinose), oder der Kranke kann sich in Rede und Gegenrede einlassen mit einem akustisch-halluzinierten Gegenüber bei den verschiedensten anderen organischen Psychosen (z. B. Delirium bei Alkoholismus oder andern Giften). Gelegentlich werden „Anrufe" aus Umgebungsgeräuschen herausgehört.

Divide: Ohrgeräusche (Tinnitus) bei Ohrerkrankungen (Rauschen, Sausen, Klingeln). Anamnese, Ohrenarzt.

Optische Halluzinationen (Gesichtshalluzinationen) gibt es als elementare, amorphe optische Erlebnisse (Photome) in Form von Lichtern, Farben, Blitzen u. dergl. (in erster Linie bei Erkrankungen des Auges, der Sehbahnen und der Hinterhauptslappen des Gehirns) oder auch als mehr oder weniger deutliche Gestalten, Figuren, Szenen, statisch oder bewegt, farbig oder nicht. Kleinere bewegte Gegenstände, kleine oder verkleinerte Tiere erscheinen dem deliranten Alkoholiker, gelegentlich bei halluzinatorischen Verwirrungszuständen in anderen organischen Psychosen (z. B. Arteriosclerosis cerebri). Dabei können auch zwergenhafte Menschenfiguren auftauchen (sogenannte Liliputaner-Halluzinationen).

Melancholikern mit Versündigungs- und Verdammungsgefühlen können flüchtige Teufelsfratzen oder Schattenfiguren von Skeletten (Tod) erscheinen. Bei der Schizophrenie sind intensive und ausgestaltete optische Halluzinationen nicht sehr häufig. Am ehesten kann man diese (dann unter Umständen als Vision szenisch ausgestaltet) in religiösen Ekstasen Schizophrener, eher noch von Epileptikern, sehen.

Olfaktorische und gustatorische Halluzinationen (Geruchs- und Geschmackshalluzinationen) gehen erlebnismäßig ineinander über. Man kann ausgeprägte Geruchshalluzinationen und Geschmacksveränderungen bei Tumoren in der Area olfactoria beobachten, gelegentlich auch in der Aura vor epileptischen Anfällen. Wahnkranke mit Verfolgungs- und Vergiftungsängsten können Gift zu riechen oder zu schmecken glauben. „Hypnotisches Gemachtwerden" von unangenehmen Gerüchen widerfährt manchen Schizophrenen. Bei der schweren Melancholie mit darniederliegenden Vitalgefühlen und mit der Angst zu verrotten findet man bei systematischem Nachfragen gar nicht selten Wahrnehmung von Leichen- oder Fäulnisgeruch, oft verbunden mit dem Wahngedanken, daß die Kranken damit andere schädigen, oder jedenfalls, daß andere das auch schon merkten und sie mieden.

Taktile (haptische) Halluzinationen (Berührungshalluzinationen) beziehen sich auf Hautempfindungen. Solche Halluzinationen sind oft erlebnismäßig nicht von allgemeinen Leibhalluzinationen zu trennen. Die Kranken erleben etwa: Angreifen, Festhalten, Anblasen, Brennen, Stechen, Bohren, Krabbeln, Sengen, Würgen, Durchsägen usw.

Das kann mit oder auch ohne Schmerzen erlebt werden. Hierher gehört ferner das Gefühl, von Wärme oder Kälte angerührt zu werden (thermische Halluzinationen) oder von Feuchtigkeit (hygrische Halluzinationen). Vorkommen in erster Linie bei organischen Psychosen (toxische Delirien, Kokaindelirium).

Bei der *chronischen taktilen Halluzinose* werden auf der Haut krabbelnde *(Dermatozoenwahn)* oder unter der Haut, im Körperinnern, im Darm und in den Geschlechtsteilen *(Enterozoenwahn)* wühlende kleine Tiere (Würmer, Käfer, „Ungeziefer") erlebt. Man sieht dieses Krankheitsbild meist bei diffusen zerebralen Erkrankungen, also eingebettet in ein organisches Psychosyndrom.

Leibhalluzinationen (coenaesthetische[2] Halluzinationen): Sie sind (mit fließenden Übergängen zu den taktilen Halluzinationen) außerordentlich mannigfaltig: z. B. das Gefühl versteinert, vertrocknet, verschrumpft, leer, hohl, verstopft, inwendig aus Gold, aus Stein usw. zu sein. Der Körper wird durchflutet von Strömen, von Strahlen usw. (fließen, ziehen, sich bewegen und vieles andere, zu dessen Beschreibungen z. T. auch Wortneubildungen gebraucht werden). Sie können überall im Leib gespürt werden oder lokalisiert. Oft betreffen sie die Geschlechtsteile: Samenabziehen, elektrisches Reizen, halluziniertes Koituserleben (im erotischen Wahn).

Oder: Gehobenwerden, Elevationsgefühl, Schweben (vestibuläre Halluzinationen), Bewegtwerden (kinästhetische Halluzinationen).

Erlebte *Leibentstellung:* Der Körper wächst, wird verzerrt, dicker, schwerer, leichter, einzelne Körperteile wechseln ihre Größe und Form.

Bei Schizophrenen tragen viele solche Halluzinationen den Charakter des Gemachten, des Zugefügten (z. B. elektrisiert, bestrahlt, hypnotisch gequält, sexuell mißbraucht werden). Das jewei-

---

[2] griech. κοινός (all-)gemein, also „Gemeingefühle" des Leibes

lige Agens ist kulturabhängig (Geister, Verhexung, Hypnose, technische Mittel). Bei der Melancholie und der wahnhaften Hypochondrie ist wohl das darniederliegende Vitalgefühl Grundlage für die Erlebnisse des Zerfalls, Verrottens u. ä. Die Halluzinationen erscheinen dann wie eine Bestätigung dieser Befindlichkeit. Im Delirium tremens sieht man gelegentlich massenweise vestibuläre und kinästhetische Halluzinationen.

11.5.3. 2.3. Einteilung der Halluzinationen nach dem Zusammenhang ihres Auftretens

Bei lokalen körperlichen Erkrankungen. Dabei handelt es sich praktisch immer um elementare Halluzinationen. Bei Verletzungen oder anderen Erkrankungen des Auges und der Sehbahnen kommen optische Halluzinationen vor. Gelegentlich gibt es bei Ohrerkrankungen akustische Halluzinationen. Eher ist das aber ein „Hineinhören" in Ohrgeräusche. Geruchshalluzinationen können bei Tumoren in der Area olfactoria oder im basalen Temporallappen beobachtet werden.

„Physiologische" Halluzinationen: *Hypgnagoge* (im Einschlafen) und *hypnopompe* (im Aufwachen) Halluzinationen. Sinnestäuschungen verschiedenster Art, meist auf optischem und akustischem Gebiet, im Einschlaf- und Aufwachstadium. Es besteht keine wache Aktivität und Klarheit des Bewußtseins. Der Inhalt solcher Halluzinationen ist meist stark gefühlsbestimmt: z. B. familiär (ein Sohn sieht seine tote Mutter) oder religiös (Erscheinung der Madonna). Solche Halluzinationen sind nicht krankhaft. Vielfach haben sie den Charakter von Pseudohalluzinationen (s. d.). Die Fähigkeit zu solchen Erfahrungen ist bei den Menschen außerordentlich unterschiedlich (z. T. auch kulturabhängig).

In bestimmten sensorischen Situationen: Unter Sinnesisolierung (sensory deprivation, experimentell oder unter natürlichen Umständen) sowie auch bei Überladung mit Sinnesreizen (sensory overloading) kann es zu Halluzinationen optischer und akustischer Art kommen.

In bestimmten Lebenssituationen, z. B. in Einzelhaft (wobei der Faktor der Sinnesisolierung noch dazu kommt). Solche Halluzinationen in Isolation sind weitgehend stimmungsbestimmt. Z. B. bestimmt die Angst wahnhafte Verfolgungsgefühle und die Halluzinationen erscheinen wie eine Bestätigung (Untermauerung, Begründung) des Wahns. Der Kranke hört über sich flüstern, wie man sich über ihn verschwört, seine Hinrichtung verabredet, oder er hört Schritte seiner Henker, riecht Gas, das eingeleitet wird, um ihn zu vergiften, oder glaubt Gift aus dem Essen herauszuschmekken. Andererseits kann sich die Sehnsucht nach Befreiung und Begnadigung durchsetzen im Sinne eines Begnadigungswahnes. Dabei können gelegentlich Stimmen gehört werden, die dem Kranken davon sprechen (autistische Wunscherfüllung).

Zu den Halluzinationen dieser Gruppe gehören auch visionäre Erlebnisse von religiös erfüllten Menschen, besonders wenn sie sich auf solche Erlebnisse vorbereiten durch Fasten, durch Rückzug aus der Welt (Sinnesisolation) und Meditation.

Bei akuten körperlich begründeten Psychosen (bei akutem exogenem Reaktionstyp, besonders dem Delirium) gibt es vielfach Halluzinationen auf mehreren Sinnesgebieten. Wenn dabei die Halluzinationen ganz im Vordergrund stehen und das Bewußtsein nicht deutlich beeinträchtigt ist, spricht man von einer *Halluzinose*. Zu diesen Halluzinationen bei akuten körperlich begründeten Psychosen gehören auch alle toxischen Halluzinationen, die unter Drogen, unter Halluzinogenen usw. auftreten. In diesen Halluzinosen und Delirien verschiedenster Natur (einschließlich alkoholischen und arteriosklerotischen Delirien) werden meist optische, nicht selten auch vestibuläre und kinästhetische Halluzinationen erlebt. Sie treten meist zusammen mit anderen Wahrnehmungsveränderungen (z. B. Veränderungen der Raumwahrnehmung, der Farbintensität, Synästhesien usw.) auf.

Auch chronische organische Psychosen können mit Halluzinationen einhergehen, z. B. Dermatozoen- und Enterozoenwahn bei seniler Demenz. Die optische Halluzinose kommt bei senilen, arteriosklerotischen und anderen chronischen Hirnschädigungen vor.

Bei Epilepsie gibt es halluzinatorische Erlebnisse (z. B. visionäre Ekstasen, Leib- und Geruchshalluzinationen) sowohl im Rahmen von akuten psychotischen Episoden (psychomotorische Attacken, Dämmerzustände) als auch bei den länger währenden paranoidhalluzinatorischen (öfters schizophrenieähnlichen, sogenannten produktiven) Psychosen der Epileptiker.

Bei der Schizophrenie trifft man vor allem bestimmtes Stimmenhören (s. d.) und verschiedene Leibhalluzinationen, während die anderen halluzinatorischen Erlebnisse zurücktreten und vor allem optische Halluzinationen nicht typisch sind. Diese sieht man gelegentlich bei akuten dramatischen schizophrenen Episoden mit traumhafter Verworrenheit (Oneiroid, schizophrenes Delirium). Die Halluzinationen bei der Schizophrenie sind fast immer mit

Wahnbildung verknüpft (was nicht in dem Maß für die organischen Psychosen gilt).

Bei der endogenen Depression sind Halluzinationen im ganzen
nicht häufig. Bei systematischem Nachfragen an hospitalisierten
(also ausgesucht schwer) Kranken mit stark herabgesetzten Vitalgefühlen trifft man gar nicht so selten Geruchshalluzinationen:
Leichengeruch, Fäulnis- und Verwesungsgeruch, gelegentlich auch
auf freiem Feld ein Angewehtsein von Gerüchen eines Leichen-
hauses, Friedhofes u. ä. Manche Melancholiker sehen flüchtige
Schattengestalten, Skelette, die Figur des Teufels, des Todes an
der Wand. Die Halluzinationen sind hier (wie auch der Wahn der
Melancholie) ganz zur Stimmung des Kranken passend: synthym.

Obsessionelle Halluzinationen: Gelegentlich kann bei
Zwangssyndromen verschiedener nosologischer Zugehörigkeit
(Zwangsneurose, endogene Depressionen, Schizophrenie, organi-
sche Psychose) halluziniert werden.

Z. B. Erscheint einem Zwangskranken das Messer, das jemandem in den
Leib zu rennen er sich fürchtet.

11.5.3. 3. Den Halluzinationen nahe stehende
Erfahrungsmodi (Tab. 2)

11.5.3. 3.1. Pseudohalluzinationen

Hierbei handelt es sich, im Gegensatz zu den echten Halluzinationen, die der Kranke sehr ähnlich den Sinneswahrnehmungen erlebt, um bildhafte Erlebnisse eher von der Art „plastischer" Vorstellungen oder Inbilder (nicht als von einem äußeren Gegenstand
ausgelöst empfundene Erscheinungen), denen nicht der Gegenstandscharakter von Wahrnehmungen (wie den Halluzinationen)
und nicht ihre Raumbestimmung eigentümlich ist. Der Trugcha-
rakter wird erkannt, das Urteil „nicht wirklich" gefällt. Zwischen
Halluzinationen und Pseudohalluzinationen bestehen fließende
Übergänge. Vielfach kann man in einem gelungenen Gespräch
den „Abbau" von der Halluzination zur Pseudohalluzination sehen,
z. T. nachher, wenn der Kranke, allein gelassen, wieder in sich ver-
sinkt, das Wiederaufflackern echter Halluzinationen. So schwankt
das Spektrum verschiedener Erfahrungsmodalitäten (besonders
gut im Einschlafen zu beobachten).

11.5.3. 3.2. Illusionen

Bei den illusionären Verkennungen wird etwas wirklich gegen-
ständlich Vorhandenes durch Umgestaltung für etwas anderes ge-

halten, als es tatsächlich ist (d. h. es wird verkannt). Illusionen sind also verfälschte Wahrnehmungen (Fehlwahrnehmungen, Täuschungen des Erkennens).

Z. B.: Ein Busch wird für einen lauernden Mann gehalten. Beim Erwachen aus der Narkose wird die Krankenschwester für eine Angehörige gehalten u. ä. Übermüdete Soldaten verkennen Bäume als Gegner.

Illusionäre Verkennungen werden durch erschwerte Wahrnehmungsbedingungen auf seiten des Wahrnehmungsgegenstands (z. B. Dämmerung, Stimmengewirr) oder/und auf seiten des Wahrnehmenden (Bewußtseinstrübung, Übermüdung, Erwartungseinstellung, Affektspannung) begünstigt.

Z. B. verkennt ein Delirant Lichtstrahlen als Spinnenfäden, Flecken auf der Mauer als Gestalten von Tieren usw.

Erfahrungsgemäß bestehen Übergänge zur Halluzination, zur Pseudohalluzination und auch zur Wahn-Wahrnehmung.

11.5.3. 3.3. Pareidolien

„Hineinsehen" von Gestalten in ein unklar strukturiertes visuelles Erlebnisfeld (z. B. alte Mauerwerke, Wolken, Tapeten, Teppichmuster u. ä.). „Hineinhören" oder „Heraushören" von Worten aus amorphen Geräuschen. Gegenstand und Phantasiegebilde bestehen nebeneinander. Es kommt nicht zu einer Verkennung. Pareidolien können von Begabten intendiert und gesteuert werden. Im Fieberdelirium können sich Pareidolien aufdrängen, der reale Gegenstand kann verschwinden, d. h. aus der Pareidolie wird eine Illusion.

U. U. kann das halluzinatorisch weiter verarbeitet werden. Z. B. ein Kind sieht den Vorhang und sieht darin eine Gestalt (Pareidolie). In der Nacht, ängstlich gespannt, glaubt es nur mehr die Gestalt zu erkennen (Illusion). In seiner Panik wähnt es zu sehen, wie die Gestalt sich bewegt und nach ihm greift.

11.5.3. 3.4. Eidetische Bilder

Wahrnehmungsähnliche sensorische (meist visuelle oder akustische) Eindrücke von sinnenhafter Deutlichkeit. Sie stehen den Wahrnehmungserlebnissen nahe, sind wie diese räumlich bestimmt, haben aber nicht den Gegenstandscharakter (und auch nicht das Realitätsurteil) der echten Wahrnehmung. Aber es besteht ursprünglich ein echtes Wahrnehmungserlebnis, das so deutlich konkret erinnert wird. Eidetiker (eidetisch begabte Menschen) können von eidetisch reproduzierten Bildern Einzelheiten wiedergeben. Eidetische Bilder können willkürlich geholt werden oder sich aufdrängen.

Im Kindesalter ist die eidetische Fähigkeit viel mehr verbreitet als bei Erwachsenen. Es gibt alle Übergänge zur Vorstellung verschiedenen sinnlichen Anschauungsgrades. Eidetische Erlebnisse zu haben ist nichts Pathologisches!

11.5.3. 3.5. Wahnwahrnehmung

Richtige Sinneswahrnehmungen erhalten kraft des Wahnes eine abnorme Bedeutung (meist im Sinne der Eigenbeziehung), die ihr „objektiv" nicht zukommt. Die Wahnwahrnehmung (SCHNEIDER 1967) ist also eine wahnhafte Fehlinterpretation einer zutreffenden Wahrnehmung (engl. delusional misinterpretion).

Z. B.: Der Kranke sieht in einem Café zwei Menschen sprechen, hört vielleicht auch deren Stimmen, ohne sie zu verstehen. Diese Wahrnehmung bezieht er wahnhaft auf sich: die reden über mich usw.

11.5.3. 3.6. Leibhaftige Bewußtheiten (JASPERS 1959)

Wahrnehmungsähnliche leibhaftige Gewißheitserlebnisse, z. B. bei der Schizophrenie oder unter Drogeneinfluß (LSD, Meskalin). Es steht jemand hinter mir und versucht mich anzurühren, rührt mich an, spricht zu mir, setzt Gedanken in mein Gehirn. Solche Gewißheiten haben eine geringe oder gar keine sinnliche Anschaulichkeit, sind aber doch räumlich bestimmt und dadurch wahrnehmungsähnlich. Sie stehen zum Teil den extrakampinen Halluzinationen nahe. Auch hier kann das Realitätsurteil auf wirklich oder unwirklich lauten. Manchmal kann so eine leibhaftige Bewußtheit so konkret sein, daß der Kranke sich umdreht, um zu sehen, wer hinter ihm steht. Bei „erfahrenen" Kranken ist aber die Gewißheit häufig so: ich habe das sichere Gefühl, es stehe jemand hinter mir, aber ich weiß, daß niemand da ist (negatives Realitätsurteil).

Das reine Wahnerlebnis ist unsinnlich und unräumlich und meint immer eine bestimmte Bedeutung für den Kranken im Sinne seines Wahns.

11.5.3. 4. Halluzinationen und Wahn

Es gibt Wahnbildungen ohne Halluzinationen (z. B. Schuldwahn, Krankheitswahn, Versündigungs-, Verdammungswahn, viele Paranoiaformen, manche chronische paranoide Schizophrenie) und es gibt auch halluzinatorische Erlebnisse verschiedenster nosologischer Zugehörigkeit ohne Wahnbildung. Häufig treten Hal-

Tabelle 2 **Übersicht über verschiedene Erfahrungsmodi**

Begriff	Wahrnehmungsgegenstand vorhanden z.Z. der Erfahrung	Wahrnehmungsähnlicher Charakter	Räumliche Bestimmung	Gegenstandsbewußtsein	Realitätsurteil	Gegenstandsgerechtes Erkennen	Fehlinterpretation
Wahrnehmung	+	+	+	+	+	+	−
Illusion	+	+	+	+	+	−	+
Halluzinationen	−	+	+	+	+	−	−
Pseudohalluzinationen	−	+	+	+	−		−
Pareidolie	+	+	+	−	−	+	−
Eidetisches Bild	−	+	−	−	−	+	−
Wahnwahrnehmung	+	+	+	+	+	+	+
Leibhaftige Bewußtheit	−	±	+	±	±	−	+
Vorstellung Phantasie	−	−	−	−	−	−	−
Traum	−	+	±	+	−	−	−

luzinationen und Wahn zusammen auf. Manchmal erscheint es dabei der unbefangenen Beobachtung so, als ob bei einer starken Wahndynamik und Wahnstimmung das halluzinatorische Erleben gleichsam bestätigend und untermauernd, bekräftigend, „Beweise" liefere für das Wahnerleben.

D. h.: *Die Stimmung bestimmt ohne Rücksicht auf die mitmenschlich gemeinsame Wirklichkeit die gesamte Erfahrung bis in den Bereich der Wahrnehmung; die Gestimmtheit gestaltet die Welt* (autistisches, d. h. um die zwischenmenschliche Übereinstimmung über Gegebenheiten unbekümmertes Welterleben). *In der Halluzination erscheint dem Kranken das Eigene („Eingebildete"), wovon er befangen ist, wahrnehmungsartig.* So zeigt sich dem Melancholiker mit einem Wahn des Verwesens seine verrottende Existenz in dem von ihm selbst ausgehenden Aasgeruch. Dem Schizophrenen mit der Ichkonsistenz- und Ichgrenzstörung (s. d.) erscheinen seine (vertraut oder fremd anmutenden) Gedanken als Stimmen. Solche Grenzstörung ist allerdings nicht spezifisch für die Schizophrenie (wie beim Hinweis auf psychedelische toxische Psychosen einzusehen ist).

12. Auffassung

Synonym: Apperzeption
Engl. apperception

12.1. Definition

Fähigkeit, Wahrnehmungen in ihrem Bedeutungszusammenhang zu verstehen, sinnvoll miteinander zu verbinden und in den Erfahrungsbereich einzubauen.

12.2. Funktion

Die Auffassung setzt die im Wahrnehmungsprozeß begonnene strukturierende Synthese durch Sinnesverknüpfung (Apperzeption) fort. Der Prozeß beginnt mit der Sinnesempfindung und führt über die Wahrnehmung, die Auslegung und Einordnung von komplexen Wahrnehmungserlebnissen zur Gnosis, dem Erkennen, mit gedanklicher und sprachlicher Begriffsbildung und Sinngebung (Auffassen von Bedeutungen) in einem Gesamtzusammenhang. Diese obersten Stufen der Auffassung sind Intelligenzleistungen. Auffassen ist eine Voraussetzung der praktischen Lebensbewährung.

12.3. Voraussetzungen und Determinanten

Voraussetzung für das Gelingen der Auffassung sind Wachheit und klares Bewußtsein, Ichbewußtsein, intakte Wahrnehmung, Orientierung, Aufmerksamkeit und Konzentration (Einstellung und Versammlung), Intelligenz (Kombinations- und Urteilsfähigkeit zur Einordnung des Aufgefaßten in den Erfahrungsbereich) und Gedächtnis (Gegenwärtighaben von Erfahrung).

Determinanten der Auffassung sind die gesamte Lebenserfahrung, Alter, Lebenslage, persönliche und kulturelle Prägung, Stimmung und Motivation.

12.4. Prüfung

Im Gespräch und aus der Beobachtung, ob das Verhalten situationsgerecht ist. Man kann Bilder, Sprichwörter deuten, Geschichten nacherzählen und erklären lassen. Man kann das Gegenstandserkennen prüfen (divide: amnestische Aphasie, Störung der Wortfindung, führt zu Benennungsunfähigkeit). Der thematische Apperzeptionstest (TAT von MURRAY 1943) versucht, aus der Auffassung unbewußte Einstellungen, Komplexe usw. aufzuspüren.

12.5. Pathologie

Die Auffassung ist (s. 3.) als hoch komplexe Leistung multikonditionaler Natur vielfältig störanfällig. Auffassungsstörungen sind dementsprechend nosologisch unspezifische psychopathologische Zeichen, aber für die Beurteilung der praktischen Lebensbewährung sehr wichtig.

Die Auffassung kann fehlen (z. B. bei Bewußtseinsstörungen, Intelligenzdefekten, Verständnis- und Urteilsstörungen in der Demenz) oder falsch sein (Fehlinterpretation im Wahn).

Sie kann verlangsamt sein (in Übermüdung, Depression) oder flüchtig (z. B. in der Manie, in toxischen Psychosen, z. B. Rausch), breit streuend (Manie) und fluktuierend (Bewußtseinsschwankungen, Antriebs-, Stimmungsveränderungen) oder eingeengt (Fixation in Wahn und Halluzinationen, Dämmerzustand).

12.6. Vorkommen der Auffassungsstörungen

Bei globalen akuten und chronischen Hirnschäden, also beim akuten exogenen Reaktionstyp und beim psychoorganischen Syndrom. Bei allen Bewußtseinsstörungen (jeder Genese), bei Schwachsinn und Demenz.

Psychogene Auffassungsstörungen unter starkem Affektdruck, in der Panik (z. B. bei Katastrophen), bei psychogenen (z. B. hysterischen) Ausnahme- und Dämmerzuständen. Neurotische Auffassungsstörungen („Blinder Fleck", „Skotom") werden als komplexbedingt angesehen.

Auffassungsstörungen bei funktionellen (sog. endogenen) Psychosen: Bei der Schizophrenie findet man manchmal Auffassungssperrungen. Das autistisch dereelle Erleben im Wahn kann zu uneinfühlbarer und paralogisch anmutender Auffassung führen.

Bei der Depression ist die Auffassung erschwert und eingeengt, bei der Manie flüchtig und u. U. diffus.

Auffassungs- und Erkennensstörungen bei lokalen Hirnschäden nennt man Agnosien, sie sind im Kapitel 11 „Wahrnehmung" beschrieben.

13. Wahn

Engl. delusion

13.1. Definition

Wahn ist eine private und privative lebensbestimmende Überzeugung eines Menschen von sich selbst und seiner Welt.

Wahn ist eine *Privatwirklichkeit*. Krankhaft darf man das erst nennen, wenn es die Lebensführung behindert. Damit ist auf die kulturelle und soziale Relativität hingewiesen.

a) Wahn ist eine ganz *persönlich gültige, starre Überzeugung* von der eigenen Lebenswirklichkeit. Wahn ist für den Kranken evidente Wirklichkeit. Der Wahn wird als gewiß, keines Beweises, keiner Begründung bedürftig erfahren. Wahn ist ein Wissen, kein vertrauendes Glauben.[1] Die bisherige Erfahrung und zwingende Gegenargumente erschüttern die Wahngewißheit nicht. Zweifel wird nicht zugelassen. Eine Änderung des Standpunktes, eine Relativierung der Überzeugung ist nicht möglich.

Im Beginn und im Abbau des Wahnes und bei manchen flüchtigen, wenig ausgebildeten Wahnformen ist es auch eher ein Vermuten, Meinen, Argwöhnen, gibt es auch Zweifel.

b) Wahn ist eine *lebensbestimmende* Wirklichkeit. Von Wahn spricht man nur dort, wo das Wähnen erlebnis- und handlungsbestimmend wird, wo das Erleben und Verhalten eines Menschen von seinem Wähnen bestimmt wird.

c) Wahn ist eine *private* Wirklichkeitsüberzeugung. Die Wahnwirklichkeit ist nicht die Realität, das ist das, worüber sich Gesunde in ihrer soziokulturell und situativ mitbestimmten Wahrnehmung der gemeinsamen Welt einigen können. An der besonderen, eigenen Überzeugung des Wahns wird festgehalten, auch wenn der Wahn im Widerspruch zur mitmenschlich-kommunikablen Wirklichkeit (Realität), zur eigenen Vorerfahrung dieser und zur Erfahrung geistesgesunder Mitmenschen so wie zu ihrem kollektiven Glauben und Meinen steht.

Nicht der Inhalt, seine Richtigkeit oder Falschheit, kann zum allgemeinen Wahnkriterium gemacht werden. Der Inhalt kann vom Standpunkt des Gesunden unzutreffend, falsch, ganz unmöglich sein, ist aber bei allen übersinnlichen Wahnformen grundsätzlich nicht beweisfähig.

---

[1] Zur Differenzierung vom Glauben s. HOLE (1971), vom Aberglauben KEHRER (1922) und KANT, O. (1927 b).

Nicht der Inhalt ist das Krankhafte am Wahn, sondern die aus der Gemeinsamkeit heraus gerückte, verrückte Beziehung zu Mitmenschen und Mitwelt. Wahn ist eine Störung der Mitweltlichkeit des Menschen.

d) Wahn ist eine *privative (isolierende)* Überzeugung. Die Privatwirklichkeit des Wahns sondert den Wahnkranken aus der Gemeinschaft ab. Der Wahnkranke ist allein mit seinem Wahn *(Isolation)*, ist der mitmenschlich gemeinsamen Welt entrückt *(Alienation)*.

Wahn ist im allgemeinen nicht kommunikabel (Ausnahme: symbiontischer Wahn, s. S. 179).

e) Die Wahnwirklichkeit ist die *Wirklichkeit eines je einzelnen Menschen,* seiner selbst und damit ineins seiner Welt.

„Es geht immer um mich" (P 38)

Immer geht es um das eigene Selbstsein, auch wenn vordergründig die sogenannte Umwelt verändert erscheint.

f) *Der Mensch ist grundsätzlich wahnfähig.* Das liegt an der Weise, wie Welt für ihn ist. Welt ist für ihn nur insoferne, als sie ihm in der Offenheit seines Daseins (i. S. v. HEIDEGGER 1927) erscheint.

Menschliche Existenz und menschliche Welt gehören also zusammen. Gesunde Menschen können einen gemeinsamen Offenständigkeitsbereich haben – sich über eine gemeinsame Welt verständigen, manche Kranke nicht mehr. Verbogenen, unfreien, eingeengten, uneinheitlichen, zerfallenen Existenzen entspricht je eine eigene destruierte, zersplitterte, aufgelöste, eingeengte, bedrängte, verfolgte, vergiftete usw. Selbst- und Welterfahrung.

Wahnstimmung, Wahneinfall, Wahndenken, Wahnwahrnehmung, Wahnarbeit, Wahnsystem

Die wahnhafte Überzeugung kann plötzlich da sein (Wahneinfall) oder sich allmählich entwickeln. Meist ersteht Wahn aus einer *Wahnstimmung:* Alarmstimmung des „Es ist etwas los", der Stimmung des Betroffenseins von Unheimlichkeit, Veränderung des Kranken selbst oder seiner Umgebung (Depersonalisation, Derealisation), der Erschütterung, des Schrecks, der Bedrohung, der angstvollen Erwartung, des Argwohns, Mißtrauens, der Verunsicherung, Ratlosigkeit, Bedrückung.

Seltener ist die Stimmung der Gehobenheit, der Beseligung, der Zuversicht. Dabei muß in der Wahnstimmung noch keine inhaltliche Thematisierung stattgefunden haben.

Der Wahnkranke ist mit seinem Wahn befaßt, sein Erleben ist davon bestimmt, er grübelt und sinniert dem Wahn nach *(Wahngedanken).* Der Wahn kann durch weitere Einfälle, durch „bestätigende" Halluzinationen und im Sinne des Wahns gedeutete Beobachtungen *(Wahnwahrnehmungen)*, „Begründungen", „Beweise", Ableitungen und Verknüpfungen ausgestaltet werden *(Wahnarbeit)*. Bei deutlichem Ausbau einer zusammenhängenden, in sich geschlossenen Struktur spricht man von *Wahnsystem.*

Aus der erlebnismäßigen und handlungsbestimmenden Bewegtheit des Wahnkranken schließt man auf die *Wahndynamik* (Konstruktbegriff). Sie kann zwischen stürmischer Produktivität und starkem affektiven Mitschwingen und einem affektleer erscheinenden, wie eingeschliffenen Herunterleiern eines alten Wahns (Residualwahn) schwanken.

13.2. Charakter des Wahns

13.2.1. Wahnwirklichkeit und Realität

Das Verhältnis von Wahnwirklichkeit und Realität kann folgend charakterisiert werden:

13.2.1.1. Wahnwirklichkeit ist die einzige Wirklichkeit.

13.2.1.2. Wahnwirklichkeit ist die beherrschende, aber nicht die einzige Wirklichkeit.

13.2.1.3. Wahnwirklichkeit und Realität bestehen nebeneinander in „doppelter Buchführung" (BLEULER 1911).

13.2.1.4. Wahnwirklichkeit und Realität fließen ununterscheidbar ineinander.

13.2.1. 1. Wahnwirklichkeit – einzige Wirklichkeit

Der Wahn kann an die Stelle der mitmenschlich gemeinsamen Realität treten, die damit gleichsam ungültig ist. Dann ist der Kranke ganz in seiner Wahnwelt befangen, der gemeinsamen Welt entrückt (autistisch-dereelles Welterleben, BLEULER 1911). Das trifft man vor allem bei akut überwältigendem Wahnerleben.

Beispiele:
P 162 (Schizophrenie)
Das Mädchen wähnte sich bald als Heilige, bald als Hure. Sie fürchtete, ermordet zu werden. Diese Stimmung bestimmte, wie sie die Welt erlebte. Für die Kranke gab es nur mehr diese bedrohliche Welt, keine mitmenschlich gemeinsame mehr. Vom Standpunkt der Gesunden aus *verkannte* sie die Umgebung völlig.

P 151 (Morbus Pick)
Der Patient wähnte sich als Bundespräsident und fuhr zu seinem Amtsantritt in die Bundeshauptstadt.

Seine Lebenswirklichkeit (verarmt, allein, schwer psychoorganisch verändert) ist im Wahn völlig ungültig geworden. Nur mehr seine neue Wahnbedeutung, die ihm eine Rollenerhöhung bringt, bestimmt sein Erleben
und Tun.

13.2.1. 2. Wahnwirklichkeit – beherrschende, aber nicht einzige Wirklichkeit

Der Wahn kann die wichtigere, weil aufdringlichere Wirklichkeit
für den Kranken sein, ohne daß die mitmenschlich gemeinsame
Realität völlig ungültig wird.

Beispiel:

P 19
Die Patientin mit einer chronisch paranoiden Schizophrenie erlebt sich als
Kind aus einem Königshaus (Abstammungswahn), fühlt sich beeinflußt
und verfolgt (Verfolgungswahn) und von Schlangen durchbohrt. Die
Schlangen haben ihr Hirn gefressen.

Dieses Wahnerleben ist für die Patientin zweifellos Wirklichkeit. Doch ist
das eine andere Wirklichkeit. Sie sagt dazu: *„Es ist nicht so stark wie die Wirklichkeit. Es ist wie ein Traumzustand im Wachen,* es ist wie im Märchen. Es ist
nicht wirklich wirklich. Es ist doch auch wieder wirklich, es ist wie eine andere Welt. *Das Gebundensein fehlt.“*

13.2.1. 3. Wahnwirklichkeit und Realität bestehen nebeneinander

Der Wahn kann neben der vollen Auffassung der Realität bestehen, ohne daß mitmenschlich gemeinsame Realität und Wahnwirklichkeit einander stören oder überhaupt in Beziehung gesetzt
werden. Beide Welten bestehen in „doppelter Buchführung"
(BLEULER 1911) nebeneinander.

Beispiele:

P 133
Ein chronisch Schizophrener wähnt seine Eingeweide verkohlt und seine
Lunge verdorrt, kann das aber jahrelang für sich behalten und seinem Be-
ruf als Bauführer nachgehen.

P 27 (chronische paranoide Psychose bei Epilepsie)
Patient wähnt sich als Direktor der Anstalt, besorgt dabei fleißig seine Ab-
teilungsarbeit.

P 64 (Schizophrenie)
Herr Bünzli betont, er sei nicht der Sohn von Emil und Ida Bünzli, sondern
er sei der Sohn König Eduard VIII. von England, seine Mutter stamme aus
Frankreich.

Es stimme schon, daß die Bünzliwelt für ihn die wirkliche sei, aber er könne doch an der anderen nicht zweifeln. Patient arbeitet seit Jahren als Buchhalter.

13.2.1. 4. Ineinanderfließen von Wahnwirklichkeit und Realität

Mitmenschlich gemeinsame Realität und Wahnwirklichkeit können nicht richtig auseinander gehalten werden. Der Kranke ringt um sein Realitätsbewußtsein (s. d.).

Das ist sehr quälend.

Manche Kranke geraten in schwere Angst und Ratlosigkeit („alles gerät durcheinander", ein „Kopfsalat"). Sie geraten in eine Denkverwirrung hinein. Oder sie erstarren im Stupor. Andere versuchen, durch eine Probe die Wirklichkeit zu erfahren – und werden erst dabei gröber auffällig.

Beispiele:

P 20
Der junge Schizophrene sagt zu seinem Stimmenhören und zu seinem noch nicht thematisierten Bedrohungsgefühl:

„Ich frage mich, hat man mir das einsuggeriert oder vielleicht ist es tatsächlich gewesen....

Ich kam *zur verzweifelten Frage: was ist denn wirklich?* ... Ich konnte nicht mehr unterscheiden, was von außen kam und was richtig war – was mir nur so vorkam, was ich mir einbildete.... Ich konnte die Wirklichkeit nicht mehr von dem unterscheiden, was aus mir kam. Das war furchtbar, es war, wie wenn meine Welt unterginge."

P 129 (Schizophrenie)
Der Kranke wußte nicht sicher, ob sein Gefühl telepathischer Beziehung zu einer Taubstummen ihn trüge. Da beschloß er als Probe: er ging nackt über die Straße zu ihr – stimme die Telepathie, so würde sie ihn auch nackt erwarten.

13.2.2. Wahnbedeutung

Im Wahn erhält die bisherige mitmenschlich gemeinsame Erfahrungswelt eine neue Bedeutung.

Das Dasein des Wahnkranken, die Offenständigkeit und das mitmenschlich gemeinsame Vernehmenkönnen des Begegnenden in seinem Bedeutungsgehalt ist verwandelt: *Als ein Veränderter erlebt er eine veränderte Welt.* Oft allerdings wird die eigene Veränderung nicht klar vergegenwärtigt, sondern nur das Betroffensein von einer *bedeutungsgewandelten Umwelt* (bes. im häufigen Beziehungs-

und Verfolgungswahn). Im psychotischen Rückzug von der Umwelt kann aber auch die *Ich-Veränderung* allein augenfällig vorherrschen (ohne Weltveränderung, weil Welt nicht mehr als Begegnende erfahren werden kann).

Die Wahnbedeutung kann betreffen:

– Ausschließlich oder vorwiegend den Kranken selbst (das Selbstsein)
– Die Umwelt
– Ich und Welt

13.2.2. 1. Veränderung des Selbstseins

Sie kann in folgenden Bereichen thematisiert werden:
– Gewissen
– Gesundheit
– Vitalität
– wirtschaftliche Lage
– Herkunft
– Rolle
– Identität, Gestalt, Physiognomie, Alter
– Ich-Konsistenz
– Ich-Demarkation
– Ich-Aktivität

13.2.2. 1.1. Gewissen (conscientia) – Schuldwahn

Beispiele:

P 90 (schizophrene Depression)
Der junge Mann ist bewegungsarm, verharrt in sich zusammengesunken, spricht mit leiser Stimme und wenig Mimik. Er habe bei Tag in voll wachem Zustand deutlich schwarze Augen vor sich gesehen, die er für die Augen des Teufels gehalten habe. Der Teufel sei deshalb zu ihm gekommen, weil er ein Mädchen, das er vor Jahren einmal zum Skifahren eingeladen habe, nie mehr besuchte. Deshalb fühle er sich schuldig. Vielleicht habe er auch anderen Menschen „geistig leid getan".

Er fühle sich ängstlich, bedrückt, unsicher, zeitweilig im Ganzen verändert, als ob er nicht voll Herr über sich selbst wäre.

(Die Diagnose Schizophrenie ergab sich aus früheren psychotischen Erlebnissen und der übrigen, hier nicht angeführten Symptomatik.)

P 8 (depressive Schizophrenie)
Der Patient wird von Teufelsstimmen geplagt, die ihm Vorwürfe machen wegen früherer Alltagssünden. Die Stimme droht ihm Verdammung an, er kann keine Verzeihung finden. Das Schlimmste ist das Gefühl des vollkommenen schuldigen Ausgeliefertseins.

(Die Diagnose Schizophrenie ergab sich aus der weiteren, hier nicht angeführten Symptomatik.)

13.2.2. 1.2. Gesundheit – hypochondrischer Wahn (Krankheitswahn)

Beispiele:

P 56 (Depression)
Der alte Mann ist verzweifelt. Er sei verloren und müsse sterben. Sein Darm sei nicht mehr durchgängig, der Stuhl häufe sich an und er könne nichts mehr essen. Er wisse, daß er verwese, und habe auch schon Verwesungsgeruch wahrgenommen.

P 110 (Depression)
Patient habe einen Magenkrebs und einen krebsverursachten Darmverschluß. Er habe keinen Stuhl mehr und habe in drei Wochen 7 kg Gewicht verloren. Das ist ihm Bestätigung seiner Überzeugung.

P 113 (Depression bei Schizophrenie)
Die Patientin fühlt sich verändert, ihr Leib sei krank. Sie habe das Gefühl, ihre Eingeweide seien krebsig, faul, leblos. Sie verbreite einen üblen Geruch.

13.2.2. 1.3. Vitalität – Wahn leiblichen Untergangs, von Verwesung und Tod

Beispiele:

P 16 (Schizophrenie)
Die Patientin bemerkte immer deutlicher, daß sie keine Kraft mehr habe. Schließlich sei das Unheimlichste gekommen: *„Man weiß nicht mehr, daß man selbst ist."* Der Körper war „wie verzerrt" und ein stromartiges Rieseln ging durch sie hindurch. Man könne dann sein eigenes Denken und Tun nicht mehr selbst bestimmen, sondern komme sich wie gefesselt und eingesperrt vor. Gleichzeitig stiege die Angst vor einem Überwältigtwerden durch äußere Einflüsse, man fühle sich manipuliert und verfolgt.

In dieser Angst ist die Patientin *verstummt* („so hoffnungslos verzweifelt, daß man mit niemandem mehr sprechen kann") und *erstarrt* (katatoner Stupor); in der Nacht zuvor mußte sie vor Angst schreien.

Devitalisierung, Untergangs-, Verfolgungswahn. Ich-Aktivitätsstörung mit Fremdbeeinflussungserlebnis. Daraus abzuleiten Mutismus und Stupor.

13.2.2. 1.4. Wirtschaftliche Lage: Wahn wirtschaftlichen Untergangs, Verarmungswahn

Beispiel:

P 57 (Involutionsdepression)
Der 60jährige Mann ist ständig von Gedanken des wirtschaftlichen Ruins geplagt. In seinen Insuffizienzgefühlen ist er überzeugt, er habe sein Berufswissen nicht mehr zur Verfügung, er bringe nichts mehr zuwege, sein Gedächtnis und die Lebendigkeit seiner Gedanken seien zurückgegangen. Er quält sich mit Schuldgefühlen seiner Frau gegenüber: auch die habe er durch sein Ungeschick in Not gebracht.

13.2.2. 1.5. Verwandlung des Selbstseins: Verwandlungswahn (wahnhafte Metamorphose) (s. auch Ich-Identität)

● *Andere Herkunft: Abstammungswahn*

Beispiele:
P 29 (chronische paranoide Psychose bei genuiner Epilepsie)
Die Patientin, die in einer Welt größerer Bedeutung und Beziehung lebt (Reichtum, vielfache Mutterschaft, einflußreicher Gatte usw.), führt ihre Abstammung auf die Windsors zurück.

P 64, s. S. 145.

● *Andere Rolle, Bedeutung, Befähigung*

Rollenerhöhung in verschiedenem bedeutenden Auftragserleben: in weltlichem oder religiösem Sinne für eine bessere Welt, bessere Einstellung der Menschen, gegen den Weltuntergang, für eine neue Weltgemeinschaft, eine neue Religion tätig zu sein. Propheten-, messianischer Wahn. Weltschöpfungs- (kosmologischer) Wahn, Omnipotenzwahn.

Beispiel:
P 4 (Schizophrenie)
Der Patient ahnt, daß etwas Großes, Bedeutsames im Gang ist, was ihn beglückt und zugleich ängstigt. Er ahnt den Anbruch einer neuen Welt und daß er selbst für deren Kommen eine besondere religiöse Bedeutung habe. Er ist beglückt über die größere Aufgabe und über die Anleitung von Gott. Aber es ist ihm zugleich unheimlich vor der Aufgabe, die neue Welt solle nicht so bald kommen, er sei noch nicht genügend darauf gerüstet.

● *Anderer Mensch*

Wahnhafte Verwandlung in einen anderen Menschen:

Beispiel:
P 17 (Schizophrenie)
Die junge Frau hatte auf einmal das Gefühl, sie sei selbst eine alte Frau und habe sich in ihre Mutter verwandelt.

● *Andere Physiognomie*

Gelegentlich kann sich das Gefühl der Identitätsveränderung nur an einer Änderung der *Gesichtszüge*, manchmal nur der *Nase*, kristallisieren. (Vermutlich haben auch die Hände eine besondere Bedeutung: viele Katatone betrachten staunig ihre Hände, s. Ich-Bewußtsein.)

Beispiel:
P 130 (Schizophrenie)
„Mein Kopf ist nicht meiner ... ich allein habe eine Nase ... eine neue Nase."

● *Andere Gestalt*

Beispiele:

P 53 (Schizophrenie)
Die 63jährige Patientin fühlt sich seit 40 Jahren von einem Mann verfolgt. Er „trimmt" sie, so daß sie in den letzten Monaten 17 cm kleiner geworden sei und einen Bart bekommen habe. Er „infiltriert" auch ihre Gedanken (Pyknika, Turmschädel, Hirsutismus).

P 68 (Schizophrenie)
Die 24jährige Patientin fühlt sich verändert in ihrer Gestalt, in Händen und Füßen. Ihr Blut sei dünnflüssig geworden, vielleicht durch einen Stoff im Essen.

P 35 (Schizophrenie)
„Ich habe ein anderes Skelett, eine krumm geartete Hand – das ist die Erkenntnis meines Körpers."

Verwandlung in ein Tier

Beispiel:
P 34 (Schizophrenie)
„Ich bin ein Tier. . . . Ich bin in anderen Umständen und werde ein Tier zur Welt bringen. . . ."

Verwandlung in ein Monstrum

Beispiel:
P 34 (Schizophrenie)
„Ich trage einen Vierkopf herum."

13.2.2. 1.6. Ich-Konsistenz (s. d.) – Spaltung/Zersplitterung

13.2.2. 1.7. Ich-Demarkation (s. d.) – Fremdbeeinflussung, Zerfließen, Ausdehnung

13.2.2. 1.8. Ich-Aktivität (s. d.) – Fremdbeeinflussung

13.2.2. 2. Veränderung der Umwelt

N. B. Es sei nochmals betont, daß es *isolierte Veränderungen der Umwelt nicht gibt (weil Ich und Welt immer eines sind), daß nur vordergründig die Umwelt manchmal allein verändert zu sein scheint,* weil der Kranke der selbstreflexiven Feststellung eigener Veränderung nicht mehr fähig ist. Das kann verschiedene Gründe haben: In Oligophrenie und Demenz fehlt die Selbstwahrnehmung vielfach oder sie ist wegen der Auffassungs- und Urteilsschwäche mangelhaft. In Bewußtseinstrübungen, bei allen Erfahrungen der Bannung (Faszination) in akut einbrechenden exogenen oder endogenen Psychosen wird Selbstreflexion unmöglich. Auch in der Depersonalisation (besonders Identitätsunsicherheit) kann die Veränderung des Selbst zunächst an „Außenzeichen" (z. B. Miene, Worte der Anderen) bemerkt werden.

Derealisation und Wahnstimmung

Am Anfang steht häufig (aber nicht immer nachweisbar) das noch unbestimmte Gefühl, die Umwelt habe sich verändert, sei unvertraut (Derealisation), merkwürdig, voller Zeichen, die noch nicht deutbar sind, voller noch nicht gewußter Bedeutungen (Wahnstimmung, noch ohne Thematisierung). Derealisation (auch Depersonalisation) und Wahnstimmung gehören zusammen.

Beispiel:
P 37 (Schizophrenie)
„Wissen Sie, es hat alles so eine furchtbare Bedeutung für mich."

Die Umwelterfahrung des Wahnkranken

Solange der Wahnkranke sich der Welt noch offenhalten kann, solange damit die Welt für ihn noch ist und ihm offen steht, ist sie für ihn anders als vorher, als sonst gewohnt. Welche Bedeutung das in Erscheinung Tretende für ihn hat, bestimmt seine Stimmung. Und die ist am häufigsten Angst.

Dem Geängstigten erscheint die Welt beängstigend, feindlich, bedrohlich, behindernd, zerstörend, vergiftend u. ä. – oder in anderer Weise negativ beeinflussend oder Hinweise gebend. Dem Schwermütigen ist alles zuviel, drückend, belastend, nicht bewältigbar.

Schon den Gesunden, der ein schlechtes Gewissen hat (dem das Bewußtsein, conscientia, verändert ist), kann Mißtrauen plagen und die bange Ahnung, sonst als harmlos angesehene Dinge seien Zeichen dafür, daß man ihn verdächtige. Doch der gesunde Mißtrauische kann „gewöhnliche", mitmenschlich gemeinsame Realitäten (die er allein als Mensch schlechten Gewissens u. U. nicht mehr ganz hat) noch berücksichtigen und sein Verhalten danach einstellen. *Der Wahnkranke kann den Standpunkt, auf den er verrückt ist, nicht mehr wechseln.*

Nicht nur im häufigen Verfolgungswahn erscheint die Umwelt voller negativer Zeichen, auch ein Hypochonder, ja sogar ein Maniker kann seine Umwelt voller negativer Hinweise sehen (Beispiele s. 174). Beide sind auf ihre Weise selbst verändert, anders gestimmt als sonst – und erfahren so eine andere Welt.

Beispiele:
P 157 (Alkoholhalluzinose)
Der Kranke hört Männer sich verabreden, ihn zu töten, er sieht im Wald

Gestalten, die auf ihn lauern, hört die Schritte seiner Häscher und rennt voller Angst davon.

P 95 (Schizophrenie)
Akuter Verfolgungswahn auf einer Reise nach Prag. Es gab eine Menge Zeichen, die ihm die Gewißheit verschafften, daß er bedroht und überwacht werde. Der Vorhang im Zimmer habe sich so merkwürdig bewegt, der Spiegel sei so gestanden, daß man ihn beobachten konnte. Im Radio war ein Abhörgerät. Die Kellnerin sprach zuerst nicht, dann doch deutsch. Der Kellner ging in auffälliger Weise zum Schreibtisch, wohl, um seine Notizen insgeheim zu photokopieren. Es sei doch höchst merkwürdig, daß der Kellner Eis ins Zimmer gebracht habe, das er doch gar nicht verlangt habe. Ein Bekannter kam einige Tage nach dem verabredeten Termin. Ein Kollege sprach Dinge, die alle auf den Kranken selbst bezogen waren. Schmerzen in der Hüfte kommen daher, daß man ihm unter Drogeneinfluß etwas eingepflanzt habe, das zu seiner Überführung als Verbrecher dienlich sei.

Seltener ist die Wahnwelt schöner als die mitmenschlich gemeinsame Welt (die u. U. abgelehnt werden kann). Im Wahn gelingt manchmal (und vielfach nur teilweise) der Aufbau einer glücklicheren Welt, freilich um den Preis psychotischer Vereinsamung. Die wahnhafte Ich-Erhöhung im Abstammungswahn, Wahn größerer Macht, Rolle, größeren Besitzes usw. (s. S. 149).

Solche Umgestaltungen zu besserer Umwelt kann man bei Schizophrenen sehen, aber auch bei anderen chronischen Wahnpsychosen, z. B. von Epileptikern. Exstatische Glückserlebnisse gibt es im Dämmerzustand (z. B. bei Epilepsie), im Oneiroid akut Schizophrener (z. B. religiöse Eingebungen, Zuspruch Gottes, erotische Beglückung).

Beispiele:
P 35 (Schizophrenie)
„Alle Herrscher der Erde, sie leben im Paradies, um sich zu verkleinern, um Knaben und Mädchen zu werden. . . . Ich bin der Gärtner im Paradies."

P 75 (Schizophrenie)
Die Kranke erlebt in einem oneiroiden Stadium. „Diese Bilder da sind von den Geschwistern meines Bräutigams. . . . Er spricht mit mir, der Herr Jesus . . . Ich bin schwanger mit Zwillingen, sehen sie da, die kleinen Puppen, da sind sie."

P 135 (Schizophrenie)
Die junge Kranke wird von Gott zuerst durch die Hölle, dann in den Himmel geführt (vgl. Dante). Der Himmel ist leer, ohne Engel, ohne Menschen. Es ist wie ein sanftes Vorfrühlingsland, grüne Wiesen, sanfte Täler, ein paar blühende Kirschbäume.

13.2.2. 3. Veränderung von Ich und Welt

Bei genauerem Zusehen ist die Untrennbarkeit von Ich und Welt fast immer zu erkennen. Oft ist sie für den Kranken selbstverständlich gewiß – und drückt sich im Wahn aus, in dem der Kranke selbst sich verändert fühlt und zugleich die alltägliche Umwelt in neuer Bedeutung erscheint.

Beispiele:
P 56 (Depression)
Der Kranke erlebt seinen eigenen leiblichen Zerfall, riecht seinen Verwesungsgestank. Am Verhalten seiner Umwelt erkennt er, daß auch die Anderen seine Fäulnis bemerken und ihm ausweichen. Sogar die Amsel sei vor ihm davongeflogen (Hypochondrischer Wahn und Beziehungswahn).

P 11 (Schizophrenie)
„Ich weiß, daß ich Krebs habe . . . Ich spüre die Knoten, ich sehe lauter Tierchen im Rachen. . . . Der Arzt hat mich untersucht, gesagt, er finde nichts. Als er mir zum Abschied die Hand gab und mit dem Kopf nickte, hat er mir bedeutet: Sie haben doch Krebs" (Hypochondrischer Wahn und Beziehungswahn).

13.2.3. Erfahrungsunabhängige Bedeutungsgewißheit

Wahn tritt als apriorische Evidenz auf. Der Kranke braucht keine Begründung für seine Bedeutungsgewißheit.

Beispiel:
P 38 (Schizophrenie)
„Es ist ein innerlicher Beweis, ein intuitiver Beweis – das ist einfach sicher."

Die Wahnbedeutung ist vom Standpunkt der Gruppenangehörigen nicht zureichend begründbar und ist nicht zwingend nachvollziehbar. D. h. der Gesunde muß nicht zwingend zur gleichen Auffassung kommen.

N. B. D. h. aber nicht, daß der Wahn grundsätzlich unverstehbar sei, häufig ist bei Kenntnis der Lebensgeschichte des Kranken und seiner Stimmung der Wahn, d. h. das Wahnthema (das Sosein des Wahns im Sinne von Kurt Schneider) verständlich ableitbar. D. h. aber nicht, daß wir jeden Wahn verstehen können, und auch nicht, daß wir das Wahnkrankwerden erklären können.

13.2.4. Abstand von der und Widerstand gegen die Allgemeinerfahrung und die Gruppenüberzeugung

Die Wahnwirklichkeit gilt, auch wenn der Wahninhalt noch so unwahrscheinlich und unglaubwürdig ist, unvereinbar mit den Auffassungskategorien, denen der Kranke bisher anhing, und mit denen seiner Gruppe.

Deshalb ist der Wahn auch *resistent gegen logische Gegenargumente.* Erst im Abbau des Wahns (s. d.) kann er in Zweifel gezogen werden. Aber sein Abbau kann nicht durch Gegenargumentation herbei geführt werden.

Ebenso kümmert sich der Wahnkranke nicht um die Entfernung (ja Gegensätzlichkeit) von dem kollektiven Glauben, Meinen, Auffassen der Sozietät, der er bisher angehörte. In der Krankheit ist er der Gemeinschaft entrückt (Isolation, Alienation).

13.2.5. Unfähigkeit zum Gesichtspunktwechsel

Der Gesunde (und auch der Neurotiker) findet sich in einer gemeinsamen Welt mit den Menschen seiner soziokulturellen Umgebung. Er kann seine Erfahrung mit denen anderer teilen, vergleichen, korrigieren. Er kann seinen Standpunkt, seinen Gesichtspunkt, seine Perspektive aus eigenem Nachdenken oder in der Verständigung mit anderen – die über das gemeinsam Gegenständliche (die sogenannte Realität) geht – wechseln, kann sich „anpassen" an andere Gegebenheiten, ist elastisch, flexibel.

Dem Wahnkranken gelingt eben dies nicht mehr. Er kann den eigenen Standpunkt, das Eigene nicht mehr einsehen, in Beziehung setzen, relativieren – er ist von der neuen Bedeutungsgewißheit betroffen, überwältigt – und er ist in neuer Evidenz (CONRAD, 1958), die keine mitmenschlich gemeinsame mehr ist, erstarrt. *Seine Stimmung,* sein Affekt, *bestimmt sein Welterleben – und trennt ihn von den anderen. Er ist im Wahn der Welt der anderen entrückt, er ist verrückt in eine nur für ihn gültige Privatwelt.*

Die Unfähigkeit zum Gesichtspunktwechsel ist keinesfalls ein alleingültiges Wahnkriterium. Denn der Depressive, der die ganze Welt schwarz, belastend und bedrückt erfährt, kann auch keinen anderen Standpunkt einnehmen. Auch er kann seinen Gesichtspunkt nicht mehr relativieren.

13.2.6. Isolation und Alienation

Wahn ist isolierte Existenz, entrückt der mitmenschlich gemeinsamen Welt.

Der Wahnkranke ist allein.

Beispiel:

P 20 (Schizophrenie)

Der junge Mann stand vor der „verzweifelten Frage was ist denn wirklich?
... es war, wie wenn meine Welt unterginge ...".

Er rief in angstvoller Erregung wiederholt: „Gott ist allmächtig." Er erhoffe
sich durch diesen beschwörenden Hilfeschrei: „Daß Gott mir Hilfe gäbe.
... Ich habe gedacht, er wird mich nicht verlassen." In seiner ängstlichen
Erregung lief er nackt auf die Straße: *„Ich war so verlassen und habe gemeint,
daß niemand mehr da sei.* Ich habe gemeint, der Weltuntergang und das
Chaos komme. Da bin ich auf die Straße gelaufen."

Im Wahn zeigt sich Isolation und Alienation des Psychotikers am
deutlichsten. *Die Beziehung zu Menschen und Dingen seiner Welt ist dem
Wahnkranken gestört* (Störung der Sympathiegefühle i. S. von
Scheler 1913, Mayer-Gross 1932, Störung der intersubjektiven
Konstitution des Menschen, Blankenburg 1971). Nicht daß er sie
nicht wahrnähme (auch der Autist ist sehr aufmerksam auf seine
Umgebung) – aber die Auffassung des Wahrgenommenen ist
sonder - bar, ist eigenartig, abgehoben von der „gewöhnlichen",
d. h. bisherigen und gruppenüblichen Auffassung. Darum können
die Lebenspartner des Kranken auch nicht an seiner Erfahrung
teilhaben, der Wahn ist im allgemeinen nicht mitteilbar im Sinne
einer echten verbindlichen Verständigung. Nur in den symbionti-
schen Psychosen (Scharfetter 1970) gibt es eine Wahngemein-
schaft.

Die Nicht-Nachvollziehbarkeit des Wahns für den Gesunden in
seinem Nachdenken, Nachfühlen (was nicht heißt, daß der Wahninhalt und das Wähnen nicht verstehbar sei) hebt den Wahnkranken als solchen ab – aus dem Gesichtspunkt des Gesunden. Die er-
fahrungsunabhängige, geradezu verzweifelt festgehaltene Wahngewißheit (Evidenz des „Ich weiß"), die nur mehr die eine autistische „private" und privative (weil eingeschränkte) Sicht der Welt
erlaubt, über die keine verbindliche Verständigung mit dem anderen mehr möglich ist, rückt den Wahnkranken aus der Gemeinschaft der seinen.

13.3. Entstehungsbedingungen des Wahns

Grundsätzlich ist der Wahn eine besondere – d. h. auch von den
Mitmenschen absondernde (privative) – Weise der Selbst- und
Weltauffassung. Wir sind immer schon in irgend einer Weise ge-
stimmt – und diese Stimmung bestimmt unsere Erfahrung unser
Selbst und unserer Welt – Gestimmtheit ist die Weise, wie wir in
der Welt sind und wie die Welt für uns ist.

Schon die starke Stimmungsausrichtung des Gesunden kann seine Weltauffassung gegenüber seiner sonstigen und gegenüber der seiner Mitmenschen ändern. Dem Traurigen ist die ganze Welt grau und schwer, öd und
leer und er kann keinen anderen Gesichtspunkt wählen. Dem übermütig
Ausgelassenen scheint alles leicht und schnell usw. Der Mißtrauische erfährt in „harmlosen" Ereignissen, Worten, Mimik, Gestik, Zeichen, die ihm
bedeuten, daß man um den Grund seines Argwohns (vgl. Arg-wohn-
Wahn) wisse, um sein schlechtes Gewissen, um seine Schwäche, um seine
Schutzlosigkeit, Isolation usw.

Dem Verliebten ist die Welt verwandelt und voller Zeichen, Merkmale, die
ihm die Gegenwart des geliebten Menschen kund tun. Dem Geängstigten
wird vieles sonst Harmlose zur Bedrohung. *Je stärker die Stimmung das Erleben bestimmt, umso schwerer wird es schon dem Gesunden, einen anderen Standpunkt
einzunehmen,* die Sicht zu wechseln. Aber es gelingt noch soweit, daß eine
Verständigung mit anderen möglich bleibt, daß das eigene Erfahren als be-
sonderes, u. U. durch nennbare Ereignisse bestimmtes erkannt wird – und
als solches auch relativiert werden kann.

Wahn und Lebensalter

Das Lebensalter spielt für die Themenwahl eine Rolle (s. BERNER
1965). Unabhängig vom Alter zeigte sich uns der hypochondrische Wahn. Andere Autoren stellten eine Beziehung zu Pubertät
und Alter fest. Wahnhafter Identitätswandel (einschließlich Abstammungswahn) trat nach dem 30. Lebensjahr nicht mehr neu
auf. Im Alter über 50 Jahre überwogen die Themen Verfolgung,
Hypochondrie, religiöse Themen.

Wahn und Geschlecht

Liebeswahn ist bei Frauen häufiger als bei Männern. Größenwahn
kommt fast nur bei Männern vor. Die übrigen Wahnthemen zeigen keine signifikanten Geschlechtskorrelationen.

Wahn und Intelligenz

Wahnbildung hat direkt nichts mit Intelligenzbeeinträchtigung zu
tun. Menschen mit guter Intelligenz sind genau so wahnfähig wie
Minderbegabte. Intelligenz trägt aber zur Ausgestaltung und Ver-
balisation des Wahns bei. Chronisch Kranke mit guter Intelligenz
können kompliziert ausgebaute Wahngebilde entwickeln. Bei
Schwachsinnigen und Dementen kann der Wahn sehr plump und
grob wirken.

Beispiel:
P 180 (schizophrener Schwachsinniger)
Der Bauernbursche träumte von einem neuen Hof an einem Sonnenhang
und von neuem Vieh. Er hörte Stimmen, die ihm rieten, den Hof anzuzün-
den, dann werde ein neuer gebaut. Er sah schönstes Vieh von der Alp
durch die Luft herankommen. Dann legte er den Brand und ging ins Wirts-

haus. Bei seiner Festnahme fragte er, ob jetzt der neue Hof an der von ihm gewünschten Stelle gebaut werde.

Immer bestimmt die Gestimmtheit die Erfahrung des Eigenen und der je eigenen Welt; so auch im Wahn. Je nach der Stimmung des Wahnkranken und je nach deren lebensgeschichtlich-situativer Determiniertheit heben wir *vier Gruppen von Wahnbedingungen* heraus.

13.3.1. Wahn als Gewißwerden von affektiv Gegebenem

13.3.2. Lebensgeschichtlich-situativ „bestimmter" Wahn

13.3.3. Wahn als kurze Reaktion auf bestimmte sensorische Situationen und Halluzinogene

13.3.4. Wahn als Ausdruck und Bewältigungsversuch veränderten Selbsterlebens

Diese Gliederung zerlegt aus didaktischen Gründen, was in Wirklichkeit oft, aber keineswegs immer, verbunden ist.

13.3.1. Wahn als Gewißwerden von affektiv Gegebenem (Tab. 3)

Manchmal ist die den Wahn bestimmende Stimmung einheitlich und eindeutig (der Wahn ist *synthym,* d. h. Inhalt und Stimmung stimmen zusammen, und *holothym,* d. h. die Stimmung erfüllt den Kranken ganz und einheitlich, ohne größere innere Widersprüche). Dies ist beim Wahn der Melancholiker und (manchmal auch) der Maniker gegeben.

13.3.1. 1. Depression

Die vitale Reduktion mit Untergangsangst und Schuldgefühlen bestimmt den Wahn des Melancholikers.

– Wahn eigenen Untergangs   Untergangswahn
                                     Wahn zu verwesen
                                     tot zu sein

– Wahn eigenen Untergangs
  durch Krankheit   Hypochondrischer Wahn

– Wahn eigenen Untergangs
  durch Verarmung,
  durch Verhungern usw.   Verarmungswahn

– Wahn eigenen Untergangs
  durch Schuld/Sünde   Versündigungswahn

durch Strafe	Verdammungswahn
	Bestrafungswahn
	depressiver Verfolgungswahn
– Wahn eigenen vollzogenen Untergangs (mit Schwinden der Welt)	Nihilistischer Wahn

13.3.1. 2. Manie

Das erhöhte Vitalgefühl der Maniker kann diese Menschen emporheben in ihrem Kraftgefühl, Machtgefühl, in ihrer Überzeugung von eigener Befähigung und Besitz. Manchmal wird daraus ein *Größenwahn*. Daraus kann (sekundär) die Besorgnis kommen, dieser Größe, dieses Besitzes usw. beraubt zu werden: *Beeinträchtigungswahn*.

Soweit ist verständlich abzuleiten, wie der in einer bestimmten Weise Gestimmte (Melancholiker, Maniker) in den Wahn gerät. Damit ist aber noch nicht geklärt, warum ein derart Verstimmter wahnkrank wird (und noch dazu in je bestimmter Weise, z. B. Schuld, Krankheit) und warum ein anderer nicht. Das Ausmaß der Verstimmung und lebensgeschichtliche persönliche und soziokulturelle Erfahrungen bestimmen das.

Wo die religiöse Konfession konkret mit der Hölle droht, wird der Verdammungswahn gedeihen, der in katholischen Gegenden, kaum aber in protestantischen Gegenden vorkommt. Wo religiöses Schuldgefühl indoktriniert wird, wird das in der Krankheit aufgegriffen. Wo medizinische Aufklärung, anatomische Grundkenntnisse die Gemüter verunsichern, wie eine prominente Person, wo ein Verwandter oder näherer Bekannter an Herzinfarkt, an Krebs usw. leidet oder stirbt, kann dieses Thema aufgegriffen werden.

Wo die sexuelle Potenz das Selbstwerterleben bestimmt, erfährt der Kranke die Devitalisierung an den eigenen Geschlechtsteilen (z. B. Schwund der Genitalien in Indien).

Das letzte Warum des Wahns (des Daseins des Wahns, nicht seines Soseins, SCHNEIDER 1948, 1952) ist damit noch nicht genannt: Das Warum, die Causa für die Wendung aus dem reellen (i. S. des mitmenschlich gemeinsamen) zum dereell-autistischen Welterleben des Wahnkranken (BLEULER 1911), die Ursache für diese Schwenkung in die Verrücktheit.

Tabelle 3 **Wahn als Gewißwerden von affektiv Gegebenem: Stimmung bestimmt ganz das Erleben**

Motiv / Affekt	Wahnform	Vorkommen
Herabgesetztes Vitalgefühl Depressivität Schuldgefühl	Krankheitswahn Untergangswahn nihilistischer Wahn Verarmungswahn Schuld-/ Verdammungswahn	Depression schizoaffektive Psychose
erhöhtes Vitalgefühl	Größenwahn	Manie

13.3.2. Lebensgeschichtlich situativ „bestimmter" Wahn[3] (Tab. 4, 5, 6)

Die Lebenssituation kann manche Menschen unter Hinzukommen weiterer persönlichkeitseigener, vielleicht angeborener, manchmal erworbener Bedingungen in den Wahn führen. Die lebensgeschichtliche Konstellation liefert das Bedingungsgefüge für das „affektive Wahnbedürfnis" (BLEULER 1906, 1911).[4]

Die Affekte sind vielfältig - und doch auch einigermaßen gleichsinnig zu gruppieren.

Unsicherheit
Freiheitseinschränkung
Isolation
unerträgliche Selbstkränkung

Diese Faktoren sind oft verbunden, besonders Unsicherheit und Isolation.

13.3.2. 1. Wahn als Thematisierung von Unsicherheit und Isolation

Im Alter: wenn der alte Mensch das Nachlassen seiner Kräfte und seiner Sinnesleistungen fühlt, kann er unsicher werden. Ist er dazu

[3] Bestimmt ist in Anführung, weil es nicht sicher ist, daß die lebensgeschichtliche Situation allein – ohne disponierende Faktoren – in den Wahn führen kann.

[4] FREUD hatte schon in den früheren Arbeiten zur Abwehrneuropsychose auf den Sinn im Wahn, der offenbar einem Bedürfnis entspreche, hingewiesen. Von der Anerkennung des Wahns als biographisch sinnvoll bis zur Formulierung, Wahn sei eine „Lebensnotwendigkeit" (KANT, O., 1927 a, S. 643), geht eine gerade Linie.

noch allein, so fühlt er sich eher schutzlos ausgeliefert und kann in seiner Angst (und im zunehmenden psychoorganischen Abbau) die Realitätskontrolle verlieren. Die Angst bestimmt dann, daß er sich verfolgt, umlauert, bestohlen, beeinträchtigt wähnt. Ist er allein, kann der Vereinsamte diese Erfahrung auch nicht mehr mit einem Partner besprechen und dabei allenfalls berichtigen.

Sinnesbehinderung: Ähnlich kann es dem Sinnesbehinderten gehen, der ja auch oft isoliert ist. Besonders Schwerhörigkeit und Taubheit disponieren zu Mißtrauen, der Argwohn kann zur Wahngewißheit werden (Beziehungs- und Beeinträchtigungswahn). Seltener kommt es bei Sehbehinderung zu Wahnbildung.

Auswanderer in sprachfremder Umgebung fühlen sich oft preisgegeben, ausgeliefert, können sich nicht mehr verständigen und geraten in zunehmendem Mißtrauen in den Wahn der Beeinträchtigung oder Verfolgung. Ähnlich kann es jahrelang politisch Verfolgten gehen.

Tabelle 4   **Lebensgeschichtlich-situativ bestimmter Wahn – Wahn als Thematisierung der Verunsicherung und Isolation**

Wahn-motivierende Situation	Motiv / Affekt	Wahnform	nosologische Einordnung
Altersschwäche	Unsicherheit Isolation	Beeinträchtigungswahn Verfolgungswahn Bestehlungswahn	paranoide Entwicklung
Sinnesfehler (Schwerhörigkeit z. B.)	Unsicherheit Isolation Mißtrauen	Beziehungswahn Beeinträchtigungswahn	paranoide Entwicklung
Auswanderer in sprachfremder Umgebung	sprachliche Isolation	Beeinträchtigungswahn Verfolgungswahn	paranoide Entwicklung
Politische Verfolgung, Konzentrationslagerhaft	Unsicherheit Ausgesetztsein Isolation	Verfolgungswahn	paranoide Entwicklung

13.3.2. 2. Wahn bei unerträglicher Selbstkränkung

Schon den Gesunden kann das schlechte Gewissen zu gespannter Beobachtung der Umgebung, zur Annahme von Zeichen in sonst als harmlos aufgefaßten Dingen, Gesten, Worten etc. führen.

Moralisches Minderwertigkeitsgefühl weckt Mißtrauen und der Argwohn auf ein „Schlüsselerlebnis" kann in den Wahn führen, andere

Menschen wüßten um die Verfehlung, verbreiteten üble Gerüchte über den „Gewissenskranken", die immer weitere Kreise zögen: *sensitiver Beziehungswahn* (KRETSCHMER 1966).

Manchmal kann der (sthenische) Kranke dann den Kampf mit den Gerüchtemachern aufnehmen und sich gewalttätig rächen: *Kampf-Paranoia* (s. Fall Wagner, GAUPP 1920, 1938 und KRETSCHMER 1966).

Manchem (sensitiven) Menschen kann eine kleine Ungerechtigkeit maßlos zusetzen. *Das Gefühl der Rechtskränkung („juridisches Minderwertigkeitsgefühl" der Niederlage)* kann unerträglich werden und zu einem dauernden Stachel des Kampfes, der Reklamationen gegen angebliche Ungerechtigkeiten, der endlosen Eingaben bei Gerichten usw.: *Querulantenwahn* (vgl. Michael Kohlhaas von Heinrich von Kleist).

Sexuelle Minderwertigkeitsgefühle bei Verminderung oder Ausfall der Potenz (z. B. in Folge von Krankheiten der Geschlechtsorgane, des Rückenmarks, durch Alkoholismus) kann eine dauernde Selbstkränkung sein und zu wahnhafter Überzeugung von der Untreue des Partners führen: *Eifersuchtswahn* (d. h. nicht, daß jeder Eifersuchtswahn so zu verstehen sei).

Auch eine (unter dem Druck der Gesellschaftsnormen) nicht akzeptierte Homosexualität kann vielleicht zu wahnhafter Anfeindung führen (s. Fall Schreber, FREUD 1911).

Tabelle 5 **Lebensgeschichtlich-situativ bestimmter Wahn – Wahn bei unerträglicher Kränkung, Ohnmachtserlebnis**

Wahn-motivierende Situation	Unerträgliche Selbstkränkung	Wahnformen	Nosologische Einordnung
Schlechtes Gewissen	Moralisches Minderwertig-keitsgefühl Mißtrauen	Beziehungswahn	sensitiver Beziehungswahn, Paranoia
Rechtskränkung	„Juridisches" Minderwertig-keitsgefühl	Querulantenwahn	Kampf-Paranoia
Sexuelle Impotenz	Sexuelles Minder-wertigkeitsgefühl	Eifersuchtswahn	Wahnhafte Entwicklung z. B. bei Alkoholismus

13.3.2. 3. Wahn als Ersatzwirklichkeit für armselige Realität

Als *permanente Selbstkränkung* können u. U. auch Armut, niedere Abkunft, unerfüllte Wünsche nach erotischer Beziehung oder nach Mutterschaft wirken. Die gesellschaftlich gesetzten Normen können solche Gegebenheiten zu einem Normendruck werden lassen.

Der Gesunde spürt den unerfüllten Wunsch, sucht allenfalls nach Erfüllungsmöglichkeiten, und leidet, wenn das nicht gelingt. Manche Menschen leiden aber nicht nur darunter, sondern müssen und können den Druck abwenden in einer *wahnhaften Kompensation* (hypothetische „erklärende" Interpretation). Der Kranke findet – um den Preis psychotischer Verrückung – den Wunsch im Wahn erfüllt: *der Wahn wird zur Ersatzwirklichkeit* (sog. desiderativer Wahn).

Beispiele:

P 116 (Schizophrenie)
Das 24jährige berufslose Mädchen wähnt sich in Spanien von einem Diplomaten D. R. umworben. Sie habe ihn nie gesehen, er trete durch Vermittler und Zeichen mit ihr in Verbindung, das Benehmen fremder Menschen, Straßensperren in B. usw. seien Zeichen von ihm an sie. Sie höre seine Stimme und könne über das Radio mit ihm sprechen. Er habe beim Öffnen des Autokofferdeckels von Heirat gesprochen, sie seien „geistig verheiratet", auch von ihren zwei Kindern habe er gesprochen, das eine sei sie selbst, das andere er.

P 83 (Schizophrenie)
Die 33jährige chronisch Kranke steht in einer wahnhaften Beziehung zu einer Krankenschwester und regelt diese Beziehung über die Wahl bestimmter Nahrungsmittel. Wenn sie die Krankenschwester sieht oder wahnhaft mit ihr in Beziehung ist, hat sie Körperempfindungen wie beim Geschlechtsverkehr mit ihr (Homoerotischer Liebeswahn).

So kann *erotische Unerfülltheit und Vereinsamung als Motivation eines Liebeswahnes* angesehen werden: der wahnhaften Überzeugung, geliebt zu werden, das Ziel erotischer Wünsche zu sein, oder – in mehr negativer Form – Ziel erotischer Angriffe, ja Vergewaltigung zu sein. Dann kann aus dem Liebeswahn ein *erotischer Verfolgungswahn* werden.

Beispiel:

P 33 (Schizophrenie)
Die alternde alleinstehende Frau möchte ihre Einsamkeit durchbrechen und sucht sich einen Liebhaber. Sie hat aber Angst dabei und weist vorhandene Bewerber ab. Sie entwickelt darauf einen erotischen Verfolgungswahn, sie werde von Mädchenhändlern gefangen und verschleppt.

Unerfüllter Kinderwunsch kann in der Psychose aufgehoben sein: im Wahn schwanger zu sein oder viele Kinder geboren zu haben. Wir wollen damit keineswegs behaupten, daß jeder Schwangerschafts-wahn so zu verstehen sei, vor allem auch nicht der (selten) bei schizophrenen Männern vorkommende Wahn, sie würden Kinder gebären.

Beispiele:

P 158 (Epilepsie, Schwachsinn)
Die junge Patientin wähnt sich schwanger, in ihrem Bauch sei eine Kugel, die sich drehe. Das sei ihr Kind (Patientin ist sterilisiert).

P 34 (Schizophrenie)
„Ich bin ein Tier. . . . Ich bin in anderen Umständen und werde ein Tier zur Welt bringen."

Armut, Minderintelligenz, unwichtige Rolle in der Gruppe, und damit zusammenhängende *Kleinheits- und Minderwertigkeitsgefühle* können manchmal im Wahn aufgehoben werden: *Reichtumswahn*, vielfach verbunden mit *Abstammungswahn*.

Beispiel: P 29, s. S. 149

Tabelle 6 **Lebensgeschichtlich-situativ bestimmter Wahn – Wahn als Ersatz-wirklichkeit für armselige Realität**

Wahn-motivierende Situation	Unerträgliche Selbstkränkung	Wahnform	Nosologische Einordnung
Erotische Unerfüllt-heit und Verein-samung	Erotisches Be-dürfnis, Isolation	Liebeswahn	Sensitiver Beziehungswahn, Schizophrenie
Unerfüllter Kinderwunsch	Unerfüllte Mutterschaft	Schwangerschafts-wahn Mutterschaftswahn	Schizophrenie organische (auch epileptische) Psychosen
Armut, unwichtige Rolle	Minderwertig-keitsgefühl	Reichtumswahn wahnhafte Rollen-erhöhung	Organische Psychosen (PP)
Niedere Abkunft	Minderwertig-keitsgefühl	Abstammungs-wahn	Schizophrenie, organische Psychosen
Haft, besonders lebenslänglich	Unfreiheit, besonders Isola-tion, Zukunftlosig-keit	Begnadigungs-wahn Unschuldswahn	Paranoide Erlebnisreaktion

Unscheinbare („niedere") Abkunft kann ebenfalls einen dauernden Stachel des Minderwertigkeitsgefühles darstellen und kann im Wahn aufgehoben werden: *Abstammungswahn.* Damit ist nicht gesagt, daß alle Formen von Abstammungswahn in der gleichen Weise verständlich abzuleiten wären.

Die *Haft,* besonders die lebenslängliche Einzelhaft, ist eine dem Menschen unerträgliche Situation. Einsamkeit und Unfreiheit engen ein, nicht nur im äußeren Sinne der Einschränkung der Beweglichkeit, sondern auch im Sinne der festgelegten Zukunft. Es gibt keine Hoffnung mehr. In solcher Situation kann sich ein *Unschuldswahn* oder auch ein *Begnadigungswahn* entwickeln.

Es wäre denkbar (ist aber nicht erwiesen), daß mancher *Heilswahn* (der gelegentlich bei Schizophrenen vorkommt) seine Wurzel in der Angst des Krankheitsgefühles hat und eine wahnhafte Überwindung dieser unerträglichen Situation darstellt.

13.3.3. Wahn als Reaktion auf bestimmte sensorische Situationen und Halluzinogene (Tab. 7)

– Sinnesisolation
– Sinnesüberflutung (?)
– Halluzinogene

Sinnesisolation kann *akzidentell* zustande kommen (z. B. bei Schiffbruch, bei Expeditionen durch die Arktis oder durch die Wüste, bei der Einzel-Faltbootüberquerung des Atlantischen Ozeans) (LINDEMANN). Die Berichte von solchen Erfahrungen sprechen von Depersonalisations-, Derealisationserlebnissen, *wahnhafter Situationsverkennung* und auch wahnhaft halluzinatorischer Wuncherfüllung: Land zu sehen, eine Oase anzutreffen, Zuspruch gebende Stimmen zu hören, aufgehoben und geführt zu sein.

Auch in der *experimentellen* Sinnesisolation, bei der die Abschirmung sensorischer Afferenz meist ausgeprägter ist als bei der akzidentellen Isolation, kommt es häufig zu *wahnhaften Situationsmißdeutungen:* z. B. der Käfig sei nicht dicht, es kämen Geräusche herein, es werde etwas in den Experimentierkäfig hineinprojiziert, Gas werde eingeleitet. In der Verkennung der Situation kann die Versuchsperson auch von der Panik gepackt werden, sie werde wahnsinnig gemacht.

Wie weit auch eine Sinnesüberflutung ähnliche Verarbeitung veranlaßt, ist nicht bekannt.

Unter *Halluzinogeneinfluß* (akzidentell, experimentell) kann es ebenfalls zu angstvollem Erleben von Depersonalisation und Derealisation, Halluzination, illusionärer Verkennung kommen. Der Betroffene weiß dann unter Umständen nicht mehr um die experimentelle Situation, *mißdeutet wahnhaft die Situation* (z. B. daß die Dosis zu hoch gewesen sei, daß er geisteskrank werde) und kann sich auch wahnhaft bedroht fühlen.

Wahnähnliche Situationverkennungen gibt es auch beim Gesunden, besonders im Zustand der Übermüdung, bei verkennungsfördernder Umgebung (Nacht, Nebel) und in ängstlich gespannter Erwartung.

Beispiel:
P 159
Eine junge Frau hielt sich nach einer Abendgesellschaft noch krampfhaft mit Kaffee und Nikotin wach. Sie fühlte sich dann „komisch" und unsicher und kam plötzlich auf die Idee, man habe ihr eine Droge (Haschisch) in den Kaffee getan. Sie sprach sich über ihre Befürchtung aus und beruhigte sich. Auf der später folgenden Autofahrt (allein) sah sie in den nächtlichen Alleebäumen Gespensterfratzen, erkannte das aber als Halluzination. Sie bekam Angst, sie könnte geisteskrank werden. Am nächsten Tag ging sie zur Freundin, immer in ängstlicher Erwartung neuer Halluzinationen, und sah im stark geschminkten Gesicht der Freundin einen Totenkopf.

Tabelle 7   **Situativ bestimmter Wahn – Wahn bei sensorischer Isolierung und unter Halluzinogenen**

Wahn-motivierende Situation	Motiv / Affekt	Wahnform	Nosologische Einordnung
Sinnesisolation Halluzinogene	Depersonalisation Derealisation Halluzination Illusion Angst	Bedrohungswahn wahnhafte Situationsdeutung	Paranoide Reaktion, Halluzinogenpsychose experimentell akzidentell

13.3.4. Wahn bei verändertem Selbsterleben (Tab. 8)

Bei der Besprechung des Ich-Erlebens haben wir auf die Möglichkeit wahnhafter Interpretation der Störungen der verschiedenen Ich-Dimensionen hingewiesen.

Daß die Thematisierung der Bedrohung der eigenen Lebendigkeit falsch sei, darf man nicht sagen. Der Kranke teilt uns mit seinem Wahn seine Existenzbedrohung mit, den Untergang seiner Existenz, den Zerfall seines Selbstseins und seiner Welt, sein eigenes Überwältigtwerden von den Menschen und Dingen, die Verfolger, die Gift sind für sein bedrohtes, zerbrechliches, eingeengtes Dasein. *Er nennt uns seine Lebenswirklichkeit.* Wir werden dem Kranken nur gerecht, wenn wir diese seine eigene Lebenswirklichkeit anerkennen und ernst nehmen, niemals indem wir sie als „Wahn", als „Einbildung" abtun. Damit stoßen wir den Kranken weg – weiter in seine Einsamkeit.

Der *Ich-Vitalitätsstörung* kann zugeordnet werden
– Hypochondrischer Wahn
– Untergangswahn
– Weltuntergangswahn
– Verfolgungswahn, Vergiftungswahn

Es scheint so, als ob die Wahnentwicklung nicht dabei stehen bleiben müsse – gleichsam bei der Feststellung des Elends, z. T. in abnormer Sinngebung (Symbolisation) – sondern daß unter besonderen, noch nicht erforschten Bedingungen, die als psychodynamisches Konstrukt („Abwehr") denkbar sind, *die Wahnentwicklung leidentlastend wirkt:* es wäre denkbar, daß *Heilswahn* eine kompensatorische (überkompensatorische) Überwindung der eigenen Krankheitsangst sei, daß der Weltuntergang kompensiert (oder überkompensiert) werden könne in einem *Weltneuschöpfungs-, Weltneuerungs-, Weltverbesserungswahn*, im religiösen Gewande als *Propheten-, Heilands-, messianischer Wahn.*

Die phantasierte (oder phantasierbare) Überwindung wird – bei Verlust der Realitätskontrolle – im Wahn zur Lebenswirklichkeit.

Manchmal können sich auch *Schuldgefühle* über das eigene Gewissen hinaus ausdehnen zur Überzeugung von der *Schlechtigkeit der ganzen Welt.* Das kann Anlaß geben, die schlechte Welt zu überwinden.

Beispiel:
P 31 (Schizophrenie)
Die Patientin geriet nach einem Vergewaltigungsversuch in eine Depression mit Versündigungsgefühlen und Schwangerschaftsangst. Das Schuldgefühl führte zum Wahn, die schlechte Welt zu überwinden und eine neue Welt zu gründen.

Auch die *Ich-Konsistenzstörung* kann – in der Ausbreitung des Gefühles der Zerrissenheit – zum *Wahn der Zersplitterung, der Explosion der Welt,* ja des Universums überhaupt werden. Eine Rettung entsteht im Welterneuerungs- und Heilandswahn.

Beispiel:
P 129 (Schizophrenie)
Der junge Mann erfuhr 1971 eine Reihe von Ich-Störungen. „Ich bin nicht so wie die anderen Menschen" (Alienation, Identität als Mensch, Gefühl eigenen Andersseins). „Wahrscheinlich bin ich gar nicht von dieser Welt ... wieso sollte ich einen Namen haben?" *„Ich bin in einem kosmischen Kampf zwischen zwei Galaxien,* der auch diese Welt erfaßt. Dieser Kampf wird im Geiste ausgeführt. ... *Ich bin das vollkommene Chaos"* (Ich-Zerrissenheit, kos-

mischer Kampf). Er fürchtete die Weltvernichtung durch eine Atomexplosion.

Bis 1974 ist unter dem Druck dieser Qual die Freisetzung von positiven Kräften gelungen. Der vorher depressive Kranke ist nun manisch und voller Kraftgefühl. Der Universumstreit ist reduziert auf die (zeitgeschichtlich naheliegende) Atomzerstörung der Welt. Diese wird nun prophylaktisch angehbar: der Kranke entwickelt Vorschläge zur Verhinderung des Atomkrieges durch Gründung einer harmonischen Völkergemeinschaft, kann dann Aktivität entfalten und die Gefahr abwenden. Er ist wieder geordnet und in sich einig.

Es gibt auch eine Verselbständigung der zersplitterten Teile: *Wahn der Duplizität und Pluralität.*

Pluralitätswahn:

P 38 (Schizophrenie)
„Ich bin wir."

Der *Ichaktivitäts- und Ich-Demarkationsstörung* ist der *Fremdbeeinflussungswahn* und der *Verfolgungswahn* zugeordnet. Wenn die eigene Aktivität verloren ist, liegt alle Macht bei den anderen. Spekulativ wäre denkbar, daß die Grenzenlosigkeit und Aktivitätsaufhebung überkompensiert würde in einem wahnhaften Gefühl der *Omnipotenz,* der magischen Befähigung und Kreativität.

Omnipotenz:

Beispiel:
P 40 (Schizophrenie)
„Geistig hat sich das Blatt seit Weihnachten bei mir gewendet. Jetzt habe ich alle geistige Macht und Einsicht."
Befähigung zum Gedankenlesen, -beeinflussen, zu telepathischen Ferngesprächen, zur Hypnose.
„Gott kann ich sein – ich will auch Gott sein."
„Mein Geist kann in einen anderen Körper schlüpfen und mit ihm machen, was er will."

Omnipotenz kann sich auch im Eingreifen in Geschehnisse des Universums kundgeben: *Kosmologischer-astronomischer Wahn, kosmogonischer Wahn* (Weltschöpfung).

Beispiel:
P 30 (Schizophrenie)
„Sonne und Mond sind ineinander gegangen. ... Die Sonne frißt die Sterne, wenn sie viele gefressen hat, wird sie stärker. Je nachdem, ob sie

blaue oder rote Sterne frißt, gibt es Sonnenflecken oder keine." Der
Kranke hat Gewalt über die Sonne, reißt sie hinter den Wolken hervor und
macht das Wetter. Der Mond, wenn er im Wachstum ist, spricht zum Patienten und ruft ihn: „Komm." Das bedeutet, er solle sterben. Hier ist die
Ausdehnung der Grenzenlosigkeit der Existenz und ihrer Macht deutlich
verbunden mit der Bedrohung durch die Auflösung der Existenz (Sterben).

Tabelle 8 **Wahn als Bewältigungsversuch veränderten Ich-Erlebens**
(Interpretation, Erklärung, Ergänzung, Kompensation, Überkompensation)

Betroffene Dimension des Ich-Erlebens	Interpretation	Kompensation und Überkompensation	Vorkommen
Ich-Vitalität	hypochondrischer Wahn nihilistischer Wahn	Heilswahn	
	Untergangswahn	Heilandswahn Weltverbesserungs- wahn	Schizophrenie
	Weltuntergangswahn Verfolgungswahn	Welterneuerungs- wahn	
Ich-Aktivität	Fremdbeeinflussungs- wahn Verfolgungswahn	Omnipotenzwahn	
Ich-Identität	wahnhafter Identittäts- wandel	Abstammungswahn	
Ich-Konsistenz	Zerrissenheit, Zer- splitterung, Selbst-/ Weltuntergang Pluralität des Ich	Heilandswahn	
Ich-Demarkation	Fremdbeeinflussungs- Wahn, Verfolgungs- wahn	Magische Ausdeh- nung auf die ganze Welt, Verschmel- zungserlebnisse	

13.4. Die Etymologie von Wahnsinn und Wahn

– Was weiß die Sprache vom Wesen des Wahns?

Die Wörter Wahnsinn und Wahn haben nach der Auffassung der
Etymologen verschiedene Herkunft (s. DUDEN 1963, HOFER 1953,
WASSERZIEHER 1963).

13.4.1. Wahnsinn (-witz, vgl. De-menz)

Wahn ist alt- und mittelhochdeutsch *wan* (leer), urverwandt mit gotisch *vans* (mangelnd, leer), lateinisch *vanus*, vastus (leer). Aus dem gleichen indogermanischen Stamm ist das Wort Wüste abgeleitet. Sinn ist ursprünglich Gang, Weg der Gedanken.

Wahn-sinnig heißt also: leer von Sinnen, des Verstandes (Witz) ermangelnd.

13.4.2. Wahn

Das Wort stammt aus der indogermanischen Wurzel *wen* (das auch in unserem neuhochdeutschen „gewinnen" steckt), d. h. nach etwas suchen, trachten, wünschen, verlangen, erhoffen, begehren, erwarten, annehmen im Sinne von vermuten. Dazu gehört germanisch, mittel- und althochdeutsch *wan:* Erwartung, Vermutung, Meinung, Verdacht (vgl. Arg-wohn). Aus derselben indogermanischen Wurzel stammt englisch to win, germanisch wunsch, wine (wini), d. i. Freude (vgl. die Namen Winfried, Erwin), lat. venus (Liebe), altindisch vanas (Verlangen, Lust) und vanati (Liebe).

Die Herkunft des Wortes Wahn weist also schon darauf hin, daß dabei ein Streben wirkt (Motivation), ein Wunsch, daß etwas gewonnen, daß etwas angenommen wird. Wir kennen das sonst heute nur mehr in der peiorativen Form des Argwohns.

13.4.3. Paranoid

Wahn ist paranoides Erleben.

Paranoid kommt vom griechischen παρά, νοῦς, νοός, d. i. Sinn, Einsicht, Vernunft. Paranoid ist also die Erkenntnis und Sinngebung, die an der allgemein mitmenschlich geteilten gemeinsamen Erfahrung der Welt vorbei geht (gestörter Realitätsbezug).

13.4.4. Delusion

Im Englischen heißt Wahn *delusion* – von lat. deludere, -lusi, -lusum, d. h. vorspielen, vorgaukeln. Im Wahn erscheint dem Kranken eine (vom Standpunkt der Mitmenschen aus beurteilt) irreelle Welt.

13.4.5. Delirium

Im Lateinischen (und Französischen) heißt Wahn *delirium*, von de lira ire, d. h. aus der (Acker-) Furche geraten – also aus der mitmenschlich gemeinsamen Welt herausgerückt (verrückt) sein.

13.5. Der Gewinn im Wahn – finale Betrachtungsweise

Daß auch im Wahn Sinn sein könne und daß Wahn einer Notwendigkeit entspreche, drängt sich bei der näheren Betrachtung des Wahns im lebensgeschichtlichen Zusammenhang auf. Manche Kranke lassen uns das auch wissen; so sagte einer zu STORCH (1965): „Ich bilde mir selbst die Welt, um mich über das Klägliche hinwegzusetzen."

Zu KRETSCHMER (1963) sagte einer, auf die Realität hingewiesen: „Was wollen Sie mit der Realität, ich finde sie scheußlich." Und Frau K. (P 29) sagte im Gespräch über ihre schöne Wahnwelt: *Das ist mein Leben, meine Freiheit, mein Ziel.*"

Aber die Wahnwelt ist selten schöner als die mitmenschlich gemeinsame Welt. Manchmal (und vielfach nur teilweise, episodisch) gelingt im Wahn eine glücklichere Welt – freilich um den Preis psychotischer Vereinsamung. Manche Rollenerhöhung im Wahn hoher Abstammung, Macht, Besitz, Auftrag, Partnerschaft, Mutterschaft etc. bringt den Kranken einen Zuwachs, einen Gewinn an Selbstgefühl. Damit solcher Wahn aus dem „affektiv gesteuerten Wahnbedürfnis" (BLEULER, E., 1906) entstehen kann, sind besondere Voraussetzungen notwendig, z. B. Schwachsinn, Demenz, akute Wahnepisoden mit Bewußtseinsumdämmerung (z. B. ekstatische Glückserlebnisse bei Eingebungen im Dämmerzustand) oder hoch akut desintegrative Psychoseformen.

Bei manchen Wahnformen liegt die finale Interpretation als *Wunscherfüllung* nahe: Abstammungswahn, Heilswahn, Heilandswahn, Weltverbesserungswahn, Erfinderwahn, Omnipotenzwahn, Liebeswahn, Schwangerschaftswahn, Mutterschaftswahn, Reichtumswahn, Begnadigungswahn, Unschuldswahn.

Hier gelingt sozusagen die *Selbstrettung im Wahn* (KAHN 1929, KANT, O. 1927 a, b, 1930), die *Flucht in eine autistische Sonderwelt,* weg von der unerträglichen Realität.

Doch das sind nicht die häufigen Wahnformen, die Mehrzahl der Wahnkranken leidet und ist gequält. Wie kann man da noch eine finale Betrachtungsweise anwenden? Sicher kann man diese Interpretationsweise spekulativ sehr weit treiben, so etwa, wenn man hervorhebt, daß der Kranke im Verfolgungswahn eine intensive (wenn auch negative) Zuwendung erfährt und damit aus der Vereinsamung heraustritt („lieber verfolgt werden als einsam sein")[5],

---

[5] Zum „Gemeinschaftsbedürfnis bei Hingabeunfähigkeit" s. KEHRER (1928), KANT, O. (1930). Beide Autoren trugen zur finalen Betrachtungsweise des Wahns bei; s. auch KAHN (1929).

daß der Kranke im Heilands- und Heilswahn sich altruistisch um andere kümmern kann, und daß beides eine Rollenerhöhung bringe. Oder beim Abstammungswahn: „Ich muß von einer anderen Mutter sein, denn so wie meine Mutter zu mir war, das kann eine wirkliche Mutter nicht sein."

Man wird auch beim *Verleugnungswahn* an Finalität denken. Es gibt ihn in positiver und negativer Form.

Beispiel:
P 29 (Wahnspsychose bei Epilepsie)
Für Frau K. lebt ihre (längst verstorbene) Mutter immer noch, sie läßt ihren Tod nicht wirklich sein für sie.

Zugleich bestreitet sie, daß sie einen Bruder habe, sie nimmt ihn selbst bei Besuchen nicht zu Kenntnis (wohl aber akzeptiert sie seine Geschenkpakete).

Solche final-interpretativen Spekulationen kann man konstruieren, aber kaum durch Tatsachen erhärten. Eher kann man manchmal (besonders den schizophrenen) Wahn verstehen als einen *Versuch der Bewältigung des veränderten Selbsterlebens*, wie wir es auf S. 165 ausgeführt haben. Ein erster Schritt der Bewältigung wäre die *Thematisierung* und die *Verbalisierung* des Wahns: ein Versuch, die unheimliche, angstauslösende Erfahrung wenigstens einmal festzustellen, in einer Interpretation der eigenen Selbsterfahrung. Daß dazu noch *Überwindungsversuche* zur Kompensation und Überkompensation des Widerfahrnisses, der Sprung in eine neue Erfahrung, die der Wahnwelt, komme, ist eine Vermutung.

Die Angst übt einen „Zwang zur Sinnentnahme" (E. STRAUS, zit. nach v. BAEYER in: SCHULTE u. TÖLLE 1972, S. 2) aus, drängt zur Sinngebung, Deutung. Aus dem Gefühl: „Ich verstehe mich und die Welt nicht mehr" wird im Wahn die Einsicht „Ich verstehe", vielleicht sogar: „Ich verstehe besser als früher." *Wahn als Sicherungsmaßnahme gegen das bedrohliche Unvertraute.*

Dem *Betroffensein* des Kranken und seiner *Abhängigkeit von anderen* entspräche der Beeinflussungs- und der Verfolgungswahn. Das Gegenstück wäre die *Abhängigkeit anderer vom Kranken:* Ich-Erhöhung in der Omnipotenz, im Welterneuerungs-, Weltverbesserungs-, messianischen Wahn und im Erfinderwahn. Die *Überwindung der Einsamkeit* im Verfolgungswahn und im altruistischen Heils- und Heilandswahn brächte eine neue psychotische Gemeinschaft. Die *Verleugnung* oder die *Flucht* aus der unerträglichen Schicksalswirklichkeit führt zur *Scheinfreiheit im Wahn.*

Damit ist freilich noch nichts darüber gesagt, warum einem Menschen in unerträglicher Schicksalslage der Aufbau einer Wahnwelt gelingt. Auch wenn wir den Wahn verstehen können und ihn als lebensgeschichtlich sinnvoll ansehen können, heißt das noch nicht, daß wir in der Lage sind, das Auftreten des Wahns zu erklären.

13.6. Vorkommen des Wahns

Inhalt und Struktur des Wahns allein (ohne den gesamten psychopathologischen Kontext) erlauben noch keine diagnostische Zuordnung.

13.6.1. Experimentelle Situationen

Hierbei (Bewußtseinsveränderung, sensorische Deprivation und Isolierung, Halluzinogenwirkung u. a.) kann es zu wahnhaften Mißdeutungen der Situation kommen (die „Realität" wird verkannt und es tritt Verfolgungs-, Vergiftungswahn auf). Ähnliches ist gelegentlich akzidentell möglich (vgl. S. 164).

13.6.2. Wahnbildung als erlebnisreaktive Entwicklung

Meist mißtrauisch-paranoide Beeinträchtigungshaltung bei Schwerhörigen, körperlicher Schwäche, Behinderung, Verkrüppelung, im Alter.[6] Hinfälligkeit und Vereinsamung sind die Grundlagen, *die Verunsicherung wird als Wahn thematisiert.* Beeinträchtigungshaltung bei politisch Verfolgten und Inhaftierten.

Bei Versetzung in (sprach-) fremde Umgebung können (meist unreife, wenig gefestigte) Menschen in eine wahnartige Beeinträchtigungshaltung geraten. Wenn die ortsansässige Bevölkerung unfreundlich gesinnt ist, kann sich das steigern (sog. Ausländerparanoid).

In Haft, besonders Einzelhaft, kann sich eine paranoide Haftpsychose entwickeln: Wahn der Vernichtung, auch als Vergiftungswahn (z. B. es werde Gas in die Zelle geleitet, z. T. mit entsprechenden Geruchshalluzinationen), es sei Gift im Essen u. ä. Eine andere Wahnform in Haft ist der Unschuldswahn und der Begnadigungswahn. Häufiger ist eine mißtrauisch-paranoide Beeinträchtigungshaltung.

Zu den erlebnisreaktiven Wahnentwicklungen gehören ferner *sensitiver Beziehungswahn und Paranoia* (s. spezielle Psychiatrie). KOLLE (1931) hat für die Verwandten von Paranoiakranken eine erhöhte

---

[6] In vielen solchen Fällen kommt man ohne die Annahme noch anderer disponierender Faktoren (genetischer) kaum aus.

Schizophreniemorbidität nachgewiesen. Die Trennung von Paranoia und paranoider Schizophrenie ist willkürlich.

13.6.3. Wahn bei Affektpsychosen

Wahn bei Affektpsychosen (besonders Depression) ist deutlicher „morbogen", d. h. aus der pathologischen Stimmung abzuleiten (synthym und holothym) als der schizophrene Wahn, bei dem die Formung durch zeitgeschichtliche und lebensgeschichtliche Umstände (Pathoplastik) offenbar eine größere Rolle spielt und die Affektveränderung weniger klar und einheitlich ist (sog. katathymer Wahn).

13.6.3. 1. Depression

Die depressive Verstimmung, das Darniederliegen der Vitalgefühle mit all der Verunsicherung, den Ängsten, den Insuffizienzgefühlen und Schuldgefühlen kann zum melancholischen Wahn führen, in dem das stimmungsmäßig Gegebene zur Gewißheit (zur Lebenswirklichkeit) wird.

Angst um das leibliche Wohl

Krankheitswahn (hypochondrischer Wahn) und *Untergangswahn* Wahnhafte Überzeugung krank zu sein, zu verrotten, zu verfaulen, zu verwesen, schließlich gar nicht mehr zu sein.

Wahn wirtschaftlichen Untergangs, zu verhungern, zu verarmen.

Dieser Untergangswahn („ich bin nicht mehr", „ich lebe gar nicht") kann sich auch auf die Lebensgefährten ausdehnen (z. B. „Meine Frau, meine Kinder sind auch nicht mehr"), schließlich auf die ganze Welt im *nihilistischen Wahn* (Lit. s. WEBER 1938). Der depressiv eingeengten und darniederliegenden Existenz geht die Welt überhaupt verloren.

Das Erleben eigenen Verwesens (oft auch mit entsprechenden Geruchshalluzinationen, Fäulnis-, Leichen-, Friedhofgeruch) kann zur *sekundären Wahnbildung* führen: Beziehungswahn.

Z. B.: Ich verfaule, man riecht es schon, die Menschen weichen mir aus, ich merke es ihnen an, daß sie mich meiden, sogar die Amseln sind weggeflogen von mir.

Oder: Ich falle allen zur Last, so wie ich bin.

Das kann Selbstmordimpulse provozieren oder verstärken.

Verfolgungswahn: z. B. Man will mich vernichten.

Schuld- und Verurteilungs-, Verdammungswahn: Kleine allmenschliche Schwächen, „Sünden", Vergehen gegen weltliche oder religiöse Ordnungsgesetze werden vergrößert zur untragbaren, untilgbaren Last für den Melancholiker. Dann quält ihn nicht nur der Selbstvorwurf der Existenzverfehlung, sondern die Angst vor Strafverfolgung, vor Exekution, vor Verdammnis, er kann ewige Höllenqualen für sich bestimmt „wissen".

13.6.3. 2. Manie

Bei der Affektpsychose Manie ist der Wahn selten. Gelegentlich aber kann sich die Selbstüberhöhung in den Größen- und Kraftgefühlen zum Wahnhaften steigern (Größenwahn, Megalomanie). Hier bestimmt die manisch-expansive Stimmung das Selbst- (und Welt-)Erleben ganz. Das stimmungsmäßig Gegebene wird zur Lebenswirklichkeit, zur Wahngewißheit. Es ist keine feste Grenze anzugeben zwischen wahnhafter und nicht wahnhafter Selbstüberschätzung. Solche Bestimmung geschieht nach der Verhaltensweise des Manikers (nimmt also am jeweiligen soziokulturellen Standard Maß).

Einfacher manischer Größenwahn:

Z. B.: Riesige Besitzungen, Vermögen, viele attraktive Geschlechtspartner zu haben u. ä.

In seiner Bodenlosigkeit und Existenzausdehnung kann dem Maniker schwindeln (wie ein Höhenschwindel), d. h. er kann unsicher und ängstlich werden ob seines „Höhenfluges" (z. B. „Ich habe zuviel Luft im Kopf" – „zuviel Luft unter den Füßen"), ob des Verlassens der bisherigen Ordnungen und Bindungen.

Daraus und aus dem Zusammenprall manischer Selbstüberschätzung und Expansivität mit der wirklichen Alltagsenge kann es zu *sekundären Wahnbildungen* kommen: Beeinträchtigungs-, Verfolgungs-, auch Eifersuchtswahn.

Z. B.: Man wolle ihm an sein Vermögen, neide es ihm, wolle ihn bestehlen, berauben u. ä.

13.6.4. Wahn bei Schizophrenen

Die Selbst- und damit Weltveränderung des Schizophrenen, das Unvertrautwerden in der Entfremdung (Derealisation, Depersonalisation) ist bereits Wahnstimmung. Diese kann zunächst noch unthematisiert („es ist etwas los, es kommt etwas heran" usw.) bestehen und dann plötzlich oder allmählich im Bedeutungsbewußtsein (im „Aufgehen" der Bedeutung) ein Thema ergreifen.

Die Wahnthemen Schizophrener sind so vielgestaltig wie ihre Lebensschicksale überhaupt. Es geht um das Bestehen des Selbstseins (s. Ich-Bewußtsein).

13.6.5. Wahn bei körperlich begründeten Psychosen

13.6.5. 1. Wahn bei akuten körperlich begründeten Psychosen

Wahnhafte Situations- und Personenverkennung kommt im Delirium und im Dämmerzustand vor.

Z. B.: Wähnt sich ein Deliranter an seinem Arbeitsplatz in seiner Berufsarbeit tätig (sog. Beschäftigungsdelir).

Ein traumhaft verworrener Epileptiker im Dämmerzustand ist gebannt von optischen Halluzinationen und ekstatischen Eingebungserlebnissen.

In der Alkoholhalluzinose werden oft bedrohende Stimmen von Menschen halluziniert, die einen Anschlag auf das Leben des Halluzinanten planen (Bedrohungsdelirium). In seiner Angst flüchtet der Verfolgungswahnkranke u. U. blindlings, springt aus dem Fenster o. ä.

13.6.5. 2. Wahn bei chronischen körperlich begründeten Psychosen

Beim chronischen organischen Psychosyndrom jeder Genese kann es zur Wahnbildung kommen.

Beziehungs- und Beeinträchtigungswahn entstehen auf dem Boden psychoorganisch begründeter *Verunsicherung* und *Vereinsamung,* vielfach bei alten alleinstehenden Menschen. Manchmal kann sich ein Wahn schon entwickeln, bevor das amnestische Psychosyndrom ausgeprägt ist. Dann wird die Natur der Psychose leicht verkannt, z. B. Choreophrenie bei Chorea Huntington, Progressive Paralyse.

Eine besondere Gruppe von Psychosen, bei der verschiedenste Wahnformen auftreten können, sind die *schizophrenieartigen Psychosen bei Epilepsie.*

Bei chronischer *Toxikomanie* (Alkohol, Amphetamin, Cocain) gibt es verschiedene Wahnbildungen.

Auf dem Boden eines chronischen *Alkoholismus* kann sich eine Beeinträchtigungshaltung entwickeln, manchmal vorwiegend als sexuelle Beeinträchtigungshaltung (Eifersuchtswahn).

Bei manchen Hirnabbaukrankheiten (z. B. zerebraler Arteriosklerose) tritt mit Leibhalluzinationen (des Juckens, Kribbelns, Kriechens usw.) ein *Dermatozoenwahn* auf: die wahnhafte Überzeugung, auf der Haut treiben viele kleine Tiere (z. B. Insekten, Würmer) ihr Unwesen. Gelegentlich werden diese Plagegeister auch wahnhaft im Leib (in den Därmen, in den Geschlechtsteilen, in der Blase usw.) erfahren: *Enterozoenwahn.*

Psychoorganisch begründeter Intelligenzabbau mit Urteilsschwäche ermöglicht manchmal den Weg in einen Größenwahn (z. B. bei Pickscher oder Alzheimerscher Hirnatrophie, bei Progressiver Paralyse u. a.).

Beispiel s. S. 144

Bei psychoorganisch kranken Depressionen gibt es das délir-e de négation *(Verneinungswahn),* den *Kleinheitswahn* (Mikromanie) (Lit. COTARD 1882) bis zum *wahnhaften generellen Nihilismus* (s. d.). Das Gegenteil ist das sogenannte *délire d'énormité.*

Z. B.: Der Kranke darf nicht Stuhl absetzen, weil davon das ganze Haus, ja die ganze Stadt überschwemmt würde, so daß alle ersticken müßten.

13.7. Verlauf des Wahns

Was aus einem Wahn in der weiteren Lebensgeschichte wird, hängt ganz von der Grundkrankheit, von der nosologischen Zugehörigkeit des Wahns (und damit von seiner Therapie) ab.

13.7.1. Wahn bei Affektpsychosen

Er klingt mit der affektpsychotischen Phase ab, er verschwindet einfach, es ist entweder gar keine Rede mehr von ihm oder er gilt als irrige Einbildung.

13.7.2. Wahn bei körperlich begründeten Psychosen

Z. B. bei progressiver Paralyse, Morbus Pick u. a.

Er kann im Fortschreiten des hirnorganischen Abbaus in der zunehmenden Demenz untergehen, nachdem er vielleicht vorher unter der starken Urteilsschwäche noch besonders groteske Formen angenommen hat.

Aber auch der Wahn bei körperlich begründeten Psychosen ist von der Situation des Kranken abhängig. Kann man ihm die Einsamkeit, die Ungeborgenheit und die Unmöglichkeit der Verständigung nehmen, so verschwindet oft auch der Wahn.

13.7.3. Wahn in besonderen Situationen

klingt mit der Aufhebung der Situation ab.

13.7.4. Wahn bei Schizophrenen

Er ist sehr von der Schwere der Erkrankung abhängig und von der Therapie.

Akute psychotische Episoden mit flüchtigem, wenig strukturierten Wahn klingen oft spontan oder unter psychotherapeutischer und/oder neuroleptischer Behandlung rasch ab. In chronischen Verläufen kann der Wahn jahrelang festgehalten werden. Die Kranken können lernen, mit ihrem Wahn umzugehen: sie leben in „doppelter Buchführung" (BLEULER 1911) Wahnwirklichkeit und mitmenschlich gemeinsame Wirklichkeit nebeneinander. Manche lernen ihre „krankhaften" und nicht krankhaften Erfahrungen aus-einanderzuhalten – und auf die „krankhaften" (Halluzinationen, Wahn usw.) nicht mehr zu reagieren, vielfach auch solche Erfahrungen gar nicht mehr mitzuteilen.

Bei phasenhaften Verläufen kann durch Jahre hindurch immer der gleiche Wahn auftreten und mit der Phase wieder verschwinden. Er wird dann abgeschaltet, verleugnet, vergessen, vielleicht noch als „Einbildung" erwähnt, hat aber kein handlungsbestimmendes Gewicht mehr. Manchmal kann er auch sekundär rationalisiert werden (Befriedigung des Kausalitätsbedürfnisses) und damit erledigt sein.

13.7.5. Lebensgeschichtlich-erlebnisreaktive Wahnentwicklungen

Sie sind vielfach chronisch, der Wahn bleibt unter Umständen lebenslang bestehen, der Kranke braucht das Gehäuse des Wahns für seine Existenz. Vielleicht kann auch einmal zum Fortbestand beitragen, daß das Eingeständnis des Krankhaften eine zu belastende Selbstkränkung wäre.

13.8. Wirkung des Wahns auf die Umwelt

Viele Alleinstehende isolieren sich in ihrem Wahn immer mehr und ziehen sich ganz zurück. So kann der Wahn z. B. am Arbeitsplatz, bei den Nachbarn u. U. lange unerkannt bleiben.

Z. B. erfuhren wir bei Familienstudien von einem Wahnkranken, der (in ländlicher Gegend) noch nie von einem Arzt gesehen wurde. Seit Jahren lebt er allein in einer Dachkammer, deren Türe mit vielen Schlössern verriegelt ist. Nur einer alten Tante erzählt er gelegentlich, daß er sich vor allem nachts vor Verfolgern fürchte, daß er bedrohende Stimmen höre, daß man ihn plage. Sonst weiß niemand von seinem Erlebnis, er geht in all den Jahren seiner Arbeit nach, wechselt oft die Stelle, da er sich unrecht behandelt fühlt, was er aber am Arbeitsplatz nicht mitteilt.

Aber auch bei manchen in ihrer Familie, mit Freunden, Lebensgefährten lebenden Wahnkranken kann der Wahn oft lange nicht als solcher erkannt werden. Das hängt sehr von dem Mitteilungsbedürfnis des Kranken und auch von der Wahnthematik ab.

Z. B. wird ein Verfolgungswahn mit Sicherungs- oder Verteidigungsmaßnahmen, ein Eifersuchtswahn mit Anschuldigungen an den Partner viel eher bemerkt und erkannt werden als ein lange zurückgehaltener hypochondrischer oder Schuldwahn.

Es braucht im allgemeinen ein ziemliches Ausmaß von ungewohnten, unverständlichen und nicht akzeptablen Verhaltensweisen, bis die Angehörigen ein Familienmitglied als krank erkennen. Auch dann kann – in Abhängigkeit von dem oft wechselhaften Verhalten des Kranken – die Stellungnahme schwanken zwischen der Annahme als krank, Ablehnung und „Entschuldigung" durch Alter, „Überarbeitung", Schwierigkeiten am Arbeitsplatz oder in Beziehungen u. ä.

Die Wahnkrankheit eines Familienmitgliedes oder Lebensgefährten ist eine *schwere Belastung für die Partner*. Wahn ist befremdlich, unheimlich, ruft Angst und Ablehnung hervor, er zerstört oft die Gemeinschaft. *Therapeutische Hilfe muß auch den Gefährten des Wahnkranken zuteil werden!*

Es sind vier hauptsächliche Möglichkeiten der Einstellung zum Wahnkranken herauszuheben (SCHULTE 1968, 1972).

13.8.1. Distanzierung

Abrücken vom Kranken führt zu seiner weiteren Isolierung, zu Scheidung, Trennung, Hospitalisation.

13.8.2. Akzeptierung

Annahme des Kranken auch bei richtiger Einschätzung des Krankheitscharakters gibt ihm die Möglichkeit, mit dem Wahn im Gemeinschaftsverband zu bleiben, hält ihm den Weg aus dem Wahn offen (und allenfalls die Rückkehr aus der Klinik). In Kulturen mit magischem religiösen Weltbild kann der Kranke viel eher unter den Seinen bleiben als in der industrialisierten städtischen Zivilisation.

13.8.3. Prolongierung

Gelegentlich kann dem Partner eines Kranken am Fortbestand der
Krankheit liegen: er hat den Partner mehr und sicherer für sich, solange er krank ist.

13.8.4. Partizipation

Manchmal wird der Wahn von Angehörigen oder Lebensgefährten geteilt, bestätigt, sogar bestärkt *(konformer Wahn,* BAEYER 1932).
Selten bildet sich – auf dem Boden hereditärer Disposition und besonders bindender psychodynamischer Gegebenheiten – eine *symbiontische Psychose* (SCHARFETTER 1970) aus: ein Partner (Induzierter)
wird vom Ersterkrankten (Induktor) „induziert" und partizipiert so,
daß er selbst produktiv psychotisch wird. Das sind die seltenen
Fälle, wo der Wahn selbst noch kommunikativ wirken kann.

13.9. Wahn in transkultureller Sicht

Die interkulturell vergleichende Psychiatrie hat unser Wissen vom
Wahn bereichert (MURPHY 1967, PFEIFFER 1970). Die Sozial- und Kulturrelativität auch dieser Weise des Erlebens und Verhaltens wird
bei Querschnitts- und historischen Vergleichen deutlich.

Wahn gibt es überall auf der Erde. Der Mensch scheint grundsätzlich wahnfähig.

Der sozio-kulturelle Status hat einen Einfluß auf
– Wahnbereitschaft, damit Wahnhäufigkeit
– Wahninhalt, Wahnthematik
– Wahnformung (-ausgestaltung)
– Verlauf und Ausgang

13.9.1. Kultureller Einfluß auf die Tendenz zur Wahnbildung

Es ist ein kulturell verschiedener Druck anzutreffen, Erklärung für
Erfahrungen zu geben. Die rational-technische Ausrichtung der
industrialisierten städtischen Kulturen scheint hier besonders för-
dernd.

Die Erklärungen hängen vom kulturell angebotenen Weltbild ab
(z. B. ob in der Kultur zwei „Welten", eine innerweltliche und eine
transzendentale unterschieden werden).

Paranoide Schizophrenie scheint in städtischen Gebieten häufiger zu sein als in ländlichen (auf dem Land begegnet an sich mehr Unberechenbares und wird so hingenommen). In asiatischen Kulturen mit geringeren rational erklärenden Tendenzen gibt es vermutlich weniger wahnbildende Schizophrenien (eher Simplexformen). Menschen aus Kulturen mit ubiquitärem Geisterglauben entwikkeln weniger Wahn, solange sie in ihrer Kulturgesellschaft bleiben; sie geraten stark in den Wahn, wenn sie aus ihrem kulturellen Verband herausgenommen werden.

Konfrontation mit Unbekannten bringt mehr wahnhafte Verarbeitung als bei Vorbereitung auf das Kommende (z. B. bei Immigranten). Kulturen mit starkem Gewicht gefühlshaft-irrationaler Bereiche bilden weniger individuellen Wahn, weil die Gemeinschaft die Überzeugung übernimmt.

Menschen aus Kulturen, die sich unter Druck verändern müssen, sind u. U. zu paranoiden Reaktionen auf diesen Veränderungsdruck genötigt.

13.9.2. Kultureller Einfluß auf den Wahninhalt

Während die Hauptthemen der Verfolgung und Beeinträchtigung, religiöser Wahn, Weltuntergangswahn, Schuldwahn, Verarmungswahn, hypochondrischer Wahn ubiquitär sind, ist die Art und Weise, wie sie ausgestaltet werden, vom religiösen (und teilweise auch politischen) Hintergrund abhängig.

Zum magischen Weltbild gehören der Geisterglaube und Verhexungswahn, zur judaeo-christlichen Kultur der Schuldwahn und der Weltuntergangswahn (welche beide im Islam und im Buddhismus kaum vorzukommen scheinen).

„Lokale" Wahnthemen sind z. B. der Wahn ehelicher Untreue in Indien, der Wahn verlobt oder verheiratet zu werden in Irland (MURPHY 1967).

Der „Zeitgeist" und das allgemeine Wissen beeinflussen die thematische Ausgestaltung (KRANZ 1955, 1967).

Während z. B. zu Beginn des Jahrhunderts die Beeinflussung durch Parapsychologie, Hypnose u. ä. noch häufiger war, kommt mit der Technisierung mehr die technisch-physikalische Beeinflussung bzw. Verfolgung (Strahlen, elektrischer Strom, Radar, Abhörgeräte, Funk usw.). Wie weit die Verbreitung anatomischen Wissens auf den hypochondrischen Wahn einen Einfluß hat, ist noch nicht bekannt.

13.9.3. Kultur und Wahnformung

In europäischen Kulturen, besonders bei Deutschstämmigen, bestehe eine stärkere Ausarbeitung des Wahns und eine größere Neigung zu Chronifizierung. In Indien komme es kaum zu strukturiertem Ausbau des Wahns (und die Unterscheidung von Wahn, phantasievoller Erfindung, Spiel sei oft sehr schwierig; MURPHY 1967).

13.9.4. Kultur und Verlauf des Wahns

Kulturell gegebener Erklärungs- und Rechtfertigungsdruck in europäischen Kulturen führt zu Fixierung und Chronifizierung. Aufnahme des Wahns in den kollektiven Glauben, Annahme als Verhexung und Exorzismus ermöglichen eher ein Ablassen vom Wahn.

13.10. Hypothesen zum Wahn

13.10.1. Psychoanalyse

Wahn entsteht durch Projektion. FREUD versteht die Projektion als einen Abwehrmechanismus, der vom Über-Ich nicht gestattete, vom Ich nicht assimilierbare Inhalte, Wünsche, Strebungen, Triebe Personen oder Dingen der Außenwelt zuschiebt. Damit kann Unlust und Angst vermieden werden.

Am Fall Schreber entwickelte FREUD (1911) die Hypothese: Die homosexuelle Tendenz des „Ich liebe ihn" muß unter dem Druck des Über-Ich in ein „Ich hasse ihn" verkehrt werden. Wenn diese Umkehr nicht genügt, verwandelt die Projektion das „Ich hasse ihn" in „Ich werde gehaßt".

Allgemein heißt das: Nicht assimilierbare Triebe lösen Schuldgefühle aus; diese sind schwer erträglich und werden durch Projektion abgewehrt: Statt der Selbstvorwürfe des schlechten Gewissens werden Beschimpfungen und Drohungen, erotische Anträge usw. aus der Umwelt laut (Stimmen, Verfolgungs-, Liebeswahn). Diese sollen eher erträglich sein als die Selbstanschuldigung oder Scham.

Wahn ist in dieser Auffassung eine *Notlösung, um unerträgliche Kränkungen des Selbstgefühles abzuwehren,* eine phantastische Befriedigung infantiler Wünsche. Jede intensiv abgewehrte Strebung könne in bestimmten Lebenssituationen in den Wahn führen, wenn die Realitätskontrolle versage: bei Kritik- und Urteilsschwäche, bei starkem Affektdruck (unerfüllte Wünsche, Triebkonflikt).

FREUD weist auf die *Beziehungen von Traum und Psychose*, besonders Wahn, hin (Traumdeutung, Abriß der Psychoanalyse. Der Wahn und die Träume in W. Jensens „Gradiva"). Wie im Traum gibt es auch im Wahn eine Wunscherfüllung. Im Verfolgungswahn erscheint letztlich die Selbstkritik des Über-Ich, projiziert auf die Außenwelt. Für den Größenwahn übernahm Freud die Interpretation von ABRAHAM (1908) als Rückzug der Libido aus der Außenwelt auf das Ich, was zu einer Inflation des Ich führe. Der Vorgang diene der Abwehr unbewußter Minderwertigkeitsgefühle und sei ein Spiegel der infantilen Omnipotenz.

Mehrfach weist FREUD auf „das Stück historischer Wahrheit" im Wahn und meint, daß man „in der Anerkennung des Wahrheitskernes einen gemeinsamen Boden finden" könne, „auf dem sich die therapeutische Arbeit entwickeln kann". (Der Wahn und die Träume in W. Jensens „Gradiva", S. 108, Konstruktionen in der Analyse, S. 55) (Lit. s. ABRAHAM 1908, FENICHEL 1971, FREUD 1906 bis 1909, NUNBERG 1971)

13.10.2. Analytische Psychologie

JUNGS Auffassung vom Wahn ist eng an die FREUDS und BLEULERS angeschlossen. Er befaßt sich mit dem Wahn bei der „Hysterie" und bei der Schizophrenie. Wahn komme aus unbewältigten affektgeladenen Komplexen und durch „Fixierung der Affekte" (NEISSER) zustande (Über die Psychologie der Dementia praecox). In einem Vortrag 1908 (Der Inhalt der Psychose) stellt er den finalen Gesichtspunkt stärker heraus: „Das unverkennbare Streben der Kranken, mit und in ihrem Wahn etwas auszudrücken." Damit will er FREUDS Konzept der phantastischen Befriedigung infantiler Wünsche erweitern. Hier sind auch erste Hinweise auf *Parallelen von Wahninhalten und mythologischen Themen,* die dann in „Wandlungen und Symbole der Libido" weiter ausgeführt sind. Der Vergleich von *Wahn und Traum* wird 1939 (Über die Psychogenese der Schizophrenie) wieder aufgegriffen und mit dem Hinweis auf das Auftauchen archetypischer Bilder aus dem kollektiven Unbewußten weitergeführt. 1958 (Die Schizophrenie) kommt dieses Thema wieder. In der Schizophrenie taucht „Material" aus dem kollektiven Unbewußten auf; ein unterdrückter heftiger Affekt ruft „immer intensive Kompensationserscheinungen seitens des Unbewußten" hervor. „Diese äußern sich einmal in Wahnbildungen und in Träumen."

In „Das Unbewußte in der Psychopathologie" interpretiert Jung den Eifersuchtswahn des Alkoholikers als unbewußte Kompensation des nicht mehr Liebens. „Die Liebe zur Frau ist nicht völlig erloschen, sie ist nur unbewußt geworden. Aber aus dem Bereich des Unbewußten kann sie jetzt nur in Form von Eifersucht wieder erscheinen" (Lit. s. Jung 1968).

13.10.3. Individualpsychologie

Hier steht die finale Betrachtung ganz im Vordergrund: *Wahn dient dazu, die Niederlage im Leben zu verdecken.* Im Verfolgungswahn werden vom Kranken selbst Schwierigkeiten geschaffen, die als Rechtfertigung gleichsam diese Niederlage entschuldigen (Lit. Adler 1920).

13.10.4. Palaeopsychologie

Das Jacksonsche Gesetz von der regelhaften Freilegung tieferer, phylogenetisch älterer zerebraler Funktionsschichten durch Hirnschädigung wurde für die Palaeopsychologie das „Gesetz der krankheitsbedingten phylogenetischen Regression" (Heinrich 1965) genannt. Danach ist Wahn bei körperlich begründeten Psychosen Ausdruck eines Abbaues differenzierter auf niedrigere zentralnervöse Leistungen. Paranoide Welterfahrung ist als mythisch-archaische Lebensform Ausdruck dessen, was eine Krankheit an Hirnleistungen noch möglich sein läßt.

Zur zerebralen Schädigung kommt eine „thymogene Dekompensation" (durch Angst), die unter Mitwirkung psychoorganischer Kritikschwäche und durch das Erlebnis eigener Insuffizienz zur Psychosemanifestation führt.

Das paranoide Syndrom ist durch eine starr eingeschlossene (enkletische) Umweltbeziehung (durch Subjektzentrismus), durch Unfreiheit und Formelhaftigkeit des Reagierens gekennzeichnet (Lit. Bilz 1967, Heinrich 1965, Ploog 1964, Storch 1959, 1965).

13.10.5. Gestaltpsychologie

Conrad (1958) stellt die Stadien der Wahnentwicklung als Gestaltwandel schizophrenen Erlebens dar.

Trema (Furcht und Zittern)
Das Verlorengehen der gewohnten Ordnung führt zur Stimmung des Verändertseins (von Selbst oder Umwelt), der Fremdheit (Depersonalisation, Derealisation), der Unheimlichkeit, Unvertrautheit, Unruhe und Angst herrscht. In dieser Wahnstimmung gibt es noch keine thematische Festlegung.

Apophänie (das Inerscheinungtreten) und *Anastrophe* (Wendung)

Aus der Wahnstimmung des Tremas hebt sich eine neue Physiognomie der Umgebung ab. Derealisation, Sinnestäuschungen und Denkstörungen (Protopathik hat Vorrang vor Epikritik) bereiten den Weg für das abnorme Bedeutungsbewußtsein des Wahns. In der Anastrophe (Wendung) erfährt der Kranke die Ich-Zentrierung in der Wahnwelt, sein Gefangensein im starren Subjektzentrismus. Das Wahnthema wird ausgeformt, der Wahn eventuell systematisiert. Der Kranke isoliert sich in einer autistisch-dereellen Welt, in der er sich nicht mehr mit anderen verständigen kann.

Apokalypse

Im Stadium der Apokalypse kommt es zu einem Zerfall des Ich-Erlebens, zu einem *Gestaltzerfall*, mit Störungen des Denkens und Fühlens und katatonen Symptomen.

CONRAD zeigt, wie der Überstieg (BINSWANGER 1965) aus der wahnhaften Welterfahrung in die nicht wahnhafte nicht mehr gelingt, wie dem Kranken die „kopernikanische Wende" nicht mehr möglich ist (Lit. CONRAD 1958, MATUSSEK 1963).

13.10.6. Kybernetik

Im Zentrum dieser Betrachtung steht das Konzept einer Filterstörung (Reglerstörung) und einer pathologischen Überwachheit.

Der Gesunde verhält sich in seiner Umgebung unter ständiger Voraussetzung von Wahrscheinlichkeit. Kleine Wahrscheinlichkeiten, d. h. unwahrscheinliche Möglichkeiten schließen wir aus, größere erachten wir als sicher, mittlere werden in den Überlegungen berücksichtigt. Die Grenze zwischen den vernachlässigten und den berücksichtigten Wahrscheinlichkeiten ist nicht starr, sie hängt von äußeren Gegebenheiten ab: Sich-gefaßt-Machen auf eine Unwahrscheinlichkeit einerseits, Vernachlässigen einer Wahrscheinlichkeit andererseits. Hier liegt eine Regulation vor, abhängig von der Situation. In potentiell gefährlichen Situationen berücksichtigen wir auch extreme Wahrscheinlichkeiten.

Die Umwelt enthält für uns viele Zeichen. Die Information aus der Umwelt verhält sich umgekehrt proportional zur Wahrscheinlichkeit, mit der wir etwas erwarten, d. h. Unerwartetes, das zutrifft, bringt Informationszuwachs, Nichteintritt von etwas sehr Wahrscheinlichem ebenso.

Ein Defekt dieser Regulation (Filter) hat zur Folge, daß viel mehr Informationen eingeholt werden, weil die Selektion des Unwichtigen nicht gelingt. Ein Mensch mit gestörter Regulation wird überschwemmt von Informationen, die er nicht mehr einstufen, nicht mehr bewältigen kann. Dann wird ihm die Umwelt auffallend, d. h. unerwartet, vielfach bedeutungsvoll und unheimlich.

Die unangepaßte Wahrscheinlichkeitsschätzung der banalen Alltagserwartung führt zu einem verstärkten Bedeutungserleben. Dem entspricht die überwachte Gespanntheit auf äußere Eindrücke (Lit. s. FEER 1970).

13.10.7. Neurophysiologie

Sie geht von den Beobachtungen bei experimenteller sensorischer Isolation aus. Art und Ausmaß der psychopathologischen Erfahrung dabei hängen von Vollständigkeit und Dauer der Isolation, vom Ausmaß der dabei auftretenden Angst, dem Zeitpunkt des Lebens, in dem das Experiment stattfindet, ab. Die wahnartigen Reaktionen hängen umso weniger von der Persönlichkeit ab, je vollständiger und länger die Isolation ist.

Das Nervensystem ist für ein normales Funktionieren auf ein volles Einströmen von Afferenz angewiesen. Ist dieser Zufluß gestört (sensorische Isolation, Sinnesfehler usw.), so kommt es zu psychischer Desintegration: Halluzination und Wahn sind Ausdruck gestörter Realitätskontrolle, die (ungeklärt) als komplexe Leistung des Gesamtorganismus aufgefaßt wird.

13.10.8. Mehrdimensionale Betrachtung

GAUPP (1920, 1938, 1947) nahm (am Beispiel der Kampfparanoia des Hauptlehrers Wagner) das *Ineinandergreifen psychoreaktiver und endogener Faktoren* für die Wahnentwicklung an. Auf dem Boden einer hypothetischen endogenen (hereditären) Disposition (sog. Anlage) entwickelt sich bei einer besonderen Persönlichkeitsart durch die lebensgeschichtlichen Umstände der Wahn.

Wagner, auf gutes Ansehen bedacht, wähnte nach einem sodomitischen Akt, daß das ganze Dorf von seiner Verfehlung wisse und üble Gerüchte über ihn verbreite. Da beschloß er, Rache zu nehmen, und zündete das Dorf an.

KRETSCHMER (1966) hat in seinen Studien zum sensitiven Beziehungswahn die „Dynamik typischer Reaktionsmuster" zwischen Charakter, Umwelt und lebensgeschichtlicher Erfahrung (Schlüsselerlebnis) weiter ausgebaut. Eine sensitive Persönlichkeit kann den Stachel der Selbstkränkung, den sie einmal erfahren hat, nicht überwinden und gerät dann – unter bestimmten Umweltbedingungen (Ausgesetztsein, Alleinsein u. ä.) – in den Wahn (Lit. GAUPP 1920, 1938, 1947, KRETSCHMER 1966).

13.10.9. Existenzanalyse, Daseinsanalytik und Daseinsanalyse

In phänomenologisch-hermeneutischen (interpretativ-deutenden) Studien über das Dasein des Schizophrenen auf der Basis von HEIDEGGERS Daseinsanalytik wird das schizophrene In-der-Welt-sein existential (und nicht mehr kategorial) vergegenwärtigt (BINS-WANGER 1955, 1957, 1965, BLANKENBURG 1967, 1971, KUHN 1963, KUNZ 1931, 1962, 1972, LAING 1959, STORCH 1959, 1965). Im Wahn-kranken zeigt sich eine Störung der Mitweltlichkeit, der Sympa-thiegefühle im Sinne von Max SCHELER, eine Störung der intersub-jektiven Konstitution des Menschen (BLANKENBURG), eine Kommu-nikationsstörung (Befangensein im ἴδιος κόσμος = Eigenwelt). Die schizophrene Abwandlung des In-der-Welt-seins, sein Scheitern, sein Verfehlen des Lebensweges, sein Zerbrechen der Daseinsord-nung kann im Wahn als „Selbstexplikation schizophrenen Daseins" (KUNZ) Ausdruck finden.

Diese Existenzanalyse entzieht sich ihrem Wesen nach einem kur-zen Referat. Ihre Bereiche sind vorwiegend vertiefte Einzelstudien. Ihr Wert liegt vor allem darin, den Ganzheitscharakter jedes menschlichen Krankseins und die damit einhergehende Weltver-änderung gezeigt zu haben.

Die *Daseinsanalyse* (BOSS 1971, 1974) zeigt – in einer Weiterent-wicklung der auf HEIDEGGERScher Philosophie beruhenden Exi-stenzanalyse – die *Entschränkung* und die *Verschlossenheit* des „exqui-sit soziologischen Phänomens" *schizophrenen Daseins, zwei Weisen der einen Unmöglichkeit, das eigene Selbstsein in Freiheit seinem je eigenen Weltbereich offenhalten zu können* im Vernehmen und Antworten. Die Folge ist ein hilfloses Ausgesetztsein, ein Ge- und Befangensein, eine Überwältigung sogar von Alltäglichem (Verfolgungswahn, Beeinflussungswahn, Autismus), eine Ohnmacht, der die Allmacht der anderen entspricht. Die Entschränkung des Daseins kann zur Ausdehnung, Aufblähung im Wahn bedeutenden Wirkens, Rolle usw. führen. Die Daseinsanalyse hat auch bereits therapeutische Handlungsrichtlinien gegeben.

13.10.10. Sog. anthropologische Psychiatrie

Diese Richtung ist im deutschen Sprachraum von ZUTT (1958, 1963) und KULENKAMPF (1955, 1956) vorgetragen worden. Sie sieht die Psychose als das Ergebnis des Zusammenbruches der gewohn-ten Daseinsordnung des „gelebten welthaften Leibes", gekenn-zeichnet durch Entbergung, Entgrenzung, Standverlust. Im Zen-trum des paranoiden Erlebens (in Betracht gezogen wird haupt-sächlich der Verfolgungswahn) wird Erblicken und Erblicktwerden gesehen.

14. Antrieb (Grundaktivität)

Engl.: spontaneity, initiative, activity

14.1. Definition

Antrieb nennt man – sehr global und wenig scharf – die im Ausdruck sich kundgebende Grundaktivität eines Menschen.

14.2. Funktionen

Antrieb ist ein Konstruktbegriff zur Bezeichnung der hypothetischen belebenden Kraft für alle psychischen und physischen Leistungen des Menschen.[1] Der Antrieb bestimmt ihre „Lebendigkeit", Schnelligkeit, Regsamkeit, die allgemeine Vitalität, Tätigkeits- und Reaktionsbereitschaft (Spontaneität und Reagibilität). Er ist eine hypothetische Grundlage für Aufmerksamkeit, Zuwendung, Anteilnahme (affektiver Bereich), Interesse, sensorische, kognitive Leistungen i. w. S., für das Denken, das Entscheiden und die Willensleistungen, für die (motorische) Beweglichkeit und für das Triebverhalten.

Der Antrieb ist selbst nicht zielsetzend. Seine Ausrichtung auf ein Ziel wird bestimmt durch Motivation, Bedürfnis, Trieb und Wille (s. d.).

Beobachtungen der Humanpsychologie und der vergleichenden Ethologie (Tinbergen 1952, Lorenz 1963, Eibl-Eibesfeldt 1969, 1970) legen die Annahme einer weitgehend ungerichteten Grundaktivität nahe, die sich bei Fehlen von bedürfnisbefriedigenden Zielen in wachsender motorischer Unruhe solche sucht (Leerlaufhandlungen, Appetenzverhalten von W. Craig 1918), beim Antreffen von Zielen erst thematisch ausrichtet und sich in Triebhandlungen entlädt.

Das Antriebsverhalten des Menschen ist individualcharakteristisch. Der individuelle Antrieb, die Regsamkeit und Tatkraft bestimmen das „persönliche Tempo", das neben der Grundstimmung eine wesentliche Komponente des Temperamentes ist.

In der Antriebslage zeigt sich auch die Umweltabhängigkeit des Menschen:

Fehlen Außenreize, die die Aktivität stimulieren, so tritt Langeweile auf (Bilz 1960) mit einer Herabsetzung der gesamten Akti-

---

[1] Vgl. die Begriffe Libido i. S. v. C. G. Jung, vitale Energie, elan vital (H. Bergson).

vität bis zur Schläfrigkeit, mit Gähnen, mit „sinnleeren", ungerichteten, ziellosen, z. T. gleichförmig wiederholten Bewegungen (Stereotypien). Die Bedeutung der Anregung aus der Umwelt für die Entwicklung ist zu ersehen aus folgender klinischer Beobachtung:

Bei Kindern kann durch das Fehlen von adäquaten Anregungen Hospitalismus entstehen: Verlangsamung der Psychomotorik, Passivität bis zur Apathie, leerer Gesichtsausdruck, Störung der normalen mitmenschlichen affektiven Beziehungen (SPITZ 1960).

14.3. Anatomische und physiologische Grundlagen

Antrieb entspricht als Konstruktbegriff nicht einer heraushebbaren Einzelfunktion. Er ist zu denken als das Resultat des geordneten Zusammenspieles der zerebralen Funktionen und ist als solcher nicht ausschließlich einer bestimmten Hirnregion zuzuordnen (wie etwa der Substantia reticularis, dem Thalamus, dem Diencephalon und limbischen System, dem Stirnhirn, deren intakte Funktionen allerdings in ihrer Gesamtheit Antrieb ermöglichen). Der Gesundheits- und Kräftezustand des ganzen Organismus, sein Stoffwechsel- und hormonales Gleichgewicht, das Lebensalter, u. U. der 24-Stundenrhythmus beeinflussen den Antrieb.

14.4. Untersuchungsmöglichkeiten des Antriebs

Wir erfahren Antrieb in der Selbstbeobachtung und in der Befragung des anderen, mittelbar durch die vom Antrieb abhängigen affektiv-kognitiven, sensorischen, motorischen usw. Aktivitäten.

Die Antriebslage wird erschlossen aus der Verhaltensbeobachtung im Quer- und Längsschnitt. Die individuelle „Lebendigkeit", der Einfallsreichtum, die Flüssigkeit und Beweglichkeit der Sprache und Emotionalität sowie die gesamte Motorik geben Kunde von der Antriebslage.

14.5. Formale deskriptive Psychopathologie
   des Antriebes

14.5.1. Antriebsverminderung

Antriebsarmut, Antriebsmangel, Antriebshemmung

Die gebräuchliche Unterscheidung von Antriebsarmut und -hemmung ist nicht eindeutig zu leisten und unterbleibt deshalb.

Dem Untersucher wird Antriebsarmut sichtbar an der Aspontaneität bis Apathie, an der spärlichen, u. U. verlangsamten Motorik, der einförmig schwunglosen Redeweise, der Einsilbigkeit, der Einfallsarmut, der dürftigen Aufmerksamkeit, der erschwerten allgemeinen Anregbarkeit. Mangelnde Entschlußbereitschaft und -fähigkeit sowie Willenlosigkeit (Abulie) kennzeichnen solche Menschen. Schwer antriebsarme Menschen versinken, in Ruhe gelassen, manchmal in sich selbst und verharren stumm und reglos (Stupor).

14.5.2. Antriebssteigerung

Antriebsgesteigerte Menschen weichen gegenüber ihrem individualtypischen Verhalten ab: sie sind lebhafter als sonst, haben mehr Schwung und Initiative, es fällt ihnen mehr ein, sie sprechen mehr und rascher, sie sind beweglicher und regsamer. Manche fühlen sich auch unruhig. Sie sind ständig in Bewegung, laufen herum, ringen mit den Händen, vollführen Kratz- und Wischbewegungen, trommeln mit den Fingern u. ä. In schweren Fällen steigert sich die Unruhe bis zur schweren allgemeinen Erregung und zur Tobsucht. Den vermehrten Rededrang, oft auch mit schnellerem Reden verbunden, nennt man Logorrhoe.

14.6. Vorkommen der Antriebsanomalien

14.6.1. Persönlichkeitskennzeichnende Eigenheiten des Antriebsniveaus

Antriebsarme Menschen sind schwunglos, lahm, wenig tatkräftig, vitalitätsarm, stumpf, gleichgültig oder schwerblütig, entscheidungsschwach, auch willenlos-passiv. Die Trennung von psychopathischer („anlagemäßig" gegebener, „konstitutioneller") und neurotischer (lebensgeschichtlich begründeter) Entwicklung ist auch hier vielfach unmöglich.

Den Gegenpol bilden die betriebsam Hypomanischen (KRETSCHMER 1961), die Hyperthymen, die tatkräftig wendigen, aktiven, leistungsstarken Menschen.

14.6.2. Erworbene Antriebsstörungen

Antriebsverminderung oder -vermehrung (bzw. -enthemmung) auf Grund von

a) allgemein körperlichen Leiden

b) bei endokrinen Störungen

c) diffusen Gehirnkrankheiten

d) regional begrenzten Hirnschäden

e) bei funktionellen (sog. endogenen) Psychosen

f) psychoreaktiven, neurotischen und psychopathischen Antriebsstörungen

g) pharmakologischer Antriebsbeeinflussung

Zu a)

Bei allen schweren („kräftezehrenden") *Körperkrankheiten* (z. B. Infektionen, Krebsleiden, Blutkrankheiten) und bei Stoffwechselleiden (z. B. Leberzirrhose, Nierenversagen) kommt es zu einer Antriebsverminderung.

Zu b)

Bei Erkrankungen des *endokrinen Systems* (Störungen des Hormonhaushaltes) entwickelt sich das sogenannte endokrine Psychosyndrom (BLEULER): Es ist außer durch Veränderung der Affektivität (Verstimmbarkeit) vor allem durch Störungen des Antriebs (zuweilen auch einzelner Triebe) gekennzeichnet. Bei Hypophyseninsuffizienz, bei Unterfunktion der Schilddrüse (Hypothyreose), der Nebennierenrinde (Morbus Addison), der Keimdrüsen (Hypogonadismus) ist der Antrieb vermindert. Die Überfunktion der Schilddrüse (Hyperthyreose) führt zu Antriebssteigerung mit u. U. hochgradiger allgemeiner Unruhe.

Zu c)

Bei *chronischen diffusen Hirnschäden* des Erwachsenen entwickelt sich das sog. organische Psychosyndrom (BLEULER), das in fortgeschrittenem Stadium neben den Erinnerungsstörungen (amnestisches Psychosyndrom) und der Denkverarmung wesentlich charakterisiert ist durch Affektstörungen und Antriebsverminderungen im Sinne von Aspontaneität, Abstumpfung, Apathie, manchmal allerdings auch durch episodische Unruhezustände. Beim sogenannten apallischen Syndrom (KRETSCHMER 1940), der Enthirnungsstarre bei schwerster Schädigung des gesamten Großhirns, erlischt schließlich jede Spontaneität des Kranken.

Bei diffusen zerebralen Schädigungen im Kindesalter kann sich ein schwerer Schwachsinn entwickeln, manchmal mit dauernder starker Steigerung der Motorik, einer dauernden Erregung (Erethismus). Man spricht dann von erethischem Schwachsinn. Erethismus gibt es aber auch ohne Oligophrenie bei „minimal brain damage". Andere Oligophrene können apathisch, stumpf und „lahm" sein.

Zu d)

Bei *lokalisierten Hirnschäden* kann sich das sogenannte hirnlokale Psychosyndrom (BLEULER) einstellen, das, erscheinungsbildlich dem endokrinen Psychosyndrom gleichend, außer durch Veränderungen der Stimmung und der Einzelantriebe (z. B. Freßsucht, dranghafte sexuelle Handlungen) durch eine Steigerung oder Minderung des Antriebs gekennzeichnet ist. Es scheint, daß es vor allem Störungen (z. B. Tumoren, Blutungen, enzephalitische Herde) in den basalen Anteilen des Temporallappens, im Mittelhirn und Hypothalamus (zusammengefaßt im limbischen System) sind, die zu solchen Verhaltensstörungen führen können.

Wie weit auch Störungen anderer Hirnregionen spezifische (und in der Diagnostik topologisch verwertbare) psychopathologische Ausfallerscheinungen hervortreten lassen, ist umstritten. So wurden das apathisch-gleichgültige Wesen, die Indolenz und die Gemütsabstumpfung bei Schäden der Stirnhirnkonvexität,[2] die Enthemmung (Reizbarkeit, Wutanfälle) und der Abbau der ethischen und ästhetischen Gefühle sowie gelegentlich läppisch-alberne Witzelsucht (Moria) bei Schäden der Stirnhirnbasis (Orbitalhirnschäden) beschrieben. Für das Zwischenhirn sei eine Periodik von Antriebsarmut und normalem Antrieb kennzeichnend, hier bei erhaltener selbstreflexiver Stellungnahme des Kranken. Bei Erkrankungen der Stammganglien (Morbus Parkinson, Chorea Huntington) kommt es in fortgeschrittenen Stadien auch zu Antriebsverarmung und Abstumpfung.

Zu e)

Antriebsveränderungen bei *funktionellen Psychosen*

Schizophrenie

Bei der akuten Schizophrenie sind die Antriebsveränderungen in erster Linie bei der sogenannten katatonen Schizophrenie eindrücklich. Man pflegt die akinetisch-stuporöse Form von einer hyperkinetischen Form, der katatonen Erregung, zu unterscheiden. Bei der chronischen Schizophrenie ist häufig eine Antriebsarmut zu beobachten. Es gibt zahlreiche Versuche, den Antriebsdefekt chronisch Schizophrener als eine zentrale Störung des „schizophrenen Prozesses" aufzufassen. Dabei darf nicht übersehen werden, daß durch die Dauerhospitalisierung im geschützten, wenig stimulierenden Milieu einer Anstalt manche Antriebsdefekte auch gezüchtet werden können (Institutionalismus, Hospitalismus).

---

[2] Die Abstumpfung auch gegenüber quälenden depressiven Verstimmungen, gegenüber Zwangsantrieben und schwersten dauernden Schmerzen, gegen die man anders nicht ankommt, wird durch den hirnchirurgischen Eingriff der *Leukotomie* (Läsionen im Gyrus cinguli, in den fronto-thalamischen Bahnen u. a.) angestrebt.

Affektpsychosen

Die *Manie* ist charakterisiert durch einen Antriebsüberschuß, durch eine Steigerung des Vitalitätsgefühles, Einfallsreichtum, interessierte Beteiligung, Vermehrung und Beschleunigung des Redeflusses (Logorrhoe), manchmal auch durch schwere Erregung (manische Tobsucht).

Die *Depression* hingegen ist gekennzeichnet durch Antriebsminderung, durch einen Niedergang der Vitalgefühle, Schwächegefühle, Schwung- und Initiativelosigkeit, Entscheidungsunfähigkeit, Einfallsarmut und Denkhemmung, Rückzug der Interessen, Bewegungsarmut bis zum sogenannten depressiven Stupor. Die sogenannte agitierte Depression zeigt sich in einem aufgeregt fahrigen, dauernd unruhigen Wesen. Die leere, ungerichtete Antriebssteigerung führt zu stereotypem Jammern, Stöhnen, Seufzen, Herumfingern, Hin- und Herlaufen.

Zu f)

Psychoreaktive und neurotische Antriebsstörungen

Schon bei einer durchaus noch in den normalpsychologischen Bereich fallenden Traurigkeit oder Vergrämtheit kommt es häufig vorübergehend zu einem Initiativeverlust. Nach schwer traumatisierenden lebensgeschichtlichen Erfahrungen (z. B. Konzentrationslagerhaft, s. MATUSSEK 1971; v. BAEYER u. Mitarb. 1964) und bei neurotischen Entwicklungen, vor allem depressiver Art, bei (besonders Grübel-)Zwängen und Phobien besteht häufig eine Antriebsverminderung.

Besonders ausgeprägt kann das beim sogenannten Residualneurotiker sein, der chronifizierten, weitgehend fixierten Neurose (ERNST 1959).

Zu g)

Pharmakologische Antriebsbeeinflussung

Die Hypnotika (Schlafmittel) bewirken Antriebsverminderung, Müdigkeit und Schlaf. Coffein (in Kaffee und Tee) und Nikotin sind weltweit gebrauchte Anregungsmittel. Die sogenannten Psychostimulantien oder Psychoenergizer (Amphetamine, Methylphenidat) führen vorübergehend zu einer Antriebssteigerung. Ebenso können manche Antidepressiva (z. B. Imipramin) den Antrieb steigern. Die sogenannten Neuroleptika hingegen führen zu einer Antriebsdämpfung, in höheren Dosen zu Antriebslähmung.

15. Aggression

15.1. Definition

Aggression (aggressives Verhalten): verbaler oder tätlicher Angriff auf andere Lebewesen oder Dinge

Aggressivität: Bereitschaft zu Aggressionen, Angriffigkeit

15.2. Funktion

Aggression heißt vom Wort her: herangehen, an jemanden oder an etwas darangehen; ein mit einer gewissen Energie und Zielstrebigkeit geschehendes Herantreten an Menschen oder Dinge.

Aggression in diesem weiteren Sinne (die keineswegs nur destruktiv ist) ist ein wesentlicher Teil unseres mitmenschlichen Verhaltens überhaupt. Sie ist zur Selbst- und zur Arterhaltung notwendig. Aggression in diesem weiten Sinne braucht jedes Lebewesen, um seine Rolle in der Gruppe, um seinen Platz zu behaupten (Territorium, Behausung, Bau, Ruhestätte, Nahrungs-, Jagd- oder Weidegebiet) oder um seinen Sexualpartner zu gewinnen und zu behalten (Paarungskämpfe).

Auch beim Menschen ist eine gewisse Aggressivität, eine Bereitschaft, tatkräftig an Menschen und Dinge heranzugehen, notwendig, um sich in der Welt überhaupt durchzusetzen, um seinen Weg zu gehen, seine persönliche oder berufliche Laufbahn (Rolle, Rang, Wettstreit) einzuschlagen mit dem Herangehen-an, Ergreifen und Bewältigen der dabei sich zeigenden Möglichkeiten, Aufgaben, Widerstände usw. So verstandene Aggressivität macht bereit, Probleme anzupacken, an eine Sache heranzugehen usw.

Dieser weite Begriff der Aggression verliert sich aber völlig in dem übergeordneten der allgemeinen Aktivität (Handlungsbereitschaft, Initiative, s. Antrieb). Für ethologische und psychopathologische, im besonderen auch forensische Zwecke ist die *engere Fassung des Begriffes Aggression* vorzuziehen: *Aggression ist das Verhalten, das auf Vertreibung, Kränkung, Beschädigung, Verletzung oder Tötung eines Menschen, eines Tieres, einer Sache zielt.* Dem aggressiven Verhalten ist der Affekt der Wut, des Zornes, des Ärgers, aber auch der Angst (Aggression als Verzweiflung, wenn einer in die Enge getrieben ist) zugeordnet.

In der Literatur heben sich im wesentlichen zwei alternative Konzepte über die Aggression hervor.

a) Die Aggression ist ein *angeborener Trieb.* So z. B. die LORENZ-Schule (LORENZ 1963, 1969; EIBL-EIBESFELD 1969) und die Psychoana-

194   Aggression

lyse. ADLER sprach vom Aggressionstrieb und FREUD sah darin
einen Abkömmling des Todestriebes Thanatos. Die Konsequenz
dieses Konzeptes für die Aggressionsbewältigung ist: Aggression
müsse wie alle anderen Triebe „entladen", „ausgelebt" werden,
sonst gebe es „Störungen", falls nicht eine Verdrängung, Sublima-
tion o. ä. gelänge.

b) Aggression sei *erworben* und sei *Reaktion* (Reiz-Reaktionsmodell).
Durch Lernen, durch Erfahrung und als Reaktion (auf Frustration,
Repression, vor allem aber auf Aggression) würden Aggressionen
geweckt. Im wesentlichen wird Aggression psychosoziogenetisch
verstanden und lerntheoretisch interpretiert.

Es ist ein gewisses Grundpotential an Aggressionsbereitschaft
(Aggressivität) als dem Menschen eigentümlich anzunehmen. Wie
weit diese Aggression aber gelebt wird oder gar gelebt werden
muß, hängt sehr von den Umweltbedingungen ab. Bei entspre-
chender Bereitschaft genügt schon ein Bagatellanlaß. Es ist *nicht*
richtig, von einem Aggressionstrieb zu sprechen. Die Aggressivität unterlegt vielmehr das Verhalten und bestimmt es in vielen Bereichen, unter anderem auch das Triebverhalten. Darum kann Aggression verschiedene Triebhandlungen mitbestimmen, formen.

15.3. Zentral-nervöse Repräsentanten der Aggression

Im Zwischenhirnbereich sind Zentren anzunehmen, deren Reizung
aggressives Verhalten, Angriff und Wut auslösen können, andere,
deren Reizung solches Verhalten dämpfen und unterdrücken kann
(s. DELGADO 1967, HESS 1962).

15.4. Prüfung

Die Aggression wird aus dem Gesamtverhalten ersehen. Sie
äußert sich in der Motorik (Bewegung, Mimik, Gestik), in
lautlichen Kundgaben: Schreien, Drohen, Beschimpfen, Verwün-
schen usw.

15.5. Pathologie

15.5.1. Erhöhung der Aggressivität

Sie führt zu Angriffsimpulsen (Raptus):
Schimpfparoxysmen
Zerstörungswut
Gewalttätigkeit
Tobsuchtsanfall

Vorkommen

a) Habituell als Persönlichkeitsart: bei sogenannten erregbaren Psychopathen. Sie sind vor allem forensisch von Bedeutung, weil sie für Gewaltverbrechen gefährdet sind. Alkohol kann durch Kontrollschwächung provozierend wirken, besonders in bestimmten sozialen Situationen (z. B. Sich-hervortun, Wirtshausraufer).

b) Psychoreaktiv: bei Wut, Zorn, Angst, Verzweiflung. Als psychogene Haftreaktion ist der „Zuchthausknall" bekannt (blinde Zerstörungswut, Dreinschlagen, Gewalttätigkeit). Psychoreaktive Aggressionen werden durch alkoholbedingte Enthemmung gefördert. Bei unreifen, u. U. dazu noch unterintelligenten Menschen, auch bei Dementen (s. organisches Psychosyndrom) kommt es leichter zu einem Kontrollverlust.

c) Neurotisch: bei neurotischer Unausgeglichenheit, in sorgenbelasteten Lebenslagen, bei spannungsreichen Beziehungen besteht oft eine erhöhte Aggressivität, Reizbarkeit, Empfindlichkeit.

d) Organische Psychosen: im Alkoholrausch, im epileptischen Dämmerzustand. Beim postenzephalitischen Parkinsonismus kann es zusammen mit Augenmuskelkrämpfen (okulogyren Krisen) zu Angriffsimpulsen kommen, z. B. jemanden zu würgen.

Bei allgemeiner Hirnschädigung (organisches Psychosyndrom) kommt es manchmal durch Kontrollverlust zu erhöhten reaktiven Aggressionen (Reizbarkeit mit impulsiver Tätlichkeit).

Beim hirnlokalen Psychosyndrom (z. B. nach Schädeltrauma) gibt es raptusartige Gewalttätigkeit, ähnlich beim endokrinen Psychosyndrom.

e) Manie: Bei der gereizten Form der Manie gibt es tobsuchtartige Gewalttätigkeit.

f) Schizophrenie: Bei der katatonen Erregung sind Gewalttätigkeiten gefürchtet. Bei paranoid Schizophrenen (besonders mit Verfolgungswahn) gibt es verbale und tätliche Angriffe als Verteidigung oder aus Rache.[1]
Die Deutung der Sucht als erhöhte Selbstaggression kann hier nicht erörtert werden. Hingegen ist auf die Interpretation des Selbstmordes als gesteigerte Selbstaggression hinzuweisen, und auf die impulsive Selbstverletzung. Beide können raptusartig auftreten.

[1] Zur Gewalttätigkeit Geisteskranker s. BÖKER u. HÄFNER (1973). Unter allen untersuchten Gewalttätern sind 3 % geistesgestört i. w. S. Das entspricht der Häufigkeit der Geistesstörung i. w. S. unter der Erwachsenenbevölkerung. Geisteskranke und Geistesschwache werden nicht häufiger zu Gewalttätern als Geistesgesunde. Unter den geisteskranken Gewalttätern stehen die Schizophrenen an der Spitze.

g) Selbstmord: In einem auf Selbstvernichtung zielenden Raptus melancholicus kann es zu brutalen ungezielten (unüberlegten, darum nicht immer erfolgreichen) Selbstmordhandlungen kommen, gelegentlich auch zur Mitnahme von nahen Angehörigen (meist Gatte oder Kinder) in den Freitod (erweiterter Selbstmord).

h) Impulsive Selbstverletzung (Automutilation): z. B. Selbstkastration eines Schizophrenen auf Grund wahnhafter, religiös gefärbter Eingebung. – Ein Schizophrener verätzte sich Lippen und Mund mit Lauge, um nicht dem Befehl folgen zu müssen, seine eigene Mutter mit den Zähnen anzufressen.

Eine ältere depressive Frau hackte sich selbst die Hand ab, mit der sie sich in der Jugend durch Masturbation versündigt habe. – Agitierte Depressive können sich am ganzen Körper die Haut zerkratzen. – Ein Oligophrener riß sich selbst die Haare aus (Trichotillomanie).

Bei einer der vielfältigen Erscheinungsformen des (als neurotisch aufgefaßten) Münchhausen-Syndroms verletzen sich die Kranken selbst (z. B. durch wiederholtes Einstechen von Nadeln), um immer wieder hospitalisiert zu werden.

15.5.2. Verminderung bzw. Hemmung der Aggressivität

a) Habituell als Persönlichkeitsart: bei psychopathisch-neurotischer Wesensart (sog. neurotische Aggressionshemmung), asthenischen, lahmen, passiven Menschen.

b) Bei allen körperlichen Leiden, die schwächen.

c) Reaktiv: bei Kummer, Gram, Sorgen.

d) Bei organischen Psychosen mit Demenz ist häufig, aber keineswegs immer, im Rahmen einer allgemeinen Aktivitätsminderung mit Apathie eine Herabsetzung der Aggressivität da.

e) Depression: Bei fast allen Formen der Depression ist die Aggressivität herabgesetzt (s. dazu aber auch den Hinweis auf Selbstmord und Selbstverletzungsimpulse).

f) Bei der chronischen Schizophrenie gibt es passive, lahme, antriebslose, willenlose, dann vielfach auch aggressionslose Haltung.

16. Motorik

16.1. Definition

Motorik ist Haltung, Ruhe und Bewegung des handelnden Menschen.

In Mimik, Gestik, Haltung, Einzelbewegungen und kombinierten Bewegungsabläufen drücken sich sein Wesen, sein Selbstbewußtsein, seine Stimmung, seine Intelligenz, seine Wachheit, seine Gerichtetheit, sein Wollen, seine Triebe usw. aus.

16.2. Funktion

Motorik ist Verhalten – und Verhalten eine Funktion der Erfahrung. Wir nehmen eine Haltung ein und handeln. Beides können wir nur als ganze Menschen: Wir tragen das eigene Existieren in unserem verharrenden oder bewegten (Emotion) willentlichen oder unwillkürlichen Verhalten, in Haltung, Ruhe und Bewegung aus.

Das motorische Verhalten ist nur künstlich aus dem Ganzen des Menschendaseins (vom verbalen, kognitiven, gnostischen, affektiven, konativen usw. Verhalten) zu trennen. Es gibt uns ein Bild vom lebendig bewegten Menschen, von der Weise, wie er sich in seiner Welt befindet, wie er den Anspruch von Menschen und Dingen vernimmt, auffaßt und beantwortet.

Die Sprache weiß davon in großer Vielfalt zu sagen: Einer trägt den Kopf hoch, hält sich gut, bewahrt Haltung und Gesicht (oder verliert sie), steht auf eigenen Füßen fest im Leben, kann stand halten, besteht das Leben. Einer schleppt sich mühsam durchs Leben; einer setzt sich über Menschen und Dinge, Widerstände hinweg, erhebt sich über andere (ist überheblich), nimmt Hindernisse im Flug. Einer fällt bei Widrigkeiten um oder fällt, springt von einer Vereinbarung, von einer Gruppe ab, zieht sich zurück, läuft davon. Einer tritt den Menschen und Dingen entgegen, geht an sie heran, ist ein Draufgänger, packt sie mutig, stürmisch, zaghaft, richtig, verkehrt an, geht mit ihnen um. Einer geht aufrecht durchs Leben (vgl. STRAUS 1960), einer gebrochen, gebeugt. Einer drückt sich, krümmt, windet sich. Einer kriecht vor anderen oder liegt gar vor ihnen am Boden, unterwirft sich. Einer, der verlegen ist, fühlt sich in einer falschen Lage. Einer ist bei einer Bewegung gespannt. Einer ist verbohrt, hat sich verfahren, ist verschroben (falsch geschraubt), verdreht.

Ein Kind wird erzogen, ist vielleicht verzogen. Einer, der sich in der Hand hat, weiß sich zu zügeln. Ein Stolzer trägt den Kopf, die Nase hoch. Ein Mensch mit wenig Wirklichkeitssinn schwebt in den Wolken, ist vielleicht verstiegen (s. BINSWANGER 1949), einer sprunghaft. Einer ist rasch bei der

Hand, handfertig, eilfertig, schwingt sich zu etwas auf, rafft sich zusammen. Einer ist lahm, niedergedrückt, am Boden zerstört. Einer ist ein steifer, sperriger, hölzerner Mensch, ein anderer schlacksig. Einer hält, bewegt sich, denkt schief. Wir bringen einen anderen in eine Lage oder sehen uns selbst in eine bestimmte Lage versetzt. Wir richten jemanden durch Trost wieder auf, geben ihm Halt, stützen ihn. Ein Übeltäter, ein Verbrecher legt anderen etwas in den Weg, er verwirkt sich das Vertrauen. Ein Raufbold, ein Totschläger legt jemanden um. Einer, der umgekommen ist, ist verschieden. Einer faßt gut auf, vernimmt etwas (Vernunft!), deckt etwas auf, entdeckt etwas. Einer versteht sich auf etwas, kann auf Zusammenhänge hinweisen, kann seinen Standpunkt vertreten, ein Urteil abgeben, kann verfügen, einen Bann verhängen. Ein Dummkopf denkt verschwommen, unterscheidet nicht klar. Ein Gelassener läßt die Dinge geschehen, ein anderer regt sich auf, ist von etwas angetan. Einem, der in guter Verfassung ist, geht es gut. Ein solcher kann manches verwinden. Einer rümpft die Nase, verzieht das Gesicht, verbirgt sein „wahres" Gesicht, hält Augen und Ohren offen, verschließt die Augen vor etwas. Einer hat etwas im Auge, es sticht ihm etwas ins Auge. Einer, der als guter Geselle in seinem Gruppenverband verharrt, gilt als linientreu. Ein Abtrünniger (abtrennen) muß abgeschieden leben oder wird als verrückt aufgefaßt.

Diese kleine, keineswegs vollständige, unsystematische Sammlung von Beispielen soll an die *ganzheitliche Bedeutung der Motorik* als menschliches Verhalten erinnern.

Ein großer Teil der Motorik läuft unwillkürlich, ohne Überlegung, Absicht, Bemühung ab. Viele Fertigkeiten (skills) erwerben wir übend und vollziehen sie dann als komplexe Handlungen „automatisch" (z. B. Schwimmen, Radfahren, Autofahren), ohne die einzelnen Bewegungen jedesmal genau überwachen zu müssen.

16.3. Grundlagen

Die Grundlagen der Motorik sind die zentralnervösen und peripheren Bewegungssysteme: Pyramidenbahnsystem (Willkürmotorik), extrapyramidales System (unwillkürliche Motorik), das Zusammenspiel von afferenten und efferenten Nervenleitungen, der Bewegungsapparat von Knochen, Gelenken, Sehnen, Muskeln.

Jeder Mensch hat seine ihm eigene, ihn als vererbtes Merkmal charakterisierende Motorik, die sich im Verlaufe seines Lebens und nach seiner persönlichen Eigenart und nach den Gebräuchen, Normen und Vorbildern seiner Gruppe entwickelt. Sie wird von seiner jeweiligen Gesamtverfassung beeinflußt: Den Vergrämten, Traurigen, den Lustigen usw. erkennen wir nicht nur an seinen Worten, sondern vielmehr gesamthaft an seinem Bewegungsausdruck in Mimik, Gestik, Tempo, Elastizität, Zähigkeit der Bewegung, Kopf- und Rumpfhaltung usw. (s. auch Antrieb).

Die Motorik lernen wir früh – nach angeborenen Schemata und in Nachahmung: die Mimik am Gesicht der Mutter, das Handeln im Tasten, Greifen, Halten usw. Sie ist entscheidend für die Entwicklung des Ich-Bewußtseins (s. d.).

16.4. Untersuchung

Beobachtung in der spontanen und aufgetragenen Bewegung. Körperbefund (neurologische Untersuchung). Für die klinische Psychiatrie ist die Beobachtung von Kranken auch außerhalb der Gesprächssituation, im Zusammensein mit anderen Patienten, mit den Angehörigen, auf Spaziergängen, in Ferienlagern, beim gemeinsamen Turnen, bei Spiel und Fest, Arbeit usw. wichtig. Das wird leider oft vernachlässigt.

Beispiele für Beschreibungsmöglichkeiten s. unter 16.2.

16.5. Pathologie der Motorik

Die Einzelbeschreibung von Störungen der Motorik darf auch hier nicht dazu verleiten, Auffälligkeiten und Abweichungen als Einzelerscheinungen isoliert zu sehen. Vielmehr müssen wir sie jeweils als das annehmen, was sie sind: Kundgabe vom gesamtmenschlichen Erlebnis- und Verhaltensweisen. Meist sind sie auch in der seltsamsten Form noch auf irgend eine Art Mitteilung für uns, die es zu verstehen gilt, um der Lebenswirklichkeit des Kranken gerecht zu werden.

Für die Unterscheidung psychopathologisch relevanter motorischer Störungen ist die Kenntnis der *neurologischen* und *orthopädischen Bewegungsstörungen* Voraussetzung. Das ermöglicht erst die Trennung von organischen und psychogenen Apraxien, Lähmungen, Hinken und anderen Bewegungsabnormitäten. Man muß die Bewegungsarmut, die Steifigkeit und die Grundhaltung des Parkinsonisten kennen und die unwillkürlichen, unregelmäßig grobausfahrenden bei der Chorea, die langsamen gelenksüberdehnenden bei der Athetose und die drehenden bei der Torsionsdystonie. Sog. formes frustes einer beginnenden Chorea Huntington können schwer von psychogenen Störungen zu unterscheiden sein, können fälschlich als tic-artige Erscheinungen für psychogen gehalten werden.

Auch der Schiefhals (Torticollis) kann differentialdiagnostische Schwierigkeiten bereiten. Es gibt ihn auf rheumatischer Grundlage, aber auch gelegentlich als abnorme Stellung bei Psychosen (Katatonie).

16.5.1. Motorische Schablonen

Die Differenzierung von Bewegungsstörungen kann vor allem dort schwierig werden, wo bei Hirnkranken phylogenetisch und ontogenetisch frühere Bewegungsabläufe in sog. motorischen Schablonen (KRETSCHMER 1953, 1958) auftreten: Kauen, Schlukken, Schmatzen, Lutschen, Saugen (sog. orales Greifen), Wischen, Kratzen, Kreisbewegungen, Strampeln können bei Hirnabbaukrankheiten verschiedenster Art (zusammen mit dem amnestischen Syndrom) vorkommen, aber auch beim sogenannten psychomotorischen Anfall der Temporallappenepilepsie.

16.5.2. Tic

Meist gleichförmig (stereotyp) wiederholte Bewegung in Mimik oder Gestik, die, abhängig von der Stimmung und Spannung, in verschiedener Häufigkeit und Intensität zwangsartig wiederholt wird, d. h. willentlich nicht unterdrückt werden kann. Zum Tic im weiteren Sinne kann man auch den sogenannten Schreibkrampf rechnen. Es handelt sich um psychogene (neurotische) Störungen.

16.5.3. Gilles de la Tourette Syndrome (Maladie des tics)

Tic-artige Bewegungsstörungen in der Mimik (auch mit Grimassen) und Gestik, Schulterzucken, Armewerfen, -schleudern u. ä. Unartikulierte Laute (Grunzen, Schmatzen u. ä.), gelegentlich obszöne Worte (Kakolalie).

Das Tourette Syndrom kommt auf verschiedener Grundlage vor: bei Hirnabbaukranken, auch bei anderen (z. B. psychogenen) Psychosen.

16.5.4. Hypokinese, Akinese, Stupor

Armut an Bewegungen (Hypokinese) bis Reglosigkeit (Akinese) im Stupor.

Spontan oder auf Anregung in Gang kommende Bewegungen werden seltener, der Kranke zeigt auch kaum oder keine mimischen Bewegungen (Hypo-, Amimie). In der völligen Reglosigkeit ist er fast immer auch stumm (Mutismus). Die Kranken sehen einen oft nicht an, können aber doch auch herumblicken. Der Gesichtsausdruck kann manchmal indifferent oder jedenfalls schwer zu deuten sein, drückt aber oft auch melancholische Qual, schwere Bedrückung und Ratlosigkeit, Angst aus. Besonders ängstliche

Stupuröse können auch „gespannt" wirken: sie wirken so, als ob sie jederzeit in eine plötzliche Aktion (Angriff oder Flucht) übergehen könnten.

Manchmal lehnen die Kranken Nahrung, ja auch Flüssigkeit ab (Notwendigkeit künstlicher Ernährung). Manche bewegen sich noch, um ihre Bedürfnisse zu verrichten. Andere sind inkontinent. Es kommt aber auch Stuhl- und Harnverhaltung vor (so daß Katheterismus und Einlauf nötig werden).

Am Blick und an der (meist gespannten) Muskulatur ist zu erkennen, daß der Kranke dabei wach ist. Über die Bewußtseinsklarheit sind oft während des Stupors keine sicheren Aussagen zu machen. Manchmal kann man sich nach Abklingen des Stupors mit dem Kranken über sein Erleben während der Zeit des Stupors besprechen und darüber Auskunft erhalten.

Auch der Stupor ist kein grundsätzlich neues Zeichen: Stuporähnliche Zustände kommen auch beim Gesunden in plötzlichem Schreck, großer Angst und Ratlosigkeit und in der Panik vor (vgl. Totstellreflex verfolgter Tiere).

Vorkommen

Da man mit dem Kranken während des Stupors nicht oder nur sehr schwer in Beziehung treten kann, ist die Differentialdiagnose des Stupors oft sehr schwierig, ohne neurologische Untersuchung und ohne Anamnese oft unmöglich (EEG).

16.5.4. 1. Stupor bei Schizophrenie (katatoner Stupor)

Der katatone Stupor ist zu verstehen als ein Erstarren in Angst und Schreck und Ratlosigkeit bei schwerster Bedrohung des Ich-Bewußtseins in seinen verschiedenen Dimensionen (s. d.). Wer nicht mehr weiß, daß er noch lebt, wer seiner selbst nicht mehr als Erlebender und Handelnder gewiß ist, wer die Einheit und Abgrenzung seiner selbst nicht mehr sicher weiß, wer seiner Identität verlustig gegangen ist, der kann erstarren.

Daher kann alles, was zu einer neuen Gewißheit des Ich-Erlebens führt, im katatonen Stupor therapeutisch wirksam werden: Wem die Ich-Identität verlorengegangen ist, der kann manchmal durch ganz spontanes Anreden mit dem Eigennamen (!) sich seiner selbst wieder vergewissern. Einem anderen Kranken kann man zu seiner Ich-Aktivität zurückverhelfen, wenn man mit ihm turnt, Atemübungen und dergl. macht. Es ist klar, daß bei solch schwerem Betroffensein der rein verbale therapeutische Zugang allein oft nicht mehr genügt. Neuroleptische Dämpfung oder Elektroschock allein ist nie genug, man muß sich des Kranken annehmen.

Beispiel:

P 22 (Schizophrenie)

Der junge Kranke war im Substupor. Als ich ihn überraschend mit „Du, Werner" anredete, flüsterte er nach langem Schweigen: „Ja, wenn Sie so zu mir sagen, dann weiß ich wieder, wer ich bin."

Dem selben Kranken half auch das Berühren und Benennen der einzelnen Gliedmaßen, deren einheitliches Zusammengehörigsein er in seinem Ich-Konsistenzzerfall nicht mehr zur Verfügung hatte. Unter diesen Maßnahmen spürte er sich selbst wieder, fand wieder zu sich zurück.

Andere Kranke können nur schwer aus dem Stupor herausgeholt werden. Auch wenn sie gar nicht sichtbar reagieren, tut ihnen aber doch (wie man nachträglich erfährt) gut, wenn man sie in diesem Zustand nicht allein läßt, sondern bei ihnen bleibt, mit ihnen spricht. Manchmal gelingt es dann, mit ihnen ein paar Schritte zu gehen – und dann ist der erste therapeutische Schritt schon getan, der Weg zurück in eine gemeinsame Welt geöffnet.

Andere katatone Stuporen haben zur Grundlage die Überwältigung (Bannung) von halluzinatorischen und wahnhaften Erlebnissen, z. B. in der Ekstase.

16.5.4. 2. Stupor bei schwerster gehemmter Melancholie: depressiver Stupor

Die Überwältigung von Angst und Schuld, von Devitalisierung und Untergang, schwere Ratlosigkeit und totale Entschlußunfähigkeit bei völliger Antriebsverarmung kann solche Ausmaße annehmen, daß der Kranke erstarrt.

Erfahrungsgemäß kann der psychotherapeutisch auflockernde Zugang zu einem Kranken im depressiven Stupor viel schwieriger sein als zu einem katatonen.

16.5.4. 3. Der Stupor als unmittelbare Reaktion: psychogener Stupor

Bei manchen Fällen kann Stupor als Reaktion auf schweren Schock, Schreck, in der Panik auftreten: vor Angst erstarren. Das kommt bei Katastrophen vor, bei Überwältigung von schlimmen Nachrichten (Tod eines Kindes, Verlassenwerden), aber auch z. B. vor und während Examina (sog. Examensstupor).

16.5.4. 4. Stuporartige Zustände beim akuten exogenen Reaktionstyp

Z. B. bei Vergiftungen (pharmakogener Stupor, Neuroleptika!), bei Enzephalitis, bei Epilepsie.

Gerade diese Art Stuporen mahnen zur genauesten neurologischen, internistischen usw. Untersuchung jedes Stuporkranken.

Der Stupor kann je nach seiner Natur Minuten bis Stunden, ja bis Wochen andauern. Das hängt ab von der Art des Stupors und von der Möglichkeit, die richtige Therapie zu finden.

16.5.5. Hyperkinese, katatone Erregung, Raptus

Katatone können manchmal aus dem Stupor heraus plötzlich in schwere Erregung geraten *(Raptus)*, fortdrängen, toben, schreien, gegen die Wände und Türen anrennen oder einen gerade Anwesenden angreifen.

Andere Zeichen der Erregung sind auf und ab Laufen, Aufspringen, Fingern, Nesteln, Händeringen, sich selbst Kratzen (gelegentlich bei agitierten Depressiven), Seufzen, Schimpfen, lautes inadäquates Gelächter.

Viele Erregungszeichen kann man bei erethischen Schwachsinnigen sehen. Auch Selbstverletzung (Automutilation) kommt vor.

Der *katatone Bewegungssturm* ist zu verstehen als Ausdruck von Angst: Es ist ein verzweifeltes Anrennen, um sich selbst noch zu spüren, um sich der eigenen Aktivitätsmöglichkeit zu versichern (s. Ich-Bewußtsein). Das zu bedenken ist wichtig für einen differenzierten Einsatz von Psychopharmaka: Neuroleptika können hier verschlechternd wirken – die Verzweiflung wird gesteigert und die Erregung erfordert dann maximale Dosen. Besser ist es, sofern möglich, die Erregung in Bahnen zu lenken (z. B. Turnen, Medizinball). Manchmal ist es eine panikartige Flucht vor halluzinierten Verfolgern oder ein „Umschlag" von Flucht in Angriff.

16.5.6. Grimassen, Fratzenschneiden, Paramimie

Am ehesten bei der katatonen Schizophrenie. Ein Teil dieser Symptome dürfte (wie manche Hyperkinese und Stereotypie) mit dem gestörten Ich-Bewußtsein zusammenhängen: sich selbst nicht mehr sicher spüren und dagegen krampfhaft ankämpfen. Andere Verstehensmöglichkeiten zeigen sich, wenn man an die Mimik Verlegener, Verdrückter, Gehemmter, Ratloser, Stauniger, Gequälter, Grinsender, Unentschiedener, Ambivalenter usw. denkt.

16.5.7. Haltungsverharren (Katalepsie), Haltungsstereotypie

Starres Beibehalten unnatürlicher Haltung, in denen die Kranken lange verweilen. Sie sind fast nur zu beobachten, wenn man sich nicht genügend therapeutisch um sie kümmert.

Manchmal halten die Kranken ihnen passiv vorgegebene Glied-
maßenstellungen lange Zeit bei, verhalten sich also, als ob ihre
Gliedmaßen aus Wachs wären, sind wie Automaten (wächsernde
Biegsamkeit, Flexibilitas cerea). Diese Symptome sind Ausdruck
der Ich-Aktivitätsstörung. „Tätige Gemeinschaft" (BLEULER) in
Gymnastik, Spiel, Werk sind die wichtigste Therapie.

Vorkommen

Meist bei katatonen Schizophrenien.

16.5.8. Negativismus

Manche Kranke sperren sich gegen jede Bewegung, zu der sie auf-
gefordert werden oder die man ihnen geben will. Man kann einen
„passiven" Negativismus (Verweigern) und einen „aktiven" (das
Gegenteil des Verlangten tun) unterscheiden. Man kann vermuten,
daß das oft ein bedrohtes Ich-Aktivitätsbewußtsein zur Grundlage
hat, indem jede aufgedrängte Bewegung als Überwältigung empfunden wird und Widerstand hervorruft.

16.5.9. Motorische Stereotypien

Gleichförmig wiederholte Bewegungen verschiedenster Art. Es
kann sich um einfache Bewegungen (z. B. Wischen, Kratzen) oder
um komplizierte Bewegungsabläufe handeln.

Einfache Stereotypien (Schnäuzeln, Wischen, Stoßen) sieht man
am häufigsten bei Hirnkranken (z. B. Hirnatrophie, zerebrale Arteriosklerose, Enzephalitis). Sie treten mit einem psychoorganischen
Syndrom, mit einem akuten exogenen Reaktionstyp und manchmal auch mit neurologischen Herderscheinungen zusammen auf.

Komplizierte Stereotypien sehen wir vor allem bei akut katatonen
Schizophrenien. Es gilt, sie zu verstehen (was nicht immer eindeu-
tig gelingt), indem wir vom Erleben des Betroffenen erfahren (s.
Ich-Bewußtsein).

Beispiel:

P 22 (Schizophrenie)
Der junge Mann macht in seinem substuporösen Zustand immer wieder
langsame *Kreisbewegungen* mit seinen vor sich hingehaltenen Händen. Auf
die Frage, warum er das mache, sagte er schließlich: *„Dann weiß ich, daß ich
mich noch bewegen kann."* Diese Stereotypie dient der Selbstversicherung des
Kranken in seiner bedrohten Ich-Aktivität. Die wiederholte Bewegung
gibt ihm die Möglichkeit, sich seiner selbst wieder zu vergewissern.

Manchmal *hyperventiliert* dieser Kranke für einige Minuten (forciertes Atmen). Er mache das, damit er wisse, daß er noch lebe. Die elementarste Lebensfunktion des Luftaustausches wird gewaltsam wiederholt zur Selbstvergewisserung.

Häufig sieht man bei Katatonen stereotype Bewegungen der Hände, wobei die Kranken auf ihre Hände starren. Da die Hände und das Gesicht besondere Bedeutung für das Ich-Bewußtsein haben, liegt die Annahme nahe, daß auch solche Bewegungen der Selbstvergewisserung der eigenen Aktivitätsmöglichkeiten und der eigenen Identität dienen.

Diese Annahme findet ihre Bestätigung in der manchmal überraschenden therapeutischen Wirksamkeit von spontanen Berührungen der Hände durch den Therapeuten oder in gemeinsamen Turnübungen (Bewegungstherapie).

Chronische eingeschliffene Stereotypien können manchmal (bei ungenügender Therapie) über Jahre festgehalten werden.

Beispiel:
P 169 (Schizophrenie)
Der Kranke ist seit Jahren fast wortlos und ohne verständliche Mitteilung, verrichtet fleißig seine Arbeit. Jedesmal, wenn man ihn grüßt, erhebt er die Hand zum Gruß und dreht sich dabei um seine eigene Achse. Nach über drei Jahrzehnten gelang die Aufschlüsselung seiner neologistischen „Geheimsprache" – er konnte sich wieder mitteilen und sagen, was ihn zu seinen merkwürdigen Parakinesen nötigt. Er muß sich immer nach rechts um 360° drehen: beim Grüßen, beim Zubettgehen, beim Niedersetzen, nachdem er vorher Besteck und Stuhl in gleicher Art gedreht hat. Außerdem muß er eine Bewegung nach hinten oben machen: mit Rumpf und Kopf und erhobenem Arm oder wenigstens rudimentär mit dem Kopf, mit den Augenbrauen, mit der Nase, wobei er die Luft ausstößt und die Augen schließt. Das komplizierte *Vermeidungsritual* hat folgenden Sinn: die Rechtsdrehung verhindert das Abweichen nach links (= schlecht = nicht mehr sein, „Abknickung", „Beschädigung"). Wenn Links-Abknickung einträte, „geht die Zeit nicht mehr weiter" (d. i. steht das Leben still, zeitigt sich sein Dasein nicht mehr). Seine Welt ist voller negativer Zeichen, die ihm „ins Auge stechen" und „Beschädigung" bewirken. Dies zu vermeiden, dem dient die Bewegung nach hinten oben.

Zu den Stereotypien gehört auch das ständige auf und ab Gehen, vergleichbar dem hin und her Wandern eines gefangenen Wildtieres im Käfig. Man sieht sie in gut geführten Kliniken kaum mehr. Manches stereotype auf und ab Wandern hat wohl auch den Sinn, damit ein eigenes „Revier" im Raum abzugrenzen. Andere Stereotypien können Abwehrhaltungen gegen Körperhalluzinationen sein, andere Verlegenheits-, Wegwischbewegungen usw. (KLÄSI 1922).

Das Sprechen (Verbigeration), Schreiben, Zeichnen, Malen mancher Schizophrener kann stereotyp sein.

16.5.10. Echopraxie (Haltungs- und Bewegungsimitation)

Der Kranke ahmt automatenhaft, echoartig, vorgezeigte Bewegungen (besonders der Gliedmaßen) nach. Manchmal kann es auch zu echoartigen Wort- und Satzwiederholungen kommen (Echolalie).

Das Symptom ist am ehesten bei Schizophrenen zu beobachten und hängt mit der Ich-Aktivitätsstörung (s. d.) zusammen: Wer sich nicht mehr selbst als intentional handelnd erfährt, neigt dazu, die Bewegungen anderer nachzuahmen *(Echosymptome)* oder einmal begonnene Bewegungen zu wiederholen *(Stereotypie)* oder sich gegen aufgedrängte Bewegungen zu wehren *(Negativismus)*.

Beispiel:
P 21 (Schizophrenie)
„Wenn ich andere sehe und sprechen höre, so kann es geschehen, daß ich ebenso spreche und mich bewege – und dann Angst habe, daß ich die anderen bin. Ich weiß, daß es nicht so ist, aber ich habe doch die Angst.

Wenn jemand hinkt, muß ich langsamer gehen."

Echosymptome bei bedrohtem Ich-Aktivitäts- und -Identitätserleben.

16.5.11. Bizarres und inadäquates Verhalten

So nennt man ungewöhnliches, der Situation nicht angepaßtes Verhalten, das von dem kulturell und sozial bestimmten Standard abweicht.

Dazu gehört sog. „unanständiges" Verhalten (Spucken, Rülpsen, Flatus u. a.), „ordinäres" Reden. Distanzloses, anbiederndes Verhalten.

Posen (engl. posturing): Annehmen und Beibehalten von Körperhaltungen, die den landesüblichen Gepflogenheiten nicht entsprechen.

Manieren: geziertes, stilisiertes, oft „süßliches" Gehabe. Maniriert kann auch der Redestil, das Schreiben, das Zeichnen und Malen sein.

Manche Kranke unterbrechen eine begonnene Bewegung, ziehen z. B. die den Löffel zum Munde führende Hand wieder zurück oder verharren auf halbem Weg (Intentionshemmung, Ambitendenz, Fremdbeeinflussung, s. Ich-Aktivität).

17. Zwänge und Phobien

Synonym:
Zwang = Anankasmus
Engl. anankastic, obsessional-compulsive symptoms

Phobien = Zwangsbefürchtungen
Engl. phobic states, phobic avoidance, situational anxiety

Zwänge und Phobien werden wegen vieler Gemeinsamkeit zusammen besprochen. Gemeinsam ist der Verlust der Handlungsfreiheit bei erhaltener selbstreflexiver Stellungnahme. Viele Zwangshandlungen geschehen auf Grund von bestimmten Befürchtungen. Auch bestehen Zwänge und Phobien (vielfach zusammen) bei ähnlichen Persönlichkeiten (Anankasten, Phobiker s. d.).

17.1. Zwänge

17.1.1. Definition

Zwänge sind imperative Erlebnisse, die mit dem Gefühl der Unausweichlichkeit und der Machtlosigkeit des eigenen willentlichen Widerstrebens erfahren werden und die sich trotz des Widerstandes des Kranken, der die Zwänge in selbstreflexiver Stellungnahme als unsinnig, unangemessen (d. h. ohne Grund beherrschend) erkennt, aufdrängen. (Damit ist auch der Unterschied gegenüber Impulshandlungen genannt.)

Zwänge können auftreten im Bereich des Denkens, Vorstellens, Fragens, Sprechens, Zählens, in bestimmten Antrieben zu Handlungen, auch Vermeidungen.

Der Kranke erkennt den Zwang als etwas von ihm selbst Ausgehendes (im Gegensatz zu den „Befehlen" und der Fremdbeeinflussung Schizophrener). Aber er steht nicht zu dem Zwang, er lehnt ihn ab, versucht sich dagegen zu wehren, erlebt dabei aber die Ohnmacht seines Widerstrebens. So ist beim Zwang die Ich-Qualität der Erlebnisse und Akte vorhanden, aber der Kranke fühlt sich nicht *frei* in seinem Denken, Entscheiden, Handeln.

Zwänge müssen inhaltlich an sich nicht unsinnig sein. Als unsinnig oder jedenfalls ungerechtfertigt wird aber ihre Persistenz und Penetranz und ihre Neigung zum ständigen gleichförmigen Wiederholen empfunden.

17.1.2. Einteilung der Zwänge

17.1.2. 1. Zwangsdenken: Zwanghaft persistierende Denkinhalte

Zwangsideen, -gedanken, -vorstellungen, -erinnerungen, -fragen, -grübeln.

Sie treten oft wie ein Gegenimpuls gegen eine Situation auf: z. B. als sich Aufdrängen von obszönen Szenen, von gotteslästerlichen Gedanken in der Kirche, während der Predigt und ähnliches. Zwangsgrübeln bzw. Zwangsfragen: Warum steht der Baum da? Warum ist die Welt? Warum bin ich?

17.1.2. 2. Zwangsimpulse

Zwanghaft gegen den Widerstand des Kranken sich aufdrängende Antriebe zu bestimmtem Tun. Der Impuls muß nicht unbedingt zur Handlung führen. Z. B.: Etwas zu kontrollieren (Kontrollzwang): Immer wieder überprüfen müssen, ob die Haustüre geschlossen, das Licht, der Gas-, der Wasserhahn abgedreht ist. Drang obszöne Worte auszustoßen (Koprolalie), zu zählen oder zu rechnen (Arithmomanie).

Zwangsimpulse anderer Art, z. B. dem eigenen Kind ein Messer in den Leib zu rennen, es aus dem Fenster zu werfen, die am Tisch gegenüber sitzende Frau mit dem Brotmesser zu durchbohren, sich selbst aus dem Fenster, über die Brücke zu stürzen und ähnliches setzen sich praktisch nie bis zur tatsächlichen Ausführung der Handlung durch, sie können den Kranken aber sehr schwer beunruhigen und alle seine Kräfte für die Abwehr des Impulses in Anspruch nehmen.

17.1.2. 3. Zwangshandlungen

Meist auf Grund von Zwangsimpulsen oder Zwangsbefürchtungen (s. Phobien) vorgenommene Handlungen von Zwangscharakter. Häufig ist der Putzzwang und der Waschzwang, z. B. auf Grund von krankhafter Beschmutzung- und Bakterienfurcht. Viele Zwangshandlungen betreffen die Ausscheidungsvorgänge (Defäkation, Miktion) oder die Körperpflege, die nur unter Einhalten bestimmter Vorsichtsmaßnahmen, Rituale, Vermeidungen geschehen können.

Meist wird dabei ein Zwangsritual ausgeführt, was auf den magischen apotropäischen (abwehrenden) Charakter der Handlung hinweist. Das Ritual wird in genau vorgegebener Form, oft in bestimmter Häufigkeit der Wiederholung ausgeführt. Nach Abwicklung des Rituals tauchen oft Zweifel auf, ob es auch richtig nach Vorschrift eingehalten wurde. Das kann zu endlosen Wiederholungen der Zwangsrituale führen.

Zwangshandlungen beeinträchtigen das freie Leben des Kranken sehr schwer, ja sie können auf Jahre hinaus völlig von dem Kranken Besitz ergreifen, so daß er arbeitsunfähig wird (in der ständigen Besorgung seiner „Pflichten"), sich um seine Familie nicht mehr kümmern kann oder auch sich selbst schädigt (z. B. Ekzeme, Wundwerden der Haut durch übermäßiges Waschen oder Gebrauch von Desinfizientien).

17.2. Phobien

17.2.1. Definition

Zwanghafte Befürchtungen, die sich angesichts bestimmter Situationen oder Objekte aufdrängen, obwohl diese solche Ängste nicht selbstverständlich und für jedermann rechtfertigen.

Phobien unterscheiden sich von den gewöhnlichen Angstsymptomen dadurch, daß bei ihnen (was eben ihre Zugehörigkeit zu den Zwangssymptomen begründet) die zwingende Übermacht der Befürchtung kombiniert ist mit der (völligen, teilweisen oder zeitweiligen) intellektuellen Einsicht in ihre Unbegründetheit (vom Gegenstand her) und mit der Erfahrung eines inneren Widerstandes dagegen. Die Phobien drängen zu bestimmten Handlungen, die z. T. eigens benannt werden (z. B. Waschzwang) oder zu sogenannten Zwangsunterlassungen (-vermeidungen).

17.2.2. Arten der Phobien

Zwangsbefürchtungen werden je nach dem Gegenstand oder der Situation mit speziellen Namen belegt. Die neologistische (wortneubildende) Potenz der Psychiater konnte sich darin ausleben. Es hat keinen Sinn, die Namen alle zu merken.

Darum sind hier nur einige Beispiele gegeben:

Acarophobie (Furcht vor Hautparasiten)
Agoraphobie (Furcht vor offenen Plätzen, Straßen usw.)
Aichmophobie (Furcht vor spitzen Gegenständen, sich oder andere damit zu verletzen)
Akrophobie (Furcht vor Höhen)

Aquaphobie (Furcht vor Wasserflächen, -läufen)[1]
Bakteriophobie (Furcht vor Keimen)
Klaustrophobie (Furcht vor geschlossenen Räumen)
Erythrophobie (Furcht vor dem Erröten)
Keraunophobie (Furcht vor dem Blitz)
Koprophobie (Furcht vor Beschmutzung durch Kot, Staub usw.)
Mysophobie (Furcht vor Berührung, Beschmutzung)
Nyktophobie (Furcht vor der Nacht)
Panphobie (Furcht vor sehr vielen Dingen, in vielen Situationen usw.)
Phobophobie (Furcht vor der Angst)
Zoophobie (Angst vor Tieren)

17.3. Vorkommen von Zwängen und Phobien

Klinisch ist zu unterscheiden zwischen

dem Auftreten einzelner Zwänge oder Phobien als Begleitsymptomen verschiedener psychiatrischer Erkrankungen

und der sogenannten Zwangskrankheit, die durch Zwänge und Phobien als dominanten Symptomen das Leben eines Menschen schwer beeinträchtigen kann.

17.3.1. Einzelne Zwangssymptome

können auch den *Gesunden in bestimmten Umständen* befallen, z. B. in Langeweile (Zählzwang), in Zuständen von Ermüdung oder Erschöpfung (Zwangsgedanken), bei Schlafstörungen (Zwangsgrübeln, -erinnerungen).

Von besonderer klinischer Bedeutung sind *Zwangssymptome als Begleiterscheinung von organischen Psychosen* (z. B. nach Enzephalitis, hier besonders Zwangsimpulse), bei endogenen Psychosen: Zwangssymptome können einer *Schizophrenie* lange vorangehen oder sie begleiten. Endogen *Depressive* werden nicht selten von Zwängen und zwanghaften Befürchtungen geplagt, die mit dem Abklingen der depressiven Phase wieder verschwinden (sog. anankastische Depression).

17.3.2. Bei der Zwangskrankheit

(auch Zwangsneurose genannt, obsessional, compulsive states) ist der Patient über lange Zeit, manchmal lebenslang, gleichförmig oder wellenförmig, beherrscht von Zwängen und Befürchtungen jeder Art und Intensität.

---

[1] Nicht zu verwechseln mit Hydrophobie, einer älteren Bezeichnung für die Tollwut (Lyssa)

17.3.2. 1. Epidemiologie

Die Häufigkeit des Vorkommens der Zwangskrankheit in der Allgemeinbevölkerung (Prävalenz) beträgt 0,5 %. Frauen sind häufiger betroffen als Männer (50–70 % der Fälle). Die Mehrzahl der Fälle stammen aus guten sozial-ökonomischen Verhältnissen.

17.3.2. 2. Persönlichkeit

Die meisten Zwangskranken sind besondere Persönlichkeiten (*anankastische Persönlichkeiten*, obsessional personality): Sie sind bei guter Intelligenz oft rigid, perfektionistisch, haben einen hohen ethischen Anspruch, sind skrupulös, übergewissenhaft, ängstlich bedacht auf die Einhaltung von Ordnung im Äußeren und im ethisch-moralischen Bereich (Prinzipienreiter). Sie neigen andererseits zu Neid, Geiz, Kleinmut, Mißgunst und liebloser Machtausübung gerade in ihrer Prinzipienreiterei (z. B. als Erzieher), sie sind charakterisiert durch den Kontrast zwischen hohem Triebanspruch (Es) und strengem Gewissen (Über-Ich).

17.3.2. 3. Verlauf und Ausgang

Die Zwangskrankheit beginnt früh (oft schon bald nach dem 10. Lebensjahr, bis zum 20. Lebensjahr sind ungefähr die Hälfte aller Fälle schon manifest geworden) und meist allmählich, oft ohne erkennbaren Anstoß, manchmal nach einem belastenden Ereignis (z. B. Tod eines Angehörigen). Die Krankheit steigert sich langsam oder verläuft durch viele Jahre einförmig oder wellenförmig. Etwa ein Drittel aller Zwangskranken behalten ihre Symptome bis zum Lebensende gleich, ein Drittel bessert sich im Alter, ein Drittel verschlechtert sich.

17.3.2. 4. Symptome

Die Zwangskrankheit ist geprägt von verschiedensten Zwängen und Zwangsbefürchtungen (Beispiele s. S. 212), oft begleitet von allgemeiner Angst mit den entsprechenden vegetativen Begleiterscheinungen (autonomic anxiety) oder von hypochondrischen Befürchtungen (z. B. Herzphobie), depressiven Verstimmungen, gelegentlich mit Depersonalisationserscheinungen.

17.3.2. 5. Entstehung

Nach Familienuntersuchungen (s. ZERBIN-RÜDIN 1953) ist ein Anlagefaktor zu vermuten, der die Persönlichkeitsdisposition und damit die Reaktionsbereitschaft im allgemeinen mitbestimmt.

Nach einer eigenen unveröffentlichten Literaturzusammenstellung aus dem Jahre 1970 waren von 38 Paaren eineiiger Zwillinge 27 (71 %) konkordant, 11 (29 %) diskordant.

Für die Manifestation und thematische Ausgestaltung ist die Lebenserfahrung maßgebend.

Psychodynamische Theorien

a) *Psychoanalytische Sicht:* Die psychoanalytische Interpretation weist auf den Kontrast zwischen hohem Triebdruck und strengem Gewissen hin, damit auf den Konflikt zwischen Es und übermäßigem Über-Ich. Die Zwangssymptome entsprechen nach dieser Theorie abgewehrten unbewußten Wünschen, deren vom Über-Ich befohlene Verdrängung nicht gelingt. Eine Befriedigung ist nur möglich, wenn die Wünsche sich als fremd, d. h. nicht zur Persönlichkeit gehörend, aufdrängen. Im besonderen wird auf die Abwehr analerotischer und sadomasochistischer Tendenz hingewiesen. Einzelne Zwangshandlungen werden in ihrem Charakter als Abwehr oder Sühnehandlung interpretiert. So z. B. der Waschzwang als Abwehr sexueller „Beschmutzung" (z. B. durch Masturbation) (s. FREUD 1906–1909).

b) *Analytische Psychologie* von JUNG: Sie sieht den Zwang psychodynamisch ähnlich wie die Psychoanalyse FREUDS. Ein übermächtiger Schatten (z. B. der Sexualität, der Aggression) kann nicht genügend verdrängt werden und wirkt dann störend als Zwangssymptom.

c) *Existenz- und daseinsanalytische Sicht:* Sie gibt zunächst keine Erklärung, sondern eine Darlegung des Daseins des zwangskranken Menschen und weist auf seine Freiheitseinschränkung, seine Existenzeinengung hin. Sie fragt in phänomenologischem Vorgehen nach dem Wesen, das sich in Zwangssymptomen oder Phobien kundgibt (s. Lit. BOSS 1971). Z. B. zeigt sich in der Agoraphobie die Angst, haltlos Richtung und Stand in der Welt zu verlieren, auch sich zu prostituieren in der Klaustrophobie die Einengung des Daseins.

Dieser phänomenologischen Betrachtungsweise entspricht auch die unvoreingenommene, nicht durch eine Theorie in bestimmte Richtung gelenkte Befragung, was sich in den Symptomen und in der Lebensgeschichte des Kranken kundgibt.

Beispiele:

Erstickungsphobie:

Ein fettsüchtiges, dysplastisches Mädchen von ca. 22 Jahren klagt über schwerste Atembeklemmung mit Todesangst. Die biographische Anamnese ergibt, daß sie von zuhause aus nicht den ersehnten Krankenschwester-Beruf erlernen durfte, sondern zum Geldverdienen in die Fabrik gehen mußte. Das Mädchen, bedrängt von einem unglücklichen und unfreien Zuhause, allein geblieben wegen seines Äußeren, ohne Freundin und ohne Freund, muß mit Neid auf die gleichaltrigen Mädchen sehen, die ihre Freunde haben. Ausgerechnet ihr widerfährt es nun, daß sie in einer Kondomfabrik arbeiten muß, um dort von früh bis spät die Dichte von Präservativen (durch Aufblasen) zu prüfen. Die ausweglos scheinende und als solche besonders akzentuierte Lebenssituation führt zu dem phobischen Syndrom.

Putzzwang:
Eine bisher gesunde Frau erkrankt im mittleren Lebensalter an einem Putzzwang, der sich bei genauerem Befragen als ein zwanghaftes Wegwischen von Goldstaub, den sie überall zu sehen glaubt, erweist. Der Zwang hatte sich entwickelt, als die Frau einen immer noch geliebten Jugendfreund nach langen Jahren wieder getroffen hatte, der sie seinerzeit „mein Gold" zu nennen pflegte. Die Wiederbegegnung hat die Frau in schwerste Gewissenskonflikte gegenüber ihrem Ehemann und ihren Kindern gebracht. Sie wollte das Erlebnis „wegwischen" (Beispiel von WEITBRECHT 1963, S. 117).

P 39: Schluckzwang:
Ein junger depressiver Mann mit einer Codeinsucht klagt über andauernde Schluckzwänge. Bei der psychoanalytischen Behandlung kommt ihm die Erinnerung an den Beginn des Zwanges: Er hatte als Sechsjähriger, als seine Mutter ihn zum Beten anhielt, statt des Gebetes gedacht: „Meine Mutter – die Kuh." Damals begann der Schluckzwang, dessen Deutung als fortgesetztes Hinunterschlucken der verpönten Äußerung naheliegt.

Agoraphobie als Abwehr von Prostitutionstendenz

17.3.2.6. Therapie der Phobien und Zwänge

Die psychoanalytische Therapie versucht durch eine Aufdeckung der Verdrängungsmechanismen zu einer Auflösung der Zwänge zu kommen.

Psychagogische Behandlung zielt darauf, den Kranken lernen zu lassen, an seinen Zwängen gleichsam vorbei zu leben und sie nicht übermächtig wichtig zu nehmen.

Die Logotherapie von FRANKL (1956) berichtet von gelegentlichen Erfolgen durch die sogenannte paradoxe Intention, durch den für den Patienten überraschenden Hinweis, doch seinen Zwangsantrieben, z. B. aus dem Fenster zu springen, zu folgen. Dabei komme es zu einem Stutzigwerden („Antireflexion") und zu einem Abstandnehmen von den Antrieben.

Die Verhaltenstherapie sucht (nach Erarbeitung einer Angsthierarchie) ganz symptomgezielt auf verbalem und praktisch übendem Wege (durch Desensibilisierung und Flooding) eine Dekonditionierung zu erreichen.

Dabei kommt auch allgemeine Entspannung und Angstminderung durch Psychopharmaka (Tranquillizer, Neuroleptika, Antidepressiva) und durch das autogene Training (bzw. auch die gestufte Aktivhypnose) zur Anwendung.

In schwersten Fällen, die jeder anderen Therapie trotzen, wird gelegentlich die Leukotomie (heute als stereotaktischer Eingriff) durchgeführt.

18. Impulshandlungen

Synonym: Dranghandlungen
Engl.: Impulsive acts

18.1. Definition

Überwältigend durchschlagende (d. h. ausgeführte) unreflektierte (unbesonnene) Handlungen als Folge eines freiheitseinschränkenden imperativen Dranges. Im Fehlen jeder selbstreflexiven Kontrolle (Bedenken) werden die Folgen solcher Handlungen nicht bedacht oder berücksichtigt. Willentliche Hemmungen treten entweder gar nicht auf oder vermögen sich nicht gegen den Drang durchzusetzen.

Vielen solchen Dranghandlungen scheint zunächst eine weitgehend ziel- und richtungslose (amorphe) Entladungstendenz voran zu gehen.

18.2. Pathologie

Impulshandlungen sind ihrer Entstehung nach (ätiologisch) heterogen, d. h. sie kommen bei den verschiedensten Krankheiten, Reaktionen und Entwicklungen vor. Z. B. bei Hirnkranken (z. B. Epilepsie, Enzephalitis), bei Endokrinopathien, bei Melancholikern, Schizophrenen, Neurotikern und sog. Psychopathen.

18.2.1. Poriomanie (Dromomanie, Fugues)

Dranghaftes, unvermittelt imperativ auftretendes Weglaufen, zielloses Herumirren. Kommt bei Verstimmungszuständen reaktiver, endogen-psychotischer, psychopathischer, epileptischer Natur vor, bei Kindern und Jugendlichen als Reaktion auf häusliche oder schulische Konflikte.

18.2.2. „Sammeltrieb" (Collectionism)

Anhäufen von sinnlosen Gegenständen (z. B. Papierfetzen, Zigarettenstummel). Gelegentlich bei schlecht gepflegten chronisch Schizophrenen, bei Oligophrenen, bei Dementen, bei verschrobenen Sonderlingen.

18.2.3. Pyromanie

Dranghaftes Feuerlegen (Brandstiften) auf psychopathischer Grundlage, bei Epilepsie, aufgrund von Eingebungen und wahnhaften Verknüpfungen bei Schizophrenen, aus Haß, Trotz oder Rache bei sich gekränkt fühlenden Schwachsinnigen (Lit. s. DE BOOR 1955, TÖBBEN 1917, ferner GÖPPINGER u. WITTER 1972).

18.2.4. Kleptomanie (Stehlsucht)

Plötzlicher (meist wiederholter) Drang, oft wertlose Gegenstände, die nicht benötigt werden, zu stehlen. Wird verschieden gedeutet: als Lustgewinn daran, Verbotenes zu tun; „verschobene" sexuelle Befriedigung durch Stehlen; „Rache" für emotionale oder materielle Deprivation in der Kindheit; Aggressionen gegen die Gesellschaft. Das gelegentliche Stehlen durch Fetischisten (s. d.) ist hingegen auf die Beschaffung eines bestimmten Objektes gerichtet, das als Fetisch fasziniert (Lit. S. BRÄUTIGAM 1973).

18.2.5. Dipsomanie

Zu den dranghaft auftretenden Verhaltensweisen wird ferner gelegentlich noch die Dipsomanie gerechnet (periodische Trunksucht, Quartalsäufer): periodisch auftretende, imperative Trunksucht bei Menschen, die sonst nicht chronische Alkoholiker sind. Kommt bei (meist depressiven oder mißmutigen) Verstimmungszuständen reaktiver, psychopathischer, affektpsychotischer, epileptischer Natur vor. Die Trinkexzesse am Zahltag rechnet man nicht hierher.

19. Affektivität

Engl.: affectivity, affect, emotion

19.1. Definitionen

19.1.1. Affektivität

Synonym: Emotionalität, Gemüt

Bezeichnet das gesamte Gefühlsleben (Gemüt) des Menschen nach seinem hervorstechenden Charakter (Qualität der Grundstimmung), seiner Intensität, Ansprechbarkeit, Dauer.

Affektivität in diesem Sinne ist zusammen mit der Grundaktivität persönlichkeitskennzeichnend. In diesem Sinne sagt man z. B., einer sei ein fröhliches Gemüt, ein schwermütiger Mensch usw.

19.1.2. Affekt, Emotion, Gefühl, Stimmung[1]

Ist unser Zumutesein, unsere Gestimmtheit, unmittelbar erfahrene Befindlichkeit, z. B. Freude (wir sind „frohgemut"). Die Umgangssprache bezeichnet ein weites Spektrum von Erfahrungen als Gefühle – und das nicht nur aus Ungenauigkeit, sondern im Wissen um die stimmungshafte Weise allen Erlebens. Jede Erfahrung (auch die scheinbar neutrale) ereignet sich in einer Gestimmtheit. Immer befinden wir uns in einer Stimmung in unserer Welt.

Folgende Unterscheidungen sind wichtig:

a) Lokalisierte Leibwahrnehmungen (protopathische, propriozeptive Sensibilität) stimmen uns ganzheitlich:

Leibliche Regungen wie Hunger, Durst, Schmerz, Harn-, Stuhldrang, sexuelle Erregung usw. spüren wir nicht nur lokal, sondern erfahren sie in einer ganzheitlichen Stimmung, z. B. der Unruhe, des Dranges usw.

b) Die allgemeinen Leibwahrnehmungen (Gemein-„Gefühle", Vitalgefühle, Zönästhesie) tragen die Qualität der Stimmung und die Grundaktivität. Sie bestimmen unsere *Befindlichkeit*.

Wir fühlen uns lebhaft, voll Tätigkeitsdrang, kräftig, frisch, erregt, beschwingt, wohl, gesund, ruhig, entspannt usw.

Wir spüren Wärme und Kälte – und sind darin eben schon in je eigener Weise gestimmt.

---

[1] Die künstliche Abtrennung von Affekt als „reaktives" Gefühl ist unnötig.

Negative Gemein-, Vitalgefühle: wir fühlen uns müde, schlapp, niedergedrückt, herabgestimmt (!), schwach, krank, müde, fiebrig, voller Unrast usw.

c) Diese (unter b genannten) Gemeingefühle sind nicht scharf zu trennen von dem weniger leibbezogenen Zumutesein, von der Erfahrung unserer Befindlichkeit, die unser gesamtes Erleben und Verhalten durchwaltet und bestimmt. Z. B. Freude, Frohmut, Übermut, Schwermut, Mißmut, Ärger, Wut, Gram, Angst usw.

d) Wenig strukturierte (protopathische) Erfahrungen unserer selbst und unserer Umwelt können uns zu Ahnungen[2], Vermutungen führen, können ahnungsvolle Stimmungen wecken. Z. B. Argwohn und Mißtrauen: es werde sich Bedrohliches ereignen, man werde hintergangen, „ich fühle mich bedroht" (vgl. Wahnstimmung).

19.2. Neurophysiologische Grundlagen

19.2.1. Zentrales Nervensystem

Die Intaktheit des gesamten Gehirns ist Voraussetzung für ein normales Spielen der Affektivität. Darüber hinaus gibt es Hinweise dafür, daß der vordere Hirnstamm, Thalamus und *limbisches System*, sowie die fronto-thalamischen Bahnen von besonderer Bedeutung sind für dieses Erleben.

Man weiß, daß Störungen (Tumor- oder Entzündungsherde) oder auch absichtlich gesetzte Läsionen (Leukotomie) in den genannten Regionen zu Veränderungen der Emotionalität führen: Emotionsleere, Stumpfheit, reduzierte Gefühlsantwort auf Schmerzen usw.

19.2.2. Das autonome Nervensystem (Vegetativum)

Dessen Zentren stehen mit den genannten Hirnregionen (besonders Hypothalamus) in engem Zusammenhang. Jeder Affekt ist in unterschiedlichem Ausmaß – je nach Stärke, Akuität und individueller Reaktionsbereitschaft – von vegetativer (besonders sympathischer) Erregung begleitet, die die körperlichen Begleiterscheinungen der Affekte bestimmt: Schwitzen, Erröten, vermehrte Hautdurchblutung, Herzklopfen, Blutdruckanstieg, -abfall, Hyperventilation, Harndrang, Durchfall usw. Hier ist ein Zugang zu den sogenannten psychosomatischen Leiden.

---

[2] Im Volksmund wird auch die Intuition als Gefühl bezeichnet: „mein Gefühl sagt mir, daß . . .".

In extremen Affekten, heftiger Angst, Panik, Wut usw. können sog. motorische Schablonen (KRETSCHMER 1953, 1958) in Gang gesetzt werden: phylogenetisch geprägte Verhaltensmuster, z. B. Ohnmacht, Totstellreflex, Bewegungssturm mit Davonrennen oder Gewalttätigkeit.

19.2.3. Endokrines System

In engem Zusammenhang mit den zentralnervösen Vorgängen, mit der Funktion des vegetativen Nervensystems stehen auch *hormonale Veränderungen:* das Endokrinium spielt vor allem bei den Notfallreaktionen (Hypophyse-ACTH, Nebennierenrinde-Adrenalin, Schilddrüse usw.) und bei den Trieben eine wesentliche Rolle.

19.3. Einteilung der Gefühle

Die hier gebotene Zusammenstellung ist eher eine kleine Übersicht über das Vokabular, das aber die unendliche Vielfalt der Affekte bei weitem nicht deckt.

19.3.1. Zustandsgefühle (Befindlichkeiten, Gestimmtheiten)

Hier führen wir die vorwiegend das *eigene Zumutesein* betreffenden Gefühle an (die aber nur künstlich aus den in der mitweltlichen Bezogenheit des Menschen begründeten Gefühlen heraus gegliedert werden können).

a) *Leibnah erfahrene Zustandsgefühle (Vitalgefühle)*

Angenehme: Frische, Spannkraft, Schwung, Wohlbehagen, Leichtigkeit, Beschwingtheit u. v. a.

Unangenehme: Abgespanntheit, „Unwohlsein", Frösteln, Erschöpfungsgefühl, Schlappheit, Schwäche, Krankheitsgefühl, Unrast u. v. a.

b) *Weniger leibnah erfahrene Zustandsgefühle*

Angenehme: Freude, Frohmut, Beglücktheit, Jubel, Ruhe, Heiterkeit, Zufriedenheit, Zuversicht u. v. a.

Unangenehme: Trauer, Kummer, Gram, Furcht, Angst, Unbehagen, Unheimlichkeit, Verzagtheit, Hilflosigkeit, Heimweh, Hoffnungslosigkeit, Zerrissenheit, Verzweiflung, Grauen, Schrecken, Leere, Gereiztheit, Ärger, Zorn, Wut, Neid, Eifersucht usw.

c) *Das Selbstwerterleben begleitende Gefühle* sind kaum von den eben genannten zu trennen.

Bejahende: Kraft, Stolz, Überlegenheit, Triumph, Eitelkeit, Trotz

Verneinende: Insuffizienzgefühle, Scham, Schuld, Reue, Verlegenheit usw.

19.3.2. Das Zumutesein angesichts des anderen

Bejahende: Liebe, Zuneigung, Vertrauen, Sympathie, Mitleid, Achtung, Interesse, Billigung, Dankbarkeit, Ehrfurcht, Bewunderung, Anbetung

Verneinende: Haß, Abneigung, Mißtrauen, Verachtung, Feindseligkeit, Spott, Mißfallen, Entrüstung

19.4. Prüfung

Für klinische Zwecke genügt die Information aus der Verhaltensbeobachtung und aus dem Gespräch.

19.5. Pathologie der Affektivität

19.5.1. Einzelbegriffe

In der klinischen Erfahrung verdichten sich einige charakteristische Affektveränderungen:

19.5.1.1. Ambivalenz
19.5.1.2. Parathymie
19.5.1.3. Affektarmut
19.5.1.4. Gefühl der Gefühlslosigkeit
19.5.1.5. Affektstarre
19.5.1.6. Affekttenazität
19.5.1.7. Affektlabilität
19.5.1.8. Affektinkontinenz

19.5.2. Affektsyndrome

Symptomverbände, bei denen Stimmungsveränderungen im Mittelpunkt stehen, faßt man als Affektsyndrome zusammen:

19.5.2.1. Depressives Syndrom
19.5.2.2. Manisches Syndrom
19.5.2.3. Schizophrenes Affektsyndrom
19.5.2.4. Angstsyndrom
19.5.2.5. Dysphorie, dysphorisches Syndrom
19.5.2.6. Hypochondrisches Syndrom

19.5.3. Überpersönliche Affektreaktionen (Primitivreaktionen)

19.5.4. Dauerhafte Verstimmungen

19.5.1. Einzelbegriffe zur Psychopathologie der Affektivität

19.5.1. 1. Ambivalenz

Ambivalenz (Bleuler 1911) meint das gleichzeitige Bestehen von Ja und Nein, das Nebeneinander von positiven und negativen Gefühlen, Stimmungen oder Strebungen. Man hat zu unterscheiden:

19.5.1. 1.1. Gefühlsambivalenz

Das Nebeneinander von einander widerstrebenden Gefühlen gegenüber demselben Gegenstand, Vorstellung oder Erlebnisinhalt.

Z. B. Liebe und Haß auf ein und denselben Menschen bestehen gleichzeitig nebeneinander, ohne sich gegenseitig aufzuheben (Alternieren ist hier nicht gemeint).

19.5.1. 1.2. Intentionale Ambivalenz und Ambitendenz

Das Nebeneinanderbestehen von Hin und Widerstrebungen

Z. B.: Ein Kranker will zugleich essen und nicht essen, dabei kann er in einem stuporartigen Zustand erstarren. Der zum Mund geführte Löffel bleibt auf halbem Wege stehen.

19.5.1. 1.3. Intellektuelle Ambivalenz

Nebeneinander von Tatsachen und Gegenteil.

Z. B. ein Kranker denkt: Ich bin ein Mensch wie ihr und ich bin kein Mensch wie ihr.

Vorkommen

a) Weithin im normalpsychologischen Bereich. Sie wird vom Gesunden durch Überlegung und Gefühl teilweise überwunden. Im religions-psychologischen Bereich ist Ambivalenz ubiquitär: Geister, Götter, Gott werden gleichzeitig geliebt und gefürchtet. Gegenüber einem Ahnengeist, Totem besteht gleichzeitig Furcht und Verehrung.

b) Die Ambivalenz gibt es weithin beim Grübeln, bei den Entschei-
dungsschwierigkeiten, der Ratlosigkeit von Depressiven, auch
Zwangskranken, gelegentlich depressiv-manischen Mischzustän-
den.

c) Schwere Ambivalenz bedrückt vor allem Schizophrene. Es ist
eine tiefe Zerrissenheit und Uneinheitlichkeit, Gespaltenheit, In-
adäquatheit und dann auch vielfach Uneinfühlbarkeit der Gefühle.

Z. B.: Eine schizophrene Mutter tötet ihr geliebtes Kind. Sie zeigt dann
keinerlei Affekte mehr („schaltet ab").

Ambivalenz kann gelegentlich in übertriebener Weise überwunden werden; im Rausch, in der Ekstase, in der Panik, im forcierten
manischen „Überspielen".

19.5.1. 2. Parathymie (Affektive Inadäquatheit)

Die Affekte des Kranken stimmen qualitativ (in ihrer Färbung, Tönung) und quantitativ (Intensität) nicht in einer natürlichen Weise
zum Inhalt seines gegenwärtigen Erlebens (vgl. Ich-Bewußtsein).

Parathymie wird am ehesten bei Schizophrenen beobachtet.

Beispiele:
Ein Kranker berichtet, er sei in der vergangenen Nacht wieder in der
schauerlichsten Weise gefoltert worden und lacht dazu.

Ein anderer empfindet Freude über ein Geschenk, jammert aber dazu (Pa-
ramimie).

Ein anderer erzählt im Ton belangloser Alltäglichkeit, seine Eingeweide
seien verkohlt.

Ein weiterer Schizophrener berichtet gleichmütig: Er sei inwendig ganz
aus Gold und würde jede Nacht der Länge nach zersägt.

19.5.1. 3. Affektarmut

Wir nennen jemanden affektarm, -lahm, -matt, -verödet bei einem
Mangel oder Verlust an affektiver Ansprechbarkeit und Schwin-
gungsfähigkeit bzw. auch bei emotionaler Indifferenz. Solche
Menschen können für andere kein Gefühl aufbringen, sie erscheinen gemütskalt, gemütsarm, gemütslos, lieblos, gleichgültig, teil-
nahmslos oder auch manchmal wurstig, brutal, kaltherzig (moral
insanity der alten Psychiatrie).

Die Gefühlsarmut kann sich auch auf die Selbstwertgefühle er-
strecken: solche Menschen sind unfähig, Schuldgefühle, Reue,
Scham, auch Stolz und ähnliches zu empfinden.

Vorkommen:

a) Konstitutionell aus psychopathisch-neurotischer Grundlage

b) Beim Hirnorganischen Psychosyndrom (z. B. posttraumatisch oder alkoholisch)

c) Als sekundäre Entwicklung bei Süchtigen (z. B. Alkoholikern oder Heroinsüchtigen)

d) Affektive Verödung gibt es auch manchmal als Restsymptom nach schizophrenen Erkrankungen.

19.5.1. 4. Gefühl der Gefühllosigkeit

Manche Melancholiker klagen über eine Gemütsleere und -verödung, ihre Gefühle seien abgestorben, sie können nicht nur keine Freude, keine Liebe, auch keine Trauer mehr empfinden. Meist kombiniert mit starker Herabsetzung der Vitalgefühle.

Z. B.: Ich bin inwendig ganz abgestorben, ich kann überhaupt nicht mehr fühlen, in mir ist es tot und leer, ich kann mich über nichts freuen, über nichts mehr traurig sein, es erschüttert mich auch nichts mehr, es ist alles starr und öd, wie versteinert usw.

Vorkommen:

a) Vorwiegend bei endogen Depressiven

b) Gelegentlich auch als affektives Abschalten bei neurotischen und psychoreaktiv Depressiven

19.5.1. 5. Affektstarre, -steife

Verlust der affektiven Modulationsfähigkeit. Der Kranke hat zwar (im Gegensatz zum Affektarmen) bestimmte Affekte, verharrt aber in seinen Stimmungen oder Affekten, unabhängig von der äußeren Situation oder vom Gesprächsgegenstand.

So verharrt er z. B. während eines längeren Gespräches, in dem verschiedene Themen berührt werden, immer in gleicher gereizter Gehässigkeit oder mißtrauischer Ablehnung.

Vorkommen

a) Beim organischen Psychosyndrom

b) Bei manchen Schizophrenen

c) Gelegentlich bei chronischer gereizter Manie

d) Bei manchen Depressiven

19.5.1. 6. Affekttenazität (Affekthaften)

Es ist der Affektsteifigkeit nahe. Ein einmal angestoßener Affekt verharrt ungewöhnlich lang, bestimmt ungewöhnlich lang die Stimmung eines Menschen.

Kommt gelegentlich bei Epileptikern vor und auch bei viskösen (torpiden) Schwachsinnigen. Manchmal auch bei den sogenannten verstimmbaren Psychopathen.

19.5.1. 7. Affektlabilität

Schneller Stimmungswechsel , Vergrößerung der affektiven Ablenkbarkeit. Meistens haben die Affekte dabei nur eine kurze Dauer, unterliegen vielfachen Schwankungen oder wechseln in ihren Vorzeichen.

Z. B.: Ein Kranker wird im Gespräch sehr angerührt und wehmütig bewegt, wenn man ihn nach seinem Zuhause und nach seinen Angehörigen, vielleicht nach seinem Hund fragt. Andererseits kann er in der Erinnerung an Schönes rasch wieder aufblühen und in einen gegenteiligen Affekt geraten.

Vorkommen

a) Beim organischen Psychosyndrom

b) Habituell bei psycholabilen Menschen; beim sogenannten explosiven Psychopathen besteht eine besondere Labilität in Richtung Explosivität und Aggressivität.

c) Bei Kindern und bei Infantilen

d) Bei Oligophrenen

19.5.1. 8. Affektinkontinenz

Mangelnde Affektsteuerung, indem Affekte übermäßig rasch anspringen, eine übermäßige Stärke haben und nicht beherrscht werden können.

Z. B.: Ein senil Dementer, den man nach dem Namen seiner Frau fragt, beginnt bitterlich zu weinen.

Vorkommen

a) Beim organischen Psychosyndrom

b) Bei psycholabilen Menschen

Divide:
Das rasche und übermäßige Einschießen von Lachen und Weinen bei Af-

fektinkontinenz ist zu unterscheiden vom sogenannten *pathologischen Lachen und Weinen* (ältere Bezeichnung: Zwangslachen und Zwangsweinen), das bei manchen Hirnkranken (Postenzephalitisches Parkinsonsyndrom z. B.) beobachtet werden kann. Dabei kommt es nur zu der Mimik des Lachens und Weinens, nicht hingegen zum begleitenden Affekt.

19.5.2. Einzelne Affektsyndrome

19.5.2. 1. Depressives Syndrom

Engl.: depressive state

Besonders gut zur Einführung: KIEHOLZ (1971), BINSWANGER (1960), PETRI-LOWITSCH u. BAER (1970)

Psychopathologische Kennzeichen:

Affekt

Traurigkeit, Schwermut, Lust- und Freudelosigkeit.
Gefühl der Gefühllosigkeit (keine Gefühle mehr aufbringen zu können). Leere oder Versteinerung. Schwere Last. Vitales Darniederliegen, Niedergedrücktsein, Verzagtsein. Hoffnungslosigkeit, Pessimismus, Verzweiflung, Schuldgefühl, Angst, Selbstunwert- und Kleinheitsgefühle, Suizidwünsche.

Hypochondrie (s. Kap. Hypochondrie)

Dabei besteht die Befürchtung, die Vermutung, der Verdacht krank zu sein. Die leiblichen Regungen werden in gesteigerter Aufmerksamkeit ängstlich-sorgenvoll beobachtet und vielfach überwertet.

Denken

Gedankenkreisen, Grübeln („Sinnieren"), auch Grübelzwang, Einfallslosigkeit, Gedankenleere, -armut, Denkunfähigkeit, Denkhemmung, Entscheidungsunfähigkeit und Entschlußlosigkeit, Willensunfähigkeit.

Depersonalisation (s. S. 45)

Derealisation (s. S. 45, 128)

Zeiterleben (s. S. 84)

Die Zeit geht sehr langsam oder steht gar still, kann aber auch vorbei (!) rasen.

Wahn

Die depressive Stimmung bestimmt das Erleben, führt zur wahnhaften Befürchtung/Überzeugung von:

a) Leiblicher Krankheit, Verfall, Untergang (Hypochondrischer
Wahn, Untergangswahn).

Z. B.: Ich verfaule, ich verrotte, ich bin innerlich schon ganz zerfallen.

Dies kann sich ausdehnen bis zum *nihilistischen Wahn:* „Ich bin gar
nicht mehr."

b) Schuld, Versündigung, Verdammnis: Schuldwahn; Die Schuld
kann sich auf Gesetzesübertretung („Weltliches") oder auf Moralisches oder Religiöses beziehen.

c) Wirtschaftlicher Niedergang, Verarmung. Verarmungswahn:
„Ich habe nichts mehr ... ich muß verhungern ..."

(s. auch Kapitel Wahn)

Wahrnehmung

Alles wird grau, fahl, öde, unlebendig. Der Kranke selbst fühlt sich
unlebendig und unwirklich (Depersonalisation) und auch die Umwelt kann ihm so erscheinen (Derealisation). Diese intensitative
Herabsetzung der Wahrnehmungserlebnisse kann alle Sinnesge-
biete betreffen.

Halluzinationen

Bei schwerer Melancholie gibt es nicht selten optische Halluzinationen (vielfach vom Charakter von Pseudohalluzinationen): Es
werden Schattengestalten vom Tod, vom Teufel, von einem Skelett gesehen.

Nicht so selten trifft man auch Geruchshalluzinationen: „Ich rieche
nach Fäulnis und Eiter." „Es riecht nach Friedhof und Leichenhaus."
Selten gibt es akustische Halluzinationen, z. B. Stimmen, die einer
Schuld anklagen.

Motorik

Einerseits motorische Hemmungen mit Verlangsamung, Versteinerung bis zum Stupor mit Mutismus. Oder die Kranken sind agi-
tiert, erregt, von ständiger Unruhe geplagt, laufen auf und ab, kratzen sich und jammern stereotyp. Gehemmte und agitierte Depression.

Leibliche Symptome

Sie entsprechen dem vitalen Darniederliegen: Schwung- und Antriebslosigkeit, Müdigkeit, Schlappheit, Kraftlosigkeit, Schlafstö-

rungen, Appetitmangel, Reduktion des Speichelflusses mit trockenem Mund, Obstipation. Gewichtsverlust. Die Kranken sehen auch älter aus, der Tonus der Haut läßt nach. Das Haar wird trocken und struppig.

Verlust der Libido. Die Menses sistieren.

Leibbeschwerden

Kopf-, Nacken- und Rückenschmerzen, Globusgefühl im Hals. Druck auf der Brust, Schmerzen in der Herzgegend. Schwere Atmung, Seufzeratmung, Druck im Bauch, Völlegefühl, Gefühl des aufgetriebenen Leibes u. v. a.

Vorkommen

a) Sog. endogene Depressionen: im Rahmen der monopolaren endogenen Depression, der Involutionsdepression oder des manisch-depressiven Krankseins

b) Depression bei schizo-affektiven Mischpsychosen

c) Depression bei Schizophrenie

d) Organische Depression bei zerebralen Strukturveränderungen

e) Symptomatische Depression als Begleiterscheinung bei verschiedenen körperlichen Erkrankungen, einschließlich Stoffwechselveränderungen und pharmakogener Depression (Reserpin, Phenothiazine)

f) Neurotische Depression

g) Depression bei affektiver Dauerbelastung (Zermürbungsdepression). Erschöpfungsdepression.

h) Psychoreaktive Depression (depressive Erlebnisreaktion) als unmittelbare Reaktion auf eine schmerzliche Lebenserfahrung. Abnorme Dauerreaktion

Im Einzelnen s. dazu die spezielle Psychiatrie

19.5.2. 2. Manisches Syndrom

Engl.: manic state

Lit. BINSWANGER 1945, 1960, PETRILOWITSCH u. BAER 1970, RÜMKE 1924

Psychopathologische Kennzeichen:

Affekt

Heiter-euphorische Grundstimmung. Gefühl von Kraft, Schwung

und großer Leistungsfähigkeit, Selbstvertrauen, Unternehmungs-
geist, übermäßiges, phantastisches Pläneschmieden (bei Fehlen jeder kritischen Bedenklichkeit). Zuversicht, Optimismus.

Eine Variante der Manie ist die gereizt-dysphorische Form.

Denken
Einfallsreichtum, Assoziationsreichtum, viele Pläne, Gedanken-
(Ideen-)flucht.

Motorik
Antriebssteigerung mit vermehrter Umtriebigkeit und Tätigkeit,
vom Bewegungsbedürfnis bis zur manischen Erregung und Tobsucht.

Wahrnehmung
Manchmal Steigerung der Wahrnehmungsintensität: Wahrnehmungserlebnisse werden lebhafter und eindringlicher empfunden.

Wahn
Im Ganzen selten. Manchmal expansiver Größenwahn und Selbst-
überheblichkeit.

Vorkommen

a) Endogene Manie im Rahmen des manisch-depressiven Krankseins. Ob es eine monopolare endogene Manie gibt, ist nicht gesichert.

b) Manische Syndrome bei schizo-affektiven Mischpsychosen.

c) Manisches Syndrom bei Schizophrenen.

d) Manische Syndrome bei Hirnkrankheiten (z. B. Progressiver Paralyse) oder bei allgemein körperlichen Erkrankungen (z. B. gibt es
manische Syndrome, die den akuten exogenen Reaktionstyp begleiten).

e) Manische Syndrome bei Neurosen und auf psychoreaktiver
Grundlage sind im ganzen selten. Manchmal gibt es aber bei stim-
mungslabilen Neurotikern einen temporären Umschlag in eine
manische Überbetriebsamkeit.

19.5.2. 3. Schizophrene Affektveränderungen

Lit. Bleuler (1911)

Man findet bei manchen Schizophrenen Affektarmut, Affektsteifigkeit und Affektstarre, aber auch den gespannten Affekt:

Die Kranken sind dann in einem Zustand erhöhten Aufmerkens, der Erwartung, der Erregung und Bereitschaft. Ein *gespannter* Kranker erregt im Untersucher das Gefühl, er könne jederzeit in irgend einer auffälligen Weise reagieren, zum Angriff übergehen, gefährlich werden, darauflos schimpfen, fliehen usw. (spürbare Angriffstendenz).

Ferner ist für manche Schizophrene charakteristisch die affektive Unzugänglichkeit und die Parathymie. *Damit ist aber keineswegs gesagt, daß alle Schizophrenen solche Affektveränderungen aufweisen.* Es gibt auch warmherzig empfindende Schizophrene. Auch depressive und manische Syndrome kommen mit weitgehend natürlichem Affektausdruck bei Schizophrenen vor.

19.5.2. 4. Angstsyndrom

Engl.: anxiety state

Lit. s. BATTEGAY 1970, EYSENCK 1957, FREUD 1894, 1926, v. GEBSATTEL 1959, KIELHOLZ 1967, LADER 1969, LEWIS 1967, RIEMANN 1961, WOLPE 1952

Psychopathologische Zeichen

Stimmung
der Einengung, Unsicherheit, Beunruhigung, des Ausgesetztseins, in die Enge-getrieben-seins, des Atem-Benommenseins, Abgewürgt-seins, der Furcht, der Sorge um die Gesundheit des Leibes (Hypochondrie), des Gewissens (Schuld), der Existenz, „Lebensangst" (P 54) usw. (Übergänge zum depressiven Syndrom, an dem in irgend einer Art auch immer Angst beteiligt ist)

Antrieb
Spannung, Unruhe, Erregung, Panik, Erstarren

Bewußtsein, Wahrnehmung, Denken
Einschränkung der Besonnenheit, der Übersicht, der Fähigkeit zu überlegen, Wahrnehmungsfeld eingeengt

Leibsymptome
Kopfdruck, Herzklopfen, zugeschnürter Hals, Herzschmerzen (Dyskardien), Zittern, Schwindel, Atemstörungen, Impotenz, Frigidität

„Vegetative" Symptome:
Sympathikuserregung: weite Pupillen, Puls- und Blutdruckanstieg, Mundtrockenheit, Schwitzen, erhöhter Muskeltonus

Parasympathikuserregung

Übelkeit, Erbrechen, Harndrang, Durchfall

Das Angstsyndrom ist als solches ein typisches Verhaltensmuster, ist aber individuell sehr verschieden ausgeprägt.

Vorkommen

a) *Allgemeinmenschlich:* Angst vor tatsächlich gefährlichen Situationen, Krankheiten des Herzens, der Lunge usw. Angst aber auch als Zweifel, philosophischer und religiöser Zweifel.

b) *Neurotische Angst* (s. Angstneurose, FREUD). Angst, die „frei steigend" ohne klar erkennbaren Anlaß überkommt oder angesichts von Gegenständen oder Situationen, die nach der Allgemeinerfahrung nicht (oder kaum) gefährlich sind (Phobien, situational anxiety, phobic avoidance). Gebiet der Psychotherapie i.w.S. und der minor tranquillizer („Anxiolytica").

c) Angst bei sog. *endogenen Psychosen* hat eine viel tiefere Wurzel: es geht um das Erhaltenbleiben des Lebens (Devitalisierung), um Ich-Aktivität, -konsistenz, -demarkation, -identität (s. Ichbewußtsein).

Diese Angst kann meist durch minor tranquillizer nicht mehr gelindert werden, wohl aber oft durch Neuroleptica, ev. Antidepressiva. Sonstiger therapeutischer Umgang s. Ich-Bewußtsein.

d) Angst bei *psychischen Störungen in Zusammenhang mit Körperkrankheiten,* akuter (z. B. Delir, Alkoholhalluzinose) und chronischer (Demenz). Vielfach auch bei Stoffwechselkrankheiten und endokrinen Störungen: Hypoglykämie, Hyperthyreose, Phäochromozytom u. a.

19.5.2. 5. Dysphorie, dysphorisches Syndrom

Synonym: dysphorisch = moros[3]
Engl.: dysphoria (partly identical with hostility)

Psychopathologische Zeichen

Mißmutig, mürrisch, gereizt, ärgerlich, „vergrämt", „verbissen", „verbohrte Wut". Manchmal mißtrauisch-feindselig.

Empfindlich gegen jeden Reiz (Lärm, Angesprochenwerden usw.). Vielfach verbissen pessimistisch, „griesgrämig", schwarzseherisch und schwarzmalerisch.

---

[3] Die in diesem Sinn gelegentlich gebrauchte Bezeichnung Dysthymie ist mißverständlich. Sie nennt verschiedene Verstimmungen, meist depressive.

Manchmal schimpferisch, aufbrausend, „giftig", nörgelnd, kleinlich
kritisierend, zuweilen polternd, drohend, angriffig, gewalttätig.
Anklagen gegen andere eher als Selbstanklagen. Stumpf-brüten-
der Rückzug mit gelegentlichen gereizten Durchbrüchen oder
mehr Erregung Aggressionen, gelegentlich Wandern und Laufen
(Poriomanie), Sich-Einsperren, Schimpfparoxysmen, Gewalttätigkeit (sinnloses Zertrümmern).

Vorkommen

a) Alltagsverstimmungen bei Aufregung und Anspannung

b) Als morose Variante der depressiven Verstimmung praemen-
struell

c) Als dauerhafte Persönlichkeitsart (Raufbolde, mißmutige Einzel-
gänger)

d) Unter Drogeneinfluß, z. B. im Alkoholrausch, unter Ampheta-
minen

e) Bei diffusen oder mehr lokal akzentuierten Hirnkrankheiten
(z. B. Arteriosklerosis cerebri; Schädeltrauma)

f) Bei Epileptikern als spontane oder reaktive Verstimmung

g) Bei Oligophrenen

h) Als Variante depressiver Verstimmungen verschiedenster nosologischer Art (WEITBRECHTS 1968 „endoreaktive Dysthymie" gehört z. T. hierzu)

i) Bei Schizophrenen mit Verfolgungs-, Beeinträchtigungsgefüh-
len, Halluzinationen („Plagerei")

19.5.2. 6. Hypochondrisches Syndrom

Engl.: hypochondriasis

Lit. s. BRÄUTIGAM (1956), FELDMANN 1972, FISCHER-HOMBERGER 1970,
HÄFNER 1959, JANZARIK 1957, 1959, KOHN 1958/59, KULENKAMPFF u. BAUER
1960, LADEE 1966, PLÜGGE 1958, 1960, RUFFIN 1959, WEITBRECHT 1951,
WULFF 1958

Psychopathologie:

Hypochondrie ist die „objektiv" ungenügend begründete Befürchtung, Vermutung, der Verdacht, krank zu sein oder zu werden
(Nosophobie). Der Hypochonder hat das Vertrauen in die Selbstverständlichkeit seines Funktionierens verloren. Er ist in seiner Ge-

sund-Befindlichkeit verunsichert und beobachtet sich selbst ängstlich und bewertet seine leiblichen Regungen übermäßig.

Der Hypochonder findet in mannigfachen Mißempfindungen und Schmerzen eine ständig mahnende Erneuerung seiner Sorgen.

Hypochondrie geht oft mit einer der vielfältigen depressiven Stimmungsveränderungen einher und ist dann Teil des umfassenderen depressiven Syndroms (s. d.). Im Rahmen des depressiven Syndroms verschiedener nosologischer Zugehörigkeit kann sich die hypochondrische Untergangs- und Krankheitsangst auch mit Selbstmordimpulsen verbinden.

Hypochondrischer Wahn

Wenn die Besorgnis des Hypochonders sich zur wahnhaften Überzeugung, zur Wahngewißheit steigert, schwer, unheilbar krank, einem Siechtum, dem Tod geweiht zu sein, dann nennt man das hypochondrischen Wahn (s. Kapitel Wahn).

Hypochondrische Inhalte

Grundsätzlich jede Art von leiblicher oder seelischer Erkrankung. Besonders häufig findet man: Angst einen Tumor zu haben, im Kopf, in der Brust, im Unterleib, im Darm, in der Leber. Angst an Leukämie, an Multipler Sklerose, an Syphilis, an „Auszehrung", an einem Herzleiden zugrunde zu gehen. Manchmal trifft man die Angst, geisteskrank zu werden (die auch als wohl begründete Furcht im Beginn von Schizophrenien gesehen werden kann).

Der Inhalt der Befürchtung kann familiär naheliegen (z. B. Krebserkrankung, -tod eines Verwandten) oder auch gesellschaftlich geprägt sein (z. B. Erkrankung eines „Prominenten"). Eine transkulturelle Besonderheit hypochondrischer Befürchtungen wird in Indien beobachtet: Die wahnhafte Befürchtung, der Penis schrumpfe und verschwinde.

Vorkommen

a) Bei *endogener Depression*. Dort kann Hypochondrie das dominierende Syndrom sein. Es kann sich mit all den übrigen Symptomen in mannigfacher Weise verbinden, besonders mit Zwängen und Phobien, mit Schuld- und Verarmungsgefühl. Es gibt auch expansive Ausdehnungen wahnhafter Hypochondrien: der Kranke wähnt sich selbst so morbid, so faulig, verwesend, giftig, daß die ganze Welt, die Mitpatienten der Klinik usw. durch ihn geschädigt werden und durch die Berührung mit ihm zugrunde gehen müssen.

b) Bei *Schizophrenen* kommt Hypochondrie mit lokalisierten leiblichen Mißempfindungen (Leibhalluzinationen) oder mit Störungen der gesamtleiblichen Empfindungen (Gemeingefühle oder coenaesthetische Gefühle) vor. Zerfall, Untergang, Krankheit des Leibes ist dabei Ausdruck der Störung, der Bedrohung des Icherlebens (s. d.). Dabei werden die Beschwerden nicht immer als außenbestimmt und von anderen gemacht erfahren.

c) Bei chronischen *körperlich begründeten Psychosen* kann zusammen mit einem psychoorganischen Syndrom ein hypochondrisches Syndrom vorgefunden werden.

d) Hypochondrie bei *neurotischen Leiden* ist Ausdruck einer Schwäche der Lebens-, Welt-, Beziehungsbewältigung. Hypochondrie findet sich bei allgemein unsicheren, ängstlichen, anankastischen Menschen häufig, besonders auch um die Zeit der Pubertät und dann wieder im beginnenden Alter, gelegentlich auch als lebenslange Dauerhaltung. Sie kombiniert sich dann oft mit Zwängen, mit Phobien, mit depressiv-ängstlichen Verstimmungen und führt zu einem monoideistisch eingeengten Lebensstil.

Gelegentlich kann neurotische Hypochondrie auch telephren sein (zweckgerichtet, um des Krankheitsgewinnes willen): um den Anforderungen des Lebens (beruflich, privat) zu entgehen, manchmal auch, um mit seinem Leiden Mitleid zu erregen oder die Familie zu beherrschen.

Zu den neurotischen Hypochondrien gehören auch die hypochondrischen psychosomatischen Leiden, wie z. B. die Herzphobien (KULENKAMPFF u. BAUER 1960).

19.5.3. Überpersönliche Affektreaktionen
(Primitivreaktionen)

Dazu rechnet man die bei starkem Affekt auftretenden sogenannten *affektiven Ausnahmezustände*, Dämmerzustände, Verwirrtheiten, Bewußtseinstrübungen sowie explosive *Wutreaktionen* (Raptus) mit körperlichen (motorischen und vegetativen) Begleiterscheinungen, auch *Emotionsstupor*: Ein Abschalten in starkem Affekt, Wut, Trauer, in der Katastrophenreaktion (Totstellreflex und Bewegungssturm).

Bei diesen überpersönlichen Affektreaktionen (KRETSCHMER 1958, 1971) ist die affektive Überwältigung so stark, daß es kaum mehr zu einer individuellen Prägung der Reaktion durch die Persönlichkeit kommt.

19.5.4. Dauerhafte Verstimmungen

Langdauernde emotionale Veränderungen als Charakterverände-
rungen, also abnorme reaktive Entwicklungen, können sich unter
langdauerndem emotionalem Druck entwickeln: Verbitterung,
Mißtrauen, Querulanz, chronische Insuffizienzgefühle und Res-
sentiment.

Man findet solche Entwicklungen z. B. nach sehr schwer drücken-
den Erlebnissen (z. B. Konzentrationslager BAEYER u. Mitarb. 1964,
EITINGER 1964, MATUSSEK 1971), nach nicht überwundenen Kränkungen (im persönlichen und beruflichen Bereich).

20. Triebe

Engl.: conative functions

Unter konativen Funktionen (lat. conatus = Trieb) faßt man in Abgrenzung gegenüber den kognitiven, affektiven, motorischen Funktionen zusammen:

Bedürfnis (need)
Trieb (drive)
Instinkt (instinct)
Motivation (motivation)
Willen (will, intention)

20.1. Definitionen

Sie sind vielfach unscharf und uneinheitlich. Oft wird auch die Natur der verwendeten Termini ungenügend vergegenwärtigt, d. h. ob sie ein erlebbares Phänomen bezeichnen (z. B. Bedürfnis) oder ob sie Konstrukte sind (z. B. Trieb, Instinkt). Die Begriffe umfassen z. T. unmittelbar Feststellbares (Trieb- und Instinkthandlungen), z. T. als Befindlichkeiten (z. B. Bedürfnis) der Selbstbeobachtung Zugängliches, mittelbar im Gespräch Erfahrbares oder aus dem Verhalten Erschlossenes. Wir fassen für unsere Zwecke die Begriffe folgendermaßen:

Bedürfnis (Phänomenbegriff)
Ein als Verlangen erlebtes Streben nach einem bestimmten Gegenstand, Zustand, Tun

Trieb (Konstruktbegriff)
Tendenz zur Befriedigung bestimmter primärer (d. s. angeborener) Bedürfnisse

Instinkt (konstruktbegriff)
Angeborenes Verhaltensmuster zur Trieberfüllung

Motivation
a) Als Phänomenbegriff: Durch Bedürfnisse bestimmte, mehr oder weniger klar erfahrbare Stimmung (Affekt), die zu bedürfnisbefriedigenden Handlungen bewegt
b) Als Konstruktbegriff: Hypothetischer Aktivierungsfaktor

Wille (Phänomenbegriff)
Zielgerichtetes Streben (Absicht, Intention) auf Grund kognitiv verarbeiteter Motivation

20.2. Übersicht und Einteilung

20.2.1. Übersicht über die Bedürfnisse (und bedürfnisbefriedigenden Handlungen)

20.2.1. 1. Primäre Bedürfnisse: angeboren, nicht erlernt

a) Einem lebensnotwendigen Bedarf (zur Aufrechterhaltung der Homöostase) entsprechende, d. h. der Selbsterhaltung dienende Bedürfnisse.
Starr, nicht aufschiebbar, geringerer Einfluß des Erworbenen (Geprägten, Gelernten).
Hunger (Appetit)
Durst
Atmung
Darm- und Blasenentleerung
Schlafbedürfnis
Gefahrschutz

b) Nicht einem lebensnotwendigen Bedarf entsprechende Bedürfnisse:
Aufschiebbar, mehr Freiheitsgrade der Bedürfnisbefriedigung, größerer Einfluß des Erworbenen (Gelernten) gegenüber dem instinktmäßig Festgelegten.
Sexualtrieb
Sozial- oder Gemeinschaftstrieb
Brutpflegetrieb
Bewegungs- und Spieltrieb
Explorationstrieb (Neugier, Entdeckungstrieb)

20.2.1. 2. Sekundäre Bedürfnisse

Im Leben erworbene (konditionierte) Bedürfnisse sind sehr vielfältig und individuell variierend, z. B. Appetitvarianten, Rauchen u. v. a.

20.2.2. Klinisch-praktische Einteilung der Triebe

Für praktische Zwecke bewährt sich immer noch die grobe Zweiteilung der vitalen Triebe nach der Funktion, die sie hauptsächlich erfüllen (finale Betrachtung).

20.2.2. 1. Selbsterhaltungsfunktion

Hunger
Durst
Schlafbedürfnis
Gefahrschutz (Verteidigung, Flucht)

20.2.2. 2. Arterhaltungsfunktion

Sexualtrieb
Brutpflege

20.3. Grundlagen und Determinanten

20.3.1. Anatomische Repräsentanzorte

Sie sind für Triebe, teilweise auch für Triebhemmung und Enthemmung, aufgrund neurophysiologischer stereotaktischer Reizversuche in der Zwischenhirnregion (Hypothalamus) vermutet worden (HESS 1962). Die Befunde sprechen für eine anatomische und physiologische Verankerung der polaren Triebstruktur (Antrieb und Hemmung).

20.3.2. Hormonelle und Stoffwechsel-Situation

Das Insulin und der Blutzuckerspiegel bestimmen (zusammen mit der Füllung und Leere des Magen-Darm-Trakts) Hunger und Sättigung, Geschlechtshormone (u. a.!) den Sexualtrieb, verschiedene Hormone wirken auf den Wasser- und Elektrolyt-Haushalt und beeinflussen damit u. a. den Durst.

20.3.3. Sensorische Afferenz

Die gesamte sensorische Afferenz bestimmt die Trieb-Spannung mit: D. h. all das, was an akustischen, optischen, olfaktorischen, taktilen Reizen an den Mensch herankommt, kann auf die verschiedenen Bedürfnisse fördernden oder auch hemmenden Einfluß haben. Damit ist auf die Bedeutung sozialer Einflüsse (verstärkend oder hemmend) hingewiesen.

20.3.4. Lernprozesse

Lernprozesse und eingeschliffene Gewohnheiten des Individuums und seiner Sozietät bestimmen das Auftreten von primären Bedürfnissen und vor allem die Ausführung der bedürfnisbefriedigenden Handlungen mit.

20.4. Untersuchung

Meist ohne besondere Maßnahmen im Gespräch oder aus der Beobachtung zu erfahrendes Triebverhalten.

Bemerkungen zum Triebausdruck: Das durch Fremdbeobachtung erfahrbare Triebverhalten kann theoretisch verstanden werden als Ergebnis von
Triebstärke und Triebhemmung. Sog. triebhaftes Verhalten muß nicht
Ausdruck eines überstarken Triebes sein, sondern kann zustande kommen
durch ungehemmtes Nachgeben (Mangel an Kontrolle, Enthemmung).
Und triebschwaches Verhalten kann Ausdruck überstarker, angstbeding-
ter Triebhemmung bei vielleicht normaler Triebstärke sein. Triebhafte
Psychopathen nennt man Menschen, die den jeweils ankommenden Im-
pulsen, oft auch Trieben im engeren Sinne, unmittelbar nachgeben, die
sich selbst nicht in Kontrolle haben. Solche Menschen verfallen daher
leichter auch der Verführung einer Situation (z. B. Sexualverbrechen). In
der Manie ist die Triebhaftigkeit im Rahmen der Vitalitätssteigerung überhaupt und auch in der manischen Enthemmung gesteigert. In der Depression ist die gesamte Antriebshaftigkeit (s. d.) und alle Einzeltriebe vermindert. Auch bei schweren zehrenden Allgemeinerkrankungen nehmen Antrieb (s. d.) und Einzeltriebe stark ab.

20.5. Pathologie

20.5.1. Hunger (Appetit)

20.5.1. 1. Quantitative Anomalien

20.5.1. 1.1. Übermaß: Freßsucht (Polyphagie, Bulimie)

Übermäßiges Eßbedürfnis und Essen führt vielfach zur Fettsucht
(Obesitas, Adipositas).

Vorkommen

a) Organisch: Bei Hypothalamuserkrankungen, gelegentlich auch
bei diffusen Hirnschäden (z. B. Arteriosklerose der Hirngefäße).

b) Psychogen-neurotisch: Nahrungs-, im besonderen Süßigkeitszu-
fuhr als Ersatzbedürfnis-Befriedigung in chronischer emotionaler
„Frustration", in chronischer Konfliktspannung (zur „Beruhigung")
usw. („Kummerspeck").

c) Psychotisch: Im Ganzen selten, gelegentlich bei Schizophrenen.

20.5.1. 1.2. Verminderung oder Ausfall des Hungers

Inappetenz, Anorexie.

Vorkommen

a) Organisch: Bei schweren Allgemeinerkrankungen, Erschöpfung,
Fieber, vor allem aber auch bei zentralnervösen Erkrankungen verschiedenster Art.

b) Psychogen-neurotisch: Vielfach bei traurigen Verstimmungen (Gram, Kummer usw.).

Die *Anorexia nervosa* (meist bei Mädchen) ist eine psychogene Eßstörung (Nahrungsreduktion, dazwischen Heißhunger), die als „Sich-Sträuben" gegen Reifung und Entwicklung aus Angst vor den Aufgaben der Rolle der erwachsenen Frau (des Mannes) gedeutet wird (Lit. JORES 1954, KUHN 1951, 1953, MEYER 1965, THOMÄ 1961, ZUTT 1948).

c) Psychotisch: Endogen Depressive verlieren meist jeden Appetit. Bei manchen negativistischen oder auch etwa an einem Vergiftungswahn leidenden Schizophrenen kann es zur Nahrungsverweigerung kommen.

20.5.1. 2. Qualitative Anomalien des Hungers

Anomalien des Appetits

Picae nennt man die besonderen Gelüste, die gelegentlich bei Schwangeren, manchmal bei Psychotikern und Schwachsinnigen vorkommen.

Essen von ungenießbaren Dingen kommt gelegentlich bei Psychopathen, Psychotikern, Schwachsinnigen vor, z. B. Koprophagie (Kotessen), Nekrophagie bzw. Anthropophagie (Leichnamessen, Kannibalismus).

Nägel-, Löffel- u. ä. Schlucken kommt bei manchen neurotisch-psychopathischen Menschen vor, die damit erreichen wollen, in ein Krankenhaus zu kommen (sog. Münchhausen-Syndrom). Manchmal versuchen Strafgefangene auf solche Weise aus dem Gefängnis in ein Spital zu kommen, wo sie dann leichter entfliehen können.

20.5.2. Durst

Übermaß des Durstes: Polydipsie (Lit. BERLING u. Mitarb. 1972, PETERS u. Mitarb. 1974)

Vorkommen

a) Organisch: Bei (hypophysärem oder renalem) Diabetes insipitus. Dabei bewirkt der Ausfall des antidiuretischen Hormons, daß die Niere nicht genügend Wasser rückresorbiert und daher zuviel Flüssigkeit abgibt, so daß chronischer Durst besteht. Auch bei Nierenerkrankungen, bei bestimmten Pharmaka kann vermehrter Durst auftreten.

b) Psychogen-neurotische Polydipsie wird vielfach als orale Ersatz-befriedigung, auch als Reinigung (Spülung) gedeutet.

c) Psychotisch: Gelegentlich als Angewohnheit von Schizophre-nen, wobei dann auch die Flüssigkeitsquelle abnorm sein kann: z. B. Wasser aus der WC-Schüssel trinken.

Divide: Bei der Dipsomanie kommt es periodisch zu Alkohol-Trunksucht. Dabei steht nicht der effektive Durst als vielmehr das Bedürfnis nach Alkohol im Vordergrund. Manche Dipsomanie hat eine periodisch endo-gene oder reaktive Verstimmung zur Grundlage.

Ausfall von Durst gibt es nicht, wohl aber gibt es im Rahmen all-gemeiner Nahrungsverweigerung auch Trinkverweigerung (z. B. bei Katatonen).

20.5.3. Gefahrschutz

Gelegentlich kann es zu einem Ausfall des natürlichen Verteidi-gungs- bzw. Fluchtverhaltens kommen, z. B. bei schwer Oligophre-nen, bei Schizophrenen mit schwerem Antriebsdefizit und schwe-rem Autismus (andererseits kann Gefahr den Schizophrenen auch aus seinem Autismus herausreißen).

21. Sexualität

21.1. Definition

In der männlich – weiblichen Differenzierung begründetes Erleben und Verhalten. Es umfaßt das *Geschlechtsbewußtsein* (vom eigenen und vom anderen Geschlecht), das *Geschlechtsverlangen* (Sexualtrieb, Libido) und das *Geschlechtsverhalten* (kopulatives Verhalten).

21.2. Grundlagen

Lit. DÖRNER (1972), GIESE (1971), MASTERS u. JOHNSON (1966), ORTHNER (1971 a, b), SIGUSCH (1972)

21.2.1. Geschlechschromosomen. Sie bestimmen das *genetische* (gonosomale) *Geschlecht:* männlich = XY, weiblich = XX.

21.2.2. Gonaden (Keimdrüsen). Sie bestimmen das *gonadale Geschlecht.* Das Y-Chromosom induziert durch den Einfluß des Hormons Androgen auf das Sexualzentrum im Zwischenhirn in einer frühen fetalen Entwicklungsperiode die Hodendifferenzierung (Testes). Zwei X-Chromosome bestimmen die Entwicklung der Eierstöcke (Ovarien).

21.2.3. Die Entwicklung der Gonaden führt auf hormonalem Wege (Androgen, Östrogen, Gestagen) während der spezifisch sensiblen fetalen Organisationsphasen zur Entwicklung des *somatischen Geschlechts:* Es entwickeln sich die inneren und äußeren Geschlechtsteile als primäre Geschlechtsmerkmale und die sekundären Geschlechtsmerkmale.

21.2.4. Genetisches, gonadales und somatisches Geschlecht bilden die Voraussetzung dafür, daß sich unter den verschiedensten postnatalen Einflüssen psychosozialer Art das *„psychische Geschlecht"* entwickeln kann: das Geschlechtsselbstverständnis (Geschlechtsbewußtsein), das Geschlechtsverlangen (Sexualtrieb) und das Geschlechtsverhalten (kopulatives Verhalten). Die Sexualhormone bestimmen die Triebstärke, aber nicht die Triebrichtung. Für diese ist die gesamte Entwicklung eines Individuums in der Gemeinschaft Voraussetzung.

21.3. Entwicklung

Über den Entwicklungsgang der Sexualität weiß man noch wenig empirisch Gesichertes, nicht einmal darüber, ab welchem Alter etwa man von sexuellen Gefühlen eines Kindes sprechen kann (Klein 1932, Rutter 1971, Stoller 1973).

Menarche (12.–14. J.) und Ejakularche (13.–14. J.) geben nur den Beginn der Fertilitätsperiode an (die Jahresangaben gelten für den mitteleuropäischen Bereich).

Für eine normale Entwicklung von Geschlechtsbewußtsein, Geschlechtsempfinden und -verhalten ist eine gesunde psychosoziale Umgebung beim Aufwachsen nötig: Beziehung zur Mutter und den übrigen Familienmitgliedern, vor allem den Geschwistern und zugleich all den Gespielen verschiedenen Geschlechts. Die von der Sexualität untrennbare Persönlichkeitsentwicklung ist außer durch die obengenannten somatischen Voraussetzungen (die in ihren diesbezüglichen Prägungsphasen wirken) von sozialen Faktoren wie ethischen, religiösen, kulturellen Einflüssen sowie durch die gesamte lebensgeschichtliche Erfahrung und Situation mitbestimmt (Schelsky 1955). In dieser Entwicklung entfaltet sich die Sexualität des Menschen, die selbst auf Sozialbildung, auf Wir-Bildung angelegt ist, auf eine „Intention des Du" (Frankl 1959). Die Sexualität ist ein „ganzleibliches", im mitmenschlichen Bezogensein des Menschen gründendes Verhalten und ist „nur" mit zunehmender sexueller Erregung auf die Geschlechtsregion zentriert.

Den größten Einfluß hat das Konzept von Freud, das wir hier wegen seiner Verbreitung und seiner Bedeutung für die Interpretation von sexuellen Deviationen wiedergeben (nach Freud 1924 und Abraham 1971) (Tab. 9).

Nach Freud kann die Libidoentwicklung auf jeder Stufe stehenbleiben (durch Konditionierung, Fixation, Regression) und so zu Perversionen führen (Freuds Annahme einer „polymorph-perversen" Sexualität des Kindes).

Besondere sensible Prägungsphasen für die Sexualität des Menschen scheinen die frühe Kindheit und dann wieder die Pubertät zu sein. Nur in der Gesellschaft von Artgenossen und nur durch rechtzeitiges spielerisches Üben des ganzheitlichen „Umgangs" mit Menschen, durch Lernen von Vorbildern und von sprachlich Mitgeteiltem, aber auch durch Lernen von Angst- und Schmerzbewältigung kann sich eine normale Beziehungsfähigkeit und normale Sexualität entwickeln.

242   Sexualität

Tabelle 9   **Das psychoanalytische Schema der psychosexuellen Entwicklung**

Alter	Libidinöse Organisation	Objektliebe	Zugehörige Abnormitäten
½ Lj:	1. **Orales** Stadium (Saugen) oral passiv	ohne Objekt Autoerotismus	Autoerotismus
1. Lj:	2. **Orales** Stadium (Beißen, Essen) oral aggressiv	(polymorph-pervers) Narzissmus Einverleibung des Objekts, präambivalent	Oralismus
2. Lj:	1. **Anales** Stadium (Lust aus Kotabgabe) eliminativ	ambivalente Partialliebe (polymorph-pervers)	Masochismus
3. Lj:	2. **Anales** Stadium (Lust aus Kotverhaltung) retentiv	(polymorph-pervers)	Sadismus
3. Lj:	Frühe genitale Phase Urethrales Stadium (Lust aus Urinabgabe)	(polymorph-pervers)	Urethralismus
4. Lj: 5. Lj:	Frühe genitale Phase Phallisches Stadium (Lust durch Manipulation am eigenen Genitale)	Objektliebe mit Ausschluß der Sexualorgane Masturbation	Exhibitionismus
6. Lj: 12. Lj:	Frühes genitales Stadium Latenzzeit	Objektliebe (oedipal)	Homosexualität Potenzstörungen, Frigidität
Pubertät Erwachsener	Spätes (reifes) genitales Stadium	reife heterosex. genitale Sexualität (postoedipal)	

21.4. Die Frage nach der Norm

Das Urteil darüber, was auf dem Gebiet der Sexualität normal sei, ist sehr abhängig von den zeit- und ortsgebundenen soziokulturellen, religiösen und zivilisatorischen Umständen, von traditionsgeprägten moralisch-ethischen Einstellungen und schwankt demnach sehr. Es ist meist ein dogmatisches Urteil. Die alte mitteleuropäische „Psychopathia sexualis" (KRAFFT-EBING 1918, HIRSCHFELD 1926 u. a.) war nach den Erfahrungen völkerkundlicher Forschung (MALINOWSKI 1962, MEAD 1949, 1959) und systematischer statistischer Untersuchung mit Direktbefragung und Fragebogen (KINSEY 1948, 1953) überholt. Die Sexualität war in dieser Entdogmatisierung erst frei geworden für die Forschung. (Übersicht über Formen der Sexualität s. FORD u. BEACH 1968, MARSHALL u. SUGGS 1971).

Im Zentrum des Sexualverhaltens des geschlechtsreifen Menschen steht die Paarung, der Coitus (Kopulation, Kohabitation). Für das coitale Sexualverhalten kann als Norm formuliert werden:

Normal ist eine koitale Sexualhandlung, die mit einem heterosexuellen Partner in einer Weise stattfindet, daß
– der Möglichkeit nach eine Befruchtung stattfinden kann
– keiner der Partner dabei leidet oder Schaden nimmt.

Anderes, nicht koitales Sexualverhalten von geschlechtsreifen Menschen kann erst dann als abnorm gelten, wenn es nicht nur als Einleitungs- oder Begleitverhalten, sondern – trotz Gelegenheit zu koitalem Verhalten – ausschließlich oder vorwiegend praktiziert wird. Erst dann spricht man von *sexuellen Deviationen.* Je weiter vom normalen Koitusverhalten abweichend, je unreifer das Sexualverhalten, je starrer seine Durchführung, je mehr eine suchtartige Abhängigkeit besteht, umso berechtigter erscheint der Ausdruck der *Perversion.*

N. B. Sexualität ist *eine* Dimension zwischenmenschlicher Beziehung. Alle Sexualstörungen sind als Zeichen von Beziehungsstörungen weit über den „nur" sexuellen Bereich hinaus aufzufassen!

21.5. Pathologie

Einteilung der Sexualstörungen – Übersicht
Diese Einteilung ist schematisch aufgliedernd. Sie nimmt auf die Schwere der Deviation keine Rücksicht. Überschneidungen (besonders von 21.5.1. und 21.5.2.) kommen häufig vor.

21.5.1. Abnormes Sexualobjekt
21.5.1.1. Homosexualität (gleichgeschlechtlicher Geschlechtspartner)
21.5.1.1.1. Primäre Homosexualität
21.5.1.1.2. Sekundäre Homosexualität
21.5.1.1.3. Psychotische Homosexualität
21.5.1.2. Infantosexualität (Kind als Geschlechtspartner)
21.5.1.3. Gerontophilie (Greis, -in als Geschlechtspartner)
21.5.1.4. Bestiosexualität (Tier als Geschlechtspartner)
21.5.1.5. Autosexualität (Sexualbetätigung ohne Partner)
21.5.1.6. Nekrophilie (Leichnam als Geschlechtsobjekt)
21.5.1.7. Fetischismus (nicht genitale Objekte)

21.5.2. Abnorme Sexualpraktiken
        (abnorme Art, sexuelle Erregung/Befriedigung zu erreichen)
21.5.2.1. Oralismus (Mund)
21.5.2.2. Koprophilie (Kot), Koprophagie, Urolagnie (Harn), Nekrophagie
21.5.2.3. Analismus (Anus)
21.5.2.4. Urethralismus (Harnröhre)
21.5.2.5. Sadismus (Lust durch Schmerzzufügen)
21.5.2.6. Masochismus (lustvolles Schmerzerleiden)

Es sind drei Perversionstheorien anzuführen (Boss 1966):

a) *Psychoanalytische Perversionstheorie*

FREUD 1904–1905, 1920, 1924, 1925–1932, FENICHEL 1931

Postulat „polymorpher Perversion" als „normales" Durchgangsstadium der Sexualentwicklung. Durch Verdrängungen infolge von Kastrations- und Ödipuskomplex, durch Lernvorgänge, Prägung usw. kommt es zur Dominanz von Partialtrieben und zu deren Fixierung: Perversion des Erwachsenen.

Die psychoanalytische-kausalgenetische Perversionstheorie führt nicht zu einem verstehenden Vergegenwärtigen der pervertierten mißglückten Beziehung in der „Allgewalt der Liebe" (FREUD 1904 bis 1905). Zur Kritik s. Boss (1966).

b) *„Anthropologische" Perversionstheorie*

v. GEBSATTEL (1929), STRAUS (1930), KUNZ (1942)

In Perversionen setzten sich eine „destruktive Verstümmelung und Zerstückelung des erotischen Liebessinnes", destruktive Impulse durch, es komme zu einer Umkehr der normalen Liebesrichtung. Verständlich werden dabei die Perversionen, die Deformationen des Liebesstrebens nach „Daseinseinung und -mehrung" (Boss 1966) nicht. Zur Kritik s. Boss (1966)

c) *Daseinsanalytische Perversionstheorie*

Boss (1966) deutet „Sinn und Gehalt" der sexuellen Perversion (als konkrete ontische mitmenschliche Verhaltensweisen) im Horizont der fundamentalen ontologischen Bestimmung des In-der-Welt-seins und Mitseins im Sinne von HEIDEGGERS Daseinsanalyse. Dabei wird im biographisch-historischen Verstehen die je besondere deformierte Liebesmöglichkeit in ihrem Wesen als Existenzeinschränkung expliziert (Einzelnes s. bei den Perversionen).

21.5.1. Abnormes Sexualobjekt

21.5.1. 1. Homosexualität

Synonyme: Sexuelle Inversion, konträre Sexualempfindung, Homophilie

(Lit. FELDMAN u. MACCULLOCH 1971, FREUND 1969, GIESE 1958, WOLFF 1973)

Definition
Erotische Anziehung, sexuelle Erregung (und eventuell Befriedigung) durch Umgang mit gleichgeschlechtlichen Partnern.

Es darf nicht einfach jede Attraktion zwischen Menschen gleichen Geschlechts (wie in Freundschaften) als homosexuell bezeichnet werden. Auch ist der Begriff einer eindeutigen Homosexualität (als Neigung oder Praxis) abzutrennen vom psychoanalytischen Begriff der latenten Homosexualität.

Schwierigkeiten der Abgrenzung
Sie liegen einmal in der *bisexuellen Anlage* als Möglichkeit des Menschen. Zwischen Homosexualität und Heterosexualität gibt es eine breite Streuung mit einem Mittelfeld einer zeitlebens bestehenden Bisexualität. Ferner besteht gegen das Ende der Pubertät als Durchgangsstadium der normalen psychosexuellen Entwicklung eine Neigung zur Homoerotik vor der endgültigen heterosexuellen Ausrichtung *(Entwicklungs-Homosexualität)*. Schwierigkeiten der Abgrenzung entstehen ferner auf dem Gebiet der *Nothomosexualität* aus Mangel an heterosexuellen Kontakten (im Gefängnis, auf See, im Militärdienst usw.) bei Menschen, die an sich nicht homosexuell orientiert sind (Beispiel für die Situationsabhängigkeit). In manchen Völkerschaften gehen homosexuelle Praktiken (meist zwischen Männern und Knaben vor der Initiation) dauernd neben heterosexuellen Praktiken einher (MALINOWSKI 1962, FORD u. BEACH 1968).

Vorkommen
Dauernde und ausschließliche homosexuelle Praktiken kommen bei Männern in ca. 4 %, bei Frauen in ca. 2 % vor. Homosexuelle Erfahrung aber ist viel häufiger (KINSEY), d. h. homosexuellen Kon-

takt bis zum Orgasmus haben jemals von den erwachsenen Männern ca. 37 %, von erwachsenen Frauen ca. 13 % erlebt.

Genese der Homosexualität

Sie ist nicht bekannt. Es scheint heute gesichert, daß es bei „den Homosexuellen" keine gesetzmäßigen organischen Veränderungen makro- oder mikroskopischer Art (etwa Geschlechtschromosomen), noch biochemische, hormonelle oder andere pathophysiologische Abweichungen gibt. Andererseits ist aber auch eine reine und ausschließliche Psychogenese aller Fälle der Homosexualität nicht genügend gesichert. *Homosexualität ist hinsichtlich der Entstehung heterogen* und ist es auch hinsichtlich der Bereitschaft und Art, homosexuelle Neigungen zu praktizieren, und hinsichtlich des Wunsches nach therapeutischer Befreiung von der homosexuellen Neigung und hinsichtlich der Zugänglichkeit für ein therapeutisches Verfahren.

Heute stehen im wesentlichen zwei Hypothesen zur Entstehung der Homosexualität einander gegenüber:

a) *Biologisch:* Homosexualität ist eine angeborene Variante der Sexualität, somatisch begründet. Für solche Anlagen sprechen das gelegentlich familiär gehäufte Auftreten von Homosexualität, ferner die bei eineiigen Zwillingen gegenüber zweieiigen höhere Konkordanz.

b) *Psychologisch:* Nach dem psychoanalytischen und dem behavioristischen Konzept ist Homosexualität eine erworbene psychosexuelle Reifungsstörung. Sie wird unter bestimmten psycho-sozialen Bedingungen erlernt, eingeprägt und fixiert. Sie ist Ausdruck umfassender mitmenschlicher Beziehungsstörung.

Nach psychogenetischer Interpretation wird neurotische Homosexualität hervorgebracht durch überdauernde starke (positive oder negative) Gefühlsbindungen gegenüber einem oder beiden Eltern. Es sind vier Möglichkeiten zu denken (nach ALLEN 1969).

1. Feindseligkeit gegenüber der Mutter
Bei männlichen Homosexuellen macht Mutterhaß einen emotionalen Brückenschlag von der Mutter auf Frauen überhaupt unmöglich (Angst und Feindseligkeit gegenüber der Mutter wird generalisiert zur Ablehnung der Frau überhaupt). Frauenhaß beschränkt dann die erotische Attraktion auf Männer. Bei weiblichen Homosexuellen verhindert Mutterhaß eine Übernahme der Frauenrolle gegenüber anderen Menschen, besonders gegenüber Männern.

2. Starke positive Bindung an die Mutter
Dies führt beim Mann zu einer dauernden Fixierung an die Mutter und zu einer Reifungshemmung. So ist keine reife Beziehung zu Frauen möglich.

(Es ist gleichsam ein kindlich anhängliches „Der Mutter die Treue halten".)
Beim Mädchen kann eine überstarke und andauernde Bindung an die
Mutter generalisiert werden zu einer dauernden (erotischen) Attraktion
zur Frau überhaupt.

Solche überstarke Bindungen an die Mutter sind nicht nur von der Mutter
bestimmt, sie sind auch bei reellem Fehlen des Vaters (Scheidung, Krieg)
oder bei seiner „emotionalen Abwesenheit" in der Familie möglich.

3. Feindseligkeit gegenüber dem Vater
Sie verhindert beim Mann die Übernahme der männlichen Rolle, führt bei
der Frau durch Generalisation zur Feindschaft gegenüber Männern.

4. Starke Bindung an den Vater
Starke positive Gefühlsbindung und „internalisierende Identifikation" mit
einem im Sinn des traditionellen Leitbildes „unmännlichen" Vater, der (z. B.
durch Dominanz der Ehefrau oder durch Scheidung) in die Übernahme
auch weiblicher Funktionen gegenüber dem Sohn gedrängt wird, kann das
Hineinwachsen in eine reife männliche Beziehung zur Frau verhindern
und den Weg zur Homosexualität bereiten.

Bemerkungen dazu: Dies ist ein Beispiel eines nur z. T. erfahrungsabhängi-
gen, interpretativ konstruierenden Erklärungsversuchs, der für manche
Homosexuelle Gültigkeit haben mag, ohne deswegen das Mitwirken anderer Umstände auszuschließen. Unklar bleibt im einzelnen, wie solche Beziehungsstörungen zu Homosexualität führen. Denn offensichtlich führt
z. B. keineswegs jeder Mutterhaß des Sohnes zur Homosexualität. Es müssen also noch andere Umstände dazukommen (z. B. spätere Verführung
oder ähnliches). Ob und wie weit allenfalls homosexuelle „Verführung" im
Jugendalter überhaupt eine Bedeutung hat für die Entwicklung von Homosexualität, ist nicht klar. Es gibt triftige Gründe (vor allem von der
Ethnologie) zur Annahme, sie sei bedeutungslos, wenn nicht eine Bereitschaft in diese Richtung da ist.

Über die Ursachen der „Feindseligkeit" herrschen vielfach keine klaren
Vorstellungen. Es scheint, daß der Haß auf wirkliche Erfahrung wächst
(Unterdrückung, Brutalität, Alkoholismus, Schwächlichkeit), aber auch
auf sozusagen phantasierter Grundlage bestehen kann.

Aus der Erfahrung der therapeutischen Praxis ergab sich verschiedenen Autoren eine Dreiergruppierung der Homosexualität (BOSS
1966, BRÄUTIGAM 1972, FELDMANN u. McCULLOCH 1971).

21.5.1. 1.1. Primäre Homosexualität

Sie ist vermutlich anlagebedingt, konstitutionell. Über ihre Ursache und Entstehung ist nichts Verläßliches bekannt. Man kann
hier eine biologische Ursache vermuten.

In den Träumen primär Homosexueller treten nie heterosexuelle

Elemente in Erscheinung. Bei solchen Homosexuellen besteht auch kein Wunsch, von ihrer Neigung befreit zu werden. Sie sind nicht in diesem Sinne therapiebar. Falls sie in persönliche oder soziale Schwierigkeiten geraten, geht es in der Therapie mehr darum, ihnen zu einer Anerkennung der eigenen Neigung und zum Abbau von Minderwertigkeitsgefühlen zu verhelfen.

21.5.1. 1.2. Sekundäre Homosexualität

Dabei besteht aus verschiedensten Gründen Angst vor der Heterosexualität. Die sekundäre oder *Hemmungshomosexualität* wird als Ersatzverhalten für die (aus Angst verdrängte) Heterosexualität angesehen.

In den Träumen solcher Homosexueller treten immer wieder heterosexuelle Elemente in Erscheinung (d. h. im Traum können solche Menschen heterosexuelle Beziehungen leben).

Viele dieser Homosexuellen gelten als unreif. Sie haben Angst vor der Sexualität überhaupt: Der eigenen, weil sie sie aufgrund früherer Erfahrungen mit Brutalität gleichsetzen, der der Frau, weil sie sich selbst nicht sicher sind in ihrer Geschlechtsrolle. Diese Homosexuellen leiden oft unter ihrer Neigung, wünschen therapeutische Befreiung davon und sind einer Therapie auch besser zugänglich.

21.5.1. 1.3. Psychotische Homosexualität

Damit bezeichnet Boss (1966) die Homosexualität, die mit der in der schizophrenen Existenzschrumpfung zunehmenden Einschränkung der Beziehungsmöglichkeiten einhergehen kann.

Die sozialen Probleme der Homosexuellen

Homosexuelle leiden vielfach unter der Verachtung und Verpönung ihrer Neigung durch die Gesellschaft. Ausgestoßen leben sie vielfach im Verborgenen und vereinsamen (vor allem im Alter). Manche entwickeln eine chronische Ressentimenteinstellung gegenüber der Gesellschaft, manche geraten in chronische depressive Entwicklungen hinein. Darin kann es zu sekundärem Alkoholismus und anderen Süchten (Drogen) kommen, auch zu Selbstmord.

Die forensische Bedeutung der Homosexualität

Homosexuelle Betätigung unter Erwachsenen ist in Europa (außer Finnland und Österreich) *nicht* strafbar, sofern sie nicht öffentlich geschieht.

Homosexueller Umgang mit Minderjährigen ist strafbar.

Die Verpönung der Homosexualität in der Gesellschaft kann dazu führen, daß Homosexuelle erpreßt werden. Angst vor der Entdeckung der Homosexualität kann gelegentlich auch Anlaß zu Mord werden. Diebstahl, Beraubung und dergleichen kommt (wie im heterosexuellen Prostituiertenmilieu) auch unter Homosexuellen ähnlicher Kreise vor.

Es gibt eine homosexuelle Prostitution (Strichjungen), vielfach von Menschen, die selbst gar nicht eindeutige homosexuelle Neigungen haben.

Therapie der Homosexualität

Immer nur bei Therapiewunsch zu versuchen.

a) Analytische Psychotherapie: Ziel ist der Nachvollzug der psychosexuellen Reifung. Nur die neurotische Homosexualität hat Aussichten, therapeutisch geheilt zu werden. Eindeutige Ergebnisberichte liegen nicht vor.

b) Verhaltenstherapie: Wird in den verschiedensten Formen (z. B. Aversionstherapie, Umkonditionieren und dergleichen) angewandt. Eindeutige Erfolgsstatistiken mit Katamnesen gibt es noch kaum.

c) Stützende und beratende Therapie. Selbstakzeptierung der Homosexualität als Variante der menschlichen Sexualität. Abbau der Minderwertigkeits- und Ressentimentgefühle. Behandlung sekundärer Depression, Selbstmordprophylaxe usw.

21.5.1. 2. Infantosexualität

Synonym: Pädophilie

Definition

Sexuelles Verlangen und sexuelle Befriedigung im geschlechtlichen Kontakt mit sexuell unausgereiften Menschen.

Infantosexualität gibt es in homosexueller und heterosexueller Form (ca. 75 %). Sie tritt meist bei gehemmten und kontaktschwachen Menschen auf, die zu erwachsenen Sexualpartnern keinen Zugang finden. Man kann sie bei Psychopathen, Alkoholikern, Oligophrenen treffen, gelegentlich bei Greisen. Die Sexualhandlungen sind meistens masturbatorisch.

Forensische Bedeutung: Die Infantosexualität ist strafbar. Selten erfahren Kinder bei pädophilen Akten Verletzungen (am ehesten Mädchen). Schädliche Auswirkungen pädophiler Erfahrungen auf die psychosexuelle Entwicklung sind nicht gesichert, zumal ein „einladendes" Verhalten der „Opfer" nicht selten ist.

An Maßnahmen ist außer kontaktfördernder und stützender Therapie gelegentlich präventiv operative Kastration oder medikamentöse Triebunterdrückung nötig.

21.5.1. 3. Gerontophilie

Definition

Sexuelles Verlangen und eventuell sexuelle Befriedigung in Kontakt mit Greisen.

Sie ist sehr selten und praktisch ohne besondere Bedeutung. Es sind hetero- und homosexuelle Varianten bekannt.

21.5.1. 4. Bestiosexualität

Synonym: Zoophilie, Sodomie

Definition

Gebrauch eines Tieres als Sexualobjekt.

Vorkommen

Die Angaben darüber sind sehr unsicher, da die Mehrzahl der Fälle gar nie zur Beobachtung kommen dürfte. Nach Kinsey hatten sich 8 % der Männer, ca. 3,6 % der Frauen in den USA irgend einmal sodomitisch betätigt. Zoophilie scheint in erster Linie in der Situation von Triebnot vorzukommen. Bei Hirten, Bauernjungen, gelegentlich bei Schwachsinnigen; bei brutalen Menschen, besonders als Rauschdelikt, kann es zu bestiosexuellen Akten kommen. Häufig sind zoophile Akte kombiniert mit Sadismus (z. B. den Stiel einer Gabel in die Scheide eines Rindes oder Pferdes zu stoßen (s. v. Hentig 1962).

Die Bestiosexualität hat mehr eine forensische und veterinärmedizinische Bedeutung (Tierquälerei, Beschädigung von Tieren) als eine psychiatrisch-therapeutische. Zoophilie ist in Europa nicht strafwürdig (es sei denn als Tierquälerei).

21.5.1. 5. Autosexualität

Synonym: Sexueller Ipsismus, Selbstbefriedigung

Definition

Jede sexuelle Handlung, die an der eigenen Person ausgeführt wird.

Die häufigste Form der Autosexualität ist die *Masturbation* (Onanie). *Masturbation gilt nur als abnorm, wenn sie im Erwachsenenalter und bei vorhandenen Möglichkeiten normaler Geschlechtbetätigung die einzige gewünschte und praktizierte Form der sexuellen Betätigung ist.* Dementsprechend gilt auch eigene Genitalmanipulation im Kindesalter, Masturbation in der Pubertät sowie bei Erwachsenen bei Mangel an heterosexuellen Kontakten (sogenannte Notonanie) keineswegs als abnorm. Masturbation ist vor allem dann abnorm, wenn sie suchtartig-neurotisch betrieben wird, oft weniger aus sexuellem Bedürfnis, denn als „Entspannungsmittel" (zur Minderung von Nervosität, zum Einschlafen etc.). Die Masturbation wurde früher fälschlich angeschuldigt als Ursache vieler körperlicher und seelischer Leiden, nicht zuletzt auch der Psychosen. Depressive, hypochondrische oder paranoide Verarbeitung früherer Onanie trifft man auch heute nicht selten.

Die Gefahr und Schädlichkeit der Masturbation als ausschließlicher Sexualbetätigung liegt in der weitgehenden narzißtischen Abkapselung und in der sexuellen Selbstgenügsamkeit, die immer weiter wegführt von einer normalen heterosexuellen Kontaktaufnahme. Pathologische Autosexualität gibt es noch in verschiedenen Varianten: als masochistische Autosexualität, als Autoanalismus, Auto-Urethralismus.

21.5.1. 6. Nekrophilie

Definition
Gebrauch eines toten Körpers als Sexualobjekt.

Vorkommen
Sehr selten, meist mit anderen Perversionen (z. B. Sadismus, Oralismus und anderen verknüpft). Nekrophilie ist bei Männern und Frauen bekannt. Nekrophile sind offenbar vielfältig abnorme Menschen: Schwachsinnige, Geisteskranke, anderweitig Behinderte, die aus irgendwelchen Gründen nicht zu befriedigenden Sexualbeziehungen zu lebenden Menschen kommen. Die Bedeutung der Nekrophilie ist in erster Linie eine forensische (Leichenschändung). Gelegentlich kann aber nekrophile Neigung auch zu Mord führen (vgl. auch Nekrophagie) (Lit. SPOERRI 1959).

21.5.1. 7. Fetischismus

Definition
Sexuelle Erregung und Befriedigung durch Ersatzobjekte, die als normales Sexualziel ungeeignet sind. Das sind extra-genitale Körperteile (wie Fuß, Haar usw.) und verschiedene Gegenstände (Wäsche, Kleidungsstücke, Strumpf, Schuh, Pelz, Schnuller, Perücke usw.).

Vorkommen
Meist bei Männern, als heterosexueller und homosexueller Fetischismus. Auch als Infanto-Fetischismus (z. B. Windelfetischismus).

Der Fetisch vertritt nicht nur den menschlichen Partner, sondern löscht ihn aus. Vor dem ganzen Partner, besonders vor seinen Genitalien, besteht zu viel Angst; so wird er gemieden und ein Substitut gesucht (s. besonders die daseinsanalytische Interpretation von Boss 1966).

Psychoanalytische Deutung: In der prägenitalen Entwicklungsstufe entstandene Aberration: Fixation auf das erste Liebesobjekt (Mutterbrust). Dazu kommt oft ein sadistisches Element: Der Fetisch wird oft gewaltsam behandelt und zerstört.

Der Fetischismus hat in erster Linie forensische Bedeutung, weil er zu Diebstahl (Kleptomanie), Überfällen, auch Raub führen kann.

21.5.2. Abnorme Sexualpraktiken

(Abnorme Art, sexuelle Erregung/Befriedigung zu erreichen)

21.5.2. 1. Oralismus

Synonym: Penilingus (Fellatio) ist orale Betätigung am Penis. Coitus per os. Cunnilingus heißt die orale Sexualbetätigung an dem weiblichen Genitale.

Definition

Sexuelle Befriedigung durch orale Betätigung (Saugen, Schlecken, Beißen usw.) an den Sexualorganen.

Vorkommen

Oralismus kommt hetero- und homosexuell vor, als aktiver und als passiver Oralismus.

Oralismus ist eine häufige und durchaus nicht abnorme Sexualpraktik bei beiden Geschlechtern. Zur Perversion wird Oralismus erst, wenn ein Individuum darauf als ausschließlicher und allein befriedigender Sexualbetätigung fixiert ist.

Deutung

Oralismus ist die Sexualpraktik, die durch das Saugen des Kindes an der Brustwarze der Mutter bestimmt ist. Dementsprechend wird Oralismus auch gedeutet als Fixation auf einer frühen libidinösen (oralen) Entwicklungsstufe. Oralismus weist also auf eine unreife, unvollständige, eventuell stehengebliebene psychosexuelle Entwicklung.

21.5.2. 2. Koprophilie, Koprophagie, Urolagnie, Nekrophagie

Definition

Sexuelle Erregung durch Verzehren von getöteten Opfern. Oft werden dabei gerade die Genitalien gegessen. Nekrophagie ist im Ganzen selten, scheint ein Delikt von schwer abnormen Persönlichkeiten zu sein.

Auch zur Koprophilie (zur Interpretation s. Boss 1966) und Urolagnie (sexuelle Erregung durch Umgang mit Kot, Urin, Speichel) und zur Koprophagie (sexueller Lustgewinn durch Essen solcher Substanzen) scheinen Beziehungen zu bestehen.

21.5.2. 3. Analismus

Synonyme: Analverkehr, Coitus per anum, Päderastie
Engl.: sodomy, buggery

Definition

Gebrauch des Anus zur sexuellen Stimulation und Befriedigung.

Vorkommen

Analismus ist weniger häufig eine heterosexuelle Sexualpraktik als vielmehr eine homosexuelle (und macht bei den Homosexuellen ca. 20 % der Sexualpraktiken aus). Es gibt einen aktiven und einen passiven Analismus. Seltener ist der Auto-Analismus, bei dem es durch instrumentelle Einführung in den Anus (z. B. Flaschen) zur sexuellen Erregung kommt.

In manchen Kulturen (z. B. in New Guinea) gibt es regelmäßig einen homosexuellen Analverkehr zwischen Männern und Knaben in dem magischen Glauben, daß das die Knaben erst richtig zu Männern reifen lasse.

Die psychoanalytische *Deutung* des Analismus spricht von einer Fixierung und Regression auf einer analen Entwicklungsstufe. Auch denkt man an einen Ersatz der Vagina durch den Anus durch Prägung oder Konditionierung.

21.5.2. 4. Urethralismus

Definition

Gebrauch der Harnröhre (Urethra) zur sexuellen Stimulation und Befriedigung.

Urethralismus kommt meist als Auto-Urethralismus vor: Einführung von Gegenständen in die Harnröhre, die dann oft auch in die Blase gelangen. Nach kasuistischen Berichten kommen alle möglichen belebten oder auch unbelebten Dinge auf diese Weise in die Blase (z. B. Fieberthermometer).

21.5.2. 5. Sadismus

Synonym: Aktive Algolagnie, Plagelust

Definition
Sexuelle Erregung und Befriedigung durch Schmerzzufügen.

Vorkommen
Über die Häufigkeit ist nichts Sicheres bekannt; offenbar vorwiegend bei Männern. Sadismus kann sich mit allen möglichen anderen Perversionen kombinieren. Es gibt nicht nur hetero- und homosexuellen Sadismus, sondern auch infanto-, bestio-sexuellen Sadismus sowie polymorphen Sadismus.

Die Methoden des Sadisten sind in erster Linie Schlagen, Schneiden, Beißen usw. von Brust, Gesäß, Genitale. Sadismus hat in erster Linie forensische Bedeutung, wenn er zur Verletzung des Sexualobjektes oder gar zum Lustmord an ihm führt.

Es ist fraglich, ob es Übergänge zwischen sexuellem Sadismus und nicht sexueller Grausamkeit (Brutalität) gibt.

Der sexuelle Sadist kann seine mitmenschlichen Gefühle nur als Grausamkeit ausdrücken. Er ist „nur" denen gefährlich, die er (wäre er normal) lieben würde. Er ist meist impotent und kann seine sexuelle Entspannung nur durch sadistische Akte erreichen.

Die *Theorien zur Entstehung* des Sadismus, dieses gewaltsamen Durchbruchversuchs in Schmerzzufügen (oft kombiniert mit Schmerzerleiden als Sado-masochismus) eines eingemauerten liebesuchenden Menschen (BOSS 1966), sind abhängig von den Vorstellungen über Aggression.

FREUD (1920–1924, Jenseits des Lustprinzips) nahm folgende Möglichkeiten an: 1. Der Todestrieb (Thanatos) ist gegen das eigene Ich gerichtet. 2. Sexuelle Lust am Töten entsteht durch die Kombination von Libido (Eros, Lebenstrieb) mit Thanatos. So entsteht zunächst Masochismus. 3. Masochismus wird invertiert (umgekehrt) und externalisiert als Sadismus.

Andere Autoren (z. B. ALLEN 1969) gehen vom Fehlen der mütterlichen Liebe (frühkindliche Frustration) aus, die zu Haß und zu Aggression gegenüber der Mutter führt. Den (gedanklichen, nicht empirischen) Weg, der dann zu heterosexuellem und homosexuellem Sadismus führt, kann man in folgendem Schema darstellen.

Psychodynamisches Konstrukt zur Entstehung des hetero- bzw. homosexuellen Sadismus (nach ALLEN 1969)

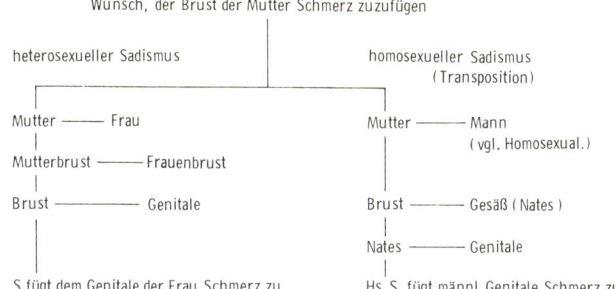

Abb. 8

21.5.2. 6. Masochismus

Synonym: Passive Algolagnie.

Definition

Sexuelle Erregung und Befriedigung durch Schmerzerleiden.

Masochismus gibt es heterosexuell, homosexuell und als Automasochismus.

Masochismus beim Mann

Methoden: Plagerei, auch Selbstplagerei durch Schlagen, Fesseln, Strangulation, elektrische Reizung, Penisumschnürungen usw. Dies kann zu Verletzungen und auch zu tödlichen Selbstunfällen führen.

Die *Deutung* ist folgende (ALLEN 1969):

Heterosexueller Masochismus: 1. Wunsch, der Mutter Schmerzen zuzufügen (Mutterhaß). 2. Dieser Wunsch wird invertiert zum Wunsch, durch die Mutter Schmerzen zu erleiden. 3. Dieser Wunsch wird generalisiert zum Wunsch, durch Frauen Schmerzen zu erleiden.

Homosexueller Masochismus: 1. und 2. wie oben. 3. Austausch (Transposition) Mutter zu Mann (s. Homosexualität). 4. Daraus resultiert der Wunsch, durch einen Mann Schmerzen zu erleiden.

Automasochismus: 1. Wunsch, den gehaßten Vater zu verletzen. 2. Libidinisierung (Sexualisierung) dieses Wunsches. 3. Vater ist nicht erreichbar (z. B. zu mächtig). Dies führt zur Inversion: Der Haß richtet sich gegen das Individuum selbst.

Masochismus bei der Frau

Auch ihn gibt es heterosexuell, homosexuell und als Automasochismus. Die Methoden sind ähnlich wie beim Mann. Beim Automasochismus können auch Gegenstände in das Genitale eingeführt werden, in die Harnröhre (masochistischer Urethralismus), in die Blase, in den Mastdarm (masochistischer Analismus), was zu chirurgischer Intervention führen kann.

Masochismus bei der Frau wird gedeutet:
1. Vaterhaß: Die aggressiven Impulse richten sich gegen den Vater, weil er als einschränkend empfunden wird. 2. Vaterhaß kann nicht ausgelebt werden und wird transformiert zu Selbsthaß.

21.5.2. 7. Skoptophilie

Synonym: Voyeurismus, Voyeurtum, Schaulust

Definition
Sexuelle Erregung und Befriedigung durch die Beobachtung anderer Menschen beim Ausziehen, im Bad, besonders aber bei sexueller Betätigung.

Die an sich harmlose Deviation kommt ausschließlich bei Männern, besonders bei kontaktschwachen Menschen vor, denen nahe Begegnung unmöglich ist. Voyeurismus wird als Fixierung der infantilen Schaulust gedeutet.

21.5.2. 8. Exhibitionismus

Synonym: Zeigelust

Definition
Sexuelle Erregung und Befriedigung durch Zurschaustellen des Genitales vor anderen Menschen.

Kommt meist beim Mann vor, meist hetero-, seltener auch homosexuell. Exhibitionismus ist aufzufassen als ein aus Angst verfehlter Sexual-Appell (psychoanalytisch als Fixation infantiler Zeigelust).

Exhibitionismus hat insofern eine forensische Bedeutung, als er das häufigste Sexualdelikt ist. Für Erwachsene ist er sicher harmlos, für Kinder scheint er ebenfalls in der Mehrzahl der Fälle ohne traumatisierende Bedeutung zu sein.

21.5.2. 9. Frotteurismus

Definition
Sexuelle Erregung und Befriedigung durch Reiben, Sich-drücken, Stoßen an anderen Menschen.

Meist im Gedränge vieler Menschen (Kino, Versammlung, Tram usw.), oft kombiniert mit anderen Perversionen wie Exhibitionismus und Fetischismus.

Frotteurismus wird als Erhaltenbleiben (Fixation) auf der infantilen Stufe des sich an die Mutter Kuschelns aufgefaßt.

21.5.2. 10. Transvestitismus

Synonym: Transvestismus, Eonismus, engl. travestic

Definition

Sexuelle Lust am Tragen der Kleidung des dem eigenen entgegengesetzten Geschlechts.

Es ist also sozusagen ein nur in den Kleidern vollzogener Geschlechtswechsel und Lust an diesem Wechsel. Manchmal betrifft der Kleiderwechsel nur die Unterwäsche. Transvestitismus tritt oft nur temporär in Erscheinung (z. B. unter Alkohol). Er kommt bei heterosexuell (ca. 50 %) und homosexuell Veranlagten vor, bei Männern häufiger als bei Frauen. Ursachen sind nicht bekannt.

Forensisch hat der Transvestitismus Bedeutung durch Kombination mit Diebstahl von Kleidern, mit Exhibitionismus, mit Fetischismus.

21.5.3. Abnormes Geschlechtsbewußtsein

21.5.3. 1. Transsexualismus

(GREEN u. MONEY 1969)

Definition

Körperlich normal sexuell ausdifferenzierte Menschen, die die Überzeugung haben, dem entgegengesetzten Geschlecht anzugehören (konträres Geschlechtsbewußtsein).

Viele Transsexuelle sind nicht homosexuell, sondern wünschen kaum Geschlechtsbetätigung.

Diese Überzeugung führt zum Wunsch nach Geschlechtsumwandlung (körperlich, sozial, beruflich usw.).

Vorkommen

Meist bei Männern, die Frauen sein wollen. Das Verhältnis männlich : weiblich ist beim Transsexualismus 3 : 1. Häufigkeit: ca. 1,5 auf 100 000 Menschen.

Deutung

Transsexualismus des Mannes als konträres Geschlechtsbewußtsein wird gedeutet als pathologische weibliche Identifikation bei überstarker Mutterbindung, Identifikationstendenz mit ihr und Selbstkastrationswunsch.

N. B. Transsexualität ist zu unterscheiden von der *Intersexualität* (Hermaphroditismus, Zwitter) (OVERZIER 1961). Dabei wird meist die angelernte Geschlechtsrolle übernommen und nicht die biologische.

Therapie des Transsexualismus

1. Psychotherapie wird oft abgelehnt und ist daher nicht durchführbar.

2. „Geschlechtsumwandlung" durch Operation (meistens von männlich zu weiblich: Kastration, Penisamputation, Vaginalplastik).

3. Kastration und Gabe von weiblichen Hormonen (bei männlichen Transsexuellen).

21.5.4. Abnormitäten der Triebstärke:

Hypersexualität und Hyposexualität
Diese Begriffe sind kaum genau zu umreißen, weil die Frage nach dem Durchschnitt der Sexualwünsche oder Sexualbetätigung eines Individuums kaum genau zu beantworten ist (nur als statistisches Mittel) und weil so vieles auf die Sexualität Einfluß hat: körperliche Gesundheit, Erholungs- bzw. Ermüdungszustand, Lebensalter, Reizafferenz (die positive Antwort vom Partner her), die Gelegenheit zu sexueller Betätigung, die Affektlage, Temperament u. v. a.

21.5.4. 1. Hypersexualität

Synonyme: Hypersexualität (Erotomanie) beim Mann heißt auch Satyriasis, bei der Frau Nymphomanie.

Mögliche Grundlagen der Hypersexualität

a) *Psychologische Gründe* sind sehr mannigfaltig, z. B. spielen Impulsivität und ungehemmte Wesensart für die Äußerung sexueller Wünsche eine besondere Rolle. Manchmal kann hypersexuelles Verhalten auch verstanden werden als Selbstbestätigung in immer neuen sexuellen „Eroberungen". Zum Teil kann sich darin aber auch gegen den gegengeschlechtlichen Elternteil gerichtete Abneigung zeigen, die generalisiert als Haß gegen das andere Geschlecht überhaupt erscheint (mit der Tendenz, immer neu darüber zu siegen, zu triumphieren, es sich zu unterwerfen).

b) *Psychotische Begründung* der Hypersexualität: Bei organischen Psychosen kann es zu einer Enthemmung, zu einer mangelnden Kontrolle und Beherrschung kommen, bei endogenen Psychosen (wie bei der Manie) ebenfalls zu einer Enthemmung, wohl auch zu einer echten Steigerung der sexuellen Bedürfnisse im Rahmen der Vitalitätssteigerung. Bei der Manie kommt es dann oft zu einer wahllosen Promiskuität, zu sexueller Verwahrlosung mit den Folgen venerischer Infektion und Schwängerung. Die Sexualität bei den Schizophrenen ist im ganzen weniger einheitlich als bei den Manischen. Gelegentlich gibt es scheinbare Hypersexualität infolge von Hemmungslosigkeit und mangelnder Kontrolle bei schizophrenen Frauen, manchmal auch eher zu verstehen als Anklammerungstendenz und Selbstbestätigung denn als erhöhtes Sexualverlangen. Manche zentralnervöse Erkrankungen (Zwischenhirn, Epiphyse, Temporallappen) scheinen zu Hypersexualität führen zu können.

c) Hormonell: Zufuhr von männlichen Sexualhormonen führt sowohl beim Mann (vor allem, wenn er selbst zu wenig solcher Hormone bildet) als auch bei der Frau zu einer Steigerung der Sexualität.

d) Medikamentös-toxisch: Die sogenannten Aphrodisiaca entfalten ihre Wirkung (sexuell erregend) vor allem lokal durch ihre Wirkung auf die Durchblutung der Geschlechtsorgane. Das bekannteste Mittel ist Yohimbin.

21.5.4. 2. Hyposexualität

Synonym: Asexualität, Anerotik

Vorkommen

Bei allgemeinem (körperlichen und seelischen) *Infanitlismus* bei neurotisch gehemmten, ängstlichen Menschen (s. Impotenz).

Bei der endogenen *Depression* kommt es fast regelmäßig zu einem Erlöschen der Sexualität. Mit der *schizophrenen Kontaktstörung* geht ebenfalls oft ein Nachlassen jeder sexuellen Kontakte einher.

Hormonell: Beim Hypo- und beim Agonadismus (Unterfunktion bzw. Fehlen der Keimdrüsentätigkeit), bei Kastraten und bei Verabreichung von antiandrogenen Substanzen (Cypoteronazetat).

Organisch: Bei allgemein zehrenden Erkrankungen, bei allen ausgedehnten zentralnervösen Erkrankungen und auch bei chromosomalen Abnormitäten (Abnormitäten der Geschlechtschromosomen) kann es zu Hyposexualität kommen. Medikamentös: Neuroleptika dämpfen die Sexualität, in kleineren Dosen verzögern sie die Ejakulation.

21.5.5. Potenzstörungen

Definition

Als sexuelle Potenz wird die Fähigkeit bezeichnet, einen potentiell zur Befruchtung führenden Geschlechtsverkehr auszuüben. Eine Störung dieser Potenz heißt allgemein Impotenz. Dabei ist begrifflich auseinander zu halten die *Unfruchtbarkeit* (Sterilität, Zeugungsunfähigkeit, Impotentia generandi) und die *Kohabitations-Unfähigkeit* durch Störungen beim Vollzug des Geschlechtsverkehrs (die Impotentia coeundi, kurz Impotenz).

Beim Mann zählen dazu die Herabsetzung oder das Fehlen der Libido, die Unfähigkeit zur Erektion (Impotentia erigendi), die Störungen der Ejakulation (Impotentia ejaculandi, Ejaculatio praecox und Ejaculatio retardata).

Bei der Frau gehören dazu das Fehlen des Geschlechtsverlangens, die sexuelle Anaesthesie oder *Frigidität* (Geschlechtskälte), das Fehlen des Orgasmus (Anorgasmie), Muskelverspannungen (Adduktorenspasmus) und Scheidenkrampf *(Vaginismus)* sowie Schmerzen beim Geschlechtsverkehr *(Dyspareunie)*.

21.5.5. 1. Ursachen der Potenzstörungen – allgemeine Übersicht

21.5.5. 1. 1. Organische Ursachen

Erkrankungen des zentralen Nervensystems (Gehirn und Rückenmark), schwere Allgemeinerkrankungen (z. B. Leber) und urologische Erkrankungen verschiedenster Art können zu Impotenz führen. Ferner können höhere Dosen von Medikamenten (Neuroleptika, Antiandrogene) die Libido so stark dämpfen, daß Impotenz eintritt.

21.5.5. 1. 2. Psychotisch

Der völlige Mangel an Libido führt beim endogen Depressiven zur Impotenz.

21.5.5. 1. 3. Neurotisch-psychogen

Dabei ist die Angst meistens der zentrale dynamische Faktor. Besonders störbar beim Mann sind die Erektion und die Ejakulation, bei der Frau die Libido und der Orgasmus (MASTERS u. JOHNSON 1970, MATUSSEK 1959).

a) *Psychogene Impotenz beim Mann*

Darunter versteht man alle nicht organisch bedingten Kohabitationsschwierigkeiten. Von besonderer praktischer Bedeutung sind die Erektionsstörungen und die Ejaculatio praecox.

In allen Fällen hat man dabei zu klären, ob es sich um eine nur gelegentlich auftretende oder immer bestehende Impotenz handelt, ob sie sich bei einem oder bei verschiedenen Geschlechtspartnern manifestiert. In jedem Fall ist eine ganz genaue biographische und auch situative Anamnese zu erheben, um u. U. relativ banale situative Faktoren nicht zu übersehen. An solchen situativen Faktoren kommt eine große Vielfalt in Frage, z. B. Ermüdung, Alkoholeinfluß, gespannte Lebenssituation, das Verhalten des Partners (allgemein, nicht so sehr nur der sexuellen Technik), Frigidität der Partnerin mit deutlicher Kundgabe ihrer Unbeteiligtheit; die Räumlichkeit, in der der Sexualverkehr stattfinden sollte (störbarer Raum mit dünnen Wänden, mit unter Umständen lauschenden Nachbarn oder Familienangehörigen) usw.

Neurotische Impotenz kann der Ausdruck einer allgemeinen zwischenmenschlichen Kontaktstörung sein, aber auch von speziell gegenüber dem betreffenden aktuellen Partner bestehenden Beziehungsschwierigkeiten (konfliktbeladene, komplizierte extra-erotische Beziehung). Ferner kann es ein Sich-Verweigern sein, z. B. aus Vorbehalten gegenüber dem Partner (wegen seines Vorlebens, Ausdrucks, Verhaltens usw.) u. v. a.

Oft besteht Angst als eine Reaktion auf einen Forderungscharakter, wenn die sexuelle Potenz unter das Leistungsprinzip gestellt ist. Dies kann von der Situation ausgehen (z. B. Impotenz der Hochzeitsnacht, Bordellimpotenz), vom Partner, aber auch vom Patienten selbst, wenn er seine eigene Sexualität zu sehr unter das Leistungsprinzip stellt und ihr damit Forderungscharakter gibt; wenn ängstlich erwartungsvolle Selbstbeobachtung auf ein einmaliges zufälliges Versagen oder auf ein Nachlassen der Sexualität im Alter eintritt; wenn die Sexualität zu einer süchtigen neurotischen Selbstbestätigung oder Partnerüberwindung geworden ist. Aber auch forcierte Intention der Sexualität als „die Lust" schlechthin kann die Potenz beeinträchtigen. Manche Sexualneurosen entstehen durch Identifikation von Sexualtechnik mit Geschlechtsleben als Ausdruck eines personalen Liebeslebens. Von Bedeutung ist auch ängstliche Selbstbeobachtung hinsichtlich der sexuellen Leistung, die aus sexual-aufklärender Lektüre erwachsen (übermäßige Reflexion, bibliogene Erwartungsangst).

Von psychoanalytischer Seite wird darauf hingewiesen, daß es sich um eine unbewußte Angst vor Erfüllung infantiler Sexualziele (ödipale Situation, Inzest) handeln kann, um eine unbewußte pathologische Bindung an die Mutter und die Angst, ihr untreu zu werden, um Kastrationsangst bzw. allgemeiner um die Angst vor dem Verschlungenwerden. Minderwertigkeits-, Feindseligkeits-, Schuld-, Ressentiment-Gefühle usw. können zu matrimoniellen und extramatrimoniellen Potenzstörungen führen.

Bei der *Ejaculatio praecox*, der vorzeitigen Ejakulation, kommen ebenfalls viele der bereits genannten Faktoren in Frage. Die Ejaculatio praecox tritt oft bei starker sexueller Erregung nach längerer sexueller Enthaltsamkeit auf. Wenn das zu ängstlicher Selbstbeobachtung führt, kann sich daraus eine Impotenz entwickeln. Andererseits kann Ejaculatio praecox auch Ausdruck eines Nicht-Gönnens oder einer Verweigerung des Sich-Hingebens sein. Die *Ejaculatio retardata* ist seltener psychogen, offenbar häufiger organischer Ursache. Die psychogene wird vielfach als Verweigerung des Sich-Gebens aufgefaßt.

b) *Potenzstörungen der Frau*

Praktisch von besonderer Bedeutung ist die Geschlechtskälte *(Frigidität)*, der *Vaginismus* und die *Dyspareunie* (SCHÄTZING 1959).

Wie bei allen Impotenzen ist auch bei der Frigidität der Grad zu klären, d. h. ob es sich um eine permanente oder zeitweilige, um eine situativ abgrenzbare, eine seit je bestehende Frigidität handelt. Auch hier kommen situative Faktoren (enge Wohnung, Kinder im Raum, Verwandte, besonders Mutter nebenan, und ähnliches) in Frage; ferner allgemein sorgenbedrücktes Leben, starke Verantwortungsbelastung, Depressionen verschiedenster Art, Angst vor Schmerzen, vor der Schande einer Schwangerschaft. Von psychoanalytischer Seite wird auf die unbewußte Angst vor dem Ich-Verlust im Orgasmus hingewiesen. Vielfach ist die Frigidität partnerabhängig, wobei die Frau in ihrem Erlebnis meist mehr auf eine Gewöhnung an den Partner und auf eine ganzheitliche Zuwendung und Gefühlsbeziehung auf ihn angewiesen ist als der Mann.

Wenn eine sensible Frau mit einem Mann Beziehung hat, dem es nur auf seine eigene Sexuallust ankommt, kann die Frau frigide sein. Falsche Erwartungshaltungen spielen ebenfalls oft eine Rolle, z. B., daß jedesmal beim Koitus ein Orgasmus erlebt werden müsse (nach KINSEY 1953 erreichen Frauen erst mit ca. 29 Jahren eine durchschnittlich häufigere Orgasmusfähigkeit), einen vaginalen Orgasmus zu erleben (aus der Trennung zwischen klitoridalem und vaginalem Orgasmus). Erziehungs-, konfessionsbedingte Scham kann zur Frigidität führen (Verneinung der „Fleischeslust").

Die Therapie der Impotenz richtet sich nach den feststellbaren Ursachen. Besonders sei auf die Bedeutung einer fachärztlichen (urologischen, andrologischen, gynäkologischen) Untersuchung hingewiesen. Das psychotherapeutische Vorgehen richtet sich ganz nach den Umständen und läßt sich nicht schematisieren. Bei manchen Fällen ist eine analytische Psychotherapie zu empfehlen, bei manchen Verhaltenstherapie (KOCKOTT u. DITTMAR 1973). Bei vielen anderen Fällen genügt aber Aufklärung über die Zusammenhänge, Beruhigung und u. U. auch Empfehlung einer vorübergehenden sexuellen Enthaltsamkeit mit De-reflexion.

Anhang

21.6. Inzest

Er spielt für die Psychiatrie insofern eine Rolle, als Inzest meist in den untersten Sozialschichten, oft in Familien mit Schwachsinn, mit Psychopathie, Soziopathie, Alkoholismus und dergleichen vorkommt. Die häufigste inzestuöse Beziehung ist die zwischen Vater und Tochter, dann die zwischen Geschwistern, während die Beziehung Mutter – Sohn seltener ist. Schäden können allenfalls auftreten, wenn dabei Infantosexualität praktiziert wird. Im übrigen bestehen über schädliche Folgen keine einheitlichen Auffassungen.

21.7. Prostitution und sexuelle Verwahrlosung

Auch dabei handelt es sich um ein Randproblem der Psychiatrie. Bei sexuell verwahrlosten jungen Mädchen muß man an Frühmanifestationen von endogenen Manien bei manisch-depressivem Kranksein denken. Prostituierte sind offenbar überdurchschnittlich häufig unterintelligent, charakteropathisch und süchtig (Nikotin, Alkohol, Drogen und Medikamente verschiedener Art). Über die Sexualität der Prostituierten gibt es unterschiedliche Ansichten. Gesichert scheint, daß viele mit ihrem persönlichen Freund eine normale Geschlechtsbeziehung unterhalten können, während sie mit ihren Kunden frigid sind. Nur vereinzelt scheint Hypersexualität ein Motiv für Prostitution zu sein. Bei psychiatrischen Anamnesen ist auf Umgang mit Prostituierten zu achten, weil sie Quelle venerischer Infektionen sein können (wo die Prostitution nicht gesundheitspolizeilich kontrolliert ist).

Literatur

1. Vorwort und Einleitung

Abraham, K.: Die psychosexuellen Differenzen der Hysterie und der Dementia praecox. Zbl. ges. Neurol. Psychiat. 31 (1908) (NF 19) 521–533

Alanen, Y. O.: The families of schizophrenic patients. Proc. roy. Soc. Med. 63 (1970) 227–230

Arbeitsgemeinschaft für Methodik und Dokumentation in der Psychiatrie (AMP): Das AMP-System. Manual zur Dokumentation psychiatrischer Befunde, 2. Aufl. Zus.-gest. u. red. v. Ch. Scharfetter. Springer, Berlin 1972

Argelander, H.: Das Erstinterview in der Psychotherapie. Wissenschaftliche Buchgesellschaft, Darmstadt 1970

Arieti, S.: The Origins and Development of the Psychopathology of Schizophrenia. In: Die Entstehung der Schizophrenie, hrsg. von M. Bleuler, J. Angst. Huber, Bern 1971

Baltes, P. B., K. W. Schaie: Lifespan Development Psychology. Personality and Socialization. Academic Press, New York 1973

Bash, K. W.: Lehrbuch der allgemeinen Psychopathologie. Thieme, Stuttgart 1955

Bateson, G., D. D. Jackson, J. Haley, J. W. Weakland: Towards a theory of schizophrenia. Behav. Sci. 1 (1956) 251 bis 264

Baumann, U.: Diagnostische Differenzierungsfähigkeit von Psychopathologie-Skalen. Arch. Psychiat. Nervenkr. 219 (1974) 89–103

Benedetti, G.: Psyche und Biologie. Hippokrates-Verlag, Stuttgart 1973

Bleuler, E.: Dementia praecox oder Gruppe der Schizophrenien. In: Handbuch der Psychiatrie, Teil 4, hrsg. von G. Aschaffenburg. Deuticke, Wien 1911

Bleuler, E.: Zur Unterscheidung des Physiogenen und des Psychogenen bei der Schizophrenie. Allg. Z. Psychiat. 84 (1926) 22–37

Bleuler, E.: Primäre und sekundäre Symptome der Schizophrenie. Zbl. ges. Neurol. Psychiat. 124 (1930) 607–646

Bleuler, E.: Lehrbuch der Psychiatrie, 11. Aufl. neubearb. von M. Bleuler. Springer, Berlin 1969 (S. 99–104)

Bleuler, M.: Endokrinologische Psychiatrie. Thieme, Stuttgart 1954

Bleuler, M.: Endokrinologische Psychiatrie. In: Psychiatrie der Gegenwart,

1. Aufl. Bd. I/1b, hrsg. von H. W. Gruhle, R. Jung, W. Mayer-Gross, M. Müller. Springer, Berlin 1964 (S. 161 bis 252)

Bochenski, I. M.: Die zeitgenössischen Denkmethoden, 5. Aufl. Francke, München 1954

Boss, M.: Grundriß der Medizin. Huber, Bern 1971

Bräutigam, W.: Anthropologie der Neurose. In: Neue Anthropologie, Bd. VI, hrsg. von H.-G. Gadamer, P. Vogler. Thieme, Stuttgart 1974 (S. 114–137)

Brickenkamp, R.: Handbuch psychologischer und pädagogischer Tests. Hogrefe, Göttingen 1975

Chalmers, N., R. Crawley, S. P. R. Rose: The Biological Bases of Behaviour. Oxford University Press, London 1971

Conrad, K.: Die beginnende Schizophrenie, 1. Aufl. Thieme, Stuttgart 1958; 3. Aufl. 1971

Cooper, D.: Psychiatrie und Antipsychiatrie. Suhrkamp, Frankfurt/M. 1971

Cooper, J. E.: The use of a procedure for standardising psychiatric diagnosis. In: Psychiatric Epidemiology, hrsg. von E. H. Hare, J. K. Wing. Oxford University Press, London 1970 (S. 108–131)

Curtius, F.: Individuum und Krankheit. Springer, Berlin 1959

Delay, J., P. Pichot: Medizinische Psychologie. Thieme, Stuttgart 1966; 4. Aufl. 1973

Devereux, G.: Normal und abnormal. Aufsätze zur allgemeinen Ethnopsychiatrie. Suhrkamp, Frankfurt/M. 1974

Dörner, K.: Bürger und Irre. Ennup, Frankfurt/M. 1969

Dörner, K.: Wohin sollen wir den Krankheitsbegriff in der Psychiatrie entwikkeln? Psychiat. Prax. 1 (1974) 123–129

Eccles, J. C.: Facing Reality. Springer, Berlin 1970 (Deutsch: Wahrheit und Wirklichkeit. Springer, Berlin 1975)

Eibl-Eibesfeld, I.: Grundriß der vergleichenden Verhaltensforschung, 2. Aufl. Piper, München 1969

Eibl-Eibesfeld, I.: Stammesgeschichtliche Anpassung im Verhalten des Menschen. In: Neue Anthropologie, Bd. II, hrsg. von H.-G. Gadamer, P. Vogler. Thieme, Stuttgart 1972

Ellenberger, H. F.: The Discovery of the Unconscious. Basic Books, New York 1970

Ey, H.: Das Bewußtsein. de Gruyter, Berlin 1967 (franz. Aufl. 1963)

Eysenck, H. J.: Handbook of Abnormal Psychology, 2. ed. Pitman, London 1973

Feer, H.: Kybernetik in der Psychiatrie. Karger, Basel 1970

Fenichel, O.: The Psychoanalytic Theory of Neurosis. Routledge & Kegan, London 1971

Fischer-Homberger, E.: Der Begriff Krankheit als Funktion außermedizinischer Gegebenheiten. Sudhoffs Arch. Gesch. Med. 54 (1970) 225—241

Freud, S.: Die Abwehrneuropsychosen (1894). Weitere Bemerkungen über die Abwehrneuropsychosen (1896). Gesammelte Werke, Bd. I. Fischer, Frankfurt/M. 1968

Freud, S.: Psychoanalytische Bemerkungen über einen autobiographisch beschriebenen Fall von Paranoia (Dementia paranoides) (1911). Gesammelte Werke, Bd. VIII. Fischer, Frankfurt/M. 1968

Freud, S.: Vorlesungen zur Einführung in die Psychoanalyse. Gesammelte Werke, Bd. XI (1916—1917). Fischer, Frankfurt/M. 1968

Freud, S.: Das Ich und das Es (1924). Gesammelte Werke, Bd. XIII. Fischer, Frankfurt/M. 1968.

Gadamer, H.-G.: Wahrheit und Methode, 3. Aufl. Mohr, Tübingen 1972

Gadamer, H.-G., P. Vogler: Neue Anthropologie, Bd. VI. Thieme, Stuttgart 1974

Garfinkel, H.: Conditions of successful degradation ceremonies. Amer. J. Sociol. 61 (1956) 420—424

Gauron, E. F., J. K. Dickinson: Diagnostic decision making in psychiatry. Arch. gen. Psychiat. 14 (1966) 225—237

Glatzel, J.: Zum Begriff des Symptoms in der Psychopathologie. Nervenarzt 43 (1972) 33—36

Goethe, J. W.: Beobachten und Denken. Gedenkausgabe der Werke, Briefe und Gespräche, Bd. XVII. Artemis, Zürich 1952 (S. 723)

Goldberg, D. P., B. Cooper, M. R. Eastwood, H. B. Kedward, M. Shepherd: A standardized psychiatric interview for use in community surveys. Brit. J. prev. soc. Med. 24 (1970) 18—23

Göppinger, H., H. Witter: Handbuch der forensischen Psychiatrie. Springer, Berlin 1972

Gottschaldt, K., Ph. Lersch, F. Sander, H. Thomae: Handbuch der Psychologie. Hogrefe, Göttingen 1966

Habermas, J.: Erkenntnis und Interesse. Suhrkamp, Frankfurt/M. 1973

Hallowell, A. I.: Culture and Experience.

University of Pennsylvania Press, Philadelphia 1955

Hassler, R.: Funktionelle Neuroanatomie und Psychiatrie. In: Psychiatrie der Gegenwart, 1. Aufl., Bd. I/1a, hrsg. von H. W. Gruhle, R. Jung, W. Mayer-Gross, M. Müller. Springer, Berlin 1967 (S. 152—285)

Heidegger, M.: Gelassenheit. Neske, Pfullingen 1959

Heidegger, M.: Sein und Zeit (1. Aufl. 1927). Niemeyer, Tübingen 1972

Hess, W. R.: Psychologie in biologischer Sicht. Thieme, Stuttgart 1962; 2. Aufl. 1968

Heston, L. L.: Psychiatric disorders of foster home reared children of schizophrenic mothers. Brit. J. Psychiat. 112 (1966) 819—825

Hocking, F.: Extreme environmental stress and its significance for psychopathology. Amer. J. Psychother. 24 (1970) 4—26

Holt, R. R., L. Luborsky: Personality Patterns of Psychiatrists. A study of Methods for Selecting Residents. Basic Books, New York 1958

Holzhey, H.: Kants Erfahrungsbegriff. Schwabe, Basel 1970

Holzhey, H.: Wissenschaft/Wissenschaften. Interdisziplinäre Arbeit und Wissenschaftstheorie. Schwabe, Basel 1974

Hunger, J.: Zum Krankheits-, Normen- und Verantwortungsbegriff in der psychiatrischen Begutachtung. Psychiat. clin. 6 (1973) 211—225

Husserl, E.: Ideen zu einer reinen Phänomenologie und phänomenologischen Philosophie (1. Aufl. 1913). Nijthoff, Haag 1950

Jackson, H.: Croonian lectures, 1884—1887. In: Selected Writigs. Hooddler Stoughton, London 1932

Jacob, H.: Wandlungen, Möglichkeiten und Grenzen der klinisch-psychiatrischen Exploration. In: Festschrift zum 65. Geburtstag von H. Bürger-Prinz. Randzonen menschlichen Verhaltens. Beiträge zur Psychiatrie und Neurologie. Enke, Stuttgart 1962 (S. 62—75)

Jaspers, K.: Psychologie der Weltanschauungen, 3. Aufl. Springer, Berlin 1925

Jaspers, K.: Allgemeine Psychopathologie, 7. Aufl. Springer, Berlin 1959; 9. Aufl. 1973

Jensen, A. E.: Mythos und Kultur bei Naturvölkern. Steiner, Wiesbaden 1951

Jung, R.: Neurophysiologie und Psychiatrie. In: Psychiatrie der Gegenwart, 1. Aufl., Bd. I/1a, hrsg. von H. W.

Gruhle, R. Jung, W. Mayer-Gross, M. Müller. Springer, Berlin 1967 (S. 325 bis 928)

Kaplan, B.: The Inner World of Mental Illness. Harper & Row, New York 1964

Karlson, J. L.: The Biologic Basis of Schizophrenia. Thomas, Springfield/Ill. 1966

Karlson, J. L.: Inheritance of schizophrenia. Acta psychiat. scand. Suppl. 247 (1974)

Keller, W.: Philosophische Anthropologie — Psychologie-Transzendenz. In: Neue Anthrophologie, Bd. VI, hrsg. von H.-G. Gadamer, P. Vogler. Thieme, Stuttgart 1975 (S. 3—42)

v. Kerekjarto, M., G. A. Lienert: Depressionsskalen als Forschungsmittel in der Psychopathologie. Pharmakopsychiat. 3 (1970) 1—21

Keupp, H.: Der Krankheitsmythos in der Psychopathologie. Urban & Schwarzenberg, München 1972 a

Keupp, H.: Psychische Störungen als abweichendes Verhalten. Urban & Schwarzenberg, München 1972 b

Kiev, A.: Transcultural Psychiatry. Free Press & Collier McMillan International, New York 1972

Kind, H.: Leitfaden für die psychiatrische Untersuchung. Springer, Berlin 1973

Kreitman, N.: The reliability of psychiatric diagnosis. J. ment. Sci. 107 (1961) 876—886

Kretschmer, E.: Der Begriff der motorischen Schablonen und ihre Rolle in normalen und pathologischen Lebensvorgängen. Arch. Psychiat. Nervenkr. 190 (1953) 1—3

Kretschmer, E.: Hysterie, Reflex und Instinkt, 6. Aufl. Thieme, Stuttgart 1958; 7. Aufl. 1974

Kuhn, Th. S.: Die Struktur wissenschaftlicher Revolutionen. Suhrkamp, Frankfurt/M. 1973

Kunz, H.: Die existentielle Bedeutung der Psychoanalyse in ihrer Konsequenz für deren Kritik. Nervenarzt 3 (1930) 657 bis 668

Kunz, H.: Zur Frage nach dem Wesen der Norm. Psyche (Heidelberg) 8 (1954/55) 241—271

Kunz, H.: Die latente Anthropologie der Psychoanalyse. Schweiz. Z. Psychol. 15 (1956) 84—102

Kunz, H.: Grundfragen der psychoanalytischen Anthropologie. Vandenhoeck & Ruprecht, Göttingen 1975 a

Kunz, H.: Die Erweiterung des Menschenbildes in der Psychoanalyse Sigmund Freuds. In: Neue Anthropologie, Bd. VI, hrsg. von H.-G. Gadamer, P. Vogler. Thieme, Stuttgart 1975 b (S. 44—113)

Laing, R. D.: Phänomenologie der Erfahrung. Suhrkamp, Frankfurt/M. 1967

Laing, R. D., A. Esterson: Sanity, Madness and the Family. Tavistock, London 1964

Lange-Eichbaum, W., W. Kurth: Genie, Irrsinn und Ruhm, 6. Aufl. Reinhardt, München 1967

Lebra, W. P.: Transcultural Research in Mental Health. University Press of Hawaii, Honolulu 1972

Lewis, A.: „Endogenous" and „exogenous": a useful dichotomy? Psychol. med. 1 (1971) 191—196

Lidz, Th.: The Origin and Treatment of Schizophrenic Disorders. Basic Books, New York 1973

Lidz, Th., A. Cornelison, St. Fleck, D. Terry: Marital schism and marital skew. Amer. J. Psychiat. 114 (1957) 241 bis 248

Lorenz, K.: Das sogenannte Böse. Borotha-Schoeler, Wien 1963

Lorenz, K.: Die Rückseite des Spiegels. Piper, München 1973

Lorenzer, A.: Über den Gegenstand der Psychoanalyse oder: Sprache und Interaktion. Suhrkamp, Frankfurt/M. 1973

Lorenzer, A.: Die Wahrheit der psychoanalytischen Erkenntnis. Suhrkamp, Frankfurt/M. 1974

Lorr, M.: Explorations in Typing Psychotics. Pergamon Press, Oxford 1966

Lorr, M., C. J. Klett: Inpatient Multidimensional Psychiatric Scale (IMPS). Consulting Psychologists Press, Palo Alto 1967

Lorr, M., C. J. Klett, D. M. McNair: Syndroms of Psychosis. Pergamon Press, Oxford 1963

McKinnon, R. A., R. Michels: The Psychiatric Interview in Clinical Practice. Saunders, Philadelphia 1971

Maxwell, A. E.: Agreement among raters. Brit. J. Psychiat. 118 (1971) 659—662

Meerwein, F.: Psychiatrie und Psychoanalyse in der psychiatrischen Klinik. Karger, Basel 1965

Meerwein, F.: Das ärztliche Gespräch, 2. Aufl. Huber, Bern 1974

Meyer-Osterkamp, S., R. Cohen: Zur Größenkonstanz bei Schizophrenen. Springer, Berlin 1973

Mombour, W.: Verfahren zur Standardisierung des psychopathologischen Befundes. Psychiat. clin. 5 (1972) 73—120, 137—157

Mombour, W.: Syndrome bei psychiatrischen Erkrankungen. Arch. Psychiat. Nervenkr. 219 (1974) 331–350

Mombour, W., G. Gammel, D. von Zerssen, H. Heyse: Die Objektivierung psychiatrischer Syndrome durch multifaktorielle Analyse des psychopathologischen Befundes. Nervenarzt 44 (1973) 352–358

Nathan, P. E.: Cues, Decision and Diagnoses. Academic Press, New York 1967

Nietzsche, F.: Zur Genealogie der Moral (1887). Werke, Bd. II, hrsg. v. K. Schlechta. Hanser, München 1955 (S. 975)

Perret, E.: Gehirn und Verhalten. Neuropsychologie des Menschen. Huber, Bern 1973

Perrez, M.: Ist die Psychoanalyse eine Wissenschaft? Huber, Bern 1972

Peters, M.: Neuropathologie und Psychiatrie. In: Psychiatrie der Gegenwart, 1. Aufl., Bd. I/1a, hrsg. von H. W. Gruhle, R. Jung, W. Mayer-Gross, M. Müller. Springer, Berlin 1967 (S. 286 bis 324)

Pfeiffer, W. M.: Transkulturelle Psychiatrie. Thieme, Stuttgart 1970

Piaget, J.: Erkenntnistheorie der Wissenschaften vom Menschen. Ullstein, Frankfurt/M. 1972

Pichot, P., R. Olivier-Martin: Psychological measurements in psychopharmacology. In: Modern Problems of Pharmacopsychiatry, Bd. VII, hrsg. von Th. Ban, F. A. Freyhan, P. Pichot, W. Pöldinger. Karger, Basel 1974

Pohlen, M.: Schizophrene Psychosen. Ein Beitrag zur Strukturlehre des Ich. Huber, Bern 1969

Pophal, R.: Der Krankheitsbegriff in der Körpermedizin und Psychiatrie. Karger, Berlin 1925

Popper, K. R.: Conjectures and Refutations. The Growth of Scientific Knowledge. Basic Books, New York 1963

Popper, K. R.: Objektive Erkenntnis. Ein evolutionärer Entwurf. Hoffmann & Campe, Hamburg 1973 (Engl.: Objective Knowledge. Clarendon Press, Oxford 1972)

Rapaport, D.: Die Struktur der psychoanalytischen Theorie, 2. Aufl. Klett, Stuttgart 1970

Rosenthal, D.: Genetic Theory and Abnormal Behavior. McGraw-Hill, New York 1970

Rosenthal, D., P. H. Wender, S. S. Kety, F. Schulsinger, J. Welner, L. Ostergaard: Schizophrenics' offspring reared in adoptive homes. In: The Transmission of Schizophrenia, hrsg. von D. Rosenthal, S. S. Kety. Pergamon Press, Oxford 1968 (S. 377–391)

de Saint-Exupéry, Antoine: Der kleine Prinz. Die Arche, Zürich 1950

Sartorius, N., E. M. Brooke, T. Lin: Reliability of psychiatric assessment in international research. In: Psychiatric Epidemiology, hrsg. von E. H. Hare, J. K. Wing. Oxford University Press, London 1970 (S. 133–147)

v. Savigny, E.: Die Philosophie der normalen Sprache. Suhrkamp, Frankfurt/M. 1974

Scharfetter, Ch.: Psychiatrie als Wissenschaft und Praxis. Nervenarzt 44 (1973) 255–261

Scharfetter, Ch.: Die Wissenschaft und die Medizin mit besonderer Berücksichtigung der Psychiatrie. In: Wissenschaft/Wissenschaften. Interdisziplinäre Arbeit und Wissenschaftstheorie; Philosophie aktuell, Bd. III, hrsg. von H. Holzhey. Schwabe, Basel 1974

Schilder, P.: Entwurf zu einer Psychiatrie auf psychoanalytischer Grundlage (1. Aufl. 1925). Suhrkamp, Frankfurt/M. 1973

Schmitz, H.: Der leibliche Raum. System der Philosophie, Bd. III/1: Bouvier, Bonn 1964–1969

Schmitz, H.: Nihilismus als Schicksal? Bouvier, Bonn 1972

Schneider, C.: Die schizophrenen Symptomverbände. Springer, Berlin 1942

Schneider, K.: Klinische Psychopathologie, 8. Aufl. Thieme, Stuttgart 1967; 10. Aufl. 1973

Schooler, C., S. E. Feldman: Experimental Studies of Schizophrenia. Psychonomic Press, Galeta/Calif. 1967

Schraml, W. J., U. Baumann: Klinische Psychologie, Bd. II. Huber, Bern 1974

Schraml, W. J., U. Baumann: Klinische Psychologie, Bd. I, 3. Aufl. Huber, Bern 1975

Seiffert, H.: Einführung in die Wissenschaftstheorie. Beck, München 1971

Shepherd, M., E. M. Brooke, J. E. Cooper, T. Lin: An experimental approach to psychiatric diagnosis. Acta psychiat. scand., Suppl. 201 (1968)

Slater, E.: The psychiatrist in search of a science. Brit. J. Psychiat. 121 (1972) 591 bis 598; Brit. J. Psychiat. 122 (1973) 625 bis 636

Slater, E.: The psychiatrist in search of a science: III. – The depth psychologies. Brit. J. Psychiat. 126 (1975) 205–224

268   Literatur

Sommer, R., H. Osmond: Autobiographies of former mental patients. J. ment. Sci. 106 (1960) 1030–1032; J. ment. Sci. 107 (1961) 648–662

Spitzer, R. L., J. Endicott: Diagno II: Further developments in a computer program for psychiatric diagnosis. Amer. J. Psychiat., Suppl. 125/I (1969), 12–20

Stevenson, I.: The Diagnostic Interview, 2. Aufl. Harper & Row, New York 1971

Storch, A.: Bewußtseinsebenen und Wirklichkeitsbereiche in der Schizophrenie. Zbl. ges. Neurol. Psychiat. 82 (1923) 321 bis 341

Sullivan, H. St.: The Psychiatric Interview. Tavistock, London 1955

Szasz, Th. S.: The uses of naming and the origin of the myth of mental illness. Amer. J. Psychol. 16 (1961 a) 59–65

Szasz, Th. S.: The Myth of Mental Illness. Harper & Row, New York 1961 b Deutsch: Geisteskrankheit – ein moderner Mythos? Walter, Olten – Freiburg i. Br. 1972)

Szasz, Th. S.: The manufactur of madnes, a comparative study of the inquisition and the mental health movement. Szasz, Trustee 1970

Tarth, C. T.: Altered States of Consciousness. Wiley, New York 1969

Tellenbach, H.: Die Begründung psychiatrischer Erfahrung und psychiatrischer Methoden in philosophischen Konzeptionen vom Wesen des Menschen. In: Neue Anthropologie, Bd. VI, hrsg. von H.-G. Gadamer, P. Vogler. Thieme, Stuttgart 1974 (S. 138–181)

WHO: International Classification of Diseases, 8. Aufl. World Health Organization, Genf 1971

WHO: Report of the International Pilot Study of Schizophrenia. World Health Organization, Genf 1973

WHO: Glossary of Mental Disorders and Guide to their Classification. World Health Organization, Genf 1974 (Deutsch: Diagnosenschlüssel und Glossar psychiatrischer Krankheiten, übersetzt von W. Mombour, G. Kockott. Springer, Berlin 1971)

Wieck, H. H.: Lehrbuch der Psychiatrie. Schattauer, Stuttgart 1967

Wing, J. K.: Standardisation of Clinical Assessment. In: Psychiatric Epidemiology, hrsg. von E. H. Hare, J. K. Wing. Oxford University Press, London 1970 (S. 91–108)

Wing, J. K., J. E. Cooper, N. Sartorius: Measurement and Classification of Psychiatric Symptoms. An Instruction Manual for the PSE and Catego Programm. Cambridge University Press, London 1974

Wulff, E.: Psychiatrie und Klassengesellschaft. Fischer, Frankfurt/M. 1972

Wynne, L. C., J. Day, I. M. Rykoff: Maintenance of stereotype roles in the family of schizophrenics. Arch. gen. Psychiat. 1 (1959), 109–114

Wyss, D.: Die tiefenpsychologischen Schulen von den Anfängen bis zur Gegenwart, 3. Aufl. Vandenhoeck & Ruprecht, Göttingen 1970

Wyss, D.: Lehrbuch der medizinischen Psychologie und Psychotherapie. Vandenhoeck & Ruprecht, Göttingen 1971

Wyss, D.: Beziehung und Gestalt. Vandenhoeck & Ruprecht, Göttingen 1973

v. Zerssen, D.: Diagnose. In: Lexikon der Psychiatrie, hrsg. von C. Müller. Springer, Berlin 1973

Zimmerli, W.: Wissenschaftskrise und Wissenschaftskritik. Schwabe, Basel 1974

Zubek, J. P.: Sensory Deprivation: Fifteen Years of Research. Meredith, New York 1969

Zubin, J.: Classification of the behaviour disorders. Ann. Rev. Psychol. 18 (1967) 373–401

Zubin, J., H. F. Hunt: Comparative Psychopathology. Grune & Stratton, New York 1967

2. Bewußtsein

Cobb, S.: Awareness, Attention, and Physiology of the Brain Stem. Expermiments in Psychopathology. Proc. Amer. psychopath. Assoc. 45th meeting (1957) 194–204

Ebbecke, U.: Physiologie des Bewußtseins in entwicklungsgeschichtlicher Betrachtung. Thieme, Stuttgart 1959

Ey, H.: Das Bewußtsein. de Gruyter, Berlin 1967 (franz. Aufl. 1963)

Graumann, C.-F.: Bewußtsein und Bewußtheit. Probleme und Befunde der psychologischen Bewußtseinsforschung. In: Handbuch der Psychologie, Bd. I, 1. Halbbd. hrsg. von K. Gottschaldt, Ph. Lersch, F. Sander, H. Thomae. Hogrefe, Göttingen 1966 (S. 79–127)

Jaspers, K.: Allgemeine Psychopathologie, 7. Aufl. Springer, Berlin 1959; 9. Aufl. 1973

Jung, R.: Neurophysiologie und Psychiatrie. In: Psychiatrie der Gegenwart, 1. Aufl., Bd. I/1 a, hrsg. von H. W.

Gruhle, R. Jung, W. Mayer-Gross, M. Müller. Springer, Berlin 1967 (S. 325 bis 928)

Kretschmer, E.: Das apallische Syndrom. Z. ges. Neurol. Psychiat. 169 (1940) 576 bis 579

Scharfetter, Ch., F. Scharfetter: Über das apallische Syndrom. Dtsch. med. Wschr. 93 (1968) 2131–2133

Störring, G. E.: Besinnung und Bewußtsein. Thieme, Stuttgart 1953

Wyrsch, J.: Über den Zustand des Bewußtseins bei Schizophrenen. Wien. Z. Nervenheilk. 14 (1958), 121–135

3. Ich-Bewußtsein

Ackner, B.: Depersonalisation. I. Aetiology and phenomenology. II. Clinical syndromes. J. ment. Sci. 100 (1954) 838 bis 872

Ammon, G.: Dynamische Psychiatrie. — Grundlagen und Probleme einer Reform der Psychiatrie. Luchterhand, Neuwied/Rhein 1973

Balint, M.: Primary Love and Psychoanalytic Technique. Hogarth Press, London 1952

Balint, M.: Therapeutische Aspekte der Regression. Rowohlt, Hamburg 1973

Bellak, L., M. Hurvich, H. K. Gediman: Ego Functions in Schizophrenics, Neurotics and Normals. Wiley, New York 1973

Benedetti, G.: Der psychisch Leidende und seine Welt. Hippokrates-Verlag, Stuttgart 1964

Berze, J., H. W. Gruhle: Psychologie der Schizophrenie. Springer, Berlin 1929

Blanck, G., R. Blanck: Ego Psychology: Theory and Practice. Columbia University Press, New York 1974

Blankenburg, W.: Der Verlust der natürlichen Selbstverständlichkeit; ein Beitrag zur Psychopathologie symptomarmer Schizophrenien. Enke, Stuttgart 1971

Bleuler, E.: Die Prognose der Dementia praecox (Schizophreniegruppe). Allg. Z. Psychiat. 65 (1908) 436–464

Bleuler, E.: Dementia praecox oder Gruppe der Schizophrenien. In: Handbuch der Psychiatrie, Spez. Teil 4, hrsg. von G. Aschaffenburg. Deuticke, Wien 1911

Brauer, R.: Depersonalisation phenomena in psychiatric patients. Brit. J. Psychiat. 117 (1970) 509–515

Burger, J. O.: Zur Psychologie der Organgefühle und Fremdheitsgefühle. Z. ges. Neurol. Psychiat. 1 (1910), 230–241

Collett, P.: Structure and content in cross-cultural studies of self esteem. Int. J. Psychol. 7 (1972) 169–180

Cutler, B., J. Reed: Multiple personality. Psychol. Med. 5 (1975) 18–26

Drews, S., K. Brecht: Psychoanalytische Ich-Psychologie. Suhrkamp, Frankfurt/M. 1975

Engel, G. L.: Psychological Development in Health and Disease. Saunders, Philadelphia 1962

Erikson, E. H.: Childhood and Society. Norton, New York 1950

Erikson, E. H.: Identität und Lebenszyklus. Suhrkamp, Frankfurt/M. 1966 (Engl.: Identity and the Life Cycle. International University Press, New York 1959)

Erikson, E. H.: Jugend und Krise, 2. Aufl. Klett, Stuttgart 1974 (Engl.: Identity — Youth and Crisis 1968)

Eysenck, H. J.: The Biological Basis of Personality. Thomas, Springfield/Ill. 1967

Federn, P.: Ich-Psychologie und die Psychosen. Huber, Bern 1956 (Engl.: Ego Psychology and the Psychoses. Basic Brook, New York 1952)

Fenichel, O.: The Psychoanalytic Theory of Neurosis. (1. Aufl. 1946) Routledge & Kegan, London 1971

Freeman, Th., J. L. Cameron, A. McGhie: Studies on Psychosis. Tavistock, London 1965

Freud, Anna: Das Ich und die Abwehrmechanismen. Kindler, München 1936

Freud, S.: Psychoanalytische Bemerkungen über einen autobiographisch beschriebenen Fall von Paranoia (Dementia paranoides) (1911). Gesammelte Werke, Bd. VIII. Fischer, Frankfurt/M. 1968

Freud, S.: Das Ich und das Es (1924 a). Gesammelte Werke, Bd. XIII. Fischer, Frankfurt/M. 1968

Freud, S.: Neurose und Psychose (1924 b). Gesammelte Werke, Bd. XIII. Fischer, Frankfurt/M. 1968

Freud, S.: Die Ich-spaltung im Abwehrvorgang (1938). Gesammelte Werke, Bd. XVII. Fischer, Frankfurt/M. 1968

v. Gebsattel, V. F.: Zur Frage der Depersonalisation. Nervenarzt 10 (1937) 169–178

Gill, M.: The Collected Papers of David Rapaport. Basic Books, New York 1967

Glatzel, J.: Über das Entfremdungserlebnis. Z. Psychother. med. Psychol. 21 (1971) 89–99

Glover, E.: The concept of dissociation. In: On the Early Development of the

Mind. International University Press, New York 1943

Göppert, H.: Zwangskrankheit und Depersonalisation. Karger, Basel 1960

Gruhle, H. W.: Verstehende Psychologie-Erlebnislehre, 2. Aufl. Thieme, Stuttgart 1956

Hallowell, A. I.: Culture and Experience. University of Pennsylvania Press, Philadelphia 1955

Hartmann, H.: Contribution to the metapsychology of schizophrenia. In: The Psychoanalytic Study of the Child, Bd. VIII. International University Press, New York 1953

Hartmann, H.: Ich-Psychologie und Anpassungsproblem (1939). Neuaufl. in: Psyche 14 (1960) 81—164

Hartmann, H.: Essays on Ego Psychology. International University Press, New York 1964 a

Hartmann, H.: Zur psychoanalytischen Theorie des Ich (7 Aufsätze). Psyche 18 (1964 b) 330—474

Hartmann, H.: Die Grundlagen der Psychoanalyse (Leipzig 1927). Neuaufl. Klett, Stuttgart 1972

Hartmann, H., E. Kris, R. M. Loewenstein: Comments on the formation of psychic structure. In: The Psychoanalytic Study of the Child, Bd. II. International University Press, New York 1946 (S. 11 bis 38)

Hegel, G. W. F.: Phänomenologie des Geistes (1. Aufl. 1807). Ullstein, Frankfurt/M. 1970

Jacobson, E.: The Self and the Object World. International University Press, New York 1964

Jaspers, K.: Allgemeine Psychopathologie, 7. Aufl. Springer, Berlin 1959; 9. Aufl. 1973

Kernberg, O. F.: Borderline personality organization. J. Amer. psychoanal. Ass. 15 (1967) 641—685

Kernberg, O. F.: Factors in the psychoanalytic treatment of narcissistic personalities. J. Amer. psychoanal. Ass. 18 (1970) 51—85

Kernberg, O. F.: Early ego integration and object relations. Ann. N. Y. Acad. Sci. 193 (1972) 233—247

Kimura, B.: Vergleichende Untersuchungen über depressive Erkrankungen in Japan und in Deutschland. Fortschr. Neurol. Psychiat. 33 (1965) 202—215

Kimura, B.: Phänomenologie des Schulderlebnisses in einer vergleichenden psychiatrischen Sicht. In: Beiträge zur vergleichenden Psychiatrie, Bd. 16: Aktuelle Fragen der Psychiatrie und Neurologie, hrsg. von N. Petrilowitsch. Karger, Basel 1967 (S. 54—65)

Kimura, B.: Zur Wesensfrage der Schizophrenie im Lichte der japanischen Sprache. In: Jahrbuch für Psychologie, Psychotherapie und medizinische Anthropologie, hrsg. von V. E. v. Gebsattel, P. Christian, W. J. Revers, H. Tellenbach. Alber, Freiburg 1969 (S. 28—37)

Kisker, K. P.: Kernschizophrenie und Egopathien. Bemerkungen zum heutigen Stand der Forschungen und zur Methodologie. Nervenarzt 35 (1964) 286—294

Kisker, K. P.: Der Egopath. Soc. Psychiat. 3 (1968) 19—23

Kohut, H.: The Analysis of the Self. International University Press, New York 1971

Kronfeld, A.: Über schizophrene Veränderungen des Bewußtseins der Aktivität. Z. ges. Neurol. Psychiat. 74 (1922) 15—68

Kutter, P.: Psychiatrische Krankheitsbilder. In: Die Krankheitslehre der Psychoanalyse, hrsg. von W. Loch. Hirzel, Stuttgart 1967

Laplanche, J., J.-B. Pontalis: Das Vokabular der Psychoanalyse. Suhrkamp, Frankfurt/M. 1973

Lebra, W. P.: Transcultural Research in Mental Health. University Press of Hawaii, Honolulu 1972

Lehmann, L. S.: Depersonalisation. Amer. J. Psychiat. 131 (1974) 1221—1224

de Levita, J. E.: Der Begriff der Identität. (engl. 1965) Suhrkamp, Frankfurt/M. 1971

Lidz, Th.: Das menschliche Leben. (engl. 1968) Suhrkamp, Frankfurt/M. 1970

Loch, W.: Die Krankheitslehre der Psychoanalyse. Hirzel, Stuttgart 1967

Loch, W.: Über Begriffe und Methoden der Psychoanalyse. Huber, Bern 1975

Mahler, M. S.: On Child Psychosis and Schizophrenia: Autistic and Symbiotic Infantile Psychosis, Bd. VII. International University Press, New York 1951 (S. 286—305)

Mahler, M. S.: Autism and symbiosis, two extreme disturbances of identity. Int. J. Psycho-Anal. 39 (1958) 77—83

Mahler, M. S.: On Human Symbiosis and the Vicissitudes of Individuation. International University Press, New York 1968

Mahler, M. S.: On the first three subphases of the separationindividuation process. Int. J. Psycho-Anal. 53 (1972) 333—338

Meyer, J.-E.: Die Entfremdungserlebnisse. Thieme, Stuttgart 1959

Meyer, J.-E.: Depersonalisation und Derealisation. Fortschr. Neurol. Psychiat. 31 (1963) 438—450

Meyer, J.-E.: Depersonalisation. Wissenschaftliche Buchgesellschaft, Darmstadt 1968

Nunberg, H.: Allgemeine Neurosenlehre (1. Aufl. 1931). Huber, Bern 1971

Nunberg, H.: Ichstärke und Ichschwäche. Int. Z. Psychoanal. 24 (1939) 49—61

Parin, P., F. Morgenthaler:: Ego and orality in the analysis of West Africans. Psychoanal. Stud. Soc. 3 (1964) 197—202

Pohlen, M.: Schizophrene Psychosen. Ein Beitrag zur Strukturlehre des Ich. Huber, Bern 1969

Rapaport, D.: On the psychoanalytic theory of thinking (1950). In: The collected Papers of David Rapaport, hrsg. von M. Gill. Basic Books, New York 1967 (S. 313—328)

Schafer, R.: Mechanisms of defense. Int. J. Psycho-Anal. 49 (1968) 49—62

Scharfetter, Ch.: Streifzüge in die Geschichte des Schizophreniebegriffs. Schweiz. Arch. Neurol. Neurochir. Psychiat. 112 (1973) 75—85

Schilder, P.: Selbstbewußtsein und Persönlichkeitsbewußtsein. In: Monographieh aus dem Gesamtgebiet der Neurologie und Psychiatrie, H. 9., hrsg. von M. Müller, H. Spatz, P. Vogel. Springer, Berlin 1914

Schilder, P.: Entwurf zu einer Psychiatrie auf psychoanalytischer Grundlage (1. Aufl. 1925). Suhrkamp, Frankfurt/M. 1973

Schneider, K.: Klinische Psychopathologie, 8. Aufl. Thieme, Stuttgart 1967; 10. Aufl. 1973

Sedman, G.: Theories of depersonalisation. A reappraisal. Brit. J. Psychiat. 117 (1970) 1—14

Sedman, G.: An investigation of certain factors concerned in the etiology of depersonalisation. Acta psychiat. scand. 48 (1972) 191—219

Semrad, E. V., L. Greenspoon, St. E. Fienberg: Development of an ego profile scale. Arch. gen. Psychiat. 28 (1973) 70—77

Spitz, R. A.: Autoerotism reexamined: The role of early sexual behaviour patterns in personality formation. In: The Psychoanalytic Study of the Child, Bd. XVII. International University Press, New York 1962 (S. 283—315)

Spitz, R. A.: The First Year of Life. International University Press, New York 1965

Spitz, R. A.: Eine genetische Feldtheorie der Ichbildung. Fischer, Frankfurt/M. 1972 (Engl.: A Genetic Field Theory of Ego Formation. International University Press, New York 1959)

Sullivan, H. St.: Schizophrenia as a Human Process. Norton, New York 1962

Vaillant, G. E.: Theoretical hierarchy of adaptive ego mechanisms. Arch. gen. Psychiat. 24 (1971) 107—118

Winkler, W. Th.: Zum Begriff der Ich-Anachorese beim schizophrenen Erleben. Arch. Psychiat. Nervenkr. 192 (1954) 234 bis 240

Winkler, W. Th.: Übertragung und Psychose. Huber, Bern 1971

Winkler, W. Th., St. Wieser: Die Ich-Mythisierung als Abwehrmaßnahme des Ich, dargestellt am Beispiel des Wahneinfalles von der jungfräulichen Empfängnis und Geburt bei paraphrenen Episoden. Nervenarzt 30 (1959) 75—81

Wulff, E.: Psychiatrischer Bericht aus Vietnam — Grundfragen der transkulturellen Psychiatrie. Sprachbarrieren als Hindernisse psychiatrischer Forschung. In: Psychiatrie und Klassengesellschaft. (Athenäum) Fischer, Frankfurt/M. 1972

Wylie, R. C.: The Self Concept. University of Nebraska Press, Lincoln/Nebr. 1961

4. Erfahrungs- und Realitätsbewußtsein

Blankenburg, W.: Der Verlust der natürlichen Selbstverständlichkeit; ein Beitrag zur Psychopathologie symptomarmer Schizophrenien. Enke, Stuttgart 1971

Bleuler, E.: Lehrbuch der Psychiatrie, 11. Aufl., neubearb. von M. Bleuler. Springer, Berlin 1969 (S. 99—104)

Freud, S.: Psychoanalytische Bemerkungen über einen autobiographisch beschriebenen Fall von Paranoia (Dementia paranoides) (1911). Gesammelte Werke, Bd. VIII, Fischer, Frankfurt/M. 1968

Gadamer, H.-G.: Wahrheit und Methode, 3. Aufl. Mohr, Tübingen 1972

Holzhey, H.: Kants Erfahrungsbegriff. Schwabe, Basel 1970

Jaspers, K.: Die Trugwahrnehmungen. Z. ges. Neurol. Psychiat. 4 (1912) 289 bis 354

Jaspers, K.: Psychologie der Weltanschauungen, 3. Aufl. Springer, Berlin 1925

272 Literatur

Jaspers, K.: Allgemeine Psychopathologie, 7. Aufl. Springer, Berlin 1959

Kloos, G.: Das Realitätsbewußtsein in der Wahrnehmung und Trugwahrnehmung. Thieme, Leipzig 1938

Laing, R. D.: Phänomenologie der Erfahrung. Suhrkamp, Frankfurt/M. 1967

5. Orientierung

Pauleikhoff, B.: Über Veränderungen des Situationsgefüges bei dementen Erscheinungsbildern. Nervenarzt 26 (1955) 510 bis 515

Scheller, H.: Über das Wesen der Orientierung. Nervenarzt 34 (1963) 1–4

6. Zeiterleben
7. Gedächtnis und Erinnerung
8. Aufmerksamkeit und Konzentration

Adams, A. E.: Informationstheorie und Psychopathologie des Gedächtnisses. In: Monographien aus dem Gesamtgebiete der Psychiatrie, Bd. III, hrsg. von H. Hippius, W. Janzarik, M. Müller. Springer, Berlin 1971

Beringer, K.: Der Meskalinrausch. Springer, Berlin 1927; Neuaufl. 1969

Bilodeau, E. A.: Acquisition of Skill. Academic Press, New York 1966

Fischer, F.: Raum-Zeit-Struktur und Denkstörung in der Schizophrenie. Zbl. ges. Neurol. Psychiat. 124 (1930) 241 bis 256

Foppa, K.: Lernen, Gedächtnis, Verhalten. Ergebnisse und Probleme der Lernpsychologie. Kiepenheuer & Witsch, Köln 1965

Fraisse, P.: Zeitwahrnehmung und Zeitschätzung. In: Handbuch der Psychologie, Bd. I: Allgemeine Psychologie, 1. Der Aufbau des Erkennens, 1. Halbbd. Wahrnehmung und Bewußtsein, hrsg. von K. Gottschaldt, Ph. Lersch, F. Sander, H. Thomae. Hogrefe, Göttingen 1966 (S. 656–690)

v. Gebsattel, V. E.: Die Störungen des Werdens und Zeiterlebens im Rahmen psychiatrischer Erkrankungen. In: Gegenwartsprobleme der psychiatrisch-neurologischen Forschung, hrsg. von Ch. Roggenbau. Enke, Stuttgart 1939

Kloos, G.: Störungen des Zeiterlebens in der endogenen Depression. Nervenarzt 11 (1938) 225–244

Lhamon, W. T., S. Goldstone: The time sense. AMA (Chicago) Arch. Neurol. Psychiat. 76 (1956) 625–629

McGhie, A.: Pathology of Attention. Sci. Behav. 10 (1969) 12

Mierke, K.: Konzentrationsfähigkeit und Konzentrationsschwäche. Huber, Bern, und Klett, Stuttgart 1964

Minkowski, E.: Die gelebte Zeit. Müller, Salzburg 1971 (orig. 1933)

Strauss, E.: Das Zeiterlebnis in der endogenen Depression und in der psychopathischen Verstimmung. Mschr. Psychiat. Neurol. 68 (1928) 640–656

Swets, J. A., A. B. Kristofferson: Attention. Ann. Rev. Psychol. 21 (1970) 339 bis 366

Zeh, W.: Die Amnesien. Thieme, Stuttgart 1961

9. Denken, Sprache, Sprechen Intelligenz

Ambrose, A.: Stimulation in Early Infancy. Academic Press, London 1969

Arieti, S.: Interpretation of Schizophrenia. Brunner, New York 1955

Arnold, O. H.: Innere Sprache und Begriffsbildung beim Schizophrenen. Wien. Z. Nervenheilk. 26 (1969) 213–222

Bleuler, E.: Das autistisch-undisziplinierte Denken in der Medizin und seine Überwindung. Springer, Berlin 1927; 5. Aufl. 1966

Duncker, K.: Zur Psychologie des produktiven Denkens. Springer, Berlin 1974

Ellis, N. R.: Handbook of Mental Deficiency. McGraw-Hill, New York 1963

Eysenck, H. J.: Intelligence assessment: a theoretical and experimental approach Brit. J. educ. Psychol. 37 (1967) 81–98

Eysenck, H. J.: Race, Intelligence and Education. Temple Smith, London 1971

Flegel, H.: Schizophasie in linguistischer Deutung. Springer, Berlin 1965

Freund, H.: Psychopathological aspect of stuttering. Amer. J. Psychother. 7 (1953) 689–705

Frosting, J.: Das schizophrene Denken. Thieme, Leipzig 1929

Furneaux, W. D.: Intellectual abilities and problemsolving behavior. In: Handbook of Abnormal Psychology, hrsg. von H. J. Eysenck. Pitman, London 1960

Goldstein, K.: Language and Language Disturbances. Grune & Stratton, New York 1948

Gottesmann, I. I.: Genetic aspects of intelligent behavior. In: Handbook of

Mental Deficiency; hrsg. von N. R. Ellis. McGraw-Hill, New York 1963

Guilford, J. P.: The Nature of Human Intelligence. McGraw-Hill, New York 1967

Heidegger, M.: Unterwegs zur Sprache. Neske, Pfullingen 1959

Heidegger, M.: Was heißt denken? Niemeyer, Tübingen 1971

Hermann, T.: Sprache. In: Einführung in die Psychologie, Bd. V, hrsg. von C. F. Graumann. Huber, Bern 1972

Hörmann, H.: Psychologie der Sprache. Springer, Berlin 1967; Neudruck 1970

Jäger, A. D.: Dimensionen der Intelligenz. Hogrefe, Göttingen 1967

Jahrreiss, W.: Störungen des Denkens. In: Handbuch d. Geisteskrankheiten, Bd. I, hrsg. von O. Bumke. Springer, Berlin 1928

Jaspers, K.: Die Sprache. Piper, München 1964

Kasanin, J. S.: Language and thought in Schizophrenia. University of California Press, Berkeley/Kalif. 1944

Langen, D.: Diagnostik aus dem sprachlichen Ausdruck. Dtsch. med. Wschr. 82 (1957) 1006–1009

Leischner, A.: Über den Verfall der menschlichen Sprache. Arch. Psychiat. Nervenkr. 187 (1951) 250–267

Moses, P. J.: Die Stimme der Neurose. Thieme, Stuttgart 1956

Pawlik, K.: Dimensionen des Verhaltens. Huber, Bern 1968

Piaget, J.: Psychologie der Intelligenz, 3. Aufl. Rascher, Zürich 1967

Piaget, J.: Einführung in die genetische Erkenntnistheorie. Suhrkamp, Frankfurt/M. 1973

Piro, S.: La dissociation sémantique. Ann. méd.-psychol. 118 II. (1960) 407–436

Robinson, W. P.: Language and Social Behaviour. Penguin, Harmondsworth/Middlesex 1972

Schneider, C.: Die Psychologie der Schizophrenen. Thieme, Leipzig 1930

Slater, E., V. Cowie: The Genetics of Mental Disorders. Oxford University Press, London 1971

Spitz, R.: Vom Säugling zum Kleinkind. Klett, Stuttgart 1967

Spoerri, Th.: Sprachphänomene und Psychose. Karger, Basel 1964

Stockert, F. G.: Über Umbau und Abbau der Sprache bei Geistesstörung. Mschr. Psychiat. Neurol., Beih. 49 (1929)

Storch, A.: Das archaisch-primitive Erleben und Denken der Schizophrenen. Springer, Berlin 1922

Stransky, E.: Über Sprachverwirrtheit. Marhold, Halle 1905

Teulié, G.: La schizophasie. Ann. méd.-psychol. 89 (1931) 113–123; 225–233

Thorndike, R. L.: Intellectual status and intellectual growth. J. educ. Psychol. 57 (1966) 121–127

Thurstone, L. L.: Vectors of Mind. University of Chicago Press, Chicago 1935

Vetter, H. J.: Language Behavior in Schizophrenia. Thomas, Springfield/Ill. 1968

Wechsler, D.: Die Messung der Intelligenz Erwachsener, 2. Aufl. Huber, Bern 1961

Whorf, B. L.: Sprache, Denken, Wirklichkeit. Rowohlt, Hamburg 1963

Wiseman, S.: Intelligence and Ability. Penguin, Harmondsworth-Middlesex 1967

11. Wahrnehmung
12. Auffassung

Allport, F. H.: Theories of Perception and the Concept of Structure. Wiley, New York 1955

Bartley, S. H.: Principles of Perception. Harper & Row, New York 1969

Bay, E.: Agnosie und Funktionswandel. Eine hirnpathologische Studie. Springer, Berlin 1950

Boring, E. G.: Sensation and Perception in the History of Experimental Psychologie. Appleton-Century-Crofts, New York 1942

Conrad, K.: Aphasie, Agnosie, Apraxie. Fortschr. Neurol. Psychiat. 19 (1951) 291–325

Frederiks, J. A. M.: Agnosias. In: Handbook of Clinical Neurology, Bd. IV, hrsg. von P. J. Vinken, G. W. Bruyn. North-Holland Publishing Co., Amsterdam 1969

Freedman, B. J.: The subjective experience of perceptual and cognitive disturbances in schizophrenia. Arch. gen. Psychiat. 30 (1974) 333–340

Goldstein, K,- A. Gelb: Psychologische Analysen hirnpathologischer Fälle auf Grund von Untersuchungen Hirnverletzter. Z. Psychol. Physiol. Sinnesorg. 83 (1920) 1–94

Hayos, A.: Wahrnehmungspsychologie. Psychophysik und Wahrnehmungsforschung. Kohlhammer, Stuttgart 1972

Herrmann, Th.: Psychologie der kognitiven Ordnungen. de Gruyter, Berlin 1965

Jaspers, K.: Allgemeine Psychopathologie, 7. Aufl. Springer, Berlin 1959; 9. Aufl. 1973

Kandinski, V.: Kritische und klinische Betrachtungen im Gebiet der Sinnestäuschungen. Friedländer, Berlin 1885

Kloos, G.: Das Realitätsbewußtsein in der Wahrnehmung und Trugwahrnehmung. Thieme, Leipzig 1938

Laing, R. D.: The Politics of Experience. Penguin, Harmondsworth/Middlesex 1967 (Deutsch: Phänomenologie der Erfahrung. Suhrkamp, Frankfurt/M. 1969)

Mayer-Gross, W., J. Stein: Psychopathologie der Wahrnehmung. In: Handbuch der Geisteskrankheiten, hrsg. von O. Bumke. Springer, Berlin 1928

Matussek, P.: Untersuchungen über die Wahrnehmung. 1. Mitt.: Veränderungen der Wahrnehmungswelt bei beginnendem, primärem Wahn. Arch. Psychiat. Nervenkr. 189 (1952) 279–319

Matussek, P.: Untersuchungen über die Wahrnehmung, 2. Mitt.: Die auf einem abnormen Vorrang von Wesenseigenschaften beruhenden Eigentümlichkeiten der Wahnwahrnehmung. Schweiz. Arch. Neurol. Neurochir. Psychiat. 71 (1953) 189–210

Matussek, P.: Psychopathologie II: Wahrnehmung, Halluzination und Wahn. In: Psychiatrie der Gegenwart, 1. Aufl., hrsg. von H. W. Gruhle, R. Jung, W. Mayer-Gross, Bd. I/2: Grundlagen und Methoden der klinischen Psychiatrie. Springer, Berlin 1963 (S. 23–76)

Merleau-Ponty, M.: Phänomenologie der Wahrnehmung. de Gruyter, Berlin 1966

Metzger, W.: Allgemeine Psychologie. 1. Der Aufbau des Erkennens. 1. Halbbd.: Wahrnehmung und Bewußtsein. In: Handbuch der Psychologie, Bd. I, hrsg. von K. Gottschaldt, Ph. Lersch, F. Sander, H. Thomae. Hogrefe, Göttingen 1966

Meyer, J.-E.: Die Entfremdungserlebnisse. Thieme, Stuttgart 1959

Meyer, J.-E.: Depersonalisation. Wissenschaftliche Buchgesellschaft, Darmstadt 1968

Müller, C.: Mikropsie und Makropsie. Karger, Basel 1956

Murray, H.: Thematic Apperception Test. Harvard University Press, Cambridge 1943

Piaget, J.: Einführung in die genetische Erkenntnistheorie. Suhrkamp, Frankfurt/M. 1973

Piaget, J., Bärbel Inhelder: Die Entwicklung des räumlichen Denkens beim Kinde. Klett, Stuttgart 1971

Powers, W. T.: Behaviour: The Control of Perception. Aldine, Chicago 1973

Reimer, F.: Das Syndrom der optischen Halluzinose. Thieme, Stuttgart 1970

Scheid, W.: Über Personenverkennung. Zbl. ges. Neurol. Psychiat. 157 (1937) 1–16

Schneider, K.: Klinische Psychopathologie, 8. Aufl. Thieme, Stuttgart 1967; 10. Aufl. 1973

Schooler, C., S. E. Feldmann: Experimental Studies of Schizophrenia. Psychonomic Press, Goleta/Kalifornien 1967

Schorsch, G.: Zur Theorie der Halluzinationen. Barth, Leipzig 1934

Sedman, G.: A phenomenological study of pseudohallucinations and related experiences. Acta psychiat. (Kbh.) 42 (1966) 35–70

Séglas, M. J.: De l'obsession hallucinatoire et de l'hallucination obsédante. Ann méd.-psychol. 50 (1892) 119–129

Spitz, R.: Die Entstehung der ersten Objektbeziehungen. Klett, Stuttgart 1957

Straus, E.: Vom Sinn der Sinne. Springer, Berlin 1935

Straus, E.: Die Ästhesiologie und ihre Bedeutung für das Verständnis der Halluzinationen. Arch. Psychiat. Nervenkr. 182 (1949) 301–332

13. Wahn

Abraham, K.: Die psychosexuellen Differenzen der Hysterie und der Dementia praecox. Zbl. ges. Neurol. Psychiat. 31 (NF 19) (1908) 521–533

Achté, K. A.: Zum Einfluß der Kultur auf die schizophrenen Wahnvorstellungen. Psychiat. fenn. (1971) 45–50

Adler, A.: Praxis und Theorie der Individualpsychologie. Bergmann, München 1920

v. Baeyer, W.: Über konformen Wahn. Z. ges. Neurol. Psychiat. 140 (1932) 398–438

Berner, P.: Das paranoische Syndrom. In: Monographien aus dem Gesamtgebiet der Neurologie und Psychiatrie, H. 110, hrsg. von M. Müller, H. Spatz, P. Vogel. Springer, Berlin 1965

Bilz, R.: Der Wahn in ethologischer Sicht. Stud. gen. 20 (1967) 650–660

Binswanger, L.: Ausgewählte Vorträge und Aufsätze. Francke, Bern 1955

Binswanger, L.: Schizophrenie. Neske, Pullingen 1957

Binswanger, L.: Wahn. Neske, Pfullingen 1965

Blankenburg, W.: Die anthropologische und daseinsanalytische Sicht des Wahns. Stud. gen. 20 (1967) 639–650

Blankenburg, W.: Der Verlust der natürlichen Selbstverständlichkeit; ein Beitrag zur Psychopathologie symptomarmer Schizophrenien. Enke, Stuttgart 1971

Blankenburg, W., A. Zilly: Gestaltwandel im schizophrenen Wahnerleben? In: Gestaltwandel psychiatrischer Krankheitsbilder, hrsg. von J. Glatzel. Schattauer, Stuttgart 1973 (S. 129–143)

Bleuler, E.: Affektivität, Suggestibilität, Paranoia. Marhold, Halle 1906

Bleuler, E.: Dementia praecox oder Gruppe der Schizophrenien. In: Handbuch der Psychiatrie, Spez. Teil 4. Hrsg. von G. Aschaffenburg. Deuticke, Wien 1911

Boss, M.: Grundriß der Medizin. Huber, Bern 1971

Boss, M.: Schizophrenes Kranksein im Lichte einer daseinsanalytischen Phänomenologie. Vortrag Japan, Okt. 1974

Conrad, K.: Die beginnende Schizophrenie. Thieme, Stuttgart 1958; 3. Aufl. 1971

Cotard, J.: Du délir des négations. Arch. Neurol. (Paris) 4 (1882) 153; 282

Duden: Etymologie. Bibliographisches Institut, Mannheim 1963

Ey, H.: Traité des hallucinations. Masson, Paris 1973

Feer, H.: Kybernetik in der Psychiatrie. Karger, Basel 1970

Fenichel, O.: The Psychoanalytic Theory of Neurosis (1. Aufl. 1946). Routledge & Kegan, London 1971

Freud, S.: Weitere Bemerkungen über die Abwehr-Neuropsychosen (1896). Gesammelte Werke, Bd. I. Fischer, Frankfurt/M. 1968

Freud, S.: Der Wahn und die Träume in W. Jensens „Gradiva" (1906–1909). Gesammelte Werke, Bd. VII. Fischer, Frankfurt/M. 1968

Freud, S.: Psychoanalytische Bemerkungen über einen autobiographisch beschriebenen Fall von Paranoia (Dementia paranoides) (1911). Gesammelte Werke, Bd. VIII. Fischer, Frankfurt/M. 1968

Freud, S.: Zur Einführung des Narzißmus (1913–1917). Gesammelte Werke, Bd. X. Fischer, Frankfurt/M. 1968

Freud, S.: Vorlesungen zur Einführung in die Psychoanalyse (1916–1917). Gesammelte Werke, Bd. XI. Fischer, Frankfurt/M. 1968

Freud, S.: Über einige neurotische Mechanismen bei Eifersucht, Paranoia und Homosexualität (1920–1924). Gesammelte Werke, Bd. XIII. Fischer, Frankfurt/M 1968

Freud, S.: Neue Folgen der Vorlesungen zur Einführung in die Psychoanalyse (1932). Gesammelte Werke, Bd. XV. Fischer, Frankfurt/M. 1968

Freud, S.: Konstruktion in der Analyse (1932–1939). Gesammelte Werke, Bd. XVI. Fischer, Frankfurt/M. 1968

Gaupp, R.: Der Fall Wagner. Eine Katamnese, zugleich ein Beitrag zur Lehre von der Paranoia. Z. ges. Neurol. Psychiat. 60 (1920) 312–327

Gaupp, R.: Krankheit und Tod des paranoischen Massenmörders Hauptlehrer Wagner. Eine Epikrise. Z. ges. Neurol. Psychiat. 163 (1938) 48–82

Gaupp, R.: Die Lehre von der Paranoia. Nervenarzt 18 (1947) 167–169

Gittelson, N. L., K. Dawson-Butterworth: Subjektive experience of sexual change in female schizophrenics. Brit. J. Psychiat. 113 (1967) 491–494

Gittelson, N. L., S. Levine: Subjective experience of sexual change in male schizophrenics. Brit. J. Psychiat. 112 (1966) 779–782

Gruhle, H. W.: Über den Wahn bei Epilepsie. Z. ges. Neurol. Psychiat. 154 (1936) 395

Gruhle, H. W.: Über den Wahn. Nervenarzt 22 (1951) 125

Haase, H. J.: Zur Psychodynamik und Pathoplastik paranoider und paranoidhalluzinatorischer Psychosen bei alleinstehenden Frauen. Fortschr. Neurol. Psychiat. 6 (1963) 308–322

Heidegger, M.: Sein und Zeit (1. Aufl. 1927). Niemeyer, Tübingen 1972

Heinrich, K.: Zur Bedeutung der Stammesgeschichte des menschlichen Erlebens für Neurologie und Psychopathologie. Homo 16 (1965) 65–77

Helmchen, H.: Bedingungskonstellationen paranoid-halluzinatorischer Syndrome. Springer, Berlin 1968

Hofer, G.: Zum Terminus Wahn. Fortschr. Neurol. Psychiat. 21 (1953) 93–100

Hofer, G.: Der Mensch im Wahn. Bibl. psychiat. neurol. (Basel) 136 (1968)

Hole, G.: Über das Gewißheitselement im Glauben und im Wahn. Confin. psychiat. (Basel) 14 (1971) 65–90; 145 bis 173

Huber, G.: Wahn (1954–1963). Fortschr. Neurol. Psychiat. 32 (1964) 429–489

Janzarik, W.: Der Wahn schizophrener Prägung in den psychotischen Episoden der Epileptiker und die schizophrene Wahnwahrnehmung. Fortschr. Neurol. Psychiat. 23 (1955) 533–546

Janzarik, W.: Der lebensgeschichtliche und persönlichkeitseigene Hintergrund des cyclothymen Verarmungswahns. Arch. Psychiat. Nervenkr. 195 (1956) 219—233

Janzarik, W.: Zur Differentialtypologie der Wahnphänomene. Nervenarzt 30 (1959 a) 153—159

Janzarik, W.: Dynamische Grundkonstellationen in endogenen Psychosen. Ein Beitrag zur Differentialtypologie der Wahnphaenomene. Springer, Berlin 1959 b

Janzarik, W.: Der Wahn in strukturdynamischer Sicht. Stud. gen. 20 (1967) 628—638

Jung, C. G.: Über die Psychologie der Dementia praecox. Der Inhalt der Psychose. Das Unbewußte in der Psychopathologie. Psychogenese bei Geisteskranken. Über die Psychogenese der Schizophrenie. Die Schizophrenie. In: Gesammelte Werke, Bd. III: Psychogenese der Geisteskrankheiten. Rascher, Zürich 1968

Kahn, E.: Über Wahnbildung. Arch. Psychiat. Nervenkr. 88 (1929) 435—454

Kant, O.: Beiträge zur Paranoiaforschung: I. Die objektive Realitätsbedeutung des Wahns. Z. ges. Neurol. Psychiat. 108 (1927 a) 625—644

Kant, O.: Beiträge zur Paranoiaforschung: II. Paranoische Haltung in der Gesundheitsbreite. Z. ges. Neurol. Psychiat. 110 (1927 b) 558—579

Kant, O.: Beiträge zur Paranoiaforschung: III. Allgemeine Gedanken zum Wahnproblem. Z. ges. Neurol. Psychiat. 127 (1930) 615—659

Kehrer, F.: Über Spiritismus, Hypnotismus und Seelenstörung, Aberglaube und Wahn. Arch. Psychiat. Nervenkr. 66 (1922) 381—438

Kehrer, F.: Paranoische Zustände. In: Handbuch der Geisteskrankheiten, Bd. VI, spez. T. II, hrsg. von O. Bumke. Springer, Berlin 1928 (S. 232—364)

Kempe, P., J. Schönberger, J. Gross: Sensorische Deprivation als Methode in der Psychiatrie. Nervenarzt 45 (1974) 561 bis 568

Kolle, K.: Die primäre Verrücktheit. Thieme, Leipzig 1931

Kranz, H.: Das Thema des Wahns im Wandel der Zeit. Fortschr. Neurol. Psychiat. 23 (1955) 58—72

Kranz, H.: Wahn und Zeitgeist. Stud. gen. 20 (1967) 605—611

Kretschmer, E.: Medizinische Psychologie, 12. Aufl. Thieme, Stuttgart 1963; 13. Aufl. 1971

Kretschmer, E.: Der sensitive Beziehungswahn, 4. Aufl. Springer, Berlin 1966

Kuhn, R.: Daseinsanalyse und Psychiatrie. In: Psychiatrie der Gegenwart, 1. Aufl., hrsg. von H. W. Gruhle, R. Jung, W. Mayer-Gross, M. Müller. Bd. I/2: Grundlagen und Methoden der klinischen Psychiatrie. Springer, Berlin 1963 (S. 853—902)

Kulenkampff, C.: Entbergung, Entgrenzung, Überwältigung als Weisen des Standverlustes. Zur Anthropologie der paranoiden Psychosen. Nervenarzt 26 (1955) 89—95

Kulenkampff, C.: Erblicken und Erblicktwerden. Das für-andere-Sein (J. P. Sartre) in seiner Bedeutung für die Anthropologie der paranoiden Psychosen. Nervenarzt 27 (1956) 2—12

Kunz, H.: Die Grenze der psychopathologischen Wahninterpretationen. Z. ges. Neurol. Psychiat. 135 (1931) 671—715

Kunz, H.: Die eine Welt und die Weisen des In-der-Welt-seins. Psyche (Stuttgart) 16 (1962) 58—80; 142—159; 221—239

Kunz, H.: Erfahrung, Wahngeschehen und Todesgewißheit. Z. klin. Psychol. Psychother. 20 (1972) 334—347

Laing, R. D.: The Divided Self. Tavistock, London 1959

Lange, E., G. Poppe: Faktoren der sozialen Isolierung im Vorfeld paranoider Beeinträchtigungssyndrome des höheren Lebensalters. Nervenarzt 35 (1964) 194 bis 200

Langfeldt, G.: The erotic jealousy syndrome. A clinical study. Acta psychiat. scand., Suppl. 151 (1961)

Lenz, H.: Glaube und Wahn. Fortschr. Neurol. Psychiat. 41 (1973) 341—359

Lewis, A.: Paranoia and paranoid: a historical perspective. Psychol. Med. 1 (1970) 2—12

Matussek, P.: Untersuchungen über die Wahnwahrnehmung. 1. Mitt. Veränderungen der Wahrnehmungswelt bei beginnendem primärem Wahn. Arch. Psychiat. Nervenkr. 188 (1952) 279—319

Matussek, P.: Untersuchungen über die Wahnwahrnehmung. 2. Mitt. Die auf abnormem Vorrang von Wesenseigenschaften beruhenden Eigentümlichkeiten der Wahnwahrnehmung. Schweiz. Arch. Neurol. Neurochir. Psychiat. 71 (1953) 189—210

Matussek, P.: Psychopathologie II: Wahrnehmung, Halluzination und Wahn. In: Psychiatrie der Gegenwart, 1. Aufl., hrsg. von H. W. Gruhle, R. Jung, W. Mayer-Gross, M. Müller. Bd. I/2: Grundlagen und Methoden der klinischen Psychiatrie. Springer, Berlin 1963 (S. 23–76)

Mayer-Gross, W.: Die Klinik. In: Handbuch der Geisteskrankheiten, Bd. IX, spez. Teil 5: Die Schizophrenie, hrsg. von O. Bumke. Springer, Berlin 1932 (S. 293–578)

Murphy, H. B. M.: Cultural aspects of the delusion. Stud. gen. 20 (1967) 684 bis 692

Nunberg, H.: Allgemeine Neurosenlehre (1. Aufl. 1931). Huber, Bern 1971

v. Orelli, A.: Der Wandel des Inhaltes der depressiven Ideen bei der reinen Melancholie. Schweiz. Arch. Neurol. Neurochir. Psychiat. 73 (1954) 217–287

Pauleikhoff, B.: Statistische Untersuchung über Häufigkeit und Thema von Wahneinfällen bei der Schizophrenie. Arch. Psychiat. Nervenkr. 191 (1954) 341–350

Pauleikhoff, B.: Der Eifersuchtswahn. Fortschr. Neurol. Psychiat. 35 (1967) 516 bis 539

Pauleikhoff, B.: Der Liebeswahn. Fortschr. Neurol. Psychiat. 37 (1969) 251–279

Pfeiffer, W. M.: Transkulturelle Psychiatrie. Thieme, Stuttgart 1970

Ploog, D.: Verhaltensforschung und Psychiatrie. In: Psychiatrie der Gegenwart, 1. Aufl., Bd. I/1 b, hrsg. von H. W. Gruhle, R. Jung, W. Mayer-Gross, M. Müller. Springer, Berlin 1964 (S. 291)

Raskin, D. E., K. E. Sullivan: Erotomania. Amer. J. Psychiat. 131 (1974) 1033–1035

Scharfetter, Ch.: Symbiontische Psychosen. Huber, Bern 1970

Scheler, M.: Zur Phänomenologie und Theorie der Sympathiegefühle und von Liebe und Haß. Niemeyer, Halle 1913

Schilder, P.: Wahn und Erkenntnis. In: Monographien aus dem Gesamtgebiete der Neurologie und Psychiatrie, H. 15, hrsg. von M. Müller, H. Spatz, P. Vogel. Springer, Berlin 1918

Schmidt, G.: Der Wahn im deutschsprachigen Schrifttum der letzten 25 Jahre (1914–1939). Zbl. ges. Neurol. Psychiat. 97 (1940) 113–143

Schmidt, G.: Liebeswahn. Fortschr. Neurol. Psychiat. 18 (1951) 623–634

Schneider, K.: Zum Begriff des Wahns. Fortschr. Neurol. Psychiat. 17 (1949) 26 bis 31

Schneider, K.: Über den Wahn. Thieme, Stuttgart 1952

Schulte, W.: Die gesunde Umwelt und ihre Reaktion auf Psychosen und Psychopathien. In: Psychiatrie und Gesellschaft, hrsg. von H. Ehrhardt. D. Ploog, H. Stutte. Huber, Bern 1958

Schulte, W.: Die Auswirkungen der Schizophrenie auf ihre Umwelt. Nervenarzt 39 (1968) 98–104

Schulte, W., R. Tölle: Wahn. Thieme, Stuttgart 1972

Shepherd, M.: Morbid jealousy: some clinical and social aspects of a psychiatric symptom. Brit. J. Psychiat. 107 (1961) 687–753

Stierlin, H.: Die Gestaltung und Übermittlung des Wahns in der Familie. Stud. gen. 20 (1967) 693–700

Storch, A.: Beiträge zum Verständnis des schizophrenen Wahnkranken. Nervenarzt 30 (1959) 49–58

Storch, A.: Wege zur Welt und Existenz des Geisteskranken. In: Schriftenreihe zur Theorie und Praxis der Psychotherapie, Bd. VIII, hrsg. von E. Wiesenhütter. Hippokrates-Verlag, Stuttgart 1965

Wasserzieher, E.: Woher? Dümmler, Bonn 1963

Weber, A.: Über nihilistischen Wahn und Depersonalisation. Karger, Basel 1938

Willi, J.: Die Schizophrenie in ihrer Auswirkung auf die Eltern. Arch. Neurol. Neurochir. Psychiat. 89 (1962) 426–463

Winkler, W. T., S. T. Wieser: Die Ich-Mythisierung als Abwehrmaßnahme des Ich, dargestellt am Beispiel des Wahneinfalls von der jungfräulichen Empfängnis und der Geburt bei paraphrenen Episoden. Nervenarzt 30 (1959) 75–81

Yarrow, M. R., Ch. G. Schwartz, H. S. Murphy, L. C. Deasy: The psychological meaning of mental illness in the family. J. Soc. issues 11 (1955) 12–24

Zutt, J.: Versuch einer anthropologischen Grundlegung der psychiatrischen Erfahrung. In: Psychiatrie der Gegenwart, 1. Aufl., hrsg. von H. W. Gruhle, R. Jung, W. Mayer-Gross, M. Müller. Bd. I/2: Grundlagen und Methoden der klinischen Psychiatrie. Springer, Berlin 1963 (S. 763–852)

Zutt, J., C. Kulenkampff: Das paranoide Syndrom in anthropologischer Sicht. Springer, Berlin 1958

14. Antrieb

v. Baeyer, W.: Erlebnisbedingte Verfolgungsschäden. Nervenarzt 32 (1961) 534 bis 538

v. Baeyer, W., H. Häfner, K. P. Kisker:

Psychiatrie der Verfolgten. Springer, Berlin 1964

Bilz, R.: Langeweile. Nervenarzt 31 (1960) 433–443

Craig, W.: Appetites and aversions as constituents of instincts. Biol. Bull. Woods Hole 34 (1918) 91–107

Eibl-Eibesfeld, I.: Grundriß der vergleichenden Verhaltensforschung. Ethologie, 2. Aufl. Piper, München 1969

Eibl-Eibesfeld, I.: Liebe und Haß; zur Naturgeschichte elementarer Verhaltensweisen. Piper, München 1970

Ernst, K.: Die Prognose der Neurosen. In: Monographien aus dem Gesamtgebiete der Neurologie und Psychiatrie, H. 85, hrsg. von M. Müller, H. Spatz, P. Vogel. Springer, Berlin 1959

Hartwig, P., E. Steinmeyer: Experimentelle Untersuchungen und faktorenanalytische Interpretation zur Antriebsstruktur Hebephrener und Gesunder. Zbl. ges. Neurol. Psychiat. 207 (1974) 328 bis 329

Janzarik, W.: Dynamische Grundkonstellationen in endogenen Psychosen. Ein Beitrag zur Differentialtypologie der Wahnphänomene. In: Monographien aus dem Gesamtgebiete der Neurologie und Psychiatrie, H. 86, hrsg. von M. Müller, H. Spatz, P. Vogel. Springer, Berlin 1959

Klages, W.: Der menschliche Antrieb. Thieme, Stuttgart 1967

Klages, W., K. Behrends: Zur Struktur der schizophrenen Antriebsstörung. Arch. Psychiat. Nervenkr. 202 (1961) 504–512

Kongreß in Kiel 1961. Zbl. ges. Neurol. Psychiat. 162 (1961) 201–212

Kretschmer, E.: Das apallische Syndrom. Zbl. ges. Neurol. Psychiat. 169 (1940) 576–579

Kretschmer, E.: Körperbau und Charakter, 23. Aufl. Springer, Berlin 1961

Lorenz, K.: Das sogenannte Böse; zur Naturgeschichte der Aggression. Borotha-Schoeler, Wien 1963

Matussek, P.: Die Konzentrationslagerhaft und ihre Folgen. In: Monographien aus dem Gesamtgebiete der Psychiatrie, Bd. II, hrsg. von H. Hippius, W. Janzarik, M. Müller. Springer, Berlin 1971

Spitz, R.: Die Entstehung der ersten Objektbeziehungen. Klett, Stuttgart 1960

Tinbergen, N.: The Study of Instinct. Clarendon Press, Oxford 1952 (Deutsch: Instinktlehre, vergleichende Erforschung angeborenen Verhaltens, 3. Aufl. Parey, Berlin 1956)

15. Aggression

Berkowitz, L.: Aggression. A Social Psychological Analysis. McGraw-Hill, New York 1962

Bilz, R.: Menschliche Aggressivität. Z. Psychother. med. Psychol. 17 (1967) 157 bis 178; 197–202

Böker, W., H. Häfner: Gewalttaten Geistesgestörter. Springer, Berlin 1973

Corning, P. A., C. H. Corning: Toward a general theory of violent aggression. Soc. Sci. Inform. 11 (1972) 7–36

Delgado, J. M. R.: Aggression and defense under cerebral radio control. In: Aggression and Defense. Neural Mechanisms and Social Patterns. UCLA Forum in Medical Sciences, hrsg. von C. D. Clemente, D. B. Lindsley. University of California Press, Berkeley/Kalif. 1967 (171–193)

Eibl-Eibesfeld, I.: Grundriß der vergleichenden Verhaltensforschung. Ethologie, 2. Aufl. Piper, München 1969

Eibl-Eibesfeld, I.: Liebe und Haß: Zur Naturgeschichte elementarer Verhaltensweisen. Piper, München 1970

Fromm, E.: Anatomie der menschlichen Destruktivität. Deutsche Verlagsanstalt, Stuttgart 1974

Ghysbrecht, P.: Doppelselbstmord. Reinhardt, München 1961

Heimann, P., A. F. Valenstein: The psychoanalytical concept of aggression an integrated summary. Int. J. Psycho-Anal. 53 (1972) 31–35

Hess, W. R.: Psychologie in biologischer Sicht. Thieme, Stuttgart 1962; 2. Aufl. 1968

Kummer, H.: Aggression bei Affen. In: Der Mythos vom Aggressionstrieb, hrsg. von A. Plack. List, München 1973 (S. 69 bis 91)

Lorenz, K.: Das sogenannte Böse; zur Naturgeschichte der Aggression. Borotha-Schoeler, Wien 1963

Lorenz, K.: Über tierisches und menschliches Verhalten. Piper, München 1969

Plack, A.: Der Mythos vom Aggressionstrieb. List, München 1973

Schmidbauer, W.: Die sogenannte Aggression. Hoffmann & Campe, Hamburg 1972

Storr, A.: Human Aggression. Penguin, Harmondsworth/Middlesex 1969/70

Thomae, H.: Motivation. In: Handbuch der Psychologie, Bd. II, hrsg. von K. Gottschaldt, Ph. Lersch, E. Sander, H. Thomae. Hogrefe, Göttingen 1965 a

Thomae, H.: Die Motivation menschlichen Handelns. Kiepenheuer & Witsch, Köln 1965 b

Tinbergen, N.: The Study of Instinct. Clarendon Press, Oxford 1952 (Deutsch: Instinktlehre, vergleichende Erforschung angeborenen Verhaltens. Parey, Berlin 1956)

16. Motorik

Binswanger, L.: Vom anthropologischen Sinn der Verstiegenheit. In: Ausgewählte Vorträge und Aufsätze, Bd. II, hrsg. von L. Binswanger. Francke, Bern 1955

Glatzel, J.: Die akute Katatonie. Acta psychiat. scand. 46 (1970) 151–179

Kahlbaum, K. L.: Die Katatonie oder das Spannungsirresein. Hirschwald, Berlin 1874

Kläsi, J.: Über die Bedeutung der Stereotypien. Karger, Berlin 1922

Kraepelin, E.: Psychiatrie. Ein Lehrbuch für Studierende und Ärzte. 4 Bände. Barth, Leipzig 1909–1915

Kretschmer, E.: Der Begriff der motorischen Schablonen und ihre Rolle in normalen und pathologischen Lebensvorgängen. Achr. Psychiat. Nervenkr. 190 (1953) 1–3

Kretschmer, E.: Hysterie, Reflex und Instinkt, 6. Aufl. Thieme, Stuttgart 1958

Mucha, H.: Der Katalepsie-Begriff von Kahlbaum bis zur Gegenwart. Psychiat. chir. 5 (1972) 330–349

Pauleikhoff, P.: Die Katatonie (1868 bis 1968). Fortschr. Neurol. Psychiat. 37 (1969) 461–496

Payk, Th. R.: Mimik und Physiognomie in der Psychopathologie. Psychiat. clin. 6 (1973) 271–287

Straus, E.: Die Formen des Räumlichen. Ihre Bedeutung für die Motorik und die Wahrnehmung. Nervenarzt 3 (1930) 633 bis 656

Straus, E.: Gesammelte Schriften: Die aufrechte Haltung. Eine anthropologische Studie. In: Psychologie der menschlichen Welt, hrsg. von E. Straus. Springer, Berlin 1960

Wieser, St., T. Itil: Die Aufbaustufen der primitiven Motorik. Arch. Psychiat. Nervenkr. 191 (1954) 450–462

17. Zwänge und Phobien

Boss, M.: Grundriß der Medizin. Huber, Bern 1971

Frankl, V. E.: Theorie und Therapie der Neurosen. Urban & Schwarzenberg, Wien 1956

Freud, S.: Bemerkungen über einen Fall von Zwangsneurose (1906–1909). Gesammelte Werke, Bd. VII. Fischer, Frankfurt/M. 1968

v. Gebsattel, V. E.: Zeitbezogenes Zwangsdenken in der Melancholie. Nervenarzt 1 (1928) 275–287

Marks, I. M.: Fears and Phobias. In: Personality and Psychopathology Series, Bd. V. Academic Press, New York 1969

Marks, I. M.: The origins of phobic states. Amer. J. Psychother. 24 (1970) 652 bis 676

Quint, H.: Über die Zwangsneurose; Studie zur Psychodynamik des Charakters und der Symptomatik. Vandenhoeck & Ruprecht, Göttingen 1971

Rümke, H. C.: Über die Klinik und Psychopathologie der Zwangserscheinungen. In: Eine blühende Psychiatrie in Gefahr, hrsg. von H. C. Rümke. Springer, Berlin 1967

Schneider, K.: Die Lehre vom Zwangsdenken in den letzten 12 Jahren. Z. ges. Neurol. Psychiat. 16 (1918) 113–146

Straus, E.: Ein Beitrag zur Pathologie der Zwangserscheinungen. In: Psychologie der menschlichen Welt, hrsg. von E. Straus. Springer, Berlin 1960

Weitbrecht, H. J.: Psychiatrie im Grundriß, 1. Aufl. Springer, Berlin 1963; 3. Aufl. 1973

Zerbin-Rüdin, E.: Ein Beitrag zur Frage der Zwangskrankheit, insbesondere ihrer hereditären Beziehungen. Arch. Psychiat. Nervenkr. 191 (1953) 14–54

18. Impulshandlungen

de Boor, W.: Zur Psychologie und Psychopathologie der Brandstiftung. Fortschr. Neurol. Psychiat. 23 (1955) 367–378

Bräutigam, W.: Stichwort Kleptomanie. In: Lexikon der Psychiatrie, hrsg. von C. Müller. Springer, Berlin 1973

Göppinger, H., H. Witter: Handbuch der forensischen Psychiatrie. Springer, Berlin 1972

Kraepelin, E.: Psychiatrie. Ein Lehrbuch für Studierende und Ärzte, 5. Aufl. Barth, Leipzig 1896

Thiele, R.: Zum Begriff und zur Pathologie der Drangerscheinungen. Psychiat. Neurol. med. Psychol. (Lpz.) 5 (1953) 51–59

Többen, H.: Beiträge zur Psychologie und Psychopathologie der Brandstifter. Springer, Berlin 1971

19. Affektivität

v. Baeyer, W., H. Häfner, K. P. Kisker: Psychiatrie der Verfolgten. Springer, Berlin 1964

Battegay, R.: Angst und Sein. Hippokrates-Verlag, Stuttgart 1970

Binswanger, L.: Über die manische Lebensform (1945). In: Ausgewählte Vorträge und Aufsätze, Bd. II, hrsg. von L. Binswanger. Francke, Bern 1955

Binswanger, L.: Melancholie und Manie. Neske, Pfullingen 1960

Bleuler, E.: Dementia praecox oder Gruppe der Schizophrenien. In: Handbuch der Psychiatrie, Spez. Teil 4, hrsg. von G. Aschaffenburg. Deuticke, Wien 1911

Bräutigam, W.: Analyse der hypochondrischen Selbstbeobachtung. Beitrag zur Psychopathologie und zur Pathogenese mit Beschreibung einer Gruppe von jugendlichen Herzhypochondern. Nervenarzt 27 (1956) 409–418

Eitinger, L.: Concentration Camp Survivors in Nerway and Israel. Allen & Unwin, London 1964

Eysenck, H. J.: The Dynamics of Anxiety and Hysteria. Routledge & Kegan, Paul, London 1957

Feldmann, H.: Hypochondrie. In: Monographien aus dem Gesamtgebiete der Psychiatrie, Bd. VI, hrsg. von H. Hippius, W. Janzarik, M. Müller. Springer, Berlin 1972

Fischer-Homberger, E.: Hypochondrie, Melancholie bis Neurosen. Huber, Bern 1970

Freud, S.: Über die Berechtigung, von der Neurasthenie einen bestimmten Symptomenkomplex als Angstneurose abzutrennen (1894). Gesammelte Werke, Bd. I. Fischer, Frankfurt/M. 1968

Freud, S.: Hemmung, Symptom, Angst (1926). Gesammelte Werke, Bd. XIV. Fischer, Frankfurt/M. 1968

v. Gebsattel, V. E.: Die phobische Fehlhaltung. In: Handbuch der Neurosenlehre und Psychotherapie, Bd. II, hrsg. von V. E. Frankl, V. E. v. Gebsattel, J. H. Schultz. Urban & Schwarzenberg, München 1959

Häfner, H.: Hypochondrische Entwicklungen. Nervenarzt 30 (1959) 529–539

Janzarik, W.: Die hypochondrischen Inhalte der cyclothymen Depression in ihren Beziehungen zum Krankheitstyp und zur Persönlichkeit. Arch. Psychiat. Nervenkr. 195 (1957) 351–371

Janzarik, W.: Zur Klinik und Psychopathologie des hypochondrischen Syndroms. Nervenarzt 30 (1959) 539–545

Kielholz, P.: Angst. Huber, Bern 1967

Kielholz, P.: Diagnose und Therapie der Depressionen für den Praktiker. Lehmanns, München 1971

Kisker, K. P.: Kernschizophrenie und Egopathien. Bemerkungen zum heutigen Stand der Forschungen und zur Methodologie. Nervenarzt 35 (1964) 286–294

Kohn, R.: Wohlbefinden und Mißbefinden. Psyche (Heidelberg) 12 (1958/59) 33 bis 49

Kretschmer, E.: Hysterie, Reflex und Instinkt. Thieme, Stuttgart 1958

Kretschmer, E.: Medizinische Psychologie, 13. Aufl. Thieme, Stuttgart 1971

Kulenkampff, C., A. Bauer: Über das Syndrom der Herzphobie. Nervenarzt 31 (1960) 443–454; 496–507

Ladee, G. A.: Hypochondriacal Syndromes. Elsevier, Amsterdam 1966

Lader, M. H.: Studies of anxiety. Brit. J. Psychiat., Spec. Publ. No. 3 (1969)

Lersch, Ph.: Aufbau der Person, 10. Aufl. Barth, München 1966

Lewis, A.: Problems presented by the ambiguous word „anxiety" as used in psychopathology. Israel Ann. Psychiat. 5 (1967) 105–121

Matussek, P.: Die Konzentrationslagerhaft und ihre Folgen. In: Monographien aus dem Gesamtgebiet der Psychiatrie, Bd. II, hrsg. von H. Hippius, W. Janzarik, M. Müller. Springer, Berlin 1971

Petrilowitsch, N., R. Baer: Zyklothymie 1964–1969. Fortschr. Neurol. Psychiat. 38 (1970) 601–692

Plügge, H.: Zur Phänomenologie des Leib-Erlebens besonders bei inneren Krankheiten. Jb. Psychol. Psychother. 5 (1958) 155–168

Plügge, H.: Hypochondrische Patienten in der inneren Medizin. Nervenarzt 31 (1960) 13–19

Riemann, F.: Grundformen der Angst. Reinhardt, München 1961

Rümke, H. C.: Zur Phänomenologie und Klinik des Glücksgefühls. Springer, Berlin 1924

Ruffin, H.: Leiblichkeit und Hypochondrie. Nervenarzt 30 (1959) 195–203

Scheler, M.: Zur Phänomenologie und Theorie der Sympathiegefühle und von Liebe und Haß. Niemeyer, Halle 1913

Schneider, K.: Psychopathologie der Gefühle und Triebe. Thieme, Leipzig 1935

Weitbrecht, H.-J.: Über die Hypochondrie. Dtsch. med. Wschr. 76 (1951) 312–315

Weitbrecht, H. J.: Psychiatrie im Grundriß, 1. Aufl. 1963, 2. Aufl. Springer, Berlin 1968

Wolpe, J.: Experimental neuroses as learned behaviour. Brit. J. Psychol. 43 (1952) 243–268

Wulff, E.: Der Hypochonder und sein Leib. Nervenarzt 29 (1958) 60–71

20. Triebe

Berning, D., J. E. Meyer, V. Pudel: Psychogene Polydipsie. Arch. Psychiat. Nervenkr. 215 (1972) 396–406

Hess, W. R.: Psychologie in biologischer Sicht. Thieme, Stuttgart 1962; 2. Aufl. 1968

Jores, A.: Die Anorexia nervosa als endokrinologisches Problem. Acta endocr. (Kbh.) 17 (1954) 206–210

Kuhn, R.: Zur Daseinsanalyse der Anorexia mentalis. Nervenarzt 22 (1951) 11–13; Nervenarzt 24 (1953) 191–198

Meyer, J.-E.: Anorexia nervosa. Thieme, Stuttgart 1965

Peters, G., J. T. Fitzsimons, I. Peters-Haefeli: Control Mechanisms of Drinking. Springer, Berlin 1974

Thomä, H.: Anorexia nervosa. Klett, Stuttgart 1961

Zutt, J.: Das psychiatrische Bild der Pubertätsmagersucht. Arch. Psychiat. Nervenkr. 180 (1948) 776

21. Sexualität

Abraham, K.: Psychoanalytische Studien. In: Gesammelte Werke, hrsg. von J. Cremerius. Fischer, Frankfurt/M. 1971

Allen, C.: A Textbook of Psychosexual Disorders. Oxford University Press, London 1969

Boss, M.: Sinn und Gehalt der sexuellen Perversionen. Huber, Bern 1966

Bräutigam, W.: Die sexuellen Verirrungen. In: Psychiatrie der Gegenwart, Bd. II/1, 2. Aufl., hrsg. von K. P. Kisker, J. E. Meyer, M. Müller, E. Strömgren. Springer, Berlin 1972 (S. 523–586)

Dörner, G.: Sexualhormonabhängige Gehirndifferenzierung und Sexualität. Springer, Wien 1972

Feldman, M. P., M. J. MacCulloch: Homosexual Behaviour: Therapy and Assessment. Pergamon Press, Oxford 1971

Fenichel, O.: Perversionen, Psychose, Charakterstörungen. Internationaler Psychoanalytischer Verlag, Wien 1931

Ford, C. S., F. A. Beach: Formen der Sexualität. Rowohlt, Hamburg 1968

Frankl, V. E.: Psychogene Potenzstörungen. In: Handbuch der Neurosenlehre und Psychotherapie, Bd. II, hrsg. von V. E. Frankl, V. E. v. Gebsattel, J. H. Schultz. Urban & Schwarzenberg, München 1959 (S. 610–632)

Freud, S.: Drei Abhandlungen zur Sexualtheorie (1904–1905). Gesammelte Werke, Bd. V. Fischer, Frankfurt/M. 1948

Freud, S.: Über die Psychogenese eines Falles von weiblicher Homosexualität (1920). Gesammelte Werke, Bd. XII. Fischer, Frankfurt/M. 1948

Freud, S.: Das ökonomische Problem des Masochismus (1924). Gesammelte Werke, Bd. XIII. Fischer, Frankfurt/M. 1948

Freud, S.: Über einige neurotische Mechanismen bei Eifersucht, Paranoia und Homosexualität (1924). Gesammelte Werke, Bd. XIII. Fischer, Frankfurt/M. 1948

Freud, S.: Fetischismus. Gesammelte Werke, Bd. XIV (1925–1932). Fischer, Frankfurt/M. 1948

Freud, S.: Jenseits des Lustprinzips (1920 bis 1924). Gesammelte Werke, Bd. XIII. Fischer, Frankfurt/M. 1968

Freund, K.: Homosexualität. Rowohlt, Hamburg 1969

v. Gebsattel, V. E.: Über Fetischismus. Nervenarzt 2 (1929) 8–20

Giese, H.: Der homosexuelle Mann in der Welt. Enke, Stuttgart 1958

Giese, H.: Psychopathologie der Sexualität. Enke, Stuttgart 1962

Giese, H.: Die Sexualität des Menschen. Handbuch der medizinischen Sexualforschung. Enke, Stuttgart 1971

Green, R., J. Money: Transsexualism and Sex Reassignement. Johns Hopkins Press, Baltimore 1969

v. Hentig, H.: Soziologie der zoophilen Neigung. – Beiträge zur Sexualforschung. Rowohlt, Hamburg 1962

Hirschfeld, M.: Geschlechtskunde. Püttmann, Stuttgart 1926

Johnson, J.: Psychopathia sexualis. Brit. J. Psychiat. 122 (1973) 211–218

Kinsey, A. C., W. B. Pomeroy, C. E. Martin: Sexual Behavior in the Human Male. Saunders, Philadelphia 1948

(Deutsch: Das sexuelle Verhalten des Mannes. Fischer, Frankfurt/M. 1954)

Kinsey, A. C., W. B. Pomeroy, C. E. Martin, P. H. Gebhard: Sexual Behaviour in the Human Femal. Saunders, Philadelphia 1953 (Deutsch: Das sexuelle Verhalten der Frau. Fischer, Frankfurt/M. 1954)

Klein, Melanie: Die Psychoanalyse des Kindes. Internationaler Psychoanalytischer Verlag, Wien 1932

Kockett, G., F. Dittmar: Verhaltenstherapie sexueller Störungen: Diagnostik und Behandlungsmethoden. Nervenarzt 44 (1973) 173–183

v. Krafft-Ebing, R.: Psychopathia Sexualis, 15. Aufl. Enke, Stuttgart 1918

Kunz, H.: Zur Theorie der Perversion. Mschr. Psychiat. Neurol. 105 (1942) 1 bis 103

Malinowski, B.: Geschlecht und Verdrängung in primitiven Gesellschaften. Rowohlt, Hamburg 1962

Marshall, D. S., R. C. Suggs: Human Sexual Behaviour. Basic Books, New York 1971

Masters, W. H., V. E. Johnson: Human Sexual Response. Little, Brown & Co., Boston 1966

Masters, W. H., V. E. Johnson: Human Sexual Inadequacy. Little, Brown & Co., Boston 1970 (Deutsch: Funktionelle Sexualstörungen. Akademische Verlagsgesellschaft, Frankfurt/M. 1972)

Matussek, P.: Störungen des Sexuallebens. In: Handbuch der Neurosenlehre und Psychotherapie, Bd. II, hrsg. von V. E. Frankl, V. E. v. Gebsattel, J. H. Schultz. Urban & Schwarzenberg, München 1959 (S. 580–598)

Mead, Margret: Male and Female. A Study of the Sexes in a Changing World. Morrow, New York 1949 (Deutsch: Mann und Weib. Das Verhältnis der Geschlechter in einer sich wandelnden Welt. Rowohlt, Hamburg 1958)

Mead, Margret: Geschlecht und Temperament in primitiven Gesellschaften. Rowohlt, Hamburg 1959

Orthner, H.: Zentralnervöse Sexualsteuerung (Symposium 1969). Springer, Wien 1971 a

Orthner, H.: Anatomie und Physiologie der Steuerungsorgane der Sexualität. In: Die Sexualität des Menschen, Handbuch der medizinischen Sexualforschung, hrsg. von H. Giese. Enke, Stuttgart 1971 b (S. 446–545)

Overzier, C.: Die Intersexualität. Thieme, Stuttgart 1961

Reich, W.: Die sexuelle Revolution. Fischer, Frankfurt/M. 1971

Reich, W.: Die Entdeckung des Orgons. Die Funktion des Orgasmus. Fischer, Frankfurt/M. 1972

Rutter, M.: Normal psychosexual development. J. Child Psychol. 11 (1971) 259 bis 263

Schätzing, E.: Die weibliche Impotenz. Das Frigiditätsproblem. In: Handbuch der Neurosenlehre und Psychotherapie, Bd. II, hrsg. von V. E. Frankl, V. E. v. Gebsattel, J. H. Schultz. Urban & Schwarzenberg, München 1959 (S. 599 bis 609)

Schelsky, H.: Soziologie der Sexualität. Rowohlt, Hamburg 1955

Schorsch, G.: Sexualstraftäter. Enke, Stuttgart 1971

Sigusch, V.: Ergebnisse zur Sexualmedizin. Karger, Basel 1972

Spoerri, T.: Nekrophilie. Karger, Basel 1959

Stoller, R. J.: Overview: The impact of new advances in sex research on psychoanalytic theory. Amer. J. Psychiat. 130 (1973) 241–251

Straus, E.: Geschehnis und Erlebnis, zugleich eine historiologische Deutung des psychischen Traumas und der Rentenneurose. Springer, Berlin 1930

Wolff, Charlotte: Psychologie der lesbischen Liebe. Rowohlt, Hamburg 1973

Anhang zum Literaturverzeichnis:

Handbücher

Arieti, S.: American Handbook of Psychiatrie, 2. Aufl. Basic Books, New York 1974

Aschaffenburg, G.: Handbuch der Psychiatrie. Deuticke, Wien 1911

Bumke, O.: Handbuch der Geisteskrankheiten. Springer, Berlin 1928

Frankl, V. E., V. E. v. Gebsattel, J. H. Schultz: Handbuch der Neurosenlehre und Psychotherapie. Urban & Schwarzenberg, München 1959

Freedman, A. M., H. I. Kaplan: Comprehensive Textbook of Psychiatry. Williams & Wilkins, Baltimore 1967

Gottschaldt, K., Ph. Lersch, F. Sander, H. Thomae: Handbuch der Psychologie, Bd. I: Allgemeine Psychologie, I. Der Aufbau des Erkennens, 1. Halbbd:

Wahrnehmung und Bewußtsein, hrsg. von W. Metzger. Hogrefe, Göttingen 1966

Gruhle, H. W., R. Jung, W. Mayer-Gross, C. Müller: Psychiatrie der Gegenwart, 1. Aufl. Springer, Berlin 1960–1967

Kisker, K. P., J. E. Meyer, M. Müller, E. Strömgren: Psychiatrie der Gegenwart, 2. Aufl. Springer, Berlin 1972

Lexika

Birnbaum, K.: Handwörterbuch der Medizinischen Psychologie. Thieme, Leipzig 1930

Hinsie, L. E., R. J. Campbell: Psychiatric Dictionary, 4. Aufl. Oxford University Press, London 1970

Moor, Lise: Lexique français-anglais-allemand des termes usuels en psychiatrie, neuro-psychiatrie infantile et psychologie pathologique, 2. Aufl. L'expansion Scientifique Française, Paris 1969

Müller, C.: Lexikon der Psychiatrie. Springer, Berlin 1973

Neugebauer, J., C. Weil: Common psychiatric terms in 4 languages (World Psychiatric Association). Sandoz, Basel 1971

Peters, U. H.: Wörterbuch der Psychiatrie und medizinischen Psychologie. Urban & Schwarzenberg, München 1974

Sachverzeichnis